ŒUVRES
DE
CHATEAUBRIAND

Le Congrès de Vérone

TOME DIX-NEUVIÈME

PARIS
DUFOUR, MULAT ET BOULANGER, LIBRAIRES-ÉDITEURS
6, RUE DE BEAUNE, PRÈS LE PONT-ROYAL
(Ancien hôtel de Nesle)

M DCCC LVI

ŒUVRES
DE
CHATEAUBRIAND

TOME XIX

LAGNY. — TYPOGRAPHIE DE VIALAT

MŒURS DES BARBARES

ŒUVRES
DE
CHATEAUBRIAND

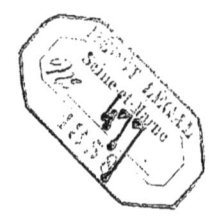

Le Congrès de Vérone

TOME DIX-NEUVIÈME

PARIS

DUFOUR, MULAT ET BOULANGER, ÉDITEURS

6, RUE DE BEAUNE, PRÈS LE PONT-ROYAL

(Ancien hôtel de Nesle)

M DCCC LVIII

CONGRÈS DE VÉRONE

AVERTISSEMENT

On paraît avoir mal à propos confondu avec les *Mémoires* qui ne doivent paraître qu'après ma mort ce récit du *congrès de Vérone* et de la *guerre d'Espagne;* je ne dis aujourd'hui que ce que je puis dire de mon vivant : à la tombe le reste.

Mon ouvrage actuel porte en soi sa préface. Ma vie littéraire est assez connue; je n'ai jamais fait mention de ma vie politique; j'en parle ici pour la première et la dernière fois : elle se trouve résumée dans mon ministère.

En racontant comme homme *public* le plus grand événement de la restauration, j'ai été obligé d'amener sur la scène les hommes *publics* qui furent en relation avec moi. Mais qu'on soit tranquille : je me suis sacrifié seul. Si j'ai laissé dans les documents les éloges qu'on me donnait et que je ne méritais pas, j'ai raconté de même, sans l'atténuer, le mal qu'on a dit de moi. J'ai usé pour ma personne, puisque j'écrivais l'histoire, de l'impartialité de l'historien. En dernier résultat, je n'attache aucun prix à quoi que ce soit.

Cet ouvrage, réussissant, amènerait une révolution dans les jugements portés sur une époque mémorable de nos annales. La tâche est rude. Dois-je compter sur le succès? Je me trouve en face des amours-propres : notre vanité avoue rarement qu'elle s'est trompée. Il faudra croire que le congrès de Vérone n'a jamais voulu la guerre; que l'entreprise d'Espagne a été une entreprise commandée par les intérêts de la France; que l'ordonnance d'Andujar, toute belle qu'elle était, philosophiquement parlant, était une faute politique; en un mot, il faudra croire le contraire de ce qu'on a cru. Qu'y faire? Les preuves sont là; on ne peut nier les pièces authentiques. Je ne me défends point d'être le principal auteur de la guerre d'Espagne. Si par hasard j'ai eu une fois raison contre le grand nombre, condamnez-moi : vous condamnerez les faits.

Vaut-il la peine que je dise, qu'en parlant de moi, je me suis tour à tour servi des pronoms *nous* et *je* : *nous* comme représentant d'une opinion, *je* quand il m'arrive d'être personnellement mis en scène, ou d'exprimer un sentiment individuel. Le *moi* choque par son orgueil; le *nous* est un peu janséniste et royal. Il suffit qu'on soit prévenu de ce mélange de pronoms : ils se corrigeront peut-être l'un par l'autre.

PRÉLIMINAIRES

Ambassadeur à Londres en 1822, nous étions prêt à nous rendre au congrès de Vérone en qualité d'un des représentants de la France. Mais avant d'entrer dans le détail de ce congrès, des affaires qui s'y traitèrent et des événements qui le suivirent, nous sommes obligé de jeter un coup d'œil en arrière. M. de Martignac, s'occupant de la guerre d'Espagne dont nous allons parler, avait compris la nécessité d'établir les antécédents. Impartial et modéré, il admirait l'entreprise de 1823, si mal jugée; et cependant il n'en apercevait pas lui-même toute la portée. Le seul volume qu'il ait publié mérite d'être lu : ouvrage plein d'intérêt et de sagesse, le style en est correct, élégant, doux et un peu triste; l'auteur va mourir : son récit vous touche et vous attache, comme les derniers accents d'une voix qu'on n'entendra plus.

I

L'ESPAGNE.

Traité entre Buonaparte et Charles IV. — Godoï. — Les princes à Bayonne. — Murat à Madrid. — Son portrait. Insurrection. — Murat et Joseph changent de couronne.

Depuis la dernière moitié du quinzième siècle jusqu'au commencement du dix-septième, l'Espagne fut la première nation de l'Europe; elle dota l'univers d'un nouveau monde; ses aventuriers furent de grands hommes; ses capitaines devinrent les premiers généraux de la terre; elle imposa ses manières et jusqu'à ses vêtements aux diverses cours; elle régnait dans les Pays-Bas par mariage, en Italie et en Portugal par conquête, en Allemagne par élection, en France par nos guerres civiles; elle menaça l'existence de l'Angleterre après avoir épousé la fille de Henri VIII. Elle vit nos rois dans ses prisons et ses soldats à Paris; sa langue et son génie nous donnèrent Corneille. Enfin elle tomba : sa fameuse infanterie mourut à Rocroi, de la main du grand Condé; mais l'Espagne n'expira point avant qu'Anne d'Autriche n'eût mis au jour Louis XIV, qui fut l'Espagne même transportée sur le trône de France, alors que le soleil ne se couchait pas sur les terres de Charles-Quint.

Il est triste de rappeler ce que furent ces deux monarchies en présence de leurs débris. Ces paroles du grand Bossuet reviennent douloureusement à la mémoire : « Ile pacifique où se doivent terminer les différends de deux grands empires à qui tu sers de limites; île éternellement mémorable; auguste journée, où deux fières nations, longtemps ennemies et alors réconciliées, s'avancent sur leurs confins, leurs rois à leur tête, non plus pour se combattre; fêtes sacrées, mariage fortuné, voile nuptial, bénédiction, sacrifice, puis-je mêler aujourd'hui vos cérémonies et vos pompes avec ces pompes funèbres, et le comble des grandeurs avec leurs ruines! »

L'Espagne, sous la famille de Louis le Grand, s'ensevelit dans la Péninsule jusqu'au commencement de la révolution. Son ambassadeur voulut sauver Louis XVI et ne le put; Dieu attirait à lui le martyr : on ne change point les desseins de la Providence à l'heure de la transformation des peuples.

Charles IV fut appelé à la couronne en 1778 : alors se rencontra Godoï, inconnu que nous avons vu cultiver des melons après avoir jeté un royaume par la fenêtre. Favori de la reine Marie-Louise, Godoï passa au roi Charles : celui-ci ne sentait pas ce qu'il était; celui-là, ce qu'il avait fait; ils étaient donc naturellement unis. Il y a deux manières de mépriser les empires : par grandeur ou misère : le soleil éclairait également Dioclétien à Salone, Charles IV à Compiègne.

L'Espagne déclara d'abord la guerre à la République, puis fit la paix à Bâle. Dès lors Godoï entra dans les intérêts de la France; les Espagnols le détestèrent : ils s'attachèrent au prince des Asturies, qui ne valait pas mieux.

En 1807, nous nous promenions au bord du Tage, dans les jardins d'Aranjuez; Ferdinand parut à cheval, accompagné de don Carlos. Il ne se doutait guère que ce pèlerin de Terre-Sainte qui le regardait passer contribuerait un jour à lui rendre la couronne.

Buonaparte, après des succès au nord, se tourna vers le midi : pour envahir le Portugal, que protégeait l'Angleterre, il s'entendit avec Godoï. Un traité signé à Fontainebleau, le 29 octobre 1806, régla la marche des troupes françaises à travers l'Espagne; ce traité déclara la déchéance de la maison de Bragance, jeta une partie de la Lusitanie septentrionale au roi d'Étrurie, une autre partie à Charles IV, et le royaume des Algarves à Godoï. Junot entra en Portugal le 19 novembre 1807 ; la famille de Bragance s'embarqua le 27 ; l'aigle de Napoléon cria au bord des flots, du haut de ces tours qui virent couronner le cadavre d'Inès, appareiller la flotte de Gama, et qui entendirent la voix de Camoëns :

« la no largo Oceano navegavam. »

L'occupation du Portugal masquait l'invasion de l'Espagne. Dès le 24 décembre de la même année, le second corps de l'armée française entra dans Irun. La haine publique s'accrut contre le prince de la Paix ; on voulait placer le prince des Asturies sur le trône de son père. Le prince, arrêté, fit de lâches aveux. Murat, général en chef, s'avança vers Madrid.

La population de Madrid se soulève en criant : « Vive le prince des Asturies ! meure Godoï ! » Charles IV abdique ; le prince de la Paix est pris ; Ferdinand VII, le nouveau roi, le sauve. Napoléon feignit d'être indigné de la violence exercée envers le vieux roi, et finit par offrir sa médiation entre le père et le fils. Charles fut appelé à Bayonne, et Godoï sortit d'Espagne sous la protection de Murat. Ferdinand à son tour vint à la réunion, malgré sa défiance et l'opposition de son peuple.

Cette scène de l'Italie du moyen âge semblait inspirée par Machiavel ; rare génie qui, comme tous les hommes élevés d'esprit et bas de cœur disait de grandes choses et en faisait de petites.

La pièce eût été prodigieuse si elle en eût valu la peine ; mais de quoi et de qui s'agissait-il ? D'un royaume à moitié envahi, de Charles et de Ferdinand. Que Charles reprît la couronne à son fils, afin de l'abdiquer de nouveau en faveur du souverain qu'il plairait au conquérant de nommer, c'est du drame pour le plaisir de jouer le drame. Il n'est pas besoin de monter sur des tréteaux et de se déguiser en histrion lorsqu'on est tout-puissant et qu'on n'a pas de parterre à tromper : rien ne sied moins à la force que l'intrigue. Napoléon n'était point en péril ; il pouvait être franchement injuste ; il ne lui en aurait pas plus coûté de prendre l'Espagne que de la voler.

Charles IV, la reine et le favori cheminèrent vers Marseille avec une pension promise et quelques musiciens déguenillés ; les infants s'en allèrent à Valençay.

Ferdinand, s'étant encore rapetissé pour tenir moins de place dans sa prison, avait en vain demandé la main d'une parente de Napoléon. Les Espagnols, privés de monarque, restèrent libres : Bonaparte, ayant fait la faute d'enlever un roi, rencontra un peuple.

Deux partis dominèrent alors dans la Péninsule : le premier emportait presque tout le peuple des campagnes, entr'excité des prêtres et fondu en bronze par la foi religieuse et politique ; le second comprenait les *Liberales,* gent dite plus éclairée, mais à cause de cela moins pétrifiée par les préjugés ou consolidée par la vertu : le contact des étrangers, dans les villes maritimes, l'avait rendue accessible à nos vices et aux principes de notre révolution.

Entre ces deux partis se distinguait une opinion isolée : l'égoïsme avait enchaîné des admirateurs esclaves au char de Napoléon ; nous les avons vus exilés sous le nom d'*Afrancesados :* jadis les Espagnols appelaient *Angevines* les Napolitains attachés à la France.

Les massacres accomplis dans Madrid, le 2 mai, commencèrent l'insurrection générale. Murat eut le malheur de voir ces troubles. Ce chef des braves avait de l'allure du roi Agraman, et volait à la charge avec un délire de joie et de courage, comme s'il eût été porté sur l'Hippogriffe.

Toute sa vaillance devint inutile : les forêts s'armèrent, les buissons devinrent ennemis. Les représailles n'arrêtèrent rien, parce que dans ce pays les représailles sont naturelles. Les batailles de Baylen, la défense de Girone et de Ciudad-Rodrigo annoncent la résurrection d'un peuple là où l'on n'avait vu qu'un tas de mendiants. La Romana, du fond de la Baltique, ramène ses régiments en Espagne, comme autrefois les Franks, échappés de la mer Noire, débarquèrent triomphants aux bouches du Rhin. Vainqueurs des meilleurs soldats de l'Europe, nous versions le sang des moines avec cette rage impie que la France tenait des bouffonneries de Voltaire et de la démence athée de la Terreur. Ce furent pourtant ces milices du cloître qui mirent un terme aux succès de nos vieux soldats : ils ne s'attendaient guère à rencontrer ces enfroqués, à cheval comme des dragons de feu sur les poutres embrasées des édifices de Saragosse, chargeant leurs escopettes parmi les flammes, au son des mandolines, au chant des *boleros* et au *Requiem* de la messe des Morts. Les ruines de Sagonte applaudirent.

Napoléon rappela le grand-duc de Berg : entre Joseph, son frère, et Joachim, son beau-frère, il lui plut d'opérer une légère transmutation : il prit la couronne de Naples sur la tête du premier et la posa sur la tête du second ; celui-ci céda à celui-là la couronne d'Espagne. Buonaparte enfonça d'un coup de main ces coiffures sur le front des deux nouveaux rois, et ils s'en allèrent, chacun de son côté, comme deux conscrits qui ont changé de shako par ordre du caporal d'équipement.

II

Caractère des Espagnols.

Quand on raisonne sur l'Espagne aujourd'hui, on tombe dans une grande erreur, on s'obstine à juger ces peuples d'après les idées que l'on a des autres peuples civilisés. Napoléon partagea cette déception commune : il crut qu'il vaincrait l'Ibérie comme la Germanie, par violence et séduction ; il se trompa.

Les Espagnols sont des Arabes chrétiens ; ils ont quelque chose de sauvage et d'imprévu. Le sang mélangé du Cantabre, du Carthaginois, du Romain, du Vandale et du Maure, qui coule dans leurs veines, ne coule point comme un autre sang. Ils sont à la fois actifs, paresseux et graves.

« Toute nation paresseuse, dit l'auteur de l'*Esprit des lois* en parlant d'eux, est grave, car ceux qui ne travaillent pas se regardent comme souverains de ceux qui travaillent. »

Les Espagnols, ayant la plus haute idée d'eux-mêmes, ne se forment point du juste et de l'injuste les mêmes notions que nous. Un pâtre transpyrénéen, à la tête de ses troupeaux, jouit de l'individualité la plus absolue.

Dans ce pays, l'indépendance nuit à la liberté. Que font les droits politiques à un homme qui ne s'en soucie point, qui renferme sa vie dans son proverbe : *Oveja de casta, pasto de yruela, hijo de casa* : « Brebis de race, repas gratis, enfant de la maison ; » à un homme qui, comme le Bédouin, armé de son escopette et suivi de ses moutons, n'a besoin pour vivre que d'un gland, d'une figue, d'une olive ? Il ne lui faut qu'un voyageur ennemi pour l'envoyer à Dieu, qu'une chevrière pauvre et fille d'un vieux père pour l'aimer : « Père vieil et manche déchirée n'est pas déshonneur : » *Padre viejo, y manga rota, non es deshonrra*. Le *majo* (berger) en soie du Guadalquivir, lance en houlette, chevelure retenue par une résille, ne distingue jamais la chose de la personne, et réduit toute dissidence d'opinion à ce dilemme : « Tue ou meurs. »

Ce caractère est si profondément gravé dans le moule ibérien, que la partie modernisée de la population, en adoptant les idées nouvelles, garde à travers ces idées son génie primitif. Aurait-on pu croire que des Espagnols égorgeassent des moines ? C'est ce que font sans remords et sans pitié les *Liberales*. Cependant l'autorité des religieux datait de loin dans la Péninsule ; cette autorité n'était pas uniquement fondée sur la foi des peuples, elle avait encore une source politique. Dès l'an 852, les martyrs de Cordoue, Aurélius, Jean, Félix, Georges, Martial, Roger, frappés du glaive ou jetés dans le Bétis, se sacrifièrent autant à la liberté nationale qu'au triomphe de la religion chrétienne.

Les moines combattirent avec le Cid et entrèrent avec Ferdinand dans Grenade. On les massacre nonobstant. Pourquoi? Parce que dans un certain parti une haine, empruntée d'ailleurs, ingrate et non motivée, s'est élevée contre eux. Or, en Espagne, que l'on aime ou que l'on haïsse, tuer est naturel; par la mort on se flatte d'atteindre à tout. Les aventuriers qui, l'épée à la main, s'avançaient dans les flots jusqu'à la ceinture pour prendre possession de l'océan Pacifique, avaient entrepris de rendre l'Amérique à ses déserts; l'Espagnol convoitait la domination de l'univers, mais de l'univers dépeuplé; il aspirait à régner sur le monde vide, comme son Dieu assis en paix dans la solitude de l'éternité.

A cet indomptable despotisme de caractère se trouve réunie, par un contraste étonnant, une nature apathique et comique, molle et vantarde. Dans la guerre civile, quand une bande a obtenu un succès, vous croyez qu'elle le va poursuivre? Point; elle s'arrête, reste sur les lieux à publier des rodomontades, à chanter sa victoire, à jouer de la guitare, à se chauffer au soleil. Le battu se retire paisiblement, et agit comme l'autre quand il triomphe. Ainsi vont une suite de rencontres sans résultats. Si les combattants ne prennent pas une ville aujourd'hui, ils la prendront demain, après-demain, dans dix ans, ou ne la prendront pas du tout; qu'importe? les hidalgos disent qu'ils ont mis six cents ans à chasser les Maures.

Ils admirent trop leur longanimité: la patience, transmise de génération en génération, finit par n'être plus qu'un bouclier de famille qui ne protége rien, et qui sert seulement d'antique parure à des malheurs héréditaires. L'Espagne décrépite se croit toujours invulnérable, comme l'ancien solitaire du couvent de Saint-Martin, entre Sagonte et Carthagène : au dire de Grégoire de Tours, les soldats du roi Leuvigilde trouvèrent le monastère abandonné, excepté de l'abbé tout *courbé* de vieillesse et néanmoins *fort droit* en vertu et en sainteté. Un soldat voulut lui couper la tête; mais ce soldat tomba à la renverse et expira sur la place.

Les hommes politiques de cette nation partagent les défauts du guerrier: dans les circonstances les plus urgentes, ils s'occupent d'insignifiantes mesures, prononcent des oraisons puériles, mettent tout en pièces dans leurs harangues et ne les font suivre d'aucune action. Est-ce donc qu'ils sont stupides ou lâches? Non; ils sont Espagnols : ils ne sont point frappés des choses comme vous l'êtes; ils ne les voient pas sous le même jour; ils laissent le temps dénouer l'événement qu'ils ne sont point pressés de voir finir; ils transmettent leur vie à leurs fils sans pusillanimité et sans regrets. Le fils, à son tour, se conduit de même que le père : dans quelques centaines d'années se terminera, à la satisfaction des vivants, l'événement que les morts leur ont légué, et qui, chez un autre peuple, aurait été décidé dans huit jours.

Que si, dans les troubles qui continuent aujourd'hui, les masses semblent agir d'après des principes moins individuels, cela prouve seulement que l'esprit général du siècle commence à ronger le caractère particulier; il est loin de l'avoir dommageablement entamé. L'indifférence de la foule est derrière ces événements qui, de loin, font tant de bruit. Quand l'émeute ou la *faction* arrive, on ferme sa porte et on la laisse passer comme une nuée de sauterelles. On n'est guère pour personne : Don Carlos ne peut prendre une ville, Christine ne peut réunir les campagnes. Les Espagnols d'ailleurs se sont guerroyés de tout temps pour des rois compétiteurs. La guerre finie, chacun, sans être changé, retourne à l'obéissance, ou plutôt à sa vie habituelle : celle-ci se conserve entière plus que dans d'autres pays, à cause de l'isolement des populations champêtres et d'un commerce vagabond fait par des espèces de caravanes, à travers les plaines nues et les montagnes inhabitées.

III

Anciennes lois politiques de l'Espagne.

On pourrait croire que les Espagnols, d'après cette peinture, n'ont jamais connu la liberté politique; ce serait une méprise : cette liberté est tombée seulement en désuétude parce qu'un élément supérieur a prédominé.

De Récarède à Roderic, seize conciles nationaux formaient le corps des Établissements : les lois de ces conciles recevaient la sanction des juges des villes et du consentement du peuple. Le roi, électif dans la race pure des Goths, jurait de remplir ses devoirs. Le jugement par *pair* ou juré était de droit fondamental; les actes du concile de Tolède furent la base des *Institutes*.

Le Visigoth avait laissé à ses sujets romains-espagnols la faculté de vivre sous leurs anciennes lois civiles et municipales, de sorte qu'ils conservèrent l'organisation de la commune romaine. Les guerres intestines, qui privaient le vaincu du droit des gens de ce temps-là, étant moins fréquentes qu'ailleurs, les servitudes devinrent moins générales : les seigneurs n'eurent pas les priviléges qu'ils acquièrent par le fer en France et en Italie; la féodalité ne fut point ou presque point connue; c'est la belle observation de Montesquieu. En effet, le peuple devint pâtre, laboureur, fermier, non vassal; les lois de police des Maures se trouvèrent en harmonie avec les lois de police des Romains; les compagnons de Muza introduisirent, en vertu des mœurs, dans le pays cette indépendance sauvage de l'Arabe, laquelle est restée dans le cœur de l'Espagne chrétienne.

Les entraves mises successivement au pouvoir des rois d'Espagne étaient immenses. Les états généraux d'Aragon sont bien connus. Philippe II leur ôta leurs plus grands priviléges, mais il n'osa toucher au règlement qui défendait de lever l'impôt sans le consentement des états. La Navarre, les Biscayes, la Catalogne et le royaume de Valence jouissaient de franchises; la Castille se défendait d'une autre manière, elle avait son impérieux conseil et s'était emparée de l'autorité. L'Aragonais, tout protégé qu'il était de ses chartes, ne pouvait cependant parvenir à rien s'il ne possédait des biens sous la couronne de Castille. Le marquis de Denia fut obligé de prendre le nom castillan de duc de Lerme; le marquis de Castel-Rodrigo se vit forcé de faire passer son crédit et sa faveur au comte d'Olivarez, son ami.

Les premières cortès auxquelles les députés du tiers assistèrent furent celles de Léon, en 1188; cette date prouve que les Espagnols marchaient à la tête des peuples émancipés.

Peu à peu les bourgeois fatigués laissèrent le souverain payer leurs mandataires et désigner les villes aptes à la députation. Douze cités seulement en obtinrent le droit. Charles-Quint, tyran, naturellement lié avec son collègue, cet autre tyran, le peuple, éleva les villes représentées au nombre de vingt; mais en même temps, dans la réunion de Tolède, en 1538, il retrancha pour toujours des cortès le clergé et la noblesse.

Les rois, débarrassés du joug des cortès, furent contraints de s'en imposer d'autres; des conseils ou des consultes dirigèrent la monarchie. Les places y étaient si recherchées que les vice-rois de Naples et de Sicile, les gouverneurs de Flandre et de Milan, les sollicitèrent; les favoris, Olivarez lui-même, étaient obligés de flatter les consultes.

On voit donc que l'Espagne avait connu la forme représentative : si l'indépendance individuelle l'emporta sur la liberté commune, bien que celle-ci servît à fortifier celle-là; si le génie arabe prévalut, que pouvaient produire les efforts que l'on a tentés pour amener l'Espagne à la liberté loquace d'une assemblée délibérante? D'un autre côté, n'est-il pas inouï, puisqu'on prétendait rétablir les cortès, qu'au lieu de se rapprocher de l'usage national, on soit allé déterrer un modèle étranger, rejeté même aujourd'hui par la France? C'est pourtant ce qui est arrivé.

Si cette anomalie pouvait s'expliquer, ce serait par la longue paix qui suivit le traité de Bâle et qui mit la Péninsule en rapport étroit avec la République, quand tous les autres Européens étaient exclus de Paris. A cette époque, on compte plusieurs sujets de Charles IV parmi nos plus ardents jacobins. L'Espagnol aime les spectacles sanglants, et les rayons de nos victoires extérieures se reflétaient dans la vantance et la pompe de leur esprit.

IV

La régence constitutionnelle convoque les cortès générales à Cadix. — Cortès de Cadix. — Constitution : ses défauts; elle mécontente tous les partis.

Après l'insurrection de Madrid et l'installation de Joseph, il se forma des juntes dans les provinces, mues par un intérêt commun, mais agissant avec des moyens divers. Le besoin d'un gouvernement central ne tarda pas à se faire sentir. Trente-quatre députés s'installèrent en régence à Aranjuez. L'Espagne, souvent ravagée, a toujours été funeste aux conquérants : César y combattit pour sa vie, et Napoléon, estafette du monde, fut obligé d'en revenir à cheval comme un obscur courrier. Après des luttes diverses, les députés se retirèrent en 1808 à Séville, où Las Casas commença sa miséricordieuse vie. La régence convoqua les cortès générales ; elles n'eurent pas le temps de se réunir. Du haut de la montagne de la Sierra-Morena, les soldats français, en apercevant la vallée du Guadalquivir, présentèrent spontanément les armes ; rien ne donne une plus vive idée de la beauté de l'Andalousie : c'était ainsi qu'en Égypte nos bataillons s'arrêtèrent et saluèrent de leurs applaudissements les muets monuments de Thèbes oubliée. Le secret des palais des Maures, changés en cloîtres, fut pénétré ; les églises, dépouillées, perdirent les chefs-d'œuvre de Vélasquez et de Murillo ; une partie même des os de Rodrigue fut enlevée : on avait tant de gloire, qu'on ne craignait pas de soulever contre soi les mânes du Cid et l'ombre de Condé. La régence abandonna Séville et se réfugia dans l'île de Léon. Le 24 septembre 1810, les cortès générales, convoquées sans condition d'éligibilité, s'assemblèrent, et peu après s'établirent à Cadix.

Cadix, *imporio del Orbe,* marché de l'univers, où tout se vend, où tout s'achète, convenait, par son isolement, à la méditation des plus hauts desseins. Tarsis y régna, et les songes y devenaient prophétiques ; César y rêva qu'il abusait de sa mère, c'est-à-dire, selon Suétone, qu'il violait sa patrie. La Liberté venait se reposer à Cadix auprès du premier Hercule. Nous avons vu sur la chaussée de cette ville, réputée miraculeuse, une de ses *six merveilles,* l'astre du jour, *trois fois plus grand que de coutume,* se plonger au milieu de l'Océan, dont il augmentait la paix, la splendeur et l'immensité. Mais ces contes brillants du passé et la magnificence de la nature n'inspirent que des sentiments et ne sont plus du siècle. Le souvenir des galions, l'ancien rendez-vous des piastres, les idées mercantiles, nos passions politiques, animaient les factions emprisonnées dans l'île de Léon ; cette terre, que l'on appela les *Champs-Élysées,* se métamorphosa en Tartare. Les cortès n'offrirent point la majesté d'une assemblée chargée du sort de l'espèce humaine, resserrée entre les deux plus puissantes barrières du monde, Buonaparte et les flots.

Les séances des cortès furent une parodie de nos assemblées révolutionnaires ; le grand parti national n'y dominait pas. Les cortès fourmillaient de *Liberales*. On y proposa tout : proscriptions, destructions, meurtres. Des prêtres renégats s'offrirent pour bourreaux ; c'était la même vocation dans le ciel et sur la terre. Jamais cause plus belle ne fut moins traitée selon sa beauté. En vain la voix modérée d'Argüelles se fit entendre ; on n'écoutait pas son éloquence, tout en l'appelant divine. « A Cadix, dit le père Jérôme, on parle avec grâce, gravité, énergie et sans accent. »

L'acte de la constitution de Cadix parut le 19 mars 1812 ; il proclama le principe de la souveraineté du peuple : le roi est déclaré inviolable, la religion catholique seule religion de l'État ; la constitution ne peut être révisée que par le concours de trois législatures successives, en vertu d'un décret non sujet à la sanction royale. Le reste des articles est déplorable : il n'y a qu'une seule chambre ; les militaires ont le droit d'examiner leur for intérieur ; le roi n'a pas la sanction absolue ; les fonctionnaires publics sont nommés par les cortès, etc.

La base du pacte était fausse : la souveraineté absolue ne réside ni dans le peuple, ni dans le roi, qui pareillement en abusent ; elle n'appartient qu'à Dieu et au génie, délégué de Dieu. Les Espagnols auraient dû étudier l'art de Gonzalve à Cordoue, de préférence aux principes de Mariana, dans sa crypte, à Tolède.

Tous les peuples, frappés de la mobilité des choses humaines, ont cherché un point d'appui hors du monde pour rendre stables leurs institutions ; tous, royalistes ou républicains, les ont appuyées à l'autel ; tous se sont hâtés de donner à leur *principe* le nom de *sacré*. Mais que leur a servi de déclarer la couronne ou la liberté inviolable, lorsque chaque jour cette couronne et cette liberté sont violées ? C'est à cause de cette fragilité que le législateur, chez les modernes comme chez les anciens, a eu recours au *droit divin*, lequel excuse, s'il ne justifie pas l'abus qu'on en a fait en versant le pouvoir de Dieu dans la tête infirme et le cœur passionné de l'homme.

La constitution de Cadix mécontenta tout le monde : on s'y soumit cependant par nécessité, de même que l'armée du duc de Wellington servait de centre aux guérillas d'Ibérie. Les Espagnols n'ont déployé leurs qualités admirables que quand ils ont été mêlés à l'étranger, bien qu'ils le détestent ; ils n'imposèrent leur joug à l'Europe qu'en formant un seul et même peuple avec les peuples de la Franche-Comté, d'une partie de la Bourgogne et des Pays-Bas.

La foule consentit d'abord aux cortès générales, afin de se mettre à l'abri de la France ; les moines se battirent au nom des hommes qui les méprisaient, les dépouillaient et les égorgeaient : les moines sont presque toujours du côté de la liberté, même quand on les proscrit, parce qu'ils sont l'ancien peuple coiffé d'un froc. Les royalistes versèrent leur sang par ordre des jacobins. En dernier résultat, tout ce qu'on avait fait pour l'indépendance nationale se trouva avoir été fait pour la liberté, réputée politique. Quand l'Espagne eut été délivrée, il ne resta de ses merveilleux efforts qu'une constitution déboîtée : chacun stupéfait la regarda ; on se disait, en contemplant le menaçant édifice : « Quoi ! j'ai élevé cela ! »

V

Buonaparte rend la liberté à Ferdinand. — Décret de Valence. — Les cortès constituantes sont chassées. — Ferdinand manque de parole. — Exécutions. — L'armée de l'île de Léon s'insurge. — Riego. — Insurrection à Madrid. — Décret de Ferdinand qui rétablit la constitution de Cadix.

L'heure était venue : Buonaparte, d'une main à qui Dieu avait retiré sa force, ouvrit les geôles dans lesquelles il allait remplacer la terre, et rendit Ferdinand à la liberté. Celui-ci rentra dans les Espagnes, au milieu des bénédictions et des fêtes. Un décret émané des cortès de Cadix lui enjoignait d'accepter la constitution de 1812, et de lui prêter serment ; on traçait au roi libéré, non de la couronne, mais de la prison, son itinéraire ; on lui marquait les étapes où il devait coucher ; on lui dictait les paroles qu'il devait prononcer. Ferdinand ne tint compte de cette insolence ; vingt-quatre heures plus tôt, elle eût été un ordre : chaque minute a sa force ou sa faiblesse. Le monarque s'avança jusqu'à Valence. La nouvelle armée et le pays tout entier l'invitèrent de régner comme avaient régné ses aïeux ; une minorité des cortès, composée de soixante-neuf députés, le supplia de détruire l'acte constitutionnel : cette protestation s'appela la *protestation des Perses*.

Le 4 mars 1814, Ferdinand VII publia le décret de Valence. Ce décret rappelle les faits historiques et les impossibilités de la constitution ; après cette énumération, il fait cette déclaration solennelle :

« J'abhorre le despotisme ; il ne peut se concilier ni avec les lumières, ni avec la civilisation des nations de l'Europe. Les rois ne furent jamais despotes en Espagne : ni les lois, ni la constitution de ce royaume n'ont jamais autorisé le despotisme...

« Cependant, pour prévenir des abus, je traiterai avec les députés de l'Espagne et des Indes ; et, dans des cortès légitimement assemblées, composées des uns et des autres, on réglera solidement et légitimement tout ce qui pourra convenir au bien de mes royaumes...

« ... On s'occupera des meilleures mesures à prendre pour la réunion des cortès... La liberté et la sûreté individuelles seront garanties par des lois qui, en assurant l'ordre et la tranquillité publics, laisseront à tous mes sujets la jouissance d'une sage liberté, qui distingue un gouvernement sage d'un gouvernement despotique. Tous auront la faculté de communiquer, par la voie de la presse, leurs idées et leurs pensées, en se renfermant dans les bornes que la saine raison prescrit à tous. »

Les cortès constituantes résistèrent ; elles en appelèrent à la force : la force, mère et fille du succès, leur rit au visage ; elles fuirent : Ferdinand entra dans Madrid roi *netto*.

Le roi *netto* manqua sur-le-champ à sa parole. Il condamna les conservateurs de son trône à l'exil, au cachot, aux présides. L'armée ne fut pas payée. Les colonies achevèrent de s'émanciper. Une camarilla rajusta et repeintura le vieux sceptre ; elle crut pouvoir servir d'abri à un trône que les nefs de Burgos, de Tolède et de Cordoue ne cachaient plus. Des conspirations se formèrent : Porlier, en Galice ; Lacy, en Catalogne, prirent les armes ; ils avaient, dans la guerre de l'indépendance, versé leur sang pour le roi ; ils moururent par sa volonté sur l'échafaud. Nous négligeons les gibets de Madrid et de Valence : on y pendit quelques plébéiens fidèles, mais *libres*.

Dans l'île de Léon se rassemblait l'armée qui devait reconquérir les colonies. Des officiers se racontaient leurs anciens périls et l'inutilité de leurs sacrifices. La plainte est la voix du complot : O'Donell, comte de l'Abisbal, chef de l'expédition projetée, fut mis à la tête des conspirateurs ; il les trahit ou laissa s'échapper le secret.

Le projet avorté se renoua. Lopez-Banos, Arco-Aguerro, San-Miguel, Quiroga et Riego jurèrent de faire revivre la constitution de Cadix. Le 1ᵉʳ janvier 1820, Riego prit les armes ; il enlève le général Calderon, successeur d'Abisbal ; il se joint à Quiroga, chef d'un autre bataillon, et tous les deux viennent échouer devant Cadix.

Le trouble s'était répandu dans Madrid. Le général Freyre accourut, menant 13,000 hommes pour combattre les 10,000 insurgés. On pourparla. Riego, avec San-Miguel, sortit de l'île de Léon accompagné d'une colonne de 15,000 hommes ; il parcourut l'Andalousie, entra dans Algésiras, Malaga, Ronda, Cordoue ; fut partout bien reçu, partout aussi vite oublié.

Abandonné de ses troupes, il se cacha dans les montagnes célèbres par la pénitence du chevalier que la moquerie d'un beau génie fait vivre, héros plus grand et plus fou que Riego. Capitaine malheureux, Riego ne trouva point la société nouvelle qu'il cherchait au travers des tempêtes : Christophe Colomb, après avoir découvert un monde, dort en paix à Séville, dans la chapelle des rois.

Le mouvement de l'île de Léon, loin de s'arrêter, se propagea : la Corogne fut soulevée par Agar, Saragosse par Garay, la Navarre par Mina.

L'Abisbal, suspect, retiré à Madrid, envoyé pour rétablir l'ordre parmi des troupes mutinées, se réunit, près d'Ocana, à son frère, qui proclama la constitution. Aussitôt des régiments tumultuèrent à la *puerta del Sol*. Le roi s'humilie. Le 6, un décret, contre-signé marquis de Mataflorida, annonce que le pacte de Cadix est écarté, mais que des *cortès* vont s'assembler. La cédule royale est déchirée; la pierre de la constitution, renversée en 1814, est relevée. Le 7, parut ce décret définitif de Ferdinand :

« *La volonté du peuple s'étant prononcée*, je me suis décidé à jurer la constitution promulguée par les cortès générales et extraordinaires en l'an 1812. »

Ainsi fut couronnée la tyrannie par la couardise, le manque de foi par le parjure.

La prison rouverte envoya au palais des ministres : Argüelles fut placé à l'intérieur; Garcias Herreros, à la justice; Canga Argüelles, aux finances; Perez de Castro, don Antonio Porcel, furent appelés : tous appartenaient plus ou moins aux cortès de Cadix ; mais, comme nos anciens révolutionnaires, instruits par le temps, ils voulurent arrêter les idées et ne le purent ; illusion dans laquelle s'égarent tous les hommes.

Auprès de ce ministère était la junte suprême, en attendant les cortès, de même que la commune de Paris auprès de la Convention. Des clubs s'ouvrirent. L'armée de l'île de Léon, en faveur de qui la bataille était gagnée, non contente de grades et de dotations, prétendit influer sur les affaires de l'État.

L'Europe s'était partagée : l'Angleterre félicita Ferdinand d'avoir accepté la constitution ; la Russie déclara la royauté perdue ; la Prusse et l'Autriche s'expliquèrent d'une manière ambiguë ; la France invita le gouvernement, par la bouche de M. le duc de Laval, à s'arranger avec les pouvoirs. M. de La Tour-du-Pin, envoyé à Madrid, intervint entre le roi et les principaux Espagnols, afin d'obtenir des modifications à l'acte constituant. La Grande-Bretagne, qui ne songe qu'à ses intérêts matériels, et à qui le bonheur d'un peuple n'importe guère, se figura que nous allions obtenir une influence considérable sur le cabinet de Madrid, et s'opposa à à nos salutaires conseils.

La France fit son devoir; elle ne félicita point le roi d'Espagne, et ne repoussa point les communications officielles; elle laissa percer des inquiétudes qu'elle se hâta de couvrir d'espérances. Nos efforts bienveillants pour calmer le mal de nos voisins furent inutiles. Les orateurs s'établirent contre nous en permanence au café de Lorenzini.

VI

Première session des cortès. — Deux principes de révolution. — Riego. — La Tragala.

L'ouverture de la première session des cortès était fixée au 9 juillet 1820. Le roi y devait renouveler son serment : il y eut une petite émeute au château pendant la nuit. Le roi parla ; l'archevêque élu de Séville répondit : modération d'étiquette qui, dans notre révolution, précédait de quelques heures les excès.

La majorité de la chambre appartenait aux anciens révolutionnaires de Cadix ; leurs chefs étaient Calatrava et Toreno. M. de Toreno n'avait pas été élevé dans la grotte de Gavagonda avec Favilla et Hermezinde, mais il était compatriote de Jovellanos et de Campomanes. On le jugeait écrivain remarquable, orateur clair et concis, *breviloquentia :* il avait voyagé. « Les Espagnols qui voient le monde, dit messire Duval, en profitent beaucoup, et se font pour la plupart fort honnêtes gens et capables de servir. » Avec Toreno des Asturies marchaient Martinez de la Rosa du Xenil, génie heureux de cette Véga qui ressemble à la vallée de Lacédémone.

La minorité se composait de nouveaux enrôlés dans les abstractions des théories conventionnelles ; parti plus violent, parce que, plus jeune, il était moins désabusé. Cassée aux gages, et pour un moment mise sur le pavé, la Révolution, nue et les bras croisés, assistait aux séances dans les tribunes.

Les *Afrancesados* et les *Perses* furent, tant bien que mal, amnistiés, excepté le marquis de Mataflorida, réfugié en France. L'arriéré fut séparé des dépenses courantes, auxquelles on appliqua les revenus de l'État. Banqueroute accomplie et emprunt fait, on rétablit quelques impôts de la création de Joseph : la dîme ecclésiastique se transforma en taxe civile ; mais, ce que l'on consentait à payer à Dieu, on refusa de le payer à l'homme. Des lois de circonstance renversèrent le reste de la vieille monarchie. Pour couronner l'œuvre, une loi établit comme un devoir la désobéissance du soldat toutes les fois qu'il recevrait des ordres contraires à la constitution.

Jadis les révolutions ont été réprimées, parce qu'en général elles procédaient des passions, non des idées : la passion meurt comme le corps, l'idée vit comme l'intelligence : ainsi on retient une passion, on n'arrête pas une idée. L'idée révolutionnaire émise par nous en 1789, après avoir parcouru l'Europe et l'Amérique, nous revenait d'Espagne. Dans cette contrée, on reconnaissait la copie servile de nos anciennes actions : clubs, motions, assassinats, renversements. Une différence capitale distinguait cependant les deux pays : en France, tout s'était fait par le peuple ; en Espagne, tout se faisait par l'armée ; vice qui, seul, empêcherait la liberté politique de s'établir solidement dans cette contrée. La Péninsule est une espèce d'empire romain ; les révolutions s'y réduisent à des troubles prétoriens et à des élections légionnaires. Si ces postiches pouvaient être enlevées, on verrait dessous la véritable Espagne.

L'armée de l'île de Léon existait toujours ; le gouvernement en prononça la dissolution ; elle se sépara après quelques symptômes de résistance. Riego, nommé commandant général de la Galice, vint à Madrid. D'un banquet, il se rend au théâtre ; il est reçu avec des acclamations, il se lève et entonne la *Tragala* : il est destitué et le club Lorenzini fermé : les jacobins firent halte entre la Grève et la place de la Révolution. Les ministres, effrayés de leurs succès, reculèrent.

Une mesure relative aux communautés troubla le reste de la session. Ferdinand sanctionna la loi antireligieuse et se repentit, seule ressemblance qu'il ait eue jamais avec Louis XVI. Il se retira à l'Escurial ; il en revint un moment, le 9 novembre 1820, pour clore en personne la première session des cortès, et se retira de nouveau dans sa communauté menaçante.

VII

L'Escurial. — Victor Saez. — Procession révolutionnaire sous les fenêtres de Ferdinand à Madrid. — Les *Communeros* propagandistes. — La constitution de Cadix à Naples.

L'Escurial est un monument sérieux, une vaste caserne de cénobites, bâti par Philippe dans la forme d'un gril de martyre et en mémoire de l'un de nos désastres ; il s'élève sur un sol concret à mousse et à sphaigne, entre des mornes noirs ; il renferme des tombes royales remplies ou à remplir, une bibliothèque sans lecteurs, des chefs-d'œuvre de Raphaël moisissants dans une sacristie vide : ses onze cent quarante fenêtres, aux trois quarts brisées, s'ouvrent sur les espaces muets du ciel et de la terre. Deux cents moines et la cour y rassemblaient autrefois la solitude et le monde. Auprès du redoutable édifice à face d'Inquisition chassée au désert, est un parc embarrassé de genêts et un village abandonné : le Versailles des steppes n'avait jadis d'habitants qu'au passage intermittent des rois : nous avons vu perché sur sa toiture à jour le mauvis de bruyère.

Ferdinand se retrancha dans cette retraite des Hiéronymites, pour essayer de là une sortie sur la société ; mais, caché parmi ces architectures saintes et sombres, il n'avait point la hauteur, la mine, la sévérité, la taciturne expérience, la croyance invincible de ces dosserets rigides, de ces pilastres sacrés ; ermites de pierre qui portaient la religion sur leurs têtes. Il ne pouvait, lui, mort ressuscité, étendre, assis dans son cercueil, ses bras de poussière à l'encontre de l'avenir. L'impuissante camarilla dont il était entouré ne lui était d'aucun secours ; le temps était arrivé au pied des vieilles institutions : les eunuques d'Honorius l'environnaient de leur néant lorsque Alaric campait sous les murailles de Ravenne. Au lieu de prendre une de ces mesures tragiques, laquelle annonce tout à coup un caractère à part, Ferdinand, homme d'ancien désir, mais de mœurs nouvelles, donne au général Caravajal l'ordre de remplacer don Gaspard Vigodet, commandant de la province de Madrid : Marius, arrêté aux portes de Rome, ne rêvait pas de destitutions. Le remède insipide, jugé héroïque à l'Escurial, empire les maux : la députation permanente prend feu ; les clubs se rouvrent ; on parle de déchéance ; on ordonne au roi de revenir à Madrid. Il obéit ; il renvoie le grand maître de sa maison, le comte de Miranda ; il éloigne son directeur, don Victor Saez. Saez était habile, mais il avait parlé bas à la grille du tribunal de la pénitence, oubliant que le Forum est aujourd'hui le confessionnal des nations. Don Victor eut encore le malheur de travailler à la régénération du culte par les moyens qui le firent éclore. Il se trompa de thébaïdes ; il confondit celle où la religion avait déjà passé avec celle où la religion n'était point encore arrivée : la première est une solitude adultère devenue stérile, improductive, impénétrable à la rosée ; la plante se flétrit à sa surface, le grain meurt dans ses entrailles : la seconde est une solitude virginale et féconde dont le sable et l'oiseau portent la fleur et le pain du ciel. Le désert après la Foi n'est pas le désert avant la Foi.

Revenu à Madrid, Ferdinand, accompagné de ses frères, de ses belles-sœurs et de la reine malade, est forcé de se montrer aux fenêtres de son palais. La foule est réunie ; un cortége va défiler. On a vu Louis XVI, entrant dans Paris, entouré de furies et précédé des têtes coupées de ses gardes : ici même scène avec des décorations castillanes. Un homme, une femme, un prêtre, portés sur les épaules de ceux qui les entourent, se dressent ; ils avancent vers le roi l'acte de la constitution, le retirent, le baisent, le représentent. Un enfant est soulevé dans l'air à son tour ; il tient à la main le même livre : c'est le fils de Lacy, vengeur encore faible, mais larve vivante et implacable.

Tandis que le cortége passe, derrière le roi sont des serviteurs terrifiés ; une famille au désespoir, une reine évanouie ; malheur si commun qu'on n'y regarde plus. Ferdinand s'était cru un de ces despotes invincibles de la haire et de la dure, il ne l'était pas. Le marquis de Las Amarillas, ministre de la guerre, donna sa démission ; Valdès le remplaça. Les évêques s'enfuirent ; les grands furent condamnés à l'exil, en particulier le duc de l'Infantado, honnête inutilité.

Auprès des vieux francs-maçons auxquels Argüelles et Valdès étaient affiliés, s'élevèrent alors les *Communeros :* remontant de souvenir et de nom au siècle de Charles-Quint, ils s'appellent *chevaliers communeros*, et se déclarent champions de l'égalité et de la liberté. Par un serment, ils s'engageaient à juger, condamner, exécuter tout individu, sans en excepter le roi et ses successeurs, s'il s'éloignait de certains principes ; serment redoutable dans un pays où l'homicide est de droit commun. Protégées par les lois, ces sociétés secrètes sont appuyées des clubs publics.

Tous les jours le conseil et le roi étaient traînés dans la boue. Un peuple qui s'est battu pour son indépendance méconnaît souvent le joug de la liberté et n'accepte plus que des fers. Les ministres firent un acte de vigueur : ils fermèrent le café de la Croix-de-Malte, afin de se réhabiliter dans l'opinion. En France, on n'aurait pas pris tant de peine ; parmi nous le mépris ne fait pas mourir. Il n'en est pas des hommes comme du serpent, on ne les tue pas en crachant dessus : *Serpens, hominis contacta saliva, disperit* (Lucrèce).

Le roi, passant dans sa voiture, fut insulté ; ses gardes dispersent la foule. Les révolutions tiennent celui qui se défend pour l'agresseur : le monarque abandonna, comme de coutume, les militaires fidèles. Un jour toutefois, perdant patience, il entra dans le conseil d'État, accusa ses ministres, énuméra les offenses qu'il en avait reçues et demanda l'arrestation des offenseurs ; mauvaise réminiscence : Charles Ier voulut faire saisir devant lui quelques membres du parlement. La famille de Ferdinand s'épouvante. La mesure avorte.

Les propagandistes de l'intérieur de l'Espagne s'étaient réjouis en voyant leur œuvre s'étendre au dehors ; la constitution de Cadix avait été imposée à Naples : Naples en fut pour son caprice : il lui fallut retourner à son soleil et à ses fleurs.

VIII

Seconde session des cortès. — Insurrections du Piémont et du Portugal. — Mouvements à Grenoble et à Lyon. — Réfugiés en Espagne. — Régime de terreur. — Venouenza jugé et exécuté par le peuple. — Morillo arrive de l'Amérique. — Fin de la seconde session des cortès.

Le 1er mars 1821 marque la seconde session des cortès. Après s'être montré révolutionnaire dans son discours, le roi apprit aux députés qu'il renvoyait ses ministres : la première partie de son allocution devait racheter la seconde.

Felin et Bardaxi formèrent le noyau d'un nouveau conseil ; les chambres le repoussèrent aussitôt.

Le Piémont et le Portugal, imitant Naples, proclamèrent la constitution de Cadix. Grenoble et Lyon s'émurent ; les cortès applaudirent. Toreno nous attaque en termes violents ; Alpuente propose d'intervenir dans les affaires d'Italie ; Moreno-Guerra veut rompre avec l'Europe et chasser de Madrid les ministres de l'alliance. Les vaincus de tous les pays se réfugient en Espagne ; ils y reçoivent encouragement et secours. Ferdinand exprima la douleur qu'il ressentait de la défaite des Napolitains.

Le parti exalté pousse à un régime de terreur : on dépouille, on emprisonne, on bannit, on déporte, sans jugement et sans empêchement. Barcelone, Valence, la Corogne, Carthagène, voient dominer, en dehors du pouvoir légal, un pouvoir sans forme et sans nom. Alors on essaye de guérir le mal par le mal. Le 17 avril, deux lois sont portées aux cortès : la première, confondant à dessein la religion et la constitution, prononce la peine de mort contre ceux qui tenteraient de renverser l'une et l'autre ; la seconde, empruntée de Danton, prive les citoyens accusés de toute garantie ; elle les envoie devant un conseil de guerre choisi dans le corps par qui l'arrestation a été faite : jugement prononcé dans six jours, exécuté dans quarante-huit heures, sans appel, sans exercice du droit de grâce.

Un chapelain du roi, don Mathias Venuenza, accusé en vertu des nouvelles lois, est gratifié de dix ans de galères. La plèbe, qui prend la souveraineté pour la force des bras, trouva l'arrêt trop indulgent. Le 4 mai, elle s'assemble à la *puerta del Sol*, révise le procès, sentencie le prêtre à mort et l'exécute, après l'avoir arraché de prison et frappé à la tête d'un marteau. On court ensuite chez le juge coupable de n'avoir condamné l'ecclésiastique qu'à dix ans de présides ; cinq hommes souverains, l'épée haute, devancent les bourreaux ; le juge s'échappe ; les révolutionnaires se répandent dans la ville ; les clubs retentissent de chansons en l'honneur de la justice populaire. Le roi, réfugié au milieu de ses gardes, les supplie de le sauver. Martinez de La Rosa éleva seul dans les cortès une voix généreuse : le courage et l'éloquence furent du côté des Muses. La presse célébra ce jour mémorable ; les meurtriers fondèrent l'ordre du *Marteau;* chacun porta sur son cœur les insignes de cet ordre, comme on porta un moment en France de petites guillotines à la boutonnière. A l'époque des révolutions on s'étonne des crimes ; on a tort : quand une société nouvelle se forme, une ancienne société en même temps se détruit ; alors les crimes entrent dans le tout comme dissolvant, pour hâter la décomposition de la partie qui doit périr. C'est aussi pourquoi, lorsque les crimes sont trop odieux et trop multipliés, il ne reste presque rien de la société nouvelle, parce que le bien est dévoré par la contagion du mal.

Morillo venait d'arriver d'Amérique ; il avait eu la gloire d'être vaincu par Bolivar. On l'investit du commandement de Madrid. Les membres des cortès dérivaient vers la république ; ils se dépouillèrent de la loi qui donnait le droit au monarque de fermer les clubs ; Ferdinand refusa sa sanction : n'étant pas appuyé du vote d'une seconde chambre, il ne fit qu'exposer sa tête : la monarchie souillée et expirante avait encore raison. La fin de l'année parlementaire se passa en discussions sur les droits prétendus seigneuriaux, et l'on s'obstina à retenir les colonies. Arrivé au terme des cortès ordinaires de la seconde session, le roi fut obligé de convoquer des cortès extraordinaires.

Dans l'intervalle, la députation permanente fut établie.

IX

Lois des *Communeros*. — Fontana de Oro. — Prisonniers dans les couvents. — Riego se lie avec Cugnet. — Soulèvement à Madrid.

Les sociétés secrètes prenaient de jour en jour plus d'accroissement. Les chrétiens ne furent d'abord qu'une société secrète, et ils ont conquis le monde : leurs deux grands mystères étaient Dieu et la Morale ; avec ces deux mystères peu à peu révélés, ils fondèrent la nouvelle communauté humaine.

Les *Communeros* tenaient à Madrid leur assemblée suprême ; auprès d'eux était une junte directrice ; chaque province avait sa *merindad* provinciale, chaque *merindad* sa *tour*. Des subventions volontaires satisfaisaient aux besoins urgents. Les *Communeros*, ou les fils de *Padilla*, s'élevèrent bientôt à plus de soixante-dix mille. Cette société fut établie pour la mort, comme la chrétienté l'avait été pour la vie ; son origine venait des carbonari ; elle avait des affiliations en France, comme nous le reconnaîtrons, en signalant d'autres sociétés sœurs ; charbonnerie d'autant plus funeste, qu'ayant pris naissance dans les camps, elle pervertissait le glaive et armait le dessein.

« Je jure devant Dieu et devant cette assemblée de chevaliers *communeros*, disait le récipiendaire, de maintenir les libertés et les franchises de tous les peuples.... de me soumettre sans réserve aux décrets de la confédération, de mettre à mort tout chevalier qui manquerait à son serment : si je viens moi-même à y manquer, je me déclare traître : que je sois condamné à une mort infâme, que je sois brûlé et que l'on jette mes cendres au vent. »

La révolution espagnole comptait un élément de plus que la révolution française : la dernière avait des *clubs*, la première des *clubs* et des *sociétés secrètes*, c'est-à-dire le pouvoir législatif et le pouvoir exécutif du mal.

Ceci explique comment, à volonté, paraissait à la surface de l'Espagne une anarchie organisée ; ce fantôme frappait un coup et rentrait dans le sein de sa mère, les ténèbres. Lorsque tout semblait tranquille, un tremblement de terre agitait soudain la société. Un calme dangereux aux conjurés règne-t-il dans Madrid ? vite on le trouble. On décrète à la *fontana de Oro* que tel peintre en bâtiment sera pendu. Morillo écarte les assassins. Alors, en désespoir de cause, on se rue sur quelques gardes du corps emprisonnés dans les couvents : on ne retrouvait qu'en Espagne le contraste des mœurs anciennes et des idées nouvelles.

Parmi nous, lorsqu'un homme est condamné, on l'ensevelit au fond d'une geôle : en deçà et au delà de l'Èbre, des novateurs sans croyance vous jettent dans un monastère, au vallon d'une montagne, à la grève d'une mer. Là, aux sons rares d'une cloche qui ne tintera bientôt plus et qui ne rassemble personne, sous des arcades tombantes, parmi des laures sans ermites, parmi des religieux sans successeurs, parmi des sépulcres sans voix et des morts sans mânes, dans des réfectoires vides, dans des cloîtres abandonnés, au sanctuaire où Bruno laissa son silence, François ses sandales, Dominique sa torche, Charles sa couronne, Ignace son épée, Rancé son cilice ; à l'autel d'une foi qui s'éteint, on s'accoutume à mépriser le temps et la vie ; ou, si l'on rêve encore des passions, cette solitude leur prête quelque chose qui va bien à la vanité des songes.

Morillo, toujours aux dépens de sa vie, sauva les gardes proscrits : dénoncé à la *puerta del Sol*, il demande à être jugé, et les cris cessent.

Riego, qui commandait en Aragon, se lie avec un officier français, Cugnet de Montarlot, poursuivi en France, et rédacteur, en qualité de lieutenant général de Napoléon, de proclamations à nos soldats. Cugnet ayant noué des intrigues dans nos garnisons, sur la frontière des Pyrénées, avait autour de lui quelques déserteurs. Riego et Cugnet nourrissent le projet d'une double république : tous deux sont arrêtés. Madrid se soulève pour la millième fois : on veut faire revenir le roi de Saint-Ildephonse, comme on l'avait fait revenir de l'Escurial. Vive Riego ! vive le peuple ! vive le poignard ! vive le marteau ! s'écrie-t-on. Un tableau est préparé ; il représente Riego tenant le livre de la constitution et renversant le despotisme. Le chef politique San-Martin défend l'inauguration du tableau : dans ce pays il faut des fêtes pour enivrer le désordre, des plaisirs pour rendre la foi corporelle, pour la dégrader jusqu'à la voluptueuse et sacrilége transsubstantiation de la *muy gitana*.

Malgré la défense, les insurgés se décident à exécuter leur projet. La garde flotte incertaine; le régiment de Sagonte est prêt à se réunir aux factieux; Morillo et San-Martin, à la tête des bourgeois, remportent la victoire. Cette journée fut appelée des *Orfévreries*, quartier où la sédition fut vaincue.

X

Session extraordinaire. — La fièvre jaune. — Les *Descamisados*. — Société des Amis de la constitution.

Session extraordinaire le 28 septembre 1821; on traite des matières soumises à la délibération par la couronne : division territoriale du royaume; pacification essayée des colonies; amélioration des finances; rédaction des codes civil et criminel.

La fièvre jaune survient : la France envoie des médecins et des sœurs hospitalières à Barcelone; elle établit un cordon sanitaire; mesure nécessaire, prétexte d'une accusation absurde. Qu'avait besoin la France de mentir? Elle défendait d'un fléau ses populations en exposant ses soldats à la double contagion de la peste américaine et de la révolution espagnole.

Cette réunion du cordon sanitaire excita l'humeur du gouvernement espagnol; il nous outragea; il crut qu'on boirait l'outrage : il nous prenait pour ces gens qui, usant l'insulte et fatiguant le châtiment, se laissent frapper sans que le cœur remonte. Le parti exalté se distinguait par l'indécence de son langage; Alpuente publia un libelle dans lequel il prétendait développer un complot ourdi contre la liberté à l'étranger et en Espagne. Ferdinand VII et don Carlos n'étaient pas nommés, mais ils étaient clairement désignés. On demandait le sang de quinze mille habitants de Madrid : Alpuente était le buste en plâtre de Marat.

De toutes parts fut requise la réintégration de Riego. Un complot échoua, le 29 octobre 1821, à Saragosse; à Cadix il réussit. On refuse de recevoir dans cette ville les gouverneurs envoyés; Jaureguy, commandant conservé, déclara qu'il n'obéirait point aux ordres de Ferdinand. Séville et Murcie imitèrent Cadix. La révolte succéda moins à Cordoue, à Grenade, à Valence; à la Corogne, Mina fut obligé de se retirer.

La presse, qui, favorable à toutes les mauvaises causes, semble solliciter partout la destruction de sa liberté, enflamme à Madrid les anarchistes; elle accepte pour eux le titre de *Descamisados*, titre encore volé à nos annales; elle outrageait les souverains; elle offrait le *salut et la fraternité* aux agitateurs de l'Europe.

Le roi adresse aux cortès, le 25 novembre 1821, un message pour leur demander des conseils et pour se plaindre. Martinez de La Rosa présidait les cortès; il chargea Calatrava du rapport. Calatrava blâme la révolte de

Cadix et de Séville, mais il accuse l'incurie des ministres : ceux-ci tombent au moment où Séville et Cadix se soumettent. En opposition aux sociétés secrètes, s'établit une société publique, dite société des *Amis de la constitution,* comme on vit autrefois à Paris la Société monarchique : elle examina les violences de la presse, les outrages des pétitions, le dévergondage des réunions démagogiques. Trois projets de loi étaient aux commissions sur ces sujets, lorsque le roi, avec une inopportunité qui tenait de la fausseté ou de la démence, vient proposer d'admettre au partage du pouvoir des hommes impopulaires. Calatrava, embauché par l'ambition, vote aussitôt le rejet des projets de lois ; Martinez de La Rosa s'oppose au rejet ; la foule court chez les opposants, dans le dessein de les massacrer ; Morillo dissipe la foule, et la première législature des cortès finit. Cette terre de misère avait pourtant été foulée par Annibal ; elle avait vu la pudique aventure de Scipion, et donné naissance à Trajan : *Tibi sæcula debent Trajanum* (Claudien).

XI

Martinez de La Rosa, ministre des affaires étrangères. — *Serviles*-royalistes. — Le trappiste : son portrait. — La Saint-Ferdinand à Aranjuez. — Don Carlos menacé. — Landaburu. — Troubles. — La garde royale en vient aux mains avec la ligne et la milice : elle est vaincue. — L'Espagne plagiaire de la république et de l'empire. — Martinez de La Rosa refuse de rester au ministère. — Triomphe de royalistes en Navarre. — Émigrations. — L'auteur quitte Londres pour le congrès de Vérone.

Ces secondes cortès furent aux premières ce que notre Assemblée législative fut à l'Assemblée constituante. Parmi les nouveaux nommés étaient des curés antiromains, des légistes à discours, des clubistes, enfin Riego, jeune parleur de l'armée, et le duc del Parque, vieux radoteur de la cour : la vie a deux enfances, elle n'a pas deux printemps. Riego monte à la présidence. Le roi, afin de balancer l'esprit des cortès, nomme Martinez de La Rosa ministre des affaires étrangères.

Trois poëtes, M. Martinez de La Rosa, M. Canning et l'auteur de ce récit, se sont trouvés ministres des affaires étrangères presque en même temps. « Il est peu d'hommes, dit Montaigne, abandonnés à la poésie, qui ne se gratifiassent plus d'estre pères de l'*Énéide* que du plus beau garçon de Rome... Je me jette aux affaires d'Estat et à l'univers plus volontiers quand je suis seul. Je suis fait à me porter allaigrement aux grandes compaignies, pourvu que ce soit par intervalles et à mon point. »

Qu'en pense Martinez de La Rosa, resté comme nous dans le monde, et notre illustre ami Canning, détrompé aujourd'hui dans l'éternité ?

La session s'ouvrit à Madrid, le 1ᵉʳ mars 1822, alors qu'ambassadeur nous assistions aux séances du parlement britannique, ou que nous racontions dans la première partie de nos *Mémoires* nos courses chez les Sauvages.

Des travaux furent entamés relativement aux finances; mais il n'y avait plus rien de possible. La presse, les sociétés secrètes, les clubs, avaient tout décomposé. Barcelone, Valence, Pampelune, s'agitèrent. D'un côté on criait : *Vive Dieu!* de l'autre : *Vive Riego!* On se tuait au nom de ce qui ne meurt point et de ce qui meurt. A Madrid, des régiments se battirent contre des grenadiers royaux; des jeunes gens se promenèrent dans les rues implorant un monarque absolu : Dieu et le roi, en Espagne, c'est même chose, *las ambas magestades*. Au sein des cortès, des députés disaient que le refus d'accueillir les plaintes du peuple autorisait la justice du poignard. Riego, président, était impuissant; on le voyait toujours prêt à chanter la *Tragala*. Un couplet peut donner un moment la couronne; mais, s'il n'est bon, il passe, et vous restez au carrefour avec votre trône changé en tréteaux.

Les *Serviles,* qui se paraient de leur nom comme de la pourpre, profitaient d'une heure de repos et de la réaction contre les sociétés secrètes pour ressaisir le pouvoir. Des émeutes royalistes remplacèrent des insurrections révolutionnaires. Les *Descamisados,* matadors des *Serviles,* furent abattus à leur tour; ils renouvelaient les sacrifices humains de leurs ancêtres les Carthaginois. Des partis monarchiques à l'ancienne guise parurent. Govostidi, Misas, Mérino, fabuleux héros de presbytère, se levèrent en Biscaye, en Catalogne, en Castille. Ces insurrections s'étendirent; on y vit briller Quesada, Juanito, Santo-Ladron, Trurillo, Schafaudino, Hierro. Enfin le baron d'Eroles se montra dans la Catalogne. Auprès de lui était Antonio Maranon. Antonio, dit le Trappiste, fut d'abord soldat; jeté par des passions dans les cloîtres, il portait avec le même enthousiasme la croix et l'épée. Son habit militaire était une robe de franciscain, sur laquelle pendait un crucifix; à sa ceinture étaient un sabre, des pistolets et un chapelet : il galopait sur un cheval, un fouet à la main. La paix et la guerre, la religion et la licence, la vie et la mort, se trouvaient ensemble dans un seul homme, bénissaient et exterminaient. Croisades et massacres civils, cantiques et chants de gloire, *Stabat Mater* et *Tragala*, génuflexions et *jota aragonese,* triomphe du martyr et du soldat; âmes montant au ciel dans l'encens du *Veni, Creator*, rebelles fusillés au son de la musique militaire : telle était l'existence dans ce coin retiré du monde.

Ferdinand, sur les bords du Tage, *rio que cria oro e piedras preciosas,* avait juré la constitution pour la trahir. Des amis sincères l'invitaient à modifier les institutions, d'accord avec les cortès; des amis aveugles le pressaient de les renverser. Le succès des royalistes flattait en secret le monarque; l'espoir de la souveraineté sans contrôle le chatouillait : moins on est capable du pouvoir, plus on l'aime.

La fête du roi se chômait le 30 mai ; elle fut célébrée par les paysans de la Manche, réunis dans Aranjuez. On aurait pu se croire aux beaux jours de la Bétique. « Ce pays semble avoir conservé les délices de l'âge d'or, dit l'archevêque de Cambrai. Les femmes filent cette belle laine, et en font des étoffes fines d'une merveilleuse blancheur. En ce doux climat, on ne porte qu'une pièce d'étoffe fine et légère, qui n'est point taillée, et que chacun met à longs plis autour de son corps pour la modestie, lui donnant les formes qu'il veut. »

Ces rêves de Fénelon allaient disparaître devant la vérité. En vain les militaires répétèrent à Aranjuez le cri d'amour des paysans, comme les gardes du corps chantèrent à Versailles : « O Richard ! ô mon roi ! » Si la France bientôt après ne s'en était mêlée, Ferdinand allait où Richard conduisit Louis XVI. La milice marcha sur le peuple ; un bourgeois menaça de son sabre don Carlos, ce dernier des rois qu'attend une si pesante couronne. A Valence, un détachement d'artillerie voulut délivrer le général Élio, renfermé dans la citadelle. Les insurgés de Catalogne, régularisés, avaient pris le nom de l'*Armée de la foi*. Le Seu d'Urgel fut emporté d'assaut.

Le roi quitta sa résidence ; il mit fin à la session le 30 juin 1822. Au sortir de la séance, les soldats et la milice en vinrent aux mains. Landaburu, officier d'opinion constitutionnelle de la garde, fut tué, et Morillo nommé colonel des gardes.

Pendant six jours le trouble alla croissant. D'un côté les troupes royales, de l'autre la milice et des régiments de la ligne étaient campés en face les uns des autres, à l'ardeur de la canicule, sabre nu, mèche allumée. Cependant on paraissait enclin à s'arranger dans le château ; il était question de l'établissement de deux chambres. Le corps diplomatique entourait Sa Majesté : M. le comte de La Garde poussait à des mesures conciliantes. Le malheur agissait enfin sur la raison. Soudain un régiment de carabiniers se révolte en Andalousie ; quelques bataillons de milice provinciale se joignent à ce régiment, et tous ensemble s'avancent sur Madrid en proclamant le roi *netto*. A cette nouvelle, les têtes royales s'enivrent ; Ferdinand retourne à sa nature, et rompt les négociations qui l'auraient sauvé.

Le 7 juillet arriva : deux bataillons de la garde étaient demeurés au château ; quatre autres allèrent camper hors de Madrid, ils entrèrent de nuit dans la ville. Suivant les dispositions d'un complot prévoyant, ils se partagent en trois colonnes : l'une marche au parc d'artillerie, l'autre à la *puerta del Sol*, la troisième à la place de la Constitution. La fortune n'appartenait plus à la monarchie : la première division se débanda, quelques coups de fusil tirés du *bataillon sacré des officiers* la dispersèrent ; la seconde et la troisième division sont successivement culbutées ; les deux bataillons du château demeurèrent sans ordres : à six heures du matin la milice l'emportait. Un *Te Deum* est chanté sur la place de la Constitution. En Espagne, on louait Dieu de tout, même du mal; en France on ne le remercie de rien. Monvel appelait sur lui la foudre, comme si Dieu s'embarrassait du bruissement d'un insecte.

La garde étant vaincue fut cassée : ce qui en restait se voulut défendre, on la mitrailla. Ces exécutions semblaient alors des événements d'impérissable mémoire; les lieux qui en furent les témoins devaient à jamais subsister pour en transmettre le souvenir! Et où sont *Aletua, Urso*, dans lesquelles les fils de Pompée furent défaits, *in quibus Pompei filii debellati sunt?* On l'ignore. Strabon estropie, en l'écrivant, jusqu'au nom de Pompée. Vivez donc, triomphateurs de rues, déjà oubliés! vivez avec les pavés sanglants déjà séchés que vous foulez dans votre cité d'un jour, quand vous allez baller à Santa-Catalma! Des milliers de soldats gagnèrent au prix de leur vie les batailles d'Arbelles, de Pharsale et d'Austerlitz; de tant de morts combien de noms reste-il? Trois : Alexandre, César et Napoléon.

Ferdinand et sa famille se montrent à travers les ténèbres de ces désastres; on y reconnaît la passion du despote et la fureur des femmes. Un tyran craintif pousse à la catastrophe et tremble quand elle est venue; il descend de l'intrépidité de sa tête dans la lâcheté de son cœur. Il y a des monarques de faux aloi, qui sont sur le trône par méprise : la plupart des événements de nos jours s'expliquent par la peur; le poltron est au fond de ces événements énormes, comme la momie d'un roi était au centre de la pyramide de Chéops.

Plagiaires aussi de l'empire, les Espagnols empruntèrent le nom de *bataillon sacré* à la retraite de Moscou, ainsi qu'ils étaient bouffonesques de *la Marseillaise*, des *sans-culotides*, des propos de Marat, des diatribes du *Vieux Cordelier*, toujours rendant les actions plus viles, le langage plus bas. Ils ne produisaient rien, parce qu'ils n'agissaient point par l'impulsion du génie national : ils traduisaient et jouaient perpétuellement notre révolution sur le théâtre espagnol. Nos têtes sans corps et nos carcasses sans têtes, vues à distance, lorsqu'on ne pouvait plus distinguer leur horreur, offraient du moins, par l'arrangement symétrique de l'immense ossuaire, de l'effrayant et du gigantesque; il n'en était pas ainsi dans la Péninsule dépouillée de son caractère : les hommes de cette Péninsule avaient franchi deux de leurs siècles d'un plein saut, pour rejoindre notre histoire, d'un côté à Voltaire, de l'autre à la Convention; mais ces siècles supprimés revenaient, reprenaient leur empire et troublaient l'ordre violemment établi. Les Espagnols étaient vraiment grands, alors que le peuple était indépendant et le roi maître, que la nation disait : *Sinon, non;* que le monarque absolu signait : *Moi, le roi.* Les deux libertés complètes de la démocratie de *tous* et de la démocratie d'un *seul* se rencontraient sans se renverser et se parlaient leur fier langage; spectacle qui ne s'est jamais vu que dans les Espagnes.

Après l'affaire du 7 juillet 1822, le ministère se retira ; on fit d'infructueux efforts pour retenir Martinez de La Rosa : qui chante est libre. Columelle de Cadix regretta courageusement dans ses vers la République, sous le règne de Claude. Au reste, le nom de Martinez de La Rosa afflige lorsque, sortant des ruines de Grenade, il brille sur la scène publique : Lope de Vega avait tort d'écrire à sa fille, en lui dédiant sa comédie du *Remède dans le malheur :* « Puissiez-vous être heureuse, quoique vous ne me sembliez pas née pour l'être, si vous héritez de ma destinée ! » Il ne devait pas gémir « de la perte d'un temps précieux et de l'arrivée de la vieillesse. » La vieillesse est un mal inévitable ; mais le cœur noble et le talent consolateur sont moins bien dans le monde que dans la retraite, où l'on conserve l'honneur d'avoir une âme immortelle.

Lopez-Banos est nommé à la guerre, San-Miguel aux affaires étrangères, Gasco à l'intérieur, Navarro à la justice. Le marquis de Las Amarillas, le marquis de Castellare, le comte de Casaserria, le général Longa, le brigadier Cisneros, furent exilés ; Castro-Toreno, le duc de Belgide, le duc de Montemar, grand majordome, renvoyés. Rentra dans le château une créature expiatoire, le général Palafox. San-Martin, homme de cœur, et Morillo, guerrier illustre, se virent écartés. Morillo s'était pourtant déclaré pour le vainqueur avant le succès : affaibli par les emplois, les honneurs semblaient le vouloir destituer de la gloire.

On demandait des victimes, prenant soin de les cacher sous le nom des assassins de Landaburu. Goiffieux, particulièrement désigné, quitta Madrid. Bientôt arrêté, il pouvait se taire ou tromper : on lui demanda son nom, il répondit : « Goiffieux, premier lieutenant dans la garde. » Il dédaigna de se sauver par un mensonge, il était Français.

Élio fut juridiquement exécuté à Valence sur une place qu'il avait ornée d'arbres. Valence *la belle* est trompeuse : fille des Maures, elle a donné sa beauté à Venozza et à Lucrèce, ses intrigues et ses cruautés à Alexandre VI et à Borgia.

Dans la Navarre et dans la Catalogne les royalistes triomphèrent : un gouvernement politique s'établit sous le nom de *Régence suprême de l'Espagne pendant la captivité du roi.* Le marquis de Mataflorida, l'archevêque de Tarragone, le baron d'Éroles, composaient cette régence, installée le 14 septembre à la *Seu* ou cathédrale d'Urgel : les édifices mozarabiques prennent ce nom sur les montagnes de la Catalaunie.

Ferdinand fut solennellement inauguré à Urgel, comme Charles VII l'avait été au château d'Espally : aux créneaux de ce château la bannière, semée de fleurs de lis d'or, était déployée; quelques paysans et un petit nombre de gentilshommes vêtus de leur blason proclamèrent le souverain de France, en criant : Vive le roi! Ce mot renfermait toute la constitution; il créait le monarque que Jeanne d'Arc devait faire sacrer à Reims; Charles VII était mort, Ferdinand était captif.

Cependant à Madrid on méditait d'enfoncer les portes des prisons pour en finir avec les détenus; les émigrations commençaient; la Méditerranée se couvrait de proscrits embarqués sous les orangers de Carthagène; l'Océan emportait les voiles des pèlerins qui désertaient les montagnes de Saint-Jacques; les fugitifs étaient poursuivis sur la mer par ces *lampons* des Euménides, que redisait le rivage espagnol, et que leur portait, au milieu des vents, le refrain des vagues.

Trágala, trágala,	Avale-la, avale-la,
Tu servilon,	Toi grand servile,
Tu que no quieres	Toi qui n'aimes pas
Constitucion.	La constitution.
Dicen que el rey no quiere	On dit que le roi n'aime pas
Los hombres libres;	Les hommes libres;
Que se vaya á la......	Qu'il s'en aille à la.....
A mandar serviles.	Commander les serviles.
Trágala, trágala.	Avale-la, avale-la.

Ferdinand s'en allait où l'appelait la ronde infernale; le congrès des rois s'assemblait en Italie; lord Londonderry s'était coupé la gorge à Londres, et nous, nous partions pour Vérone.

XII

Congrès de Vérone. — Personnages. — Partie familière du congrès.

Nous quittâmes Londres à la fin de septembre 1822; nous traversâmes Paris, la France, les Alpes, le Milanais, et nous descendîmes à Vérone à *Casa Lorenzi :* il n'y avait encore presque personne d'arrivé. Peu à peu la ville se remplit; on vit paraître successivement l'empereur, l'impératrice d'Autriche et leur suite; le prince de Metternich, accompagné des conseillers auliques Gentz, du chevalier de Floret, de quatre barons, d'un comte, d'un concipiste aulique et de deux officiaux; le prince d'Esterhazy, notre collègue d'ambassade à Londres; le comte de Zichy, notre ancien collègue plénipotentiaire à la cour de Prusse; le baron de Lebzeltern, accrédité près la cour de Russie; l'empereur de Russie avec cinq adjudants généraux, Menzikoff, Frubetzkoy, Oscharowski, Czernitscheff, Michaud;

le prince Wolkonski, général et chef d'état-major ; le comte de Nesselrode, secrétaire d'État ; le comte de Lieven, ambassadeur à Londres ; le comte Pozzo di Borgo, ambassadeur à Paris ; puis le duc de Wellington et lord Clamwillam, le marquis de Londonderry, frère de feu lord Castlereagh, le vicomte Strangford et lord Burghersh ; puis vinrent les puissances de la Prusse, S. M. le roi, LL. AA. RR. le prince Guillaume et le prince Charles, le comte Bernstorf, le baron de Humboldt.

L'archiduc et l'archiduchesse, vice-roi et vice-reine d'Italie, débarquèrent avec leur cour.

Parme envoya l'archiduchesse d'Autriche, duchesse de Parme, dite veuve Napoléon, avec le comte de Nieperg, dit chambellan et chevalier d'honneur de l'archiduchesse.

Le grand-duc et la grande-duchesse de Toscane, S. A. I. et R. le prince héréditaire, accoururent de la patrie du Dante et de Michel-Ange, de cette ville si belle, disait l'archiduc Albert, qu'on ne devait la faire voir que les dimanches et fêtes.

L'archiduc duc de Modène, et l'archiduchesse duchesse de Modène, descendirent du Cataïo.

S. M. le roi des Deux-Siciles quitta Naples pour Vérone, avec la duchesse de Floridia, le confesseur Porta, et le prince de Salerne, que suivaient deux gentilshommes de la chambre.

La Sardaigne députa son roi et sa reine et le comte de Latour, ministre secrétaire d'État aux affaires étrangères.

Nous autres Français, nous étions de même assez nombreux : M. le vicomte de Montmorency, notre chef, était accompagné de M. Bourjot et de M. Pontois pour le secrétariat, et de M. Damour pour le chiffre. Le marquis de Caraman, M. de La Ferronnays, M. de Rayneval et nous, nous représentions nos missions de Vienne, de Pétersbourg, de Berlin et de Londres. Dans la mission de Londres, on comptait le duc de Rauzan, M. le comte de Boissy et M. le comte d'Aspremont.

M. de Serre, ambassadeur à Naples, et M. de La Maisonfort, envoyé à Florence, assistèrent au spectacle en simples curieux.

M. de Serre était fort négligé au congrès, à cause de ses opinions libérales ; nous n'étions guère plus aimé, mais nous étions plus craint. Nous allâmes voir M. de Serre, quoique nous eussions été dans des rangs opposés. Nous trouvâmes un homme au-dessus de l'idée que nous nous en étions faite ; nous nous liâmes avec lui, et il nous a donné en mourant des preuves de son souvenir.

Voilà toutes les grandeurs modernes venues se mesurer à Vérone aux arènes laissées par les Romains.

Auprès de ces débris se plaçaient d'autres ruines qu'on n'écoutait pas, les députés de la malheureuse Grèce. Le vieux monument de la ville éternelle leur eût plutôt répondu que ces souverains d'un jour, parce qu'Athènes levait vers le ciel ses mains suppliantes au nom de la liberté.

Nous avions déjà vu Vérone ; nous nous présentâmes de nouveau à ses antiquités et au casino Gazola, retraite de ce Louis XVIII que nous avions maintenant l'honneur de représenter à l'assemblée des rois. Nous visitâmes le palais Canossa et le monument de *Can grande :* ce Can grande avait été l'hôte de Dante : « homme très-illustre, dit l'historien de Rieggo, et qui charmait le seigneur de La Scale par son génie. »

Ne voulant parler que d'affaires, nous avons placé dans nos *Mémoires d'outre-tombe* la partie la moins aride du congrès et les choses auxquelles le public prend ordinairement un intérêt de curiosité. On y verra les portraits des personnages qui se pressèrent à Vérone, la comtesse de Lieven, la princesse Zénaïde Wolkonski, la comtesse Tolstoy, le prince Oscar, etc., etc.

La vicomtesse de Montmorency vint aussi en Italie. La Providence, qui priva d'héritiers le descendant des Bouchard, lui remit en échange l'enfant du trône, un Bourbon pour un Montmorency. Et, comme si, en lui confiant cette glorieuse paternité adoptive, elle eût voulu seulement le soumettre à une dernière épuration, Dieu visita le chrétien achevé, le vendredi saint, au pied des autels, à l'heure où le Fils de l'Homme avait accompli son sacrifice.

Nous fûmes présenté aux rois : nous les connaissions presque tous.

Nous refusâmes d'abord une invitation de l'archiduchesse de Parme; elle insista, et nous y allâmes. Nous la trouvâmes fort gaie : l'univers s'étant chargé de se souvenir de Napoléon, elle n'avait plus la peine d'y songer. Nous lui dîmes que nous avions rencontré ses soldats à Plaisance, et qu'elle en avait autrefois davantage; elle répondit : « Je ne songe plus à cela. » Elle prononça quelques mots légers, et comme en passant, sur le roi de Rome : elle était grosse. Sa cour avait un certain air délabré et vieilli, excepté M. Nieperg, homme de bon ton. Il n'y avait là de singulier que nous dînant auprès de Marie-Louise, et les bracelets faits de la pierre du sarcophage de Juliette, que portait la veuve de Napoléon.

En traversant le Pô, à Plaisance, une seule barque nouvellement peinte, portant une espèce de pavillon impérial, frappa nos regards; deux ou trois dragons, en veste et en bonnet de police, faisaient boire leurs chevaux; nous entrions dans les États de Marie-Louise : c'est tout ce qui restait de la puissance de l'homme qui fendit les rochers du Simplon, planta ses drapeaux sur les capitales de l'Europe, releva l'Italie prosternée depuis tant de siècles. Bouleversez donc le monde, occupez de votre nom les quatre parties de la terre, sortez des mers de l'Europe, élancez-vous jusqu'au ciel, et allez tomber pour mourir à l'extrémité des flots de l'Atlantique : vous n'aurez pas fermé les yeux, qu'un voyageur passera le Pô et verra ce que nous avons vu.

Les princes de Toscane nous reçurent en gens lettrés; le roi de Sardaigne, en roi près de sa retraite. Sur le grand chemin de Mantoue, nous rencontrions souvent le souverain septuagénaire de Naples, en longs cheveux blancs, accompagné de deux jeunes capucins à barbe noire, les mains dans leurs manches, et marchant en silence comme leur maître. Nous suivions de loin ce monarque chenu du printemps de Sorrente, qu'on allait bientôt essayer de donner pour rival à la France dans les Espagnes.

Des chanteurs et des comédiens étaient accourus pour amuser d'autres acteurs, les rois. Des journalistes de Londres, arrivés sans passe-port, guettaient l'histoire pour l'appréhender au passage. Dans l'amphithéâtre, où se réfugient de pauvres familles, et qu'éclaire parfois le feu d'une forge au fond d'un portique, se rassembla la foule à la fin du congrès : on avait traqué les habitants des campagnes; ceux de la ville n'auraient pas suffi pour remplir l'édifice. Cette représentation n'avait eu lieu que deux fois auparavant : l'une pour Joseph II, l'autre pour Pie VI lorsqu'il se rendit à Vienne. Si l'on n'eût été averti du temps aux costumes, on aurait pu croire à une résurrection des Romains.

Descendue des montagnes que baigne le lac, célèbre par un vers de Virgile et par les noms de Catulle et de Lesbie, une Tyrolienne, assise sous les arcades des Arènes, attirait les yeux. Comme Nina, *pazza per amore*, cette jolie créature aux jupons courts, aux mules mignonnes, abandonnée du chasseur de *Monte-Baldo*, était si passionnée qu'elle ne voulait rien que son amour : elle passait les nuits à attendre, et veillait jusqu'au chant du coq; sa parole était triste, parce qu'elle avait traversé sa douleur.

Le congrès de Vérone et ses fêtes se terminèrent par une course de chevaux et par une illumination. Nous fuyions, et nous allions nous éteindre.

XIII

Ni les alliés ni M. de Villèle n'ont voulu la guerre d'Espagne. — Ce qu'on a dit sur l'origine de la guerre d'Espagne en 1823 est une méprise. — Cinq affaires principales traitées au congrès.

La grande affaire du congrès de Vérone est la guerre d'Espagne : on a dit, et l'on répète encore, que cette guerre fut imposée à la France : c'est précisément le contraire de la vérité. S'il y a un coupable dans cette mémorable entreprise, c'est l'auteur de cette histoire : M. de Villèle ne voulait point les hostilités : il est juste de laisser à son esprit de modération et de sagesse l'honneur d'avoir pensé alors comme les trois quarts de l'alliance, comme la France, comme l'Angleterre. Une phrase que M. le président du conseil n'a pas prononcée, ou qu'on a mal rendue, a pu égarer l'opinion ; nous en parlerons en son lieu.

Ainsi donc tout ce que l'opposition a fait entendre dans les salons, à la tribune, dans les journaux, dans les pamphlets, soit à Londres, soit à Paris, est erroné. Nous sommes heureux d'avoir vécu assez longtemps pour détruire une prodigieuse méprise.

Encore une fois, la guerre d'Espagne de 1823 nous appartient en grande partie ; nous ne craignons pas d'assurer que les esprits politiques nous en feront un mérite, comme homme d'État, dans l'avenir. Nous ne croyons pas être de cette petite classe d'hommes qui, selon Sénèque, surnagent et se débattent parmi les flots des siècles ; nous ne croyons pas non plus que les choses de la terre intéressent les morts au delà de la tombe : mais, par une illusion de notre existence actuelle, nous tenons plus à notre mémoire qu'au jour où nous vivons : notre mémoire, si elle dure, devant être plus longue que notre vie ; or, comme nous ne serons pas auprès d'elle pour la protéger, il faut qu'elle porte en soi le moyen de se défendre.

Cinq affaires ont été agitées au congrès de Vérone :

1° La traite des nègres ;

2° Les pirateries dans les mers de l'Amérique ou les colonies espagnoles ;

3° Les démêlés de l'Orient entre la Russie et la Porte ;

4° La position de l'Italie ;

5° Les dangers de la révolution d'Espagne par rapport à l'Europe, et surtout par rapport à la France.

Avec ces questions générales s'en présentaient trois autres particulières : la navigation du Rhin, les troubles de la Grèce, les intérêts de la régence d'Urgel. Les députés de la Grèce et les envoyés de la régence royaliste de Catalogne (ceux-ci ayant pour interprète le comte d'Espagne) n'étaient point admis au congrès ; simples pétitionnaires, ils tâchaient d'émouvoir les potentats. La navigation du Rhin ne concernait que les douanes de la Hollande et les puissances riveraines du fleuve.

Pour revenir aux cinq affaires principales, les démêlés de la Russie et de la Porte se controversaient en conférences par les représentants des cabinets de Londres, de Pétersbourg, de Berlin et de Vienne : M. le marquis de Caraman y assistait pour la France, comme ambassadeur en Autriche.

La position de l'Italie s'examinait dans une espèce de congrès en dehors du congrès général : les délégués à cette réunion étaient ceux des parties intéressées, à savoir : Naples, Rome, la Toscane, Parme, Modène, le Piémont, le Milanais et les États lombards-vénitiens.

Dans ces affaires croisées, la France n'eut qu'à donner son avis sur la *traite des nègres*, les *colonies espagnoles* et la question de la guerre éventuelle d'Espagne.

Ce sont donc ces trois questions qu'il faut d'abord exposer, en touchant, occasionnellement, celles où la France ne fut pas appelée à un vote spécial.

XIV

M. le prince de Metternich. — Séances du congrès. — Deux mémoires du duc de Wellington, l'un relatif à la traite des nègres, l'autre contre les pirateries dans les mers de l'Amérique. — Trois prétentions exorbitantes renfermées dans le premier mémoire.

Occuper longtemps la première place, rester chef du cabinet sous des souverains successifs sans rien changer au système que l'on adopta de prime-abord, se donner l'inviolabilité d'un roi au milieu de toutes les jalousies de cour, dénote une habileté qu'on ne saurait révoquer en doute. L'autorité vient du génie du gouvernement ou de la médiocrité du gouverné : c'est ce qui demeurerait à démêler dans M. de Metternich. Si quelques faits, et particulièrement la méchante chicane cachée sous le nom du roi de Naples, ne découvrent pas une sincérité élevée au-dessus de la diplomatie, ce n'est pas la faute du négociateur, c'est celle de la politique. Le chancelier d'État a joué, comme Autrichien, ce qu'il croyait être son jeu, de même que le ministre des affaires étrangères de Louis XVIII a joué le sien, comme Français. Le prince, au milieu de sa longue et constante prospérité, nous pardonnera le court et passager succès d'une année.

Les séances du congrès étaient irrégulières, selon les communications faites au nom de quelque cour. On écoutait ces communications ; copie en était fournie aux plénipotentiaires, lesquels y répondaient au bout de deux ou trois jours par une note annexée ensuite au procès-verbal. Ainsi, dans la séance du 24 novembre 1822, nous reçûmes deux mémoires du duc de Wellington, l'un relatif à l'abolition de la *traite des nègres*, l'autre aux mesures adoptées par S. M. B. contre les *pirateries dans les mers de l'Amérique*.

Toutes les puissances répondirent que la traite des nègres était abominable, qu'elles étaient prêtes à concourir aux mesures jugées *exécutables* pour assurer l'abolition totale de ce commerce ; quant aux mesures *particulières* proposées à cette fin par S. G., la France se réservait d'en faire l'objet de ses réflexions.

On doit admirer ici l'esprit chrétien, ses progrès dans la civilisation qu'il a faite et qu'il augmente sans cesse : mais c'était une chose singulière que cette persévérance du cabinet de Saint-James à introduire, dans tous les congrès, au milieu des questions les plus vives et des intérêts les plus actuels, cette question incidente et éloignée de l'abolition de la *traite des noirs :* l'Angleterre avait peur que le commerce auquel elle avait renoncé à regret ne tombât entre les mains d'une autre nation ; elle voulait forcer la France, l'Espagne, le Portugal, la Hollande à changer subitement le régime de leurs colonies, sans s'embarrasser si ces États étaient arrivés au degré de préparation morale où l'on pouvait donner la liberté aux nègres, en abandonnant à la grâce de Dieu la propriété et la vie des blancs. Ce que l'Angleterre avait fait, tout le monde devait le faire au détriment de la navigation et de toute colonie. Il fallait, parce que l'Angleterre (qui possède l'Inde, l'Océanie, le cap de Bonne-Espérance, l'île de France, le Canada, et des îles dans la Méditerranée) n'a pas besoin de la Dominique et des Bermudes pour entretenir des flottes et des matelots, il fallait que nous eussions jeté vite dans la mer Pondichéry, l'île Bourbon, Cayenne, la Martinique et la Guadeloupe, nous qui n'occupions que ces misérables points disjoints de notre sol, sur la surface du globe. Le marquis de Londonderry et le duc de Wellington, ennemis des franchises de leur pays, M. Canning, élève de William Pitt et opposé à la réforme parlementaire, tous ces torys adversés pendant trente ans à la motion de Wilberforce, étaient devenus passionnés pour la liberté des nègres, tout en maudissant la liberté des blancs : des Anglais, des blancs ont été vendus pour esclaves en Amérique dans un temps aussi rapproché de nous que le temps de Cromwell. Le secret de ces contradictions est dans les intérêts privés et le génie mercantile de l'Angleterre; c'est ce qu'il faut comprendre, afin de n'être pas dupe d'une philanthropie si ardente et pourtant venue si tard : la philanthropie est la fausse monnaie de la charité.

Chargé du travail par M. de Montmorency, nous lûmes avec attention le mémoire du duc de Wellington, et nous y répondîmes article par article. Ce cauteleux mémoire, déplorant le malheur des noirs, cache, sous des plaintes fort justes, trois prétentions exorbitantes : prétention du droit de visite sur les vaisseaux ; prétention d'assimiler la traite des noirs à la piraterie, pour attaquer impunément toutes les marines du monde; prétention d'interdire la vente des marchandises provenant des colonies européennes cultivées par les nègres, c'est-à-dire privilége exclusif de substituer à ces marchandises les produits de l'Inde et de la Grande-Bretagne. Voici notre réponse faite au nom collectif de nos collègues; nous pensons avoir mis à l'abri l'honneur et les intérêts de la France.

XV

Mon mémoire sur la traite des nègres.

Réponse de MM. les plénipotentiaires de France au mémoire de M. le duc de Wellington relativement à la traite des nègres.

« Le mémoire dont Sa Grâce le duc de Wellington a donné connaissance au congrès dans la séance du 24 de ce mois a été pris en considération par les ministres plénipotentiaires de Sa Majesté Très-Chrétienne.

« Ils commencent par déclarer que le gouvernement français partage toute la sollicitude du gouvernement britannique pour faire cesser un commerce également réprouvé de Dieu et des hommes. Le nombre des esclaves africains transportés depuis quelques années dans les colonies fût-il moindre que ne le calcule l'Angleterre, il serait toujours beaucoup trop grand. L'accroissement de la souffrance des victimes d'une infâme cupidité inspire une profonde horreur.

« Les nations chrétiennes ne feront jamais trop d'efforts pour effacer la tache que la traite des nègres a imprimée à leur caractère, et on ne saurait trop louer le zèle que l'Angleterre a mis dans la poursuite de ses desseins bienfaisants.

« Mais, si les puissances alliées sont d'accord sur la question morale et religieuse, si elles font des vœux unanimes pour l'abolition de la traite des nègres, cette abolition renferme des questions de fait qui ne sont pas d'une égale simplicité. Les ministres de Sa Majesté Très-Chrétienne vont les parcourir en suivant le mémoire présenté par Sa Grâce le duc de Wellington.

« Toutes les lois des nations civilisées, le Portugal excepté, prohibent aujourd'hui la traite des nègres ; il s'ensuit que ce crime, autrefois légal, est devenu un crime illégal, et qu'il est doublement condamné par la nature et par les lois.

« Selon le mémoire anglais, cette détestable contrebande d'hommes est surtout exercée sous le pavillon français, soit que ce pavillon flotte sur des vaisseaux appartenant à la France, soit qu'il protége des bâtiments étrangers.

« Des pirates peuvent arborer des couleurs respectables ; la France ignore si quelques brigands n'ont point emprunté les siennes ; ce ne sera jamais qu'à son insu que le déshonneur et le crime trouveront un abri sous le pavillon français.

« On a fait observer que les bénéfices de la traite des nègres sont si grands et les pertes si petites que le prix d'assurance en France pour chaque course ne s'élève pas au delà de 15 pour cent.

« Ceci n'est ni un cas particulier à la France, ni un résultat singulier du genre de contravention dont il s'agit : en Angleterre les marchandises les plus sévèrement prohibées sont importées moyennant l'assurance de 25 pour cent. Quand le commerce est parvenu, comme de nos jours, à une précision mathématique, toute contrebande a son tarif; et plus le système prohibitif multiplie les entraves, plus il augmente la fraude en accroissant les profits.

« Le mémoire reconnaît que S. M. T. C. a rempli religieusement toutes les stipulations de son traité avec les quatre cours alliées, qu'elle a promulgué une loi contre la traite des nègres, qu'elle a fait croiser ses flottes dans les parages de l'Afrique pour maintenir l'exécution de cette loi; mais le mémoire ajoute que le public en France ne paraît pas porter le même intérêt à la cause que soutient le gouvernement, que ce public suppose au fond de la question des vues mercantiles et un dessein hostile contre le commerce français. Il se peut que quelques classes commerçantes de la société en France nourrissent des soupçons que toute rivalité d'industrie fait naître; cependant on ne peut croire raisonnablement que le peu de colonies que la guerre a laissé à la France soit un sujet de jalousie pour une puissance européenne qui possède des îles florissantes dans toutes les mers, de vastes territoires en Afrique et en Amérique et un continent tout entier en Asie.

« Si l'opinion est moins fixée en France qu'en Angleterre sur l'objet qui nous occupe, cela tient à des causes qu'il est de notre devoir de développer : un peuple aussi humain, aussi généreux, aussi désintéressé que le peuple français, un peuple toujours prêt à donner l'exemple des sacrifices, mérite qu'on explique ce qui semblerait une anomalie inexplicable dans son caractère.

« Le massacre des colons à Saint-Domingue et l'incendie de leurs habitations ont d'abord laissé des souvenirs douloureux parmi les familles qui ont perdu parents et fortune dans ces sanglantes révolutions. Il doit être permis de rappeler ces malheurs des blancs, quand le mémoire anglais retrace avec tant de vérité les souffrances des nègres, afin de faire comprendre comment tout ce qui excite la pitié exerce une puissance naturelle sur l'opinion. Il est évident que l'abolition de la traite des nègres eût été moins populaire en Angleterre, si elle eût été précédée de la ruine et du meurtre des Anglais dans les Antilles.

« Ensuite, l'abolition de cette traite n'a point été prononcée en France par une loi nationale discutée à la tribune; elle est le résultat de l'article d'un traité par lequel la France a expié ses victoires. Dès lors elle s'est associée dans les idées de la foule à des considérations étrangères : par cela seul qu'on l'a crue imposée, elle a été frappée de cette impopularité qui s'attache aux actes de la force ; il en fût arrivé ainsi dans tout pays où il existe un esprit public et un juste orgueil national.

« Une motion parlementaire, à jamais honorable pour son auteur, a finalement été couronnée de succès en Angleterre ; mais combien d'années ne fut-elle pas repoussée avant d'être convertie en loi, quoique soutenue par l'un des plus grands ministres que l'Angleterre ait produits ? Pendant ces longs débats, l'opinion eut le temps de se mûrir et de se fixer ; le commerce, qui prévoyait l'événement, prit ses précautions ; un nombre de nègres surpassant le besoin des colons fut transporté dans les îles anglaises, et l'on prépara des générations permanentes d'esclaves pour remplacer le vide laissé par la servitude casuelle, lorsqu'elle viendrait à s'abolir.

« Rien de tout cela n'a existé pour la France ; la fortune et le temps lui ont manqué. La première convention entre la France et l'Angleterre, après la restauration, avait reconnu la nécessité d'agir avec une prudente lenteur dans une affaire d'une nature si complexe ; un article additionnel de cette convention accordait un délai de cinq années pour l'entière abolition de la traite des nègres. La déclaration de Vienne du 8 février 1815, s'exprimant sur la même matière, porte : « que, quelque honorable que
« soit le but des souverains, ils ne le poursuivront pas sans de justes mé-
« nagements pour les intérêts, les habitudes et les privations mêmes de
« leurs sujets. » Un louable et vertueux empressement a fait depuis dépasser ces termes, et a peut-être multiplié les délits, en froissant trop subitement les intérêts.

« Le gouvernement français est déterminé à poursuivre sans relâche des hommes engagés dans un négoce barbare : de nombreuses condamnations ont eu lieu, et les tribunaux ont sévi dès qu'on a pu atteindre les coupables. « Il serait affreux, dit le mémoire anglais, que la nécessité de dé-
« truire des hommes ne fût que devenue la suite de celle de cacher un
« trafic proscrit par les lois. » Cette démarche trop juste démontre que la loi française a été rigoureusement exécutée, et l'excès des précautions cruelles prises par les fauteurs de la traite pour cacher leurs victimes prouve d'une manière péremptoire la vigilance du gouvernement.

« Une loi qui porte à de tels excès pour soustraire le délinquant à l'action même de cette loi pourrait paraître assez forte ; néanmoins, la résolution du gouvernement français est de faire augmenter les pénalités légales aussitôt que les esprits seront préparés dans la nation, et par conséquent dans les chambres législatives, à revenir sur le sujet de la traite des nègres. Sous ce rapport, il est fâcheux, mais utile, de faire remarquer que toute insistance étrangère ajoute aux difficultés du gouvernement français, et va contre le but que se proposent les sentiments les plus généreux.

« Il reste à dire quelques mots sur les moyens coercitifs que Sa Grâce le duc de Wellington propose dans son mémoire.

« Les ministres plénipotentiaires de S. M. T. C. sont prêts à signer toute déclaration collective des puissances, tendante à flétrir un commerce odieux, et à provoquer contre les coupables la vengeance des lois. Mais une déclaration qui obligerait tous les gouvernements à appliquer à la traite des nègres les châtiments infligés à la piraterie, et qui se transformerait en une loi générale du monde civilisé, est une chose qui ne paraît pas aux ministres plénipotentiaires de S. M. T. C. être de la compétence d'une réunion politique. Quand il s'agit d'établir la peine de mort, ce sont, selon la nature des gouvernements, les corps judiciaires ou les corps législatifs qui sont appelés à statuer.

« Retirer l'usage et la protection du pavillon français aux individus étrangers qui se serviraient de ce pavillon pour couvrir le commerce des esclaves, rien n'est plus juste : mais la France n'a pas besoin de défendre ce qu'elle n'a jamais permis.

« L'engagement de prohiber l'entrée des États des alliés aux produits des colonies appartenant à des puissances qui n'auraient pas aboli la traite des nègres, est une résolution qui frapperait uniquement le Portugal ; or, le Portugal n'a point de représentant au congrès, et il est de droit, avant de passer outre, de l'entendre dans sa cause.

« Les mesures indiquées relativement à la France sont bonnes, mais elles sont toutes matière de lois, et par conséquent elles doivent attendre cette faveur de l'opinion qui assure le succès. Le gouvernement de S. M. T. C. prendra conseil de lui-même, quand le temps sera venu ; il sera possible qu'il admette l'enregistrement des esclaves, cependant il ne se dissimule pas que cette intervention de l'autorité porterait une espèce d'atteinte au droit de propriété, droit le plus sacré de tous, et que les lois de la Grande-Bretagne respectent jusque dans ses écarts et ses caprices.

« Le mémoire du gouvernement britannique exprime le regret que la France soit la seule des grandes puissances maritimes de l'Europe qui n'ait pas pris part au traité conclu avec S. M. B. dans l'objet de conférer à certains bâtiments de chacune des parties contractantes un droit limité de visite et de confiscation sur les vaisseaux engagés dans la traite des nègres.

« La charte de S. M. T. C. abolit la confiscation ; quant au droit de visite, si le gouvernement français pouvait jamais y consentir, il aurait les suites les plus funestes ; le caractère national des deux peuples français et anglais s'y oppose ; et s'il était besoin de preuves à l'appui de cette opinion, il suffirait de rappeler que, cette année même, en pleine paix, le sang français a coulé sur les rivages de l'Afrique. La France reconnaît la liberté des mers pour tous les pavillons étrangers, à quelque puissance légitime qu'ils appartiennent ; elle ne réclame pour elle que l'indépendance qu'elle respecte dans les autres, et qui convient à sa dignité. »

XVI

Memorandum de M. le duc de Wellington sur les pirateries à propos des colonies espagnoles.

Passons au *Memorandum* relatif aux colonies espagnoles ; ce *Memorandum* dit :

« Les relations existantes entre les sujets britanniques et les autres parties du globe ont depuis longtemps placé S. M. dans la nécessité de reconnaître l'existence de fait des gouvernements formés dans les différentes provinces en autant qu'il le fallait pour traiter avec eux ; que le relâchement de l'autorité de l'Espagne, dans toute cette partie du globe, a donné naissance à une foule de pirates et de flibustiers ; qu'il est impossible à l'Angleterre d'extirper ce mal insupportable sans la coopération des autorités locales qui occupent les côtes ; que la nécessité de cette coopération ne peut que mener à quelque nouvel acte de reconnaissance de l'existence de fait de l'un ou de plusieurs de ces gouvernements de propre création. »

L'Angleterre donne ici communication d'un fait : M. Canning, qui voyait la guerre prête à éclater, se hâtait de parler officiellement de ce fait au congrès, soit pour arrêter la France (en la menaçant de reconnaître complétement l'indépendance des colonies espagnoles, si nos troupes entraient en Espagne), soit pour intimider les alliés, en leur présentant la possibilité d'une rupture entre le cabinet de Saint-James et celui des Tuileries, au cas où nous prendrions les armes contre les factions de Madrid.

A ce *Memorandum*, l'Autriche répondit :

« Que l'Angleterre avait bien fait de défendre ses intérêts commerciaux contre la piraterie ; mais que, quant à l'indépendance des colonies espagnoles, elle ne la reconnaîtrait jamais, tant que S. M. C. n'aurait pas librement et formellement renoncé aux droits de souveraineté qu'elle avait jusqu'ici exercés sur ces provinces. »

La Prusse s'exprima à peu près de la même façon ; elle fit observer que le moment le moins propre à la reconnaissance des gouvernements locaux de l'Amérique espagnole serait celui où les événements de la guerre civile prépareraient une crise dans les affaires de l'Espagne.

La Russie déclara qu'elle ne pourrait prendre aucune détermination qui préjugeât la question de l'indépendance du sud de l'Amérique.

Il y avait là une question grave engagée. Il ne convenait pas à la France d'abandonner à la Grande-Bretagne et aux États-Unis le commerce exclusif du Nouveau-Monde ; la réponse était assez difficile : nous en fûmes encore chargé en qualité de représentant auprès du cabinet d'où procédait le *Memorandum*. La note devait garder les principes et faire les réserves : une pierre d'attente y fut posée : elle servit de liaison à l'édifice quand on s'occupa de l'affaire des colonies pendant la guerre d'Espagne.

XVII

Ma note verbale.

Note verbale en réponse au Memorandum *sur les colonies espagnoles en Amérique.*

« Les ministres plénipotentiaires de S. M. T. C. au congrès de Vérone ont examiné avec une sérieuse attention le *Memorandum* sur les colonies espagnoles, que Sa Grâce le duc de Wellington a communiqué aux représentants des cours alliées dans la séance du 24 novembre. Le cabinet des Tuileries souhaite vivement, comme celui de Saint-James, que l'Espagne adopte des mesures propres à rendre au continent de l'Amérique la paix et la prospérité. C'est dans ce désir sincère et dans l'espoir de voir se rétablir l'autorité de S. M. C. que le gouvernement de S. M. T. C. a aussi refusé les avantages qui lui étaient offerts.

« Un motif d'une importance plus générale règle d'ailleurs la conduite de la France à l'égard des gouvernements de fait : elle pense que les principes de justice sur lesquels repose la société ne peuvent être sacrifiés légèrement à des intérêts secondaires, et il lui paraît que ces principes augmentent de gravité lorsqu'il s'agit de reconnaître un ordre de politique virtuellement ennemi de celui qui régit l'Europe ; elle pense encore que, dans cette grande question, l'Espagne doit être préalablement consultée comme souveraine de droit de ses colonies. Néanmoins la France avoue, avec l'Angleterre, que lorsque des troubles se prolongent et que le droit des nations ne peut plus s'exercer pour cause d'impuissance d'une des parties belligérantes, le droit naturel reprend son empire ; elle convient qu'il y a des prescriptions inévitables ; qu'un gouvernement, après avoir longtemps résisté, est quelquefois obligé de céder à la force des choses, pour mettre fin à beaucoup de maux et pour ne pas priver un État des avantages dont d'autres États pourraient exclusivement profiter.

« Pour éviter de donner naissance à des rivalités et à des émulations de commerce qui pourraient entraîner des gouvernements malgré leur volonté dans des démarches précipitées, une mesure générale, prise en commun par les divers cabinets de l'Europe, serait la chose la plus désirable. Il serait digne des puissances qui composent la grande alliance d'examiner un jour s'il n'y aurait pas moyen de ménager à la fois les intérêts de l'Espagne, ceux de ses colonies et ceux des nations européennes, en adoptant pour base de la négociation le principe d'une réciprocité généreuse et d'une parfaite égalité. Peut-être trouverait-on, de concert avec S. M. C., qu'il n'est pas tout à fait impossible, pour le bien commun des gouvernements, de concilier les droits de la légitimité et les nécessités de la politique. »

On voit germer ici l'idée de ce congrès général au moyen duquel nous voulions terminer un jour la guerre d'Espagne, si cette guerre avait lieu, afin de pacifier le monde par la création de nouvelles monarchies constitutionnelles et bourbonniennes en Amérique.

XVIII

Affaires de l'Orient, de l'Italie et de la Grèce. — Instructions de M. de Villèle. — Supplique de la régence d'Urgel.

Les affaires de l'Orient, de l'Italie et même de la Grèce furent traitées honorablement ; nous obtînmes ce qu'il nous était possible d'obtenir dans des choses qui ne nous regardaient pas directement. Notre opposition connue, quoique nous ne fussions pas admis aux conférences particulières, empêcha l'Autriche d'envahir trop l'Italie ; nous fûmes secondés par le cardinal Spina, homme d'esprit et d'indépendance, qui présidait la légation romaine. Nous approuvâmes la modération de la Russie dans ses démêlés avec la Porte.

Au surplus, les instructions de M. de Villèle sur ces divers points étaient prévoyantes :

« L'évacuation du Piémont, disaient-elles, sera réclamée par le roi de Sardaigne ; et la France doit appuyer cette demande. Il est probable que la cour de Vienne y consentira, à condition qu'elle conserverait une garnison autrichienne à Alexandrie ; mais cette occupation aurait deux grands inconvénients : celui d'être à charge aux finances du Piémont, et celui de priver le roi de Sardaigne de tout l'avantage moral qu'il peut et doit espérer d'une évacuation complète..... D'autres difficultés s'élèveront sur le retour du prince de Carignan. Sans croire à toutes les vues d'ambition qu'on peut supposer à la cour de Vienne, on a lieu de penser qu'elle désirerait que le prince de Carignan restât éloigné, parce que l'espèce de vague et d'indécision qui s'attacherait à son existence, sans détruire positivement la légitimité de la succession, laisserait à l'Autriche un haut degré d'influence en Piémont, et pourrait, dans l'avenir, la mettre en état d'imposer au prince de Carignan des conditions assez dures : il est de l'intérêt de la France de s'y opposer. »

Même tempérance dans les instructions relatives au royaume des Deux-Siciles. Quant à la Grèce, M. de Villèle n'était pas aussi avancé que nous; mais il dit occasionnellement, à propos de la Porte et de la Russie :

« On ne peut se dissimuler qu'à tort ou à raison, l'opinion générale en Europe est péniblement affectée du retour pur et simple des chrétiens grecs sous le joug de l'oppression et de la barbarie des Turcs. Les plénipotentiaires du roi au congrès devront donc appuyer de tout leur pouvoir et offrir de seconder de tous les moyens de la France les propositions qui seraient faites par la Russie, dans l'intérêt des ménagements dus à son honneur et des garanties à obtenir par la chrétienté réunie, en faveur des chrétiens soumis à la domination des Turcs. »

Les députés de la régence d'Urgel étaient auprès de nous. Ils avaient adressé au congrès une supplique signée par le *marquis de Mataflorida* et par l'*archevêque préconisé de Tarragone*. Le marquis et l'archevêque déclaraient :

« Qu'ils avaient fixé leur attention sur les lois et les anciennes cortès d'Espagne, qu'ils avaient vu que le plus grand nombre de ces lois furent proposées au roi par des cortès libres, principalement réunies sous les rois de l'auguste maison d'Autriche; que le temps sans doute indique des réformes qu'ils essayeront de faire, en écoutant le vœu de la nation, en s'occupant, entre autres choses, de régler les contributions et les charges que devait supporter le peuple, sans le concours duquel on ne pouvait ni rien imposer, ni rien exiger. »

Voilà comment s'exprimait cette régence *qui respirait l'absolutisme*. Pendant qu'elle professait des sentiments si ressemblants à ceux du siècle, et qu'elle demandait à des rois qu'on délivrât un roi prisonnier, Mina vint l'égorger.

Mais nous allions nous charger de cette cause de l'Espagne. Tout ce que la France saisit d'une volonté ferme lui reste : il n'y a que Dieu qui puisse lui faire ouvrir la main.

XIX

Guerre d'Espagne prévue dès l'époque de notre ambassade de Londres. — Notre horreur des traités de Vienne.

Nous arrivons enfin à cette affaire de la *guerre d'Espagne,* sur laquelle l'opinion a si singulièrement erré. Il y avait déjà longtemps que cette guerre était prévue avant la réunion du congrès de Vérone. On n'indique pas ici le cordon sanitaire, établi d'abord contre la fièvre jaune, et changé tout naturellement en armée d'observation ; on fait allusion aux idées subversives, lesquelles, éclatant au delà des Pyrénées, menaçaient de ranimer en France des excès réprimés par le despotisme de Buonaparte, mais favorisés par nos institutions nouvelles, et prêts à renaître dans la liberté de la charte des Bourbons.

Dès notre ambassade de Londres, nous nous étions trouvé à même d'entretenir M. de Montmorency de la possibilité de cette guerre ; nous lui avions tracé un plan à peu près semblable à celui qu'on va nous voir développer à M. de Villèle. Deux sentiments nous avaient constamment obsédé depuis la restauration : l'horreur des traités de Vienne, le désir de donner aux Bourbons une armée capable de défendre le trône et d'émanciper la France. L'Espagne, en nous mettant en danger, à la fois par ses principes et par sa séparation du royaume de Louis XIV, paraissait être le vrai champ de bataille où nous pouvions, avec de grands périls, il est vrai, mais avec un grand honneur, restaurer à la fois notre puissance politique et notre force militaire.

Nos dispositions étaient telles lorsque nous fûmes nommé au congrès. Le président du conseil, dont les qualités mêmes gênaient le regard, n'apercevait pas que la légitimité se mourait faute de victoires après les triomphes de Napoléon, et surtout après la transaction diplomatique qui l'avait déshonorée. L'idée de la liberté dans la tête des Français, qui ne comprendront jamais bien cette liberté, ne compensera jamais l'idée de gloire, leur naturelle idée. Pourquoi le siècle de Louis XV descendit-il si bas dans l'estime des contemporains? Pourquoi donna-t-il naissance à ces systèmes de philosophie exagérée, lesquels ont perdu la royauté? Parce que, sauf la bataille de Fontenoy et quelques vaillantises à Québec, la France fut continuellement humiliée. Or, si les lâchetés de Louis XV, si le partage de la Pologne retombèrent sur la tête de Louis XVI et l'abattirent, que ne pouvait-on pas craindre pour Louis XVIII ou pour Charles X, après l'humiliation des traités de Vienne.

Cette pensée nous oppressa comme un cauchemar pendant les huit premières années de la restauration, et nous n'avons respiré un peu qu'après le succès de la guerre d'Espagne.

Les instructions de M. de Villèle relativement à cette guerre portent le caractère de son esprit; elles sont adroites et fines, et ce qu'elles ont de très-remarquable, c'est que leur seul *énoncé* détruit tout d'abord l'opinion qu'on s'est formée, très-faussement, de notre rôle au congrès de Vérone. Loin que le congrès ait exigé notre entrée dans la Péninsule, les instructions prouvent sans réplique qu'à la France appartient l'*initiative*. Cela paraîtra plus évident quand on connaîtra mieux les trois propositions de

M. le vicomte de Montmorency, propositions déposées, avec d'autres papiers, sur le bureau de la chambre des communes, en Angleterre, dans la session de 1823. Commençons par les instructions de M. de Villèle.

XX

Instructions de M. de Villèle.

« La situation de l'Espagne attirera l'attention des souverains et sera sans doute la question la plus délicate pour la France parmi celles qui seront traitées au congrès.

« Les plénipotentiaires de S. M. doivent surtout éviter de se présenter au congrès comme rapporteurs des affaires d'Espagne. Les autres puissances peuvent les connaître aussi bien que nous, puisque, comme nous, elles ont conservé leurs ministres et leurs agents consulaires en Espagne. Ce rôle pouvait convenir à l'Autriche au congrès de Laybach, parce qu'elle avait la volonté d'envahir Naples. Il lui convenait de le faire avec l'appui des autres puissances; elle exposa ses motifs afin d'obtenir cet appui, dont, au reste, elle déclarait qu'elle se passerait si on le lui refusait, sa sûreté exigeant impérieusement qu'elle occupât le royaume de Naples. *Nous ne nous sommes pas décidés à déclarer la guerre à l'Espagne; les cortès emmèneraient plutôt Ferdinand à Cadix que de le laisser aller à Vérone.* La situation de ce pays (la France) ne nous met dans la nécessité ni de demander, comme l'Autriche à Laybach, l'appui pour envahir, puisque nous ne sommes pas dans la nécessité de déclarer la guerre; ni du secours pour la faire, puisque si l'Espagne nous la déclare, nous n'avons pas besoin de secours, et nous ne pourrions même en admettre s'il devait en résulter le passage de troupes étrangères sur notre territoire.

« *L'opinion de nos plénipotentiaires sur la question de savoir ce qu'il convient au congrès de faire relativement à l'Espagne*, sera *que la France étant la seule puissance qui doive agir par ses troupes, elle sera seule juge de cette nécessité.* »

« En résumé, les plénipotentiaires français ne doivent pas consentir à ce que le congrès prescrive la conduite de la France à l'égard de l'Espagne. Ils ne doivent point admettre de secours achetés par des sacrifices pécuniaires ni par le passage de troupes étrangères sur notre territoire; ils tendront à faire considérer la question de l'Espagne dans ses rapports généraux, et à tirer du congrès un traité éventuel, honorable et utile à la France, soit pour le cas de guerre entre elle et l'Espagne, soit pour le cas où les puissances reconnaîtraient l'indépendance de l'Amérique. »

Ce que l'employé aux affaires étrangères, rédacteur de cette note, dit ensuite sur la difficulté de conquérir l'Espagne, sur l'impossibilité d'y maintenir une armée d'occupation, est une assertion démentie par l'invasion de 1823. Du reste, on voit l'aversion fort naturelle du président du conseil pour les hostilités, sa crainte que les alliés ne nous proposent d'agir en Espagne, et les raisons qu'il oppose d'avance à des exigences et à une ardeur présumées. On voit aussi sa préoccupation commerciale à l'égard de l'Amérique, *dont les puissances reconnaîtraient l'indépendance :* cette indépendance n'était, selon nous, qu'une question secondaire : il s'agissait pour la monarchie restaurée d'être ou de n'être pas ; à cela près, les instructions sont correctes et toutes françaises.

Encouragé par elles, et peut-être en en dépassant un peu l'esprit, M. de Montmorency fit au congrès ses fameuses communications.

XXI

Communications verbales de M. le vicomte de Montmorency.

« *Précis des communications verbales faites par M. le vicomte de Montmorency dans la réunion confidentielle de MM. les ministres d'Autriche, de la Grande-Bretagne, de Prusse et de Russie, à Vérone, le 20 octobre 1822.*

« L'état d'irritation où se trouve le gouvernement qui régit actuellement l'Espagne, les provocations nombreuses qu'il adresse à la France, ne donnent que trop lieu de craindre que l'état de paix ne puisse se conserver aussi longtemps qu'elle le voudrait. Le gouvernement du roi a déjà fait des sacrifices à ce désir sincère d'éviter une rupture qui lui imposerait la douloureuse obligation de rallumer le flambeau de la guerre et de troubler la tranquillité si chèrement achetée par tous les États de l'Europe. Il continuera de mettre tous ses soins à se préserver d'un tel malheur, et il sait qu'il a sur ce point de nobles exemples à suivre. Mais, s'il a pu faire taire jusqu'ici le sentiment de sa dignité, s'il a supporté avec patience des attaques plutôt faites peut-être pour lui inspirer un sentiment de douleur et de compassion que pour l'irriter, il ne peut cependant se faire illusion sur le danger qui est inévitablement attaché à un tel état de choses. Un foyer révolutionnaire, établi si près de lui, peut lancer sur son propre sol et sur toute l'Europe de fatales étincelles et menacer le monde d'un embrasement nouveau.

« D'ailleurs, le gouvernement espagnol peut se déterminer brusquement à une agression formelle, dans laquelle il croira trouver les moyens de prolonger son existence en la présentant à l'opinion comme un glorieux effort de la liberté contre la tyrannie. La France doit donc prévoir comme possible, peut-être comme probable, une guerre avec l'Espagne. D'après la nature des choses et dans les sentiments de modération dont elle veut faire la règle de sa conduite, elle ne peut la considérer que comme une guerre défensive. Elle ne saurait en assigner l'époque, mais elle est décidée à la soutenir. Pleine de confiance dans la justice de la cause qu'elle aura à défendre, s'honorant d'avoir à préserver l'Europe du fléau révolutionnaire, elle s'appuiera sans hésitation sur la force de ses armes et sur la fidélité de ses troupes qui, souvent et vainement tentées, ont montré devant la séduction un courage plus difficile peut-être que celui des combats.

« Mais, d'ici au moment où la guerre serait devenue inévitable, la France, par une chance qui est commune aux autres cours, peut être dans le cas d'adopter une mesure intermédiaire entre l'état de paix et les hostilités, et de rompre toute relation diplomatique avec la cour de Madrid. En effet, telle circonstance peut se présenter, telles démarches peuvent être faites par le gouvernement, par les cortès, qui mettraient le ministre de France dans la nécessité de demander ses passe-ports, et qui, malgré tout le désir d'éviter une rupture, forceraient le roi à le rappeler formellement. Dans ce cas, qu'il faut prévoir, mais que la France mettra tous ses soins à éloigner, les hautes cours ne jugeront-elles pas que ce serait donner une preuve utile de l'uniformité des principes et des vues de l'alliance, que de prendre une mesure semblable et de rappeler, chacun de son côté, leurs légations à Madrid? On peut croire (et cette pensée a fixé dès 1820 l'attention de l'une des puissances) que si la nation espagnole voyait cesser au même moment les rapports qui l'unissent encore aux princes, aux gouvernements de l'Europe, si elle se trouvait comme isolée par le rappel de la plus grande partie du corps diplomatique et l'interruption des communications dont il est l'organe habituel, elle serait amenée à réfléchir plus mûrement sur sa position et à profiter des éléments monarchiques qu'elle renferme dans son sein, et qui prennent depuis trois mois un développement remarquable, pour éteindre le feu révolutionnaire qui éloignerait d'elle les peuples et les gouvernements.

« Cette mesure, qui aurait d'autant plus d'effet qu'elle serait consacrée par un parfait accord des hautes puissances, pourrait, on le sent, avoir des conséquences graves. Elle irriterait probablement les hommes qui gouvernent en ce moment l'Espagne, et pourrait les porter à faire immédiatement une déclaration de guerre à la France; mais ils en encourraient seuls la responsabilité, et la France se trouverait dans la ligne où elle veut se maintenir jusqu'au dernier moment : elle serait prête à se défendre, et n'aurait point à attaquer.

« En prévoyant le cas d'une guerre avec l'Espagne, et en subordonnant aux intérêts communs de la grande alliance toutes les considérations qui se rattachent à cette grande question, la France, on le répète, a dû croire qu'elle pouvait compter sur l'appui moral de ses alliés, et que même elle pouvait, si les circonstances lui en faisaient la loi, réclamer d'eux un secours matériel. Elle s'est surtout pénétrée de l'idée que, dans la circonstance présente, le concours des hautes puissances est nécessaire, comme devant conserver cette unanimité de vues qui est le caractère fondamental de l'alliance, et qu'il est du plus grand intérêt de maintenir et de signaler pour garantir le repos de l'Europe.

« C'est sur la forme de ce concours moral et sur les mesures propres à lui assurer le secours matériel qui peut être réclamé par la suite, que la France croit, en définitive, nécessaire de fixer l'attention de ses augustes alliés.

« Résumant donc les idées qui viennent d'être exposées, et qu'ils ont désiré connaître, elle soumet à leur haute prudence les trois questions suivantes :

« 1° Dans le cas où la France se verrait forcée de rappeler de Madrid le ministre qu'elle y a accrédité et de rompre toute relation diplomatique avec l'Espagne, les hautes cours seraient-elles disposées à prendre une mesure semblable, et à rappeler leurs propres légations ?

« 2° Si la guerre doit éclater entre la France et l'Espagne, sous quelle forme et par quels actes les hautes puissances prêteront-elles à la France l'appui moral qui doit donner à son action toute la force de l'alliance, et inspirer un salutaire effroi aux révolutionnaires de tous les pays ?

« 3° Quelle est enfin l'intention des hautes puissances, quant au fond et à la forme du secours matériel qu'elles seraient disposées à donner à la France dans le cas où, sur sa demande, leur intervention active deviendrait nécessaire, en admettant une restriction que la France déclare, et qu'elles reconnaîtront elles-mêmes être absolument exigée par la disposition générale des esprits ? »

XXII

Examen des trois cas de guerre exposés par M. le vicomte de Montmorency. — Le congrès n'a pas poussé la France à la guerre ; la Prusse et surtout l'Autriche y étaient fort opposées. — Réflexions sur les notes de M. le ministre des affaires étrangères. — Noble conduite de ce ministre. — M. Gentz.

Dans la séance du 17 novembre, les plénipotentiaires examinèrent, pour arriver à une détermination, les trois cas de guerre exposés par M. le vicomte de Montmorency, et qui pouvaient suivre les questions éventuelles de la déclaration du 20 octobre. Ces trois cas de guerre étaient :

1° Celui d'une attaque à main armée de la part de l'Espagne contre le territoire français, ou d'un acte officiel du gouvernement espagnol provoquant directement à la rébellion les sujets de l'une ou de l'autre des puissances ;

2° Celui de la déchéance prononcée contre S. M. le roi d'Espagne, d'un procès intenté contre son auguste personne, ou d'un attentat de même nature contre les membres de la famille ;

3° Celui d'un acte formel du gouvernement espagnol portant atteinte au droit de succession légitime de la famille royale.

Ainsi donc, c'est la France elle-même qui, par l'organe de M. de Montmorency, a déclaré qu'elle serait sans doute obligée de faire la guerre ; c'est la France qui, le cas échéant, a demandé à ses alliés ce qu'ils comptaient faire si des hostilités venaient à éclater. Non-seulement le congrès n'a pas poussé la France à la guerre, mais la Prusse et surtout l'Autriche y étaient très-opposées ; la Russie seule l'approuvait, et promettait son appui moral et son appui matériel.

Il était tout simple qu'en cette périlleuse entreprise, avant de nous y jeter, nous voulussions connaître ce que nous laissions derrière nous et les dispositions de nos alliés. Nous devions surtout prévoir que l'Angleterre pourrait intervenir et se poser en face de nous auprès des Espagnes. La seule parade à ce coup était de lui présenter un faisceau de puissances unies, de la retenir en lui montrant qu'une guerre avec la France serait, pour le cabinet de Saint-James, une guerre possible avec le continent, une guerre certaine avec la Russie. Cette précaution ne m'était pas d'une grande valeur, car je pense qu'une guerre de la France contre l'Angleterre serait d'un succès facile si elle était conduite d'après un plan nouveau, et si l'on ne s'alarmait pas de quelques sacrifices nécessaires ; mais, dans le cas actuel, il était toujours sage d'empêcher cette rupture, en contenant M. Canning par la possibilité d'une conflagration générale.

Voilà ce qui rend les notes de M. de Montmorency inattaquables. Cependant, s'il nous avait fait l'honneur de nous consulter, et s'il n'eût point rédigé ces notes dans le secret de son cabinet, avec M. Bourjot, elles auraient été libellées autrement : elles n'eussent point demandé catégoriquement à l'Europe ce qu'elle pensait de nous et des difficultés dans lesquelles nous pourrions nous trouver engagés ; elles se fussent contentées de dire : « Nous, étant contraints à la guerre, et l'Angleterre intervenant, embrasserez-vous notre alliance ? » On n'aurait point parlé de la possibilité d'un secours matériel ; car, en supposant un revers en Espagne, nous avions une révolution en France, et tous les Cosaques de la terre ne nous auraient pas sauvés.

Plein de vénération pour les vertus de M. le vicomte de Montmorency, nous sommes obligé d'avouer que nous n'avions pas le bonheur de lui agréer. Personne plus que lui n'avait aimé et n'aimait encore les libertés publiques; mais les crimes de 1793 le tenaient en garde contre ses premières opinions et lui laissaient des doutes sur la valeur des principes qu'il avait eus. Il y a aussi des sympathies et des antipathies d'humeur et de caractère : nous n'étions pas honoré de la confiance de M. de Montmorency; il nous avait vu venir avec regret au delà des monts; il s'était opposé à notre mission : nous la devions à M. de Villèle, qui était bien aise d'avoir un ami à Vérone. Nous n'eûmes de véritable crédit au congrès qu'après le départ de M. de Montmorency. Nous devons rendre cette justice au duc Matthieu, les qualités supérieures de son âme l'emportèrent sur son peu de penchant pour notre personne : en nous quittant, il détruisit d'une façon toute magnanime les préventions qu'on avait inspirées à Alexandre contre nous; il devint ainsi la cause première de notre faveur auprès de ce prince, sans crainte de se donner un rival. Mais enfin tout se traita d'abord presque à notre insu; si vous exceptez la *traite des noirs* et les *colonies espagnoles*, on ne demanda notre sentiment sur rien; tout se passa entre les chefs des cabinets, ainsi que l'indique suffisamment l'intitulé même des *communications verbales*. Nous n'eûmes guère de rapports qu'avec M. Gentz; nous l'avons vu mourir doucement au son d'une voix qui lui fit oublier celle du temps.

XXIII

L'empereur de Russie. — Le duc de Wellington. — Le prince de Metternich. — Le comte de Bernstorff. — Le comte Pozzo. — Réponses de la Prusse, de l'Autriche et de la Russie aux notes verbales de M. le vicomte de Montmorency. — Appui que nous donne contre l'Angleterre la note de la Russie.

L'empereur de Russie avait l'âme forte et le caractère faible : par cette mobilité, il était devenu royaliste aussi ardent qu'il avait été décidé libéral; mais il demeurait toujours constant ami de la France.

Le duc de Wellington avait contre la légitimité le tort d'avoir donné Fouché à la couronne; contre la nation, le crime d'avoir gagné la bataille de Waterloo. Excepté cinq ou six génies à part, tous les grands capitaines ont été de pauvres gens : il n'est point de plus brillante renommée que la renommée des armes, et qui vaille moins sa gloire. On caressait en vain le successeur de Marlborough pour le faire sortir de la politique de son pays : on y perdait son temps. Sa Grâce, pour se désennuyer de nous, cherchait à Vérone quelque *des Ursins* qui pût écrire à la marge de nos dépêches interceptées : « *Pour mariée, non.* »

Le prince de Metternich, feignant d'être Russe en détestant la Russie, hâblait sur la guerre sans la vouloir : il craignait en Espagne nos succès pour la force qu'ils rendraient à nos armes, nos revers pour l'activité qu'ils ajouteraient à l'esprit révolutionnaire.

Le comte de Bernstorff était ministre des affaires étrangères à Berlin lorsque nous étions ministre plénipotentiaire de France auprès de cette cour. Sa femme, grande et belle, rappelait cette ambassadrice de Danemark auprès d'Anne d'Autriche. « Elle prit la main de la reine, dit madame de Motteville ; l'ayant dégantée, elle la baisa et la loua de bonne grâce avec tant de familiarité, qu'il semblait qu'elle fût sa sœur et qu'elle l'eût vue toute sa vie. Ces choses plurent à la reine, et toute la journée on ne parla que de la Danoise, de sa douce gravité et des marques qu'elle avait données d'avoir beaucoup d'esprit et de raison. » Le comte de Bernstorff, qui, au lieu de la Danoise, n'avait avec lui à Vérone que la goutte, voyait déjà la France rendue à son énergie militaire, et songeait que cette France était frontière de la Prusse.

Le comte Pozzo, habile à prendre les idées de son maître, avait mis toutes voiles dehors pour les *ultra*. Mille petites haines, envies et calomnies se croisaient ; on se détestait en faisant profession de s'aimer ; on déchirait à huis clos le voisin dont on publiait les louanges sur l'escalier : vieux train du monde.

Dans ces dispositions, il était facile de préjuger les réponses des trois grands cabinets aux communications de M. le vicomte de Montmorency.

La Prusse déclara que :

« Si la conduite du gouvernement espagnol à l'égard de la France ou de son envoyé à Madrid était de nature à forcer cette dernière à rompre ses relations diplomatiques avec l'Espagne, S. M. n'hésitait pas à en faire autant de son côté ;

« Que si, en dépit des soins que le gouvernement français s'engage à prendre pour éviter la guerre avec l'Espagne, cette guerre venait à éclater, S. M. serait prête à se joindre aux monarques ses alliés, pour prêter à la France tout l'appui *moral* qui pourrait servir à renforcer sa position ;

« Que si les événements ou les conséquences de la guerre faisaient éprouver à la France le besoin d'un secours plus actif, le roi consentirait à ce genre de secours, *en autant que les nécessités de la position de S. M. et les soins dus à l'intérieur de son royaume pourraient lui en laisser la faculté.* »

L'Autriche fit la même déclaration ; mais, quant à la déclaration du secours matériel, s'il devenait jamais nécessaire, *il faudrait une nouvelle délibération commune des cours alliées pour en régler l'étendue, la qualité et la direction.* Cette restriction, bien dans l'esprit du cabinet de Vienne, jaloux de la Russie et ami de l'Angleterre, était une manière honnête de répondre négativement : l'appui *moral*, tant qu'on voudra ; mais quant à un seul soldat, point, s'il n'est bien payé d'avance et sans aucune sorte de responsabilité.

La Russie, plus loyale et plus hardie, reçoit chaudement les communications de M. de Montmorency. Elle fait observer que, dès le mois d'avril de l'année 1820, elle avait signalé les conséquences du triomphe de la révolution en Espagne ; que plus elle s'était empressée de se joindre à ses alliés pour donner à cette nation des preuves d'une bienveillante sollicitude, plus elle devait improuver un attentat qui présageait à l'Espagne les malheurs inséparables des concessions arrachées par la violence à l'autorité légitime :

« Au dedans, continue la note, l'anarchie réduite en principe, le pouvoir devenu le prix des insultes faites au trône et à la religion, le désordre livrant à l'action d'un fléau destructeur des populations tout entières, la perte des riches possessions du Nouveau-Monde presque consommée, la fortune publique dissipée, les doctrines les plus subversives ouvertement prêchées, quelques sujets fidèles s'armant pour la défense de leur souverain, et ce souverain forcé de les proscrire ;

« Au dehors, le triste spectacle qui se présente dans les contrées que les artisans des troubles de l'Europe avaient destinées à être la proie des révolutions ; l'année dernière, les Siciles en feu et les puissances alliées contraintes à y placer le pouvoir légitime sous l'égide de leurs armes ; le Piémont soulevé essayant de propager la révolte dans le nord de l'Italie, et provoquant la même intervention, la même assistance ;

« Assurément, il est impossible qu'un pareil état de choses n'excite les regrets et les inquiétudes de toutes les puissances européennes ; elles ne peuvent y voir, particulièrement pour la France, que les dangers auxquels les événements de Naples et de Turin avaient exposé l'Autriche ; et la Russie est fermement convaincue que tous les intérêts se réunissent pour faire désirer que l'incendie révolutionnaire soit comprimé en Espagne. »

Après ce préambule, la Russie répond formellement *oui* à toutes les questions de M. de Montmorency : elle est disposée à retirer son ambassadeur, à donner à la France tout l'appui *moral* et *matériel* dont celle-ci pourrait avoir besoin, sans restriction, sans condition aucune. Cette franche note dissipait toutes craintes extérieures relativement à la guerre d'Espagne : elle ne laissait à cette guerre que les dangers intérieurs que nous avions à courir.

La crainte que la France avait justement de la malveillance de l'Angleterre fut soudain justifiée par les notes du duc de Wellington. Il refusa de signer les procès-verbaux du 20 octobre et du 17 novembre ; il fit connaître les raisons de ce refus.

XXIV

Le duc de Wellington refuse de signer les procès-verbaux du 20 octobre et du 17 novembre. — Sa note. — Observations sur cette note. — Mot de M. Canning. — Sa lettre.

« Le duc de Wellington fait observer que les communications de la France et les résolutions des cours d'Autriche, de Prusse et de Russie vont contre le but qu'elles se proposent. L'expérience a démontré, dit-il, que, pendant les révolutions, les opinions des hommes sont influencées par des motifs de parti et de faction, et ce qui répugne le plus à leurs sentiments, c'est l'intervention formelle et organisée (*the formed organised interference of foreign powers*). Le fait d'une pareille intervention est d'affaiblir et de mettre en danger le parti en faveur duquel elle est exercée. Ce sentiment prévaut en Espagne à un plus haut degré que dans tout autre pays, et on doit appréhender que l'existence de ces procès-verbaux tende à mettre en danger les augustes personnes à la sûreté desquelles ils ont l'intention de pourvoir. De plus, quelques articles de ces procès-verbaux touchent à des points qui sont, à proprement parler, l'objet de la loi civile (*municipal law*). La personne d'un souverain est inviolable ; les lois de tous les pays, l'opinion unanime et les sentiments du genre humain ont pourvu à la sûreté de la personne sacrée du monarque ; mais les lois qui déclarent la personne des souverains inviolable ne protégent pas également les personnes de leur auguste famille, et ces procès-verbaux peuvent tendre à étendre à la royale famille d'Espagne une protection que les lois d'Espagne ne leur accordent pas.

« Les ministres des cours alliées ont pensé qu'il était à propos de faire connaître à l'Espagne les sentiments de leurs souverains respectifs par les dépêches adressées aux représentants de leurs différentes cours résidant à Madrid. Le gouvernement de S. M. britannique ne se considère pas comme suffisamment informé, soit de ce qui a déjà eu lieu entre la France et l'Espagne, soit de ce qui peut occasionner une rupture, pour être capable de répondre affirmativement aux questions soumises à la conférence par le ministère de France. Mais est-ce bien le moment d'expédier des dépêches calculées pour irriter le gouvernement d'Espagne et pour embarrasser encore davantage la position difficile du gouvernement français ? Le résultat de ces communications sera probablement de suspendre les relations diplomatiques entre les trois cours alliées et l'Espagne, quelle que soit d'ailleurs la question entre la France et l'Espagne. Ces communications sont non-seulement calculées pour embarrasser le gouvernement français, mais aussi celui du roi d'Angleterre. Le gouvernement de S. M. britannique est de l'opinion que de censurer les affaires intérieures d'un État indépendant, à moins que ces affaires n'affectent les intérêts essentiels des sujets de S. M. (*un less such transactions affect the essential interets of his m's subjects*), est incompatible avec les principes d'après lesquels S. M. a invariablement agi dans toutes les questions relatives aux affaires intérieures des autres pays. Ainsi le gouvernement du roi d'Angleterre doit refuser de conseiller à S. M. de tenir un commun langage avec ses alliés dans cette occasion ; il est si nécessaire pour S. M. de n'être pas supposée participer à une démarche de pareille nature, que le gouvernement britannique doit également s'abstenir de conseiller au roi d'adresser au gouvernement espagnol aucune communication au sujet des relations de ce gouvernement avec la France. »

L'Angleterre rompt brusquement ici avec ses alliés. Par la forme de son gouvernement, par l'intervention de l'opinion nationale et de la publicité parlementaire, l'Angleterre était obligée, il est vrai, de mettre de la réserve dans ses réponses ; elle ne pouvait pas avoir l'allure dégagée de ces monarchies continentales qui n'ont aucun compte à rendre à leurs sujets ; mais il est impossible de donner de plus mauvaises raisons que le duc de Wellington n'en donna, et de moins cacher l'animosité du cabinet de Saint-James contre la France : le plénipotentiaire anglais croyait encore commander à Waterloo.

Ce qu'il dit d'abord contre les dangers de l'intervention a été démenti par les faits : les Espagnols, au lieu de résister à notre invasion, ont accueilli nos soldats comme libérateurs ; et puis l'Angleterre, si scrupuleuse en fait d'intervention, n'intervient-elle pas partout, tantôt en faveur du despotisme, tantôt au nom de la liberté, selon son lucre? Elle était pour Mahmoud contre l'indépendance des Grecs; elle était pour l'indépendance des colonies espagnoles contre l'Espagne. Mais on traitera cette question de l'intervention quand le moment sera venu.

La réserve faite dans les notes en faveur des *intérêts essentiels des sujets de Sa Majesté britannique* montre le fond des choses : si l'Angleterre se croit en droit d'intervenir quand *ses intérêts essentiels* sont lésés, les puissances continentales ne peuvent-elles aussi avoir *des intérêts essentiels* compromis, bien que d'une autre nature que ceux de la Grande-Bretagne? Le duc de Wellington ne voit pas, où feint de ne pas voir les nouveaux malheurs dont la France était menacée : il ne s'agissait pas de débouchés à donner à notre commerce, de moyens de vendre à un meilleur prix nos vins et le produit de nos manufactures (*intérêts essentiels* de l'Angleterre) ; il s'agissait d'empêcher une nouvelle révolution d'éclater parmi nous, de relever l'honneur de notre drapeau, de nous replacer au rang des nations qui tirent d'elles-mêmes leur force, leur dignité et leur puissance : certes, ce sont là des intérêts essentiels !

Le duc de Wellington se plaint de n'être pas assez informé de ce qui peut occasionner une rupture entre l'Espagne et la France. Avec un peu d'attention, il aurait aperçu des raisons qui frappaient tous les yeux. Mais quand il les aurait aperçues, l'auraient-elles persuadé? L'Angleterre ne se serait-elle pas épouvantée de notre désir d'échapper à la tutelle de la mauvaise fortune, sous laquelle nous étions tombés à Waterloo, tutelle outrageuse dans la dépendance de laquelle nous avions été rigoureusement maintenus par les traités?

La réclamation des notes anglaises en faveur de la *loi civile (municipal law)* est curieuse : le souverain est inviolable, disent-elles, mais ses parents ne le sont pas.

Ainsi, on a le droit de proscrire toute une famille souveraine, de ne garder qu'un roi sur le trône, afin de rester strictement dans la loi *politique :* de manière qu'à la mort de ce roi on peut intervertir l'ordre de la succession légitime, et mettre la couronne sur la tête d'une autre branche ou d'une autre dynastie. On ne sait si M. le duc de Wellington voyait si loin quand il rédigea ces notes; mais il est certain qu'elles s'appliquent aujourd'hui merveilleusement à la personne de don Carlos.

Combien l'inquiétude que montre M. le plénipotentiaire pour la France est touchante quand il se récrie sur l'embarras où vont nous jeter les dépêches des trois cours alliées, si ces dépêches arrivent avant la nôtre en Espagne, si le roi de Prusse et les empereurs d'Autriche et de Russie retirent leurs envoyés de Madrid avant que nous ayons retiré notre ambassadeur! Après cette diplomatie embarrassée, l'Angleterre, revenue à son caractère, déclare qu'elle ne parlera pas un langage commun avec ses alliés, qu'elle s'abstiendra même *d'adresser au gouvernement espagnol aucune communication au sujet des relations de ce gouvernement avec la France.* Cette dernière phrase laisse percer le secret du gouvernement britannique : l'Angleterre croyait alors que si nous entrions dans la Péninsule, nous serions perdus; tout le parti libéral en France, tous les hommes d'État de l'empire en disaient autant, ne pouvant croire qu'un vieux roi infirme et sans armée réussirait là où Napoléon avait échoué.

L'Angleterre ne voulait pas intervenir alors (bien qu'elle l'ait voulu peu de temps après, quand elle a eu peur), même pour empêcher l'effusion du sang : une guerre où nous devions être nécessairement battus empêcherait tout renouvellement du *pacte de famille.*

Un mot échappé à M. Canning, à propos d'un discours de M. Brougham et lorsqu'il nous crut fourvoyé dans l'affaire de la Péninsule, montre les sentiments que nous portaient nos rivaux ; il s'écria dans sa joie : « Tu l'as voulu, Georges Dandin! tu l'as voulu, mon ami! » Et pourtant il ne nous croyait pas assez stupide pour n'avoir rien compris aux notes du duc de

Wellington, puisqu'après avoir reçu une lettre de félicitations que nous lui écrivîmes sur sa nomination de ministre des affaires étrangères, il nous adressa à Vérone la réponse suivante :

Londres, ce 28 octobre 1822.

« Je ne doute nullement, mon cher vicomte, que vous ne soyez un de ceux qui me font l'honneur de se réjouir le plus de ma nomination, et je n'aurais pas tardé à vous exprimer toute la reconnaissance que je vous dois pour vos félicitations, si la même lettre qui me les apportait n'avait pas notifié votre départ pour Vérone.

« Cette lettre vous y trouvera bien occupé sans doute ; mais, avec tant d'occupation, je serais inexcusable si j'y ajoutais plus que ce peu de mots et les assurances du respect, de l'admiration et de l'amitié que je vous ai voués, mon cher vicomte, et que j'aurai, comme je l'espère, bien des occasions de vous prouver, tant comme ministre que comme ami.

« Tout à vous :
« GEORGE CANNING. »

XXV

A quoi se réduit l'intervention du congrès de Vérone? à trois dépêches insignifiantes. — Dépêche de la Prusse.

En définitive, il n'y eut de véritablement arrêté entre les souverains et diplomates assemblés avec tant de fracas sur l'Adige, que le projet d'envoyer des dépêches aux représentants des alliés à Madrid ; ces dépêches devaient être mises sous les yeux du gouvernement espagnol ; dans le cas où elles seraient méprisées, les envoyés des puissances alliées auraient ordre de demander leurs passe-ports. C'est à cette démarche inoffensive, laquelle ne pouvait mener à rien, que se réduisait cette fameuse *intervention du congrès de Vérone,* dont on a fait tant de bruit. On va voir, pour la centième fois, en prenant connaissance de ces documents, que, loin de menacer l'Espagne d'une *guerre continentale,* on manifesta des craintes non équivoques d'une guerre possible entre l'Espagne et la France.

Dans sa dépêche, datée de Vérone, du 22 novembre 1822, expédiée à M. de Schepeler, à Madrid, le 27 novembre, par M. le comte Zichy, la Prusse expose :

« Qu'elle voit avec douleur le gouvernement espagnol entrer dans une route qui menace la tranquillité de l'Europe ; elle rappelle tous les titres d'admiration qui l'attachent à la noble nation espagnole, illustrée par tant de siècles de gloire et de vertu, et à jamais célèbre par l'héroïque persévérance qui l'a fait triompher des efforts ambitieux et oppressifs de l'usurpateur du trône de France.

Ensuite, la dépêche parle de l'origine, des progrès et des résultats de la révolution militaire de l'île de Léon, en 1820 :

« L'état moral de l'Espagne est aujourd'hui tel que ses relations avec les puissances étrangères doivent nécessairement se trouver troublées ou interverties. Des doctrines subversives de tout ordre social y sont hautement prêchées et protégées ; des insultes contre les premiers souverains de l'Europe remplissent impunément les journaux. Les sectaires de l'Espagne font courir leurs émissaires pour associer à leurs travaux ténébreux tout ce qu'il y a dans les pays étrangers de conspirateurs contre l'ordre public et contre l'autorité légitime.

« L'effet inévitable de tant de désordres se fait surtout sentir dans l'altération des rapports entre l'Espagne et la France. L'irritation qui en résulte est de nature à donner les plus fortes alarmes pour la paix entre les deux royaumes. Cette considération suffirait pour déterminer les souverains réunis à rompre le silence sur un état de choses qui d'un jour à l'autre peut compromettre la tranquillité de l'Europe. »

Une excellente réflexion termine cette dépêche :

« Ce n'est pas aux cours étrangères à juger quelles institutions répondent le mieux au caractère, aux mœurs, aux besoins réels de la nation espagnole ; mais il leur appartient indubitablement de juger des effets que des expériences de ce genre produisent par rapport à elles-mêmes, et d'en laisser dépendre leurs déterminations et leur position future envers l'Espagne. »

XXVI

Dépêche de la Russie.

La dépêche russe est adressée au comte Bulgary, à Madrid, et datée de Vérone, le 26 novembre 1822. Elle remémore comment le cabinet de Saint-Pétersbourg se hâta, dès l'année 1820, de signaler les malheurs dont l'Espagne était menacée, lorsque des *soldats parjures trahirent leur souverain et lui imposèrent des lois*. Elle dit que la prévoyance de la Russie a trop été justifiée ; que l'anarchie a marché à la suite de la révolution ; que les colonies ont achevé de se détacher de la mère patrie ; que les propriétés ont été spoliées ; que le sang a coulé sur les échafauds et dans la demeure du roi ; que le monarque et sa famille ont été réduits en un état de captivité ; que les frères du monarque, contraints de se justifier, sont journellement menacés du cachot et du glaive.

« D'autre part, affirme, avec vérité, la dépêche, après les révolutions de Naples et du Piémont (que les conspirateurs espagnols ne cessent de représenter comme leur ouvrage), on les entend annoncer que leurs plans de bouleversement n'ont pas de limites. Dans un pays voisin, ils s'efforcent, avec une persévérance que rien ne décourage, à faire naître des troubles et la rébellion. Dans des États plus éloignés, ils travaillent à se créer des complices ; l'activité de leur prosélytisme s'étend partout, et partout elle prépare les mêmes désastres.

« La France se voit obligée de confier à une armée la garde de ses frontières, et peut-être faudra-t-il qu'elle lui confie également le soin de faire cesser les provocations dont elle est l'objet. L'Espagne elle-même se soulève en partie contre un régime que repoussent ses mœurs, la loyauté connue de ses habitants et ses traditions toutes monarchiques.

« Il est à craindre que les dangers toujours plus réels du voisinage, ceux qui planent sur la famille royale, et les justes griefs d'une puissance limitrophe, ne finissent par amener, entre elle et l'Espagne, les plus graves complications.

« C'est là l'extrémité fâcheuse que S. M. I. voudrait prévenir, s'il est possible.

« Exprimer le désir de voir cesser une longue tourmente, de soustraire au même joug un monarque malheureux et un des premiers peuples de l'Europe, d'arrêter l'effusion du sang, de favoriser le rétablissement d'une administration à la fois sage et nationale, certes, ce n'est point attenter à l'indépendance d'un pays, ni établir un droit d'intervention contre lequel une puissance quelconque ait le droit de s'élever. »

XXVII

Dépêche de l'Autriche.

La dépêche autrichienne, de la même date, est le meilleur des trois documents :

« La révolution d'Espagne a été jugée pour nous dès son origine. Selon les décrets éternels de la Providence, le bien ne peut pas plus naître pour les États que pour les individus de l'oubli des premiers devoirs imposés à l'homme dans l'ordre social. Ce n'est pas par de coupables illusions, pervertissant l'opinion, égarant la conscience des peuples, que doit commencer l'amélioration de leur sort, et la révolte militaire ne peut jamais former la base d'un gouvernement heureux et durable.

« La révolution d'Espagne, considérée sous le seul rapport de l'influence funeste qu'elle a exercée sur le royaume qui l'a subie, serait un événement digne de toute l'attention et de tout l'intérêt des souverains étrangers.

« Cependant une juste répugnance à toucher aux affaires intérieures d'un

État indépendant déterminerait peut-être ces souverains à ne pas se prononcer sur la situation de l'Espagne, si le mal opéré par sa révolution s'était concentré, et pouvait se concentrer dans son intérieur ; mais tel n'est pas le cas. Cette révolution, avant même d'être parvenue à sa maturité, a provoqué déjà de grands désastres dans d'autres pays : c'est elle qui, par la contagion de ses principes et de ses exemples, et par les intrigues de ses principaux artisans, a créé les révolutions de Naples et du Piémont.

« S. M. I. ne peut que soutenir, dans les questions relatives à la révolution d'Espagne, les mêmes principes qu'elle a toujours hautement manifestés. Dans l'absence même de tout danger direct pour les peuples confiés à ses soins, l'empereur n'hésiterait jamais à désavouer et à réprouver ce qu'il croit faux, pernicieux et condamnable dans l'intérêt général des sociétés humaines.

« Il me serait difficile de croire, monsieur le comte, que le jugement énoncé par S. M. I. sur les événements qui se passent en Espagne puisse être mal compris ou mal interprété dans ce pays. Aucun objet d'intérêt particulier, aucun choc de prétentions réciproques, aucun sentiment de méfiance ou de jalousie ne saurait inspirer à notre cabinet une pensée en opposition avec le bien-être de l'Espagne. La maison d'Autriche n'a qu'à remonter à sa propre histoire pour y trouver les plus puissants motifs d'attachement, d'égards et de bienveillance pour une nation qui peut se rappeler avec un juste orgueil ces siècles de glorieuse mémoire où le *soleil n'avait pas de couchant pour elle,* pour une nation qui, forte de ses institutions respectables, de ses vertus héréditaires, de ses sentiments religieux, de son amour pour ses rois, s'est illustrée dans tous les temps par un patriotisme toujours loyal, toujours généreux et bien souvent héroïque.

« A une époque peu éloignée de nous, cette nation a encore étonné le monde par le courage, le dévouement et la persévérance qu'elle a opposés à l'ambition usurpatrice qui prétendait la priver de ses monarques et de ses lois, et l'Autriche n'oubliera jamais combien la noble résistance du peuple espagnol lui a été utile dans un moment de grand danger pour elle-même.

« En se réunissant à Vérone à ses augustes alliés, S. M. I. a eu le bonheur de retrouver dans leurs conseils les mêmes dispositions bienveillantes et désintéressées qui ont constamment guidé les siens. Les paroles qui partiront pour Madrid constateront ce fait et ne laisseront aucun doute sur l'empressement sincère des puissances à servir la cause de l'Espagne en lui démontrant la nécessité de changer de route. Il est certain que les embarras qui l'accablent se sont accrus depuis peu dans une progression effrayante. Les mesures les plus rigoureuses, les expédients les plus hasardés ne peuvent plus faire marcher son administration ; la guerre civile est allumée dans plusieurs de ses provinces ; ses rapports avec la plus grande partie de l'Europe sont dérangés ou suspendus; ses relations mêmes avec la France ont pris un caractère si problématique, qu'il est permis de se livrer à des inquiétudes sérieuses sur les complications qui peuvent en résulter.

« Tout Espagnol éclairé sur la véritable situation de sa patrie doit sentir que, pour briser les chaînes qui pèsent aujourd'hui sur le monarque et sur le peuple, il faut que l'Espagne mette un terme à cet état de séparation du reste de l'Europe dans lequel les derniers événements l'ont jetée.

« Pour arriver à ce but, il faut avant tout que le roi soit libre, non-seulement de cette liberté personnelle que tout individu a le droit de réclamer sous le règne des lois, mais de celle dont un souverain doit jouir pour remplir sa haute vocation. Le roi d'Espagne sera libre du moment où il aura le droit de substituer à un régime reconnu impraticable par ceux mêmes que l'égoïsme ou l'orgueil y tiennent encore attachés, un ordre de choses dans lequel les droits du monarque seraient heureusement combinés avec les intérêts et les vœux légitimes de toutes les classes de la nation. »

Le paragraphe (du reste fort bien écrit) sur la maison d'Autriche veut dire, en langue diplomatique : « Vous étiez si puissant et si heureux sous notre glorieuse domination! Reprenez-nous. »

XXVIII

Réflexions sur les trois dépêches précédentes. — Quand la France devait-elle retirer son ambassadeur?

Il faut pardonner à ces dépêches ce qu'elles disent contre la tribune et la liberté de la presse : les monarchies absolues ne comprendront jamais les monarchies représentatives; ce sont deux espèces de pouvoirs dont les éléments sont incompatibles. Mais les rédacteurs de ces dépêches auraient dû faire la part aux hommes, et songer que si les cortès se montraient rigoureuses outre mesure, elles avaient affaire à un monarque ingrat et sans foi, qui ne cherchait qu'à les tromper, et dont le caractère, s'il n'autorisait la violence des *Liberales,* l'excusait du moins.

L'Autriche s'applaudit trop de ses succès contre les révolutionnaires de l'Italie : sa peur lui faisait voir des conspirateurs là où il n'y avait que le mouvement progressif des idées d'une nation impatiente du joug étranger, et privée de sa nationalité par la conquête. On ne pouvait penser comme M. de Metternich, quand on voyait passer à Vérone des cages de l'*ordre* et du *bonheur,* qui emportaient au Spielberg Silvio Pellico avec ce que l'Italie renfermait de plus éclairé et de plus distingué dans son sein. L'Autriche n'avait pas été, comme la France, bouleversée par une révolution de quarante années, toujours prête à se ranimer au moindre souffle; elle

CONSTANTIN

fonctions dignement remplies par M. de Montmorency; mais nous nous flattions, si nous faisions adopter notre plan à M. de Villèle, qu'une fois arrivé à Londres, notre bonne position auprès de George IV et de M. Canning contribuerait à rendre l'exécution de ce plan plus facile.

n'était pas frontière de l'Espagne; ses peuples et ses soldats n'étaient pas en contact avec les peuples et les soldats qui proclamaient des constitutions à main armée; elle aurait pu se montrer moins inquiète, moins inexorable et plus habile, en suspectant moins les intelligences.

Enfin ces dépêches, en donnant de grands éloges au peuple espagnol pour sa résistance à Napoléon, oublient que ce peuple obéissait alors aux *cortès de Cadix*, que le moine qui défendit héroïquement Saragosse se battait au nom de cette même constitution, objet actuel de la réprobation des puissances continentales : il n'y avait de justement posé dans ces débats que la France.

Du reste, le fond des dépêches est vrai : elles établissent clairement nos périls, à nous, populations limitrophes de l'Espagne. La seule menace que les alliés fassent entendre, c'est de retirer leurs représentants d'un pays avec lequel ils n'ont plus de relations politiques.

Quand devait la France retirer à son tour son ambassadeur? avant, avec ou après que les envoyés des autres cours auraient demandé leurs passe-ports? Cette question ne pouvait être résolue que selon les circonstances, vu notre voisinage de l'Espagne. C'est précisément sur cette question que M. le vicomte de Montmorency rendit, assure-t-on, le portefeuille des affaires étrangères.

XXIX

Notre correspondance avec M. de Villèle. — Lettres.

Il ne nous reste plus, pour faire connaître toutes les pièces du congrès de Vérone, qu'à donner notre correspondance avec M. de Villèle. Les lettres du ministre des finances, lucides, rapides, prévoyantes, pleines d'affaires et bien informées, prouvent qu'il était fait pour la haute place qu'il occupait; elles sont même plus vives, moins contenues et moins diplomatiques que les nôtres. On voit que le correspondant de Vérone, par la connivence naturelle de ses désirs, exagère l'envie que les souverains avaient de la guerre, excepté, comme nous l'avons dit, l'empereur de Russie. Nous cherchions à fixer les déterminations du président du conseil, car ses idées étaient moins arrêtées que les nôtres sur une entreprise à laquelle nous attachions le salut et l'honneur de la France. Nous n'étions pas ministre des affaires étrangères; il n'y avait pas la moindre apparence qu'on nous appelât à des fonctions dignement remplies par M. de Montmorency; mais nous nous flattions, si nous faisions adopter notre plan à M. de Villèle, qu'une fois arrivé à Londres, notre bonne position auprès de George IV et de M. Canning contribuerait à rendre l'exécution de ce plan plus facile.

Vérone, ce 31 août 1822.

« Je vous remercie, mon cher ami, de votre petit mot du 23. La dépêche de M. de Montmorency vous portera à peu près aujourd'hui la conclusion de l'affaire d'Espagne dans le sens de vos instructions. Vous verrez les notes verbales. Ce soir nous aurons une conférence du congrès pour aviser au moyen de faire connaître à l'Europe les dispositions de l'alliance relativement à l'Espagne. La Russie est à merveille pour nous ; l'Autriche nous sert dans cette question, quoiqu'elle soit pour le reste toute anglaise; la Prusse suit l'Autriche. Le vœu très-prononcé des puissances est pour la guerre avec l'Espagne. C'est à vous, mon cher ami, à voir si vous ne devez pas saisir une occasion, peut-être unique, de replacer la France au rang des puissances militaires, de réhabiliter la cocarde blanche dans une guerre courte, presque sans danger, vers laquelle l'opinion des royalistes et de l'armée nous pousse aujourd'hui fortement. Il ne s'agit pas de l'occupation de la Péninsule, mais d'un mouvement rapide qui remettrait le pouvoir aux véritables Espagnols et vous épargnerait les soucis de l'avenir. Les dernières dépêches de M. de La Garde prouvent combien le succès serait facile. Toute l'Europe continentale serait pour vous, et l'Angleterre, si elle se fâchait, n'aurait pas même le temps de se jeter sur une colonie; quant aux chambres, un succès couvre tout. Sans doute le commerce et les finances souffriront un moment, mais il y a des inconvénients à tout. Détruire un foyer de jacobinisme, rétablir un Bourbon sur le trône par les armes d'un Bourbon, sont des résultats tels qu'ils l'emportent sur des considérations d'une nature secondaire. Enfin, comment sortirons-nous de la position où nous nous trouvons, pour peu qu'elle se prolonge? Pouvons-nous garder éternellement une armée d'observation au pied des Pyrénées? Pouvons-nous, sans nous exposer aux sifflets et à la déconsidération de tous les partis, renvoyer un matin nos soldats dans leurs garnisons? Dans les questions que vous m'aviez invité à vous poser pour en faire le fond des instructions, je vous avais déduit une partie de ces avantages de la guerre, qui me frappent ici d'autant plus que je trouve l'Europe continentale prête à nous seconder de tous ses efforts. Vous connaissez ma modération politique et combien je suis éloigné des partis violents; mais je dois, pour n'avoir rien à me reprocher, vous remettre sous les yeux ce côté de la question, qui n'est pas celui dont vous vous êtes le plus occupé. C'est à vous à peser les choses dans votre sagesse, et à moi à suivre la route que vous croirez devoir prendre.

« M. de Montmorency parle de nous quitter dans une huitaine de jours.

Après son départ les affaires iront vite, car elles ne sont pas compliquées, et les rois s'ennuient ici.

« Quant à moi, je suis très-impatient d'apprendre que vous avez fait pour nos amis ce qu'il est si important que vous fassiez. S'il s'agissait de mes intérêts et non des vôtres, il y a longtemps que j'aurais cessé de vous importuner.

« Bonjour, mon cher ami ; tout à vous pour la vie.

« CHATEAUBRIAND. »

Vérone, ce 1er novembre 1822.

« Vous ne doutez pas, mon cher ami, de toute la part que je prends à la perte que vous venez de faire ; elle vient augmenter les difficultés du moment, en détournant tristement votre attention des affaires. Mais je connais la fermeté de votre esprit. Vous ne vous laisserez point ébranler par le bruit des diverses opinions, soit que vous vous déterminiez à la guerre ou à la paix. Une fois votre parti pris, vous suivrez franchement l'un ou l'autre système, sans en redouter les chances et sans vous en dissimuler les inconvénients. La crise des fonds sera courte. S'il y a guerre, un succès les relèvera ; s'il y a paix, ils remonteront également. Quant à moi, mon cher ami, je ne séparerai point ma destinée politique de la vôtre : laissez venir les revers, et vous verrez si je suis fidèle.

« M. de Montmorency part définitivement cette semaine. Je voudrais bien en faire autant, car je suis parfaitement inutile ici : nous tripotons misérablement, et je vous serai plus utile à Paris.

« Je vous embrasse, et tout à vous.

CHATEAUBRIAND. »

« Dans la supposition de la guerre, ce que nous avons fait ici vous servira puissamment, sans que vous soyez engagé au delà de ce qui cesserait d'être cas d'absolue nécessité. »

Vérone, ce 20 novembre 1822.

« Je vous ai écrit hier une petite lettre, mon cher ami, par le courrier anglais ; je veux vous en écrire une un peu plus longue aujourd'hui. Nous avons signé hier au soir un procès-verbal que M. de Montmorency, qui part demain, vous portera. Je crois que vous serez content de cette espèce d'acte, et qu'il aura l'approbation du roi ; il est tout entier en notre faveur. Nous voilà parfaitement en sûreté contre la guerre, si elle doit éclater, en même temps que nous restons les maîtres de l'attendre et que rien dans les engagements de l'alliance ne nous oblige à la déclarer.

« Ne croyez pas, mon cher ami, qu'en vous parlant des avantages de cette guerre, dans le cas où nous serions forcés de la soutenir, je ne sente pas néanmoins les graves inconvénients qu'elle pourrait entraîner, surtout si elle n'était pas terminée dans une campagne. L'Angleterre se radoucit et paraît dans ce moment moins opposée aux intérêts de l'Europe continentale ; mais si nos flottes étaient longtemps en mouvement, et si des soldats russes se mettaient en marche, la double jalousie de nos voisins insulaires pourrait se réveiller. Vous avez donc bien raison de ne pas vous précipiter tête baissée dans des hostilités dont il faut bien calculer toutes les chances ; mais je crois que, l'événement arrivé, on ferait disparaître la plus grande partie des dangers en adoptant un système de conduite dont je poserais ainsi les principales bases :

« 1° Déclarer par une proclamation, en entrant en Espagne, qu'on ne veut ni attaquer son indépendance, ni imposer des lois à la nation espagnole, ni lui dicter des formes de gouvernement, ni se mêler de sa politique intérieure, en quelque matière que ce soit.

« 2° Faire prendre la cocarde espagnole à nos soldats, occuper les villes et les villages au nom de Ferdinand, planter partout le pavillon espagnol à côté du drapeau blanc, ne parler jamais qu'au nom des autorités espagnoles, qu'on rétablirait partout en avançant.

« 3° Marcher jusqu'à l'Èbre, s'y établir et ne le dépasser que dans le cas d'absolue nécessité. Fournir des armes et de l'argent aux Espagnols fidèles ; les laisser terminer eux-mêmes la querelle, en se contentant de les appuyer dans certaines positions pour leur assurer la victoire.

« 4° Déclarer qu'on ne veut ni occuper l'Espagne, ni lui faire payer les frais de la guerre ; offrir sans cesse la paix, et se retirer aussi promptement qu'on serait entré dès que les circonstances le permettraient.

« Monseigneur le duc d'Angoulême devrait commander l'armée et avoir sous ses ordres un maréchal de France : le maréchal Macdonald est naturellement indiqué ; il jouit d'une réputation qui donnerait de la confiance aux soldats, et en même temps il n'est pas, comme d'autres maréchaux, odieux à la nation espagnole.

« Ces idées, mon cher ami, vous seront sans doute venues comme à moi. Un pareil plan, promptement et exactement exécuté, en rendant le secours de la Russie inutile, diminuerait la jalousie de l'Angleterre, que notre modération d'ambition et de principes achèverait de désarmer ; la guerre ne serait plus qu'une querelle de famille entre la France et l'Espagne, que la force et la bienveillance de la première auraient bientôt apaisée. Cette guerre aurait pour nous tous les avantages que je vous ai indiqués dans ma lettre du 31 octobre, sans parler de ce que nous pourrions faire pour notre commerce, de concert avec le gouvernement espagnol dans les colonies. Toutes ces considérations font que, sans désirer la guerre, je ne la crains pas, et qu'en approuvant tout ce que vous faites pour l'éviter, je crois que, si vous y étiez forcé, elle consolerait le génie militaire de la France, effacerait chez nos soldats le souvenir de l'usurpation, et serait, sous ce rapport, extrêmement favorable au trône légitime.

« M. de Montmorency vous dira où nous en sommes ici : ce qui nous restera à faire après son départ est peu de chose, et, selon toutes les probabilités, le congrès sera dissous le 10 ou le 15 du mois prochain. Espérons que ce congrès sera le dernier. Je suis bien aise d'y avoir assisté, parce que cela achève mes études politiques : j'ai appris à connaître bien des choses et bien des hommes dont je n'aurais pu jamais pénétrer le secret. J'ai vu avec une extrême satisfaction que la France donnera encore des lois à l'Europe quand elle sera bien conduite, en profitant des espérances que notre force renaissante commence à inspirer de toutes parts. Nous causerons à fond de tout cela, et j'ai pris des notes qui nous seront utiles.

« Il faut vous dire, mon cher ami, une chose qui ne vous fera aucune peine : vous avez été accusé ici, auprès de l'homme qui fait tout (ou plutôt de l'homme à qui on fait tout faire), d'une extrême modération. Je me suis trouvé enveloppé, comme votre ami, dans l'accusation ; on m'a donc traité froidement, parce qu'on m'a soupçonné d'y regarder à deux fois avant de précipiter mon pays dans les chances d'une guerre qui pourrait devenir européenne si elle venait à se compliquer d'une guerre en Orient et de l'attaque des colonies espagnoles par les Anglais. Et puis, il arrive que je suis resté constitutionnel quand on ne veut plus de constitutions. Ceux qui nous proscrivaient comme des *ultra*, qui voulaient qu'on nous chassât de toutes les administrations pour y mettre les hommes des Cents-Jours, sont aujourd'hui des *ultra*, et nous, nous sommes des libéraux, ou tout au moins des ventrus ou des ministériels. Qu'y faire ? Prendre tout cela en patience et en pitié. Cependant mes actions vont hausser après le départ de M. de Montmorency. J'aperçois déjà les symptômes d'une faveur à venir. Je réussirai surtout si vous m'écrivez et si on sait que je suis votre *homme;* car, tout en trouvant quelque chose à redire à votre prudence, on a la plus haute idée de votre capacité. En vous priant de m'écrire, dans votre intérêt et dans le mien, je ne vous engage pas à grand'chose, car à peine aurai-je le temps de recevoir une lettre de vous. Au reste, je dois vous dire, en finissant cette longue lettre que j'écris au courant de la plume, que l'Autriche et la Prusse ne sont nullement ardentes pour la guerre; et que si vous ne pensez pas que cette guerre doive être soutenue, il sera très-facile de faire naître des obstacles de la part des cabinets de Vienne et de Berlin.

« Vos élections seront finies lorsque vous recevrez cette lettre. La crise des fonds vous aura sans doute fait perdre quelques voix; mais il vous en restera toujours assez. N'oubliez pas MM. de Lalot, Bertin, Vitrolles, Bouville ; tout cela doit être fait avant l'ouverture de la session. Souvenez-vous aussi de la pension de pair du petit Jumilhac, nouveau duc de Richelieu.

« Tout à vous, mon cher ami, et pour la vie.

« CHATEAUBRIAND. »

« *P.-S.* Cette lettre a été retardée de vingt-quatre heures : on a retenu de Lalot et le jeune Fitz-James jusqu'à aujourd'hui 21, et M. de Montmorency ne part que demain 22. Je crains qu'il ne soit assez longtemps en route et que l'on veuille attendre ici des nouvelles de son arrivée, et votre réponse sur le parti que vous prendrez relativement aux notes ou dépêches à envoyer aux ambassadeurs en Espagne. Quelle que soit la résolution du conseil des Tuileries, les autres cabinets paraissent décidés à envoyer leurs notes, et à retirer leurs agents en Espagne, si les notes ne produisent aucun effet. Mon opinion est que nous devons sacrifier beaucoup au maintien de l'alliance continentale, et je pense aussi, contre ce qui paraît être votre opinion, que le rappel de notre ambassadeur ne serait pas la guerre; mais c'est chose à examiner. Dans ce moment, par exemple, la Russie n'a point d'ambassadeur à Constantinople, et ce n'est pas la guerre; on négocie : à plus forte raison, l'Espagne pourrait faire des réflexions si les ministres d'Autriche, de Russie, de Prusse et de France se retiraient à la fois. Le roi, souverain juge et souverainement sage, décidera cette grande question. »

Paris, le 28 novembre 1822.

« Mon cher Chateaubriand, j'ai reçu votre longue et bonne lettre du 20; recevez-en mes bien sincères remerciements. Nous attendons Montmorency après-demain ou dimanche; son retour me vient mal, car lundi est mon jour critique pour la liquidation des opérations faites sur nos rentes dans le mois; je suis fâché de cette coïncidence; mais nous allons faire ce que nous pourrons pour en supporter les inconvénients.

« Une autre chose fort grave nous arrive en même temps, c'est la débâcle de la régence d'Urgel et de l'armée de la Foi : le baron d'Éroles a été battu par Mina à l'entrée des gorges du côté de Talana; une partie de son monde l'a abandonné; il s'est rejeté sur la Seu, déposant le long de nos frontières une immense quantité de femmes, enfants, prêtres, moines et fugitifs. Tout a été accueilli par nos troupes, et il ne s'en est suivi aucun désordre. D'Éroles a encore été chassé d'Urgel, dont la ville a été incendiée par Mina. Huit ou neuf cents royalistes déterminés se sont renfermés dans le fort avec des vivres et des munitions pour trois mois ; le reste, avec le baron d'Éroles, est en fuite vers Puycerda, d'où la régence s'est déjà retirée et où aura lieu probablement la dispersion, tant chez nous qu'en Espagne, du reste de l'armée de la Foi. L'évêque d'Urgel est à Dax avec tout son clergé ; le Trappiste est à Toulouse : c'est une désolation sur toute cette frontière. On va pourvoir à l'entretien de tous ces réfugiés.

« Je vois, par ce que nous dit Montmorency et par ce que vous me marquez, que c'est sur nous que va rouler tout le poids de la détermination à l'égard de l'Espagne : je le veux bien, si on nous laisse les deux boules ; mais, si on ne m'en donne qu'une, je ne puis être séduit par l'apparence de tant d'honneur ; tout est dans le contenu des notes que doivent remettre les ministres de Russie, de Prusse et d'Autriche. Si leur envoi doit entraîner la rupture, il est clair que nous allons avoir immédiatement la guerre, ou un état qui lui serait tellement semblable que nous n'avons en réalité aucun choix à faire.

« Si elles sont conçues de manière à opérer un retour à la raison de la part de l'Espagne, et à nous laisser la liberté d'agir selon les circonstances et les événements, nous n'avons qu'à suivre avec sagesse et fermeté la voie que le congrès aura ouverte, et on peut compter sur nous. Il faut donc attendre et voir pour se former une opinion. L'envoi d'une copie de ces notes aurait abrégé de trois ou quatre jours la délibération, et la débâcle de l'armée de la Foi nous fait voir qu'abréger les délibérations est, assez ordinairement, beaucoup avancer les affaires.

« Quant au protocole, ou procès-verbal, relatif au *casus fœderis*, s'il est ce qu'on nous a dit, c'est parfait, c'est tout ce que nous pouvions désirer, c'est de la part de nos alliés un acte de confiance pour la France que nous saurons justifier, et qui, malgré la défection de l'Angleterre, sera d'un grand poids pour contenir les révolutionnaires. Nous n'avons pas encore reçu de réponse à la note passée à M. Canning ; aussitôt que j'en aurai, je vous l'expédierai.

« Je vous envoie les dernières dépêches venues de Madrid. Les Anglais auraient tort de nous blâmer dans les précautions que nous prenons contre les Espagnols ; ils sont encore plus vifs que nous sur ce chapitre quand il touche à leurs intérêts : ils sont en ce moment à obliger le gouverneur de Cuba à reconnaître leurs droits de commerce avec toutes les colonies espagnoles, sous peine de voir immédiatement attaqués et détruits tous les établissements maritimes de l'île de Cuba dont ils pourront se rendre maîtres.

« Je reçois dans l'instant l'avis que les côrtès ont expédié un M. Pereira avec des pleins pouvoirs pour reconnaître l'indépendance de leurs colonies ; il était à Rio-Janeiro à la fin de septembre, pour commencer son expédition par la rivière de la Plata. Je crains que le congrès n'ait eu tort de ne vouloir pas lier cette question à celle d'Espagne : il a fait beau jeu à l'Angleterre et aux révolutionnaires espagnols.

« Vous savez nos élections : c'est une merveille. Tout à l'intérieur va aussi parfaitement. J'aurai à la fin de l'année vingt-cinq millions de reste, toutes dépenses soldées. Pourquoi faut-il que ces malheureuses affaires extérieures viennent troubler une telle prospérité !

« Adieu, mon cher ; mille compliments affectueux à vos collègues. Ne m'oubliez pas auprès de Serres. De cœur et pour la vie tout à vous.

« Joseph DE VILLÈLE.

« Entièrement occupé de l'extérieur, je n'ai encore pu voir ce que nous pourrons pour nos amis. Après l'arrivée de Montmorency, nous verrons de faire ce qui sera possible. »

Paris, ce 29 novembre, à midi.

« Le départ du courrier ayant été retardé, je peux joindre à l'envoi que je vous fais une dépêche de M. de La Garde, une nouvelle lettre que le roi m'a ordonné de lui écrire, enfin la dépêche que je reçois à l'instant de Marcellus.

« Le roi est très-satisfait des résultats obtenus à Vérone ; il en témoignera probablement sa satisfaction par quelque grâce qu'il accordera à M. de Montmorency : je pense que ce sera le titre de duc.

« Nous n'avons pas encore de ses nouvelles : nous l'attendrons demain ou dimanche. »

Vérone, ce 28 novembre 1822.

« Je vais, mon cher ami, vous parler à cœur ouvert : je laisse à M. de Caraman, le plus ancien ambassadeur, à vous écrire la lettre officielle.

« Le gouvernement me paraît être dans la position la plus difficile ; tout ce qu'on fait ici ne plaît à personne : la France a la main forcée, la Russie trouve qu'on ne va pas assez loin, l'Autriche n'a marché que pour ne pas rompre avec la Russie, la Prusse craint le moindre mouvement, et l'Angleterre s'oppose à tout.

« Tandis que l'on croyait être parvenu à quelque chose à Vérone, les affaires se faisaient ailleurs : l'Angleterre concluait ses traités avec l'Espagne. Nous voyons maintenant clairement les causes des notes violentes du duc de Wellington et de la note qu'il nous a transmise tout à coup sur les colonies espagnoles. L'Angleterre se réservait par là le droit de nous dire, quand nous viendrions à apprendre les conventions de Madrid : « Je n'ai rien caché, j'en avais averti le congrès par ma note. » Vous verrez ci-jointe la réponse que j'ai faite à cette note, ainsi que celle relative à la traite des nègres. Je crois y avoir bien établi vos principes : elles ont eu ici un grand succès. Maintenant qu'allez-vous faire? Ouvrard, qui connaît parfaitement l'Espagne et l'Angleterre, prétend que celle-ci donne déjà deux cents millions pour ce qu'elle veut obtenir, et qu'elle en promet quatre cent mille autres. Votre dernière lettre et la dernière dépêche de M. de La Garde semblent confirmer en partie ce que dit Ouvrard. Si telle est la position, les choses ont entièrement changé de face pour nous, et ce que vous porte M. de Montmorency n'est plus qu'une vieillerie inapplicable, car l'Angleterre aurait à présent des intérêts communs avec l'Espagne; il serait possible qu'elle fût assez engagée pour être obligée de défendre des hommes à qui elle prête son argent et qui lui livrent en nantissement le Mexique et le Pérou. Ce n'est donc plus d'une simple guerre avec l'Espagne qu'il s'agit, mais d'une guerre possible avec l'Angleterre.

« Je vois trois moyens pour sortir de là. Je vais vous les exposer, et je les classerai ainsi : le moyen évasif, le moyen de la guerre, le moyen de la paix.

« 1° Le moyen évasif : quand M. de Montmorency sera arrivé et qu'il vous aura montré ce qu'il vous porte, vous pouvez répondre ici que le gouvernement français ne refuse point de faire la démarche collective auprès du cabinet de Madrid, mais que les choses ayant absolument changé de face et que l'Angleterre se trouvant maintenant derrière l'Espagne, la France ne peut prendre le parti qu'on lui propose avant de savoir si la Russie, l'Autriche et la Prusse veulent s'engager à soutenir la France dans une guerre contre l'Angleterre en cas que celle-ci vînt à prendre fait et cause pour l'Espagne. L'Autriche et la Prusse reculeront à l'instant, et vous serez dégagés. Mais que deviendrez-vous après cette évasion? Pouvez-vous rester comme vous êtes, armés et immobiles? Cela n'est pas possible. L'insolence de l'Espagne deviendra insupportable, et, quand vous voudrez agir, vous aurez perdu l'appui de l'Europe.

« 2° Le moyen de la guerre : c'est un grand coup à jouer. Au lieu de vous amuser à envoyer des notes à Madrid, envahissez sur-le-champ l'Espagne, après avoir envoyé un ultimatum aux cortès et leur avoir demandé réponse en vingt-quatre heures. Cinquante mille hommes, portés rapidement sur l'Èbre, font tomber tous les emprunts de l'Angleterre, arrêtent les traités pour les colonies, arrachent l'Amérique à l'Angleterre, et l'Espagne à la révolution. L'Angleterre, surprise, n'aurait pas le temps d'agir; le but de ses négociations serait manqué avant qu'elle pût vous déclarer la guerre, et, ce but étant manqué, peut-être ne voudrait-elle pas commencer une guerre infructueuse ; vous marcheriez sans l'Europe, et ce serait un immense avantage, et pourtant vous auriez l'Europe derrière vous. Mais il faudrait agir avec promptitude et vigueur, et vous servir sans scrupule de tous les moyens. Dans ce cas, le plan d'Ouvrard vous serait très-utile, et je n'hésiterais pas à reconnaître la régence pour avoir une partie de l'Espagne pour moi. Une fois sur l'Èbre, vous pourriez vous-même négocier et traiter avec les cortès, qui seraient sans doute retirées à Cadix, où nos flottes iraient les inquiéter. Vous pourriez même alors traiter avec l'Angleterre pour entrer en compte avec elle sur l'affaire des colonies, et vous pourriez lui offrir une part du marché afin qu'elle vous aidât à réduire les cortès : nul doute qu'elle ne vînt à composition. Ce plan, réussissant, élèverait la France à un haut point de gloire et de prospérité, et peut-être est-il moins aventureux qu'il ne le semble.

« 3° Le moyen de la paix : il est bien simple ; c'est la retraite des ministres, ou du moins de toutes les personnes qui ont été employées directement ou indirectement dans les négociations avec les cours étrangères ; alors on rejettera toute la faute sur ceux qui se retireront. On dira aux alliés que rien de ce qui a été fait n'est valable, parce qu'on a outrepassé les ordres du roi. On détruirait, sinon sans faiblesse, du moins sans honte, l'armée d'observation ; on enverrait un nouvel ambassadeur en Espagne, et, ne songeant plus aux affaires extérieures, on ne s'occuperait que de l'intérieur de la France. Vous n'avez qu'à dire un mot, mon cher ami ; quant à moi, je suis prêt, et vous savez que j'ai toujours ma démission dans l'une de mes poches. Mais souvenez-vous bien qu'il faut prendre un parti et que vous ne pourrez pas rester comme vous êtes : les fonds dégringolant, le commerce terrifié, les esprits agités, les alliés voulant avoir des réponses et faire quelque chose, la Russie et l'Angleterre menaçant, vous obligent à une décision, sans quoi la machine s'écroulera et tombera sur vous. Prendrez-vous le parti de suivre le plan de Vérone, et enverrez-vous votre note à Madrid avec celle des alliés ? Cela vous donnera six semaines de répit ; au bout de ce temps, ce sera la paix ou la guerre : si c'est la paix, l'Angleterre achève ses négociations et elle s'empare de tout le commerce d'Amérique ; si c'est la guerre, c'est la guerre avec l'Angleterre, car elle aura eu le temps de conclure ses traités, et il faudra bien qu'elle les soutienne. Vous vous retrouverez dans la même position, avec cette différence que l'argent anglais aura déjà créé des soldats aux cortès. L'Europe n'en sera pas mieux pour vous, car l'Autriche craint toute rupture avec l'Angleterre, et l'Autriche et la Prusse craignent également le succès de nos armées et le mouvement des troupes russes.

« J'écris tout ceci, mon cher ami, sans me relire. Ma lettre vous arrivera au milieu des délibérations du conseil ; peut-être y trouverez-vous quelque idée utile. J'aurais voulu mieux servir le roi ici ; mais en seconde ligne on ne peut avoir que du zèle. Tout à vous sincèrement. Écrivez-moi et surtout dites-moi de revenir.

« CHATEAUBRIAND.

« *P.-S.* C'est Ouvrard qui vous porte cette lettre : lui et ses plans ont beaucoup plu ici ; il vaut la peine d'être écouté. Le duc de Wellington part après-demain ; le congrès se meurt : s'il était mort avant de naître, il nous aurait tirés d'un grand embarras.

« Ouvrard reste, et envoie un courrier dont je profite pour vous faire passer cette lettre. Son plan plaît au prince de Metternich, qui hait les révolutions, et qui croit y voir un moyen de tuer celle d'Espagne. Le comte de Nesselrode trouve de son côté, dans le plan d'Ouvrard, de l'argent pour mener l'affaire. Ouvrard ne demande rien, et se contente de dire : « Re-« connaissez la régence, et je me charge de tout. Mon emprunt a déjà « porté un coup terrible aux emprunts des cortès ; et l'Angleterre sent si « bien le danger de mon plan pour elle, qu'elle est furieuse. » En effet, le duc de Wellington jette ici feu et flamme, et Gentz a conseillé à Ouvrard de ne pas se présenter chez le duc. Ouvrard va attendre qu'il soit parti ; et je ne serais pas étonné qu'il parvînt à faire adopter quelque chose de ses idées au prince de Metternich et à l'empereur Alexandre. Cependant M. de Metternich sera gêné à cause de l'Angleterre. Ouvrard dit qu'il se contenterait de la reconnaissance de la régence par la Russie pour accomplir son plan. Il dit aussi qu'il lui importe peu que la régence soit battue et en fuite, qu'il ne lui faut que son nom de régence, et qu'avec son argent il saura bien la ressusciter. Quant à nous, il est bien évident que nous ne pouvons reconnaître la régence que si nous déclarons la guerre. J'ai fait à Ouvrard une objection frappante : je lui ai dit que si la Russie adoptait son plan, et qu'elle reconnût la régence, tandis que la France resterait en paix, lui, Ouvrard, se trouverait gêné en France, et gênerait également le gouvernement ; car il est clair que les cortès nous demanderaient pourquoi nous laissons un Français, agent d'une puissance en guerre avec elles, équiper, soudoyer, armer des sujets rebelles. A cela il répond que, s'il embarrasse le gouvernement, il agira de Bruxelles, ou de l'Angleterre même, où il saura bien trouver ce qu'il lui faudra.

« Tout cela peut être chimérique ; mais, comme me le disait hier le prince de Metternich ; « Ce n'est pas Ouvrard qui est fabuleux ; ce sont les « temps où nous vivons. »

Paris, ce jeudi 5 décembre 1822.

« Mon cher Chateaubriand, je ne sais si vous pourrez lire mon griffonnage, car je viens de passer la nuit blanche auprès d'un de mes enfants malade depuis quinze jours ; et j'ai les nerfs dans un tel état, que j'ai peine à tenir ma plume : aussi serai-je court, et pour vous, et pour moi.

« Je vous remercie de votre excellente lettre du 28 novembre, et de la réponse parfaite que vous avez opposée en notre nom sur l'indépendance des colonies. Ce n'est qu'en traitant ainsi les questions avec force, netteté et politique, qu'on peut cesser de rester enlacé dans les filets de ces insulaires marchands. Ils jouent maintenant un nouveau rôle à Madrid ; ils veulent s'y faire croire plus mal vus et plus mal traités que tous les autres, à cause de leur armement contre l'île de Cuba ; mais n'en croyez rien : ils tireront profit de leur expédition, et ensuite le profit de l'état désespéré de la Péninsule, pour se faire payer plus cher les secours qu'ils consentiront à leur donner.

« Serait-il possible que les alliés fussent les dupes de cette politique, et qu'ils ne vissent pas combien ils la servent par l'envoi inopportun des notes qu'ils ont dressées pour le gouvernement de Madrid !

« Nous envoyons un courrier pour essayer de leur faire sentir combien les choses sont changées depuis que ces notes ont été rédigées. L'Angleterre s'est démasquée à Cuba, à Madrid et, en dernier lieu, au congrès, par la proposition relative aux colonies espagnoles, qu'elle n'a faite évidemment que pour s'autoriser, par la suite, de cette communication, et reconnaître à son aise toutes les colonies qui voudront bien lui accorder des avantages commerciaux.

« La position est changée encore par la dispersion complète de l'armée de la Foi et l'établissement sur nos frontières de l'armée de Mina, ce qui fait que l'envoi des notes, le départ des ambassadeurs de Madrid et le commencement des hostilités ne font qu'un seul et même fait accompli dans huit jours.

« Enfin, la position est changée par l'expérience faite sur nos fonds, notre commerce maritime, notre industrie ; par l'expérience de l'effet désastreux qu'auront sur eux une guerre qui, je dois vous le dire, en opposition avec les déclamations soldées de quelques journaux, est repoussée par l'opinion la plus saine et la plus générale, tandis qu'elle est désirée, et vivement désirée, nous en sommes sûrs, par les meneurs libéraux, qui ont l'habileté cette fois de laisser crier, par leurs subalternes, qu'ils ne la veulent pas.

« Voilà, mon ami, dans quelles circonstances nous sommes appelés à faire une note qui, en vérité, n'est plus de saison, qui, dans une affaire fort difficile et fort délicate à conduire, va nous engager de la manière la plus favorable à la résistance des libéraux espagnols, à l'opposition des libéraux français, au triomphe des libéraux de tous les pays.

« D'un autre côté, il serait affreux pour nous, et nous ne saurions nous y résoudre, de nous séparer de l'empereur de Russie, de l'Autriche et de la Prusse, pour imiter, qui ? la seule puissance dont nous avons tant de raisons de nous méfier, l'Angleterre.

« Voyez, mon cher, de faire tous vos efforts pour éviter un tel malheur; car, n'en doutez pas, si on donne suite immédiate à ces notes, on compromet la cause que nous servons ; et j'ai plus d'une donnée pour pouvoir garantir qu'on ira contre le but qu'on se propose.

« Au contraire, si les alliés voulaient consentir à ce que la mesure de retirer leurs ambassadeurs d'Espagne fût remise, pour le moment de l'exécution, à la décision de la réunion, à Paris, de leurs ambassadeurs et de notre ministre des affaires étrangères, nous contiendrions l'Espagne par la crainte de cette mesure, et nous en userions au moment opportun. Obtenez cela, dont je n'ai pas le temps de vous développer tous les avantages, mais que vous saurez bien faire valoir, car ils sont évidents et immenses. Qu'on nous rende justice ; qu'on se pénètre bien de la conviction que nous sommes plus intéressés que personne à la destruction de la révolution d'Espagne ; qu'on se rappelle que nous n'avons reculé devant aucune des conséquences qu'amène la volonté franche de cette destruction, et qu'on ne nous impose pas des mesures qui vont directement contre le but qu'on se propose.

« Je n'ai plus qu'un mot à ajouter, mon cher. Vous me disiez dans votre lettre que ceux dont l'opinion ne serait pas suivie dans une affaire aussi grave ne pourraient utilement la diriger ; je suis tout à fait de votre avis, et ai déjà prouvé que je savais me décider. Dieu veuille, pour mon pays et pour l'Europe, qu'on ne persiste pas dans une détermination que je déclare à l'avance, avec une entière conviction, compromettre le salut de la France elle-même.

« Adieu, mon cher Chateaubriand ; j'aurais voulu pouvoir entrer avec vous dans quelques détails : vous y suppléerez ; qui mieux que vous le pourrait ? Compliments à vos collègues. De cœur, tout à vous.

« J. DE VILLÈLE. »

Vérone, ce 3 décembre 1822.

« Voici, vraisemblablement, mon cher ami, la dernière lettre que je vous écris de Vérone, à moins d'événements. Nous attendons votre courrier du 10 au 11, et je partirai immédiatement après son arrivée. Les affaires d'Italie sont finies, et aussi bien que possible pour la France, vu les circonstances. L'évacuation du Piémont commencera le 1er janvier, et sera complétée le 1er septembre; on retirera quelques troupes de Naples, et on diminuera la contribution en argent. Il n'y aura point de tribunal commun en Italie, et le prince de Carignan ne sera point exclu de la couronne : ainsi les intentions du roi sont remplies.

« Je vous ai écrit de longues lettres sur nos affaires d'Espagne; mais au moment où je vous écris, votre parti doit être pris. Ainsi, en vous parlant encore de l'Espagne, je ne ferais que rabâcher.

« A présent, mon cher ami, encore un dernier mot sur vos intérêts particuliers : mon dévouement m'a acquis le droit de vous en parler. Je vais sans doute être obligé d'aller à Londres; je ne serai pas à Paris pour prêcher la concorde et vous réunir des voix dans la Chambre. Vous y aurez sans doute une grande majorité; mais songez bien qu'une opposition royaliste contre un ministère royaliste, si faible qu'elle puisse être, est ce qu'il y a de plus déplorable, et qu'à la longue elle réussira. Vous pouvez tout finir, tout aplanir, en plaçant quelques hommes, et vous êtes ministre pour la vie. Quand j'insiste tant, mon cher ami, qu'ai-je en vue? Vos intérêts et ceux de la France. Que pourrait-il m'arriver à moi? De me retirer avec vous; et vous savez par expérience que je fais bon marché des places. Si quelque malheur arrive, mon cher Villèle, vous vous souviendrez des conseils persévérants d'une amitié aussi sincère que désintéressée,

« Tout à vous.

« CHATEAUBRIAND. »

Paris, le 10 décembre 1822, à 4 heures du soir.

« Mon cher Chateaubriand, M. Rothschild m'offre encore une occasion de vous écrire; j'en profite au dernier moment, ne l'ayant pu plus tôt. L'armée de la Foi a été refoulée en France par celle de Mina : environ 3,000 soldats royalistes passent en ce moment de Bourg-Madame à quelque autre point de la frontière, par lequel ils vont rentrer en Espagne. Mina n'avait pas plus de 6 à 7,000 hommes, qu'il a établis à Puycerda, où il ne pourra pas rester, car déjà les guerillas le tracassent sur ses derrières.

Mais il résulte de ces événements, et il est avoué par tous les Espagnols que nous voyons, que jamais les royalistes espagnols, même alors que les autres gouvernements les aideraient, ne pourraient faire la contre-révolution en Espagne sans le secours d'une armée étrangère : il paraît aussi que la direction politique indiquée comme ralliement par la régence était trop exclusive pour réunir des masses suffisantes et sur tous les points de la Péninsule.

« Cette débâcle, la connaissance plus ou moins exacte des dispositions du congrès, la vivacité avec laquelle la guerre a été prêchée par nos petits journaux, tout s'est réuni depuis quelques jours pour gâter notre position. Si l'on veut pour cela nous traîner à la suite de l'inopportunité des notes du congrès, je crois qu'on aura tort. Je vous l'ai écrit, et j'espère que ce que votre bon esprit avait pressenti lui-même, vous l'avez fait valoir avec force auprès des souverains, lorsque vous aurez su qu'on l'adoptait ici comme règle de conduite.

« Adieu. Le courrier va partir. Mille compliments affectueux à vos collègues. De cœur et pour la vie, tout à vous.

« J. DE VILLÈLE. »

« A Madrid, les clubs furibondent, les cortès se modèrent, les ex-ministres, le duc de l'Infantado même, sont en liberté. »

Vérone, ce jeudi soir, 12 décembre 1822.

« J'ai reçu, mon cher ami, votre lettre du 5 de ce mois, vingt-quatre heures avant celle du 2 du mois passé. Aussitôt que la première m'est parvenue, j'ai couru chez le prince de Metternich, et j'ai eu ce matin avec lui une conversation de la dernière importance. L'empereur de Russie m'a aussi accordé une audience, et ce généreux prince m'a parlé plus d'une heure avec un intérêt pour le roi et pour la France véritablement admirable. Le prince de Metternich est d'avis que j'aille moi-même rendre compte à Paris de ces conversations. J'avance donc, en conséquence, mon voyage de trois jours; j'irai vite, et, sauf le retard au passage des montagnes, j'espère arriver du 18 au 20. En deux mots, les trois puissances ne retireront pas leurs notes et les feront partir pour Madrid, en nous accordant toutefois quelques jours pour agir avec elles, si nous le voulons. Mais elles conçoivent que le moment n'est peut-être pas opportun pour nous, et que nous pouvons désirer agir un peu plus tard après elles. Le prince a saisi cette idée, que j'ai suggérée, et vous voyez quel parti vous en pouvez tirer. On peut faire partir une note en même temps que celle des alliés, note à la fois comminatoire et conciliatrice. Notre ambassadeur peut rester un moment après la retraite de ceux des alliés, annonçant son départ et la ferme résolution de la France de ne se séparer jamais de l'alliance continentale ; mais, en même temps, montrant toute la sollicitude de la France pour le salut de l'Espagne, et la suppliant d'écouter la voix de la raison, avant de se précipiter dans un abîme de malheurs. Il me semble, mon cher ami, que, si l'on saisit bien cette idée, une nouvelle route peut s'ouvrir devant nous ; nous pouvons arracher à l'Angleterre un rôle qu'elle se propose de jouer, celui de médiateur ; et, si nous sommes repoussés, la guerre est justifiée aux yeux de tout homme raisonnable. Je vous développerai tout ceci ; et j'espère qu'aucune détermination n'aura été prise avant mon arrivée à Paris. Demain, le prince de Metternich doit me lire la dépêche qu'il va adresser à M. Vincent. Je serais trop heureux, mon cher ami, si mes dernières paroles à Vérone n'étaient pas perdues pour le bonheur de notre pays.

« Tout à vous pour la vie.

« CHATEAUBRIAND. »

Ces lettres sont assez curieuses, historiquement parlant ; elles font connaître le caractère d'esprit des deux ministres dont l'union et la division ont le plus contribué à la prospérité et à la perte de la restauration. M. de Villèle ne voyait guère que le présent ; nous n'étions guère occupé que de l'avenir. On trouve ici la première ébauche de notre plan pour l'entreprise d'Espagne, tel que nous l'avions à peu près tracé à Londres et envoyé à M. de Montmorency. Il est singulier que ce plan soit précisément celui que proposait au gouvernement actuel M. Thiers, un des hommes les plus remarquables que la révolution de 1830 ait produits : l'envie a devancé ses succès, elle n'a fait que suivre les miens.

M. de Villèle, dans sa dernière lettre, est agité par la perturbation des fonds publics, par les négociations anglaises relatives à l'exploitation des colonies américaines, par les idées de finances et de commerce qui ne le quittent pas et qui l'empêchent, malgré la perspicacité de son esprit, de s'élever, dans ce moment, à de plus hautes considérations. Il est content de nos notes sur la traite des nègres et sur les colonies espagnoles, parce que nous y défendons des intérêts matériels ; mais il ne veut pas la guerre ; il craint que si les dépêches des cours arrivent à Madrid, elles n'amènent immédiatement les hostilités ; il nous prie de remédier à ce mal : les dépêches étaient parties. Attaché à notre système, nous étions bien aise, à part nous, de l'expédition des documents, lesquels, après tout, ne nous engageaient à quoi que ce soit, et étaient même calculés exprès pour ne rien produire.

Il résulte aussi de cette correspondance que nous et M. de Villèle avions chacun une idée fixe : nous voulions la guerre, il voulait la paix ; nous attribuions à tous les alliés les sentiments particuliers d'Alexandre, afin d'accoutumer M. de Villèle à l'idée des hostilités. M. de Villèle magnifie, de son côté, les revers des royalistes espagnols, afin de calmer l'ardeur supposée du congrès à Vérone. Nous disons au président du conseil que le vœu très-prononcé des puissances est pour la guerre ; qu'il ne s'agit pas de l'occupation de la Péninsule ; qu'il n'est question que d'un mouvement rapide ; nous montrons un succès facile : et pourtant nous savions que le congrès de Vérone ne voulait point la guerre ; nous craignions que notre mouvement ne se prolongeât bien au delà de l'Èbre ; nous pensions qu'il nous faudrait occuper longtemps l'Espagne pour faire une bonne besogne ; mais nous ne révélions pas tout, afin d'arriver à notre but, et nous nous disions secrètement : « Une fois la Bidassoa passée, il faudra bien que le président du conseil actif, capable et décidé, aille de l'avant. »

M. de Villèle nous raconte ses succès dans l'intérieur ; il calcule les millions que nous aurons de reste : « Pourquoi faut-il, s'écrie le grand financier, que ces malheureuses affaires viennent troubler une telle prospérité ? »

Dans une autre lettre, nous mandons à notre habile correspondant : « La France a la main forcée ; la Russie trouve qu'on ne va pas assez loin ; l'Autriche n'a marché que pour ne pas rompre avec la Russie ; la Prusse craint le moindre mouvement et l'Angleterre s'oppose à tout. »

M. de Villèle n'est apparemment frappé que de cette phrase : *La France a la main forcée,* sans faire attention à la phrase qui suit, et qui contredit formellement notre assertion. Toujours obsédé de son idée de paix, il nous écrit : « Serait-il possible que les alliés fussent les dupes de cette politique (anglaise), et qu'ils ne vissent pas combien ils la servent par l'envoi inopportun des notes qu'ils ont dressées pour le gouvernement de Madrid ! »

M. de Montmorency était aussi pour la guerre ; mais il avait un but tout autre que le nôtre ; son opinion était même très-ardente ; nous, nous laissions du doute sur notre détermination ; nous ne voulions pas nous rendre impossible ; nous redoutions qu'en nous découvrant trop, le président du conseil ne voulût plus nous écouter. Ayant pris à Vérone l'initiative sur la question des hostilités, ne fréquentant guère que l'empereur de Russie, le duc Matthieu devait de son côté représenter tous les princes transportés d'une fureur belliqueuse. Nous supposons qu'une de nos lettres et qu'une lettre de M. de Villèle, séparées des pièces officielles, fussent tombées dans des mains étrangères, ne se serait-on pas écrié : « Voyez ! M. de Villèle et M. de Chateaubriand disent, l'un qu'on ne lui *laisse pas les deux boules,* l'autre que *nous avons la main forcée.* » Or, cela était d'une fausseté palpable : témoin les documents de Vérone, témoin notre dernière conversation avec M. de Metternich (on en parlera tout à l'heure), témoin enfin les machinations de l'alliance contre notre entreprise durant la périlleuse intervention dans la Péninsule. La résolution secrète de nous laisser là était bien décidée dans la majorité du congrès, ce qui n'empêchait pas les propos d'être tout farcis de *par la Pâques-Dieu!* et de *par la mort!* On craignait Alexandre, on l'endormait avec des discours : à entendre parler à voix haute ceux qui nous suppliaient à voix basse de prévenir la rupture, ils allaient mettre l'Espagne à sac. Et cependant, pour le répéter, toute la prétendue coercition se réduisait aux dépêches vagues des cabinets de Berlin, de Vienne et même de Saint-Pétersbourg, dans lesquelles ce qui domine est un désir immodéré de la paix.

M. de Villèle fut entraîné au combat, non par le continent, mais par la force même des choses. Lorsque le président du conseil, malgré sa sagesse, se vit engagé dans la guerre, il en dirigea merveilleusement les opérations financières comme nous en conduisîmes avec quelque bonheur les opérations politiques. Les fonds montèrent au lieu de descendre ; M. de Villèle s'en étonna ; il ignorait la puissance d'un peuple, quand on agit dans le sens de l'instinct de ce peuple. Environné de gens de bourse, dont l'agiotage était dérangé par le bruit du canon, il s'effarouchait des cris du spéculateur en défaut ; il avait la bonté de regarder comme des hommes d'expérience et de fait une troupe domestique de la Convention et de l'empire, laquelle, changée en coulissiers, se troublait par la crainte de nos succès, et se ranimait à l'espérance de nos revers. Que pouvait-on craindre des deux mondes du despotisme et de l'anarchie? le premier était paralysé depuis que la victoire ne lui agitait plus les bras ; le second avait senti son énergie arrêtée sous l'habit de chambellan, camisole de force que lui avait mise le premier.

Cependant M. de Villèle, si modéré, était lui-même déterminé quand on l'attaquait dans sa partie sensible. Tandis qu'il hésitait sur l'expédition d'outre-Pyrénées, il faisait partir pour Londres cette note. Il mit le marché à la main à l'Angleterre : l'Angleterre recula devant lui à propos d'un traité de commerce, comme elle recula devant nous au sujet de la guerre d'Espagne.

Copie de la note adressée au gouvernement anglais.

« Le soussigné, chargé d'affaires de France, a reçu de son gouvernement l'ordre exprès de présenter à S. Exc. le ministre des affaires étrangères de S. M. B. les communications suivantes :

« Le gouvernement de S. M. T. C. vient d'être informé que le 15 de ce mois, le ministère espagnol a, dans une séance secrète des cortès, demandé et obtenu l'autorisation de conclure un traité de commerce avec l'Angleterre. On ajoute que, pendant la discussion, un orateur ministériel a présenté cette mesure comme un sacrifice au prix duquel on pourrait espérer des secours devenus indispensables.

« Le cabinet de Saint-James connaît parfaitement et il apprécie les motifs qui ont forcé la France à maintenir un corps d'observation sur les limites des provinces d'Espagne, qui sont en proie à l'anarchie et à la guerre civile. Ce cabinet n'ignore pas non plus les dangers auxquels la personne du roi d'Espagne et sa famille ont été récemment exposés.

« S. M. B. a envoyé M. le duc de Wellington au congrès de Vérone, où les souverains alliés sont en ce moment occupés à concerter les moyens les plus propres à mettre un terme aux calamités de l'Espagne.

« Dans de pareilles circonstances, une négociation séparée avec l'Angleterre aurait pour résultat infaillible de donner aux principes qui dirigent aujourd'hui le gouvernement espagnol un appui moral dont les conséquences sont faciles à apprécier.

« Le gouvernement français se refuse à croire que telles puissent être les intentions de S. M. B. Il se flatte que les explications loyales que le ministère anglais lui donnera ne laisseront aucun doute sur l'état actuel des relations du cabinet de Saint-James avec le cabinet espagnol. Le gouvernement français attend ces explications avec confiance. Les ministres de S. M. B. reconnaîtront facilement que, dans la situation où se trouve la France vis-à-vis de l'Espagne, *une décision immédiate de la France doit résulter de ces explications.*

« De son côté, le gouvernement français sera toujours disposé à donner à ses alliés, par sa conduite et par les éclaircissements qu'ils pourraient désirer, la preuve de l'intention qu'il a constamment montrée de concourir au rétablissement de l'ordre dans la Péninsule, sans renoncer, s'il est possible, aux avantages de la paix dont jouit l'Europe. »

XXX

M. Ouvrard. — Lettre du vicomte de Montmorency. — Nos rapports personnels avec l'empereur de Russie vont commencer.

Mais qu'était-ce que cette apparition de M. Ouvrard, dont il est question dans notre lettre du 28 novembre? Nous avions reçu de Milan, sous la date du 24 du même mois, le billet suivant de M. de Montmorency :

Milan, ce 24 novembre 1822.

« Noble vicomte, je rencontre ici M. Ouvrard, qui me cause un peu d'étonnement et même des sentiments pénibles par les dernières nouvelles de la régence. Vous sentez que c'est dans les intérêts de celle-ci et de son emprunt qu'il voyage. Il a désiré une lettre pour un de nos plénipotentiaires, et je vous donne la préférence en vous priant de l'introduire auprès de vos collègues. Je l'engage à être le moins longtemps possible à Vérone, où l'on parlera trop de son arrivée, et à revenir le plus tôt possible. Dites à M. le prince de Metternich que je l'engage à l'écouter. Le tout est en bonnes mains, noble vicomte. Écrivez encore par lui. Je suis fort content des nouvelles qu'il apporte des élections : cinq mauvaises. Que Dieu vous inspire. Parlez de moi à vos collègues et à tout le congrès.

« Montmorency. »

M. Ouvrard arriva donc avec des plans pour renverser les cortès au nom de la régence d'Urgel, sans avoir besoin d'aucune puissance. Ces plans, chimériques quant aux intérêts moraux, ne l'étaient pas quant aux intérêts matériels. Le banquier à imagination amusa M. de Metternich : l'idée de faire la guerre avec de l'argent et la seule régence d'Urgel, en mettant la France hors de cause, caressait le penchant du prince.

Maintenant l'ordre chronologique des affaires nous conduit à parler des rapports que l'empereur de Russie voulut bien avoir avec nous. Quel lieu habite-t-il aujourd'hui? Son sépulcre. Le czar a disparu dans un coin inhabité de son empire : un nouveau coup de vent de la fortune nous a jeté dans une autre solitude ; nous sommes bien placé, au delà du monde passé, sur le peu de terre qui nous porte encore, pour retracer la vie d'un monarque dont il était si utile aux intérêts de la France de conserver à Vérone la fructueuse amitié. Après Buonaparte, Alexandre est la plus grande figure historique de la période napoléonienne.

XXXI

Alexandre. — Abrégé de sa vie.

Alexandre Ier, Paulowitch (fils de Paul), né le 23 décembre 1777, marié le 9 octobre 1793 (date funeste) à Louise-Marie-Auguste, depuis Élisabeth Alexiowna, princesse de Baden, passa son enfance sous la tutelle de Catherine II. Il fut élevé par La Harpe, Suisse, ou, si l'on veut, Français de Lausanne. Il parvint au trône le 24 mars 1801 : son père, Paul Ier, fut trouvé étranglé dans son lit. Paul était fou, mais ne manquait ni d'instruction, ni d'esprit, ni de générosité ; ces qualités, surtout la dernière, se retrouvèrent dans son fils aîné. Paul était ce comte du Nord reçu avec éclat à Versailles et à Chantilly, où les fêtes de leurs anciens maîtres ont cessé. La fin violente d'un autocrate était dans les mœurs russes comme celle d'un sultan dans les mœurs turques : l'affranchissement sous le despotisme prend la forme de l'assassinat. Les vertus d'Alexandre ne permettent pas de penser qu'il fût instruit à fond de la conjuration. Une abdication était devenue nécessaire ; il crut à l'abdication, non à la mort ; son élévation à l'empire fut le résultat d'un meurtre, non d'un parricide.

Les premiers actes du règne d'Alexandre annoncèrent ce qu'il était : différents ukases diminuent les impôts, favorisent l'industrie, améliorent le système de douanes et de finances, permettent le commerce à la noblesse, font remise des amendes judiciaires, délivrent les individus détenus pour dettes, nomment des commissions pour adoucir le sort des exilés : on en trouva jusque dans la mer d'Arkhangel, tout cassés de misère et de vieillesse, et qui ne savaient plus pourquoi, ni à quelle époque, ils avaient été enchaînés dans le cloître d'un couvent glacé. Alexandre abolit la confiscation, régla l'administration de la justice, prononça des peines contre les magistrats concussionnaires, exigea l'unanimité des juges dans la condamnation à mort, mit fin au tribunal secret qui connaissait exclusivement des crimes politiques, fonda et réorganisa sept universités, créa plus de deux mille écoles primaires, leva la censure pour les écrits, borna le pouvoir des gouverneurs de province, détruisit la servitude personnelle en Esthonie, en Livonie, en Courlande, et la restreignit dans le reste de l'empire.

Il maintint d'abord la paix qu'il trouva rétablie entre la Russie et la France, après les campagnes de Souvarov et de Korsakov, sous Paul Ier. En 1802, il contracta une alliance, qui devint une amitié durable, avec Frédéric-Guillaume III. Quand Napoléon, vainqueur de l'Autriche, abattit la Prusse, grand dans le combat, petit après la victoire, il répandit ces bulletins troupiers qui calomniaient une noble reine.

La paix de Tilsitt laissa au czar le loisir de jeter les fondements des institutions militaires de son empire. Forcé par les circonstances et peut-être entraîné par l'ambition de partager le monde avec un grand homme, Alexandre s'occupa à Tilsitt d'un traité secret en dix articles. Par ce traité, la Turquie européenne était dévolue à la Russie, ainsi que les conquêtes que les armes moscovites pourraient faire en Asie. De son côté, Buonaparte devenait maître de l'Espagne et du Portugal, réunissait Rome et ses dépendances au royaume d'Italie, passait en Afrique, s'emparait de Tunis et d'Alger, possédait Malte, envahissait l'Égypte, ouvrant la Méditerranée aux seules voiles françaises, russes, espagnoles et italiennes.

Sincère comme homme, en ce qui concernait l'humanité, Alexandre était dissimulé, comme demi-Grec, en ce qui touchait à la politique : en même temps qu'il flattait Napoléon, qu'il déclarait la guerre aux Anglais, et traitait l'attaque contre la flotte de Copenhague d'*insigne brigandage*, un de ses officiers allait à Londres rassurer le cabinet de Saint-James, et lui témoigner son admiration. Aussi quand les dix vaisseaux de guerre russes chargés du blocus de Lisbonne furent pris par les Anglais, l'amirauté les conserva et les rendit bientôt au czar. Buonaparte croyait s'être joué de ce prince à Erfurth, et l'avoir enivré d'éloges. Un général écrivait : « Nous venons de faire avaler un verre d'opium à l'empereur Alexandre, et pendant qu'il dormira nous irons nous occuper ailleurs. »

Un hangar avait été transformé en salle de spectacle; deux fauteuils à bras étaient placés devant l'orchestre pour les deux potentats; à gauche et à droite, des chaises garnies pour les monarques; derrière, des banquettes pour les princes; Talma, roi de la scène, joua devant un parterre de rois. A ce vers :

> L'amitié d'un grand homme est un bienfait des dieux,

Alexandre serra la main de son *grand ami*, s'inclina, et dit : « Je ne l'ai jamais mieux senti. »

Aux yeux de Buonaparte, Alexandre était alors un niais; il en faisait des risées avec ses chambellans et ses généraux; il le méprisait parce qu'il le croyait sincère; il l'admira quand il le crut fourbe. « C'est un Grec du Bas-Empire, disait-il, il faut s'en défier. » A Erfurth, Napoléon affectait la fausseté effrontée d'un soldat vainqueur; Alexandre dissimulait comme un prince vaincu : la ruse luttait contre le mensonge, la politique de l'Occident et la politique de l'Orient gardaient leurs caractères.

Le fils de Paul profita, tantôt de son alliance, tantôt de ses guerres avec Buonaparte, pour réunir à la Russie la Finlande, la Géorgie, plusieurs districts de la Perse, la Bessarabie et le royaume de Pologne. En 1813, son armée étonna l'Allemagne par sa magnifique tenue; en 1814, il entra dans

Paris; en 1815, il mit en marche une seconde armée de trois cent mille combattants, avec deux mille pièces de canon attelées. Telle fut la puissance d'Alexandre, à qui Napoléon légua l'Europe.

Ce prince était aussi grand par l'âme que Napoléon l'était par le génie : ses paroles et ses actions ont un caractère de magnanimité qui manque à l'homme étonnant devant lequel il s'éclipsait. Dans sa proclamation de Varsovie, 22 février 1813, il disait :

« Nous avons jugé convenable d'instruire l'Europe de nos projets; c'est aux peuples comme aux rois que nous rappelons leurs devoirs et leurs intérêts…..

« ….. Profitant de nos victoires, nous tendons une main secourable aux peuples opprimés. Le moment est venu : jamais occasion ne se montra plus belle à la malheureuse Allemagne ; notre ennemi fuit, il étonne par son effroi les nations accoutumées à n'être étonnées que de son orgueil et de sa barbarie… Ce sont nos bienfaits et non les limites de notre empire que nous voulons étendre jusqu'aux nations les plus reculées. Le sort de la Guadiana et du Vésuve a été fixé sur les bords du Borysthène ; c'est de là que l'Espagne recouvrera la liberté qu'elle défend avec héroïsme dans un siècle de faiblesse et de lâcheté. Nous adressons aux peuples, par ce manifeste, ce que nous avons chargé nos envoyés de dire aux rois…

« Il faut que la Germanie rappelle son courage… Si le Nord imite le sublime exemple qu'offrent les Castillans, le deuil du monde est fini… Si, après tout cela, une nation égarée puisait dans des événements si extraordinaires quelques sentiments généreux ; si elle jetait ses yeux baignés de larmes sur le bonheur dont elle a joui sous ses rois, nous lui tendrions une main secourable. L'Europe, sur le point de devenir la proie d'un monstre, recouvrerait à la fois son indépendance et sa tranquillité. Puisse enfin, de ce colosse sanglant qui menaçait le continent de sa criminelle éternité, ne rester qu'un long souvenir d'horreur et de pitié ! »

Dans une autre proclamation, en date de Kalisch, 25 mars 1813, Alexandre appelait aux armes les peuples de l'Allemagne et leur promettait, au nom des souverains, des constitutions propres à fixer leur indépendance. Les jeunes générations germaniques entendirent cette voix dans leurs retraites studieuses ; leurs professeurs devinrent leurs capitaines ; elles quittèrent Homère et prirent l'épée.

Peu après la campagne de France, la plus savante et la plus admirable de toutes les campagnes de Napoléon, les maires de Paris vinrent au quartier général pour régler une capitulation. Alexandre leur dit :

« Votre empereur, qui était mon allié, est venu jusque dans le cœur de mes États y apporter des maux dont les traces dureront longtemps ; une juste défense m'a amené jusqu'ici. Je suis loin de vouloir rendre à la

France les maux que j'en ai reçus. Je suis juste et je sais que ce n'est pas le tort des Français. Les Français sont mes amis, et je veux leur prouver que je viens leur rendre le bien pour le mal. Napoléon est mon seul ennemi. Je promets ma protection spéciale à la ville de Paris ; je protégerai, je conserverai tous les établissements publics ; je n'y ferai séjourner que des troupes d'élite ; je conserverai votre garde nationale qui est composée de l'élite de vos citoyens. C'est à vous d'assurer votre bonheur à venir ; il faut vous donner un gouvernement qui vous procure le repos et qui le procure à l'Europe. C'est à vous à émettre votre vœu : vous me trouverez toujours prêt à seconder vos efforts. »

Paroles qui furent accomplies ponctuellement. Le 31 mars 1814, des armées innombrables occupaient la France, et les boutiques fermées se rouvrirent dans Paris ; six mois après, toutes ces troupes ennemies repassèrent nos frontières, sans emporter un écu, tirer un coup de fusil, verser une goutte de sang depuis la rentrée des Bourbons. L'ancienne France se trouve agrandie sur quelques-unes de ses frontières ; on partage avec elle les vaisseaux et les magasins d'Anvers ; on lui rend 300,000 prisonniers dispersés dans les pays où les avait laissés la défaite ou la victoire. Après vingt-cinq années de combats, le bruit des armes cesse d'un bout de l'Europe à l'autre ; Alexandre s'en va, nous laissant les chefs-d'œuvre conquis et la liberté déposée dans la Charte ; liberté que nous dûmes autant à ses lumières qu'à son influence. Chef des deux autorités suprêmes, doublement autocrate par l'épée et par la religion, lui seul, de tous les souverains de l'Europe, avait compris qu'à l'âge de civilisation auquel la France était arrivée, elle ne pouvait être gouvernée qu'en vertu d'une constitution libre.

Alexandre avait quelque chose de calme et de triste : on le voyait se promener dans Paris, à cheval ou à pied, sans suite et sans affectation. Il avait l'air étonné de son triomphe ; ses regards presque attendris se promenaient sur une population qu'il semblait considérer comme supérieure à lui : on eût dit qu'il se trouvait un barbare au milieu de nous, ainsi qu'un Romain se sentait honteux dans Athènes. Peut-être aussi pensait-il que ces mêmes Français avaient paru dans sa capitale incendiée, qu'à leur tour ses soldats étaient maîtres de ce Paris où il aurait pu retrouver quelques-unes des torches éteintes par qui fut Moscou affranchi et consumé. Cette destinée, cette fortune changeante, cette misère commune des peuples et des rois, devaient profondément frapper un esprit aussi religieux que le sien.

Alexandre ne se considérait que comme un instrument de la Providence, et ne s'attribuait rien. Madame de Staël le complimentant sur le bonheur que ses sujets, privés d'une constitution, avaient d'être gouvernés par lui, il lui fit cette réponse si connue : « Je ne suis qu'un accident heureux. »

Un jeune homme, dans les rues de Paris, lui témoignait son admiration de l'affabilité avec laquelle il accueillait les moindres citoyens ; il lui répliqua : « Est-ce que les souverains ne sont pas faits pour cela ? » Il ne voulut point habiter le château des Tuileries, se souvenant que Buonaparte s'était plu dans les palais de Vienne, de Berlin et de Moscou.

Regardant la statue de Napoléon sur la colonne de la place Vendôme, il dit : « Si j'étais élevé si haut, je craindrais que la tête ne me tournât. »

Comme il parcourait le palais des Tuileries, on lui montra le salon de la Paix : « A quoi, dit-il en riant, ce salon servait-il à Buonaparte ? »

Le jour de l'entrée de Louis XVIII à Paris, Alexandre se cacha derrière une croisée, sans aucune marque de distinction, pour voir passer le cortége.

Il avait quelquefois les manières élégamment affectueuses : visitant une maison de fous, il demanda à une femme si le nombre des *folles par amour* était considérable : « Jusqu'à présent il ne l'est pas, répondit-elle ; mais il est à craindre qu'il n'augmente, à dater du moment de l'entrée de Votre Majesté à Paris. »

Un grand dignitaire de Napoléon disait au czar : « Il y a longtemps, sire, que votre arrivée était attendue et désirée ici. — Je serais venu plus tôt, répondit-il : n'accusez de mon retard que la valeur française. » Il est certain qu'en passant le Rhin, il avait regretté de ne pouvoir se retirer en paix au milieu de sa famille.

A l'hôtel des Invalides, il trouva les soldats mutilés qui l'avaient vaincu à Austerlitz : ils étaient silencieux et sombres ; on n'entendait que le bruit de leurs jambes de bois dans leurs cours désertes et leur église dénudée. Alexandre s'attendrit à ce bruit des braves : il ordonna qu'on leur ramenât douze canons russes.

On lui proposait de changer le nom du pont d'Austerlitz : « Non, dit-il, il suffit que j'aie passé sur ce pont avec mon armée. »

Ce fut Alexandre qui eut l'idée du sacrifice à la place Louis XV. Un autel fut dressé où l'avait été un échafaud. Sept prêtres moscovites célébrèrent l'office, et les troupes étrangères, au retour d'une revue, défilèrent devant l'autel. Le *Te Deum* fut chanté sur un de ces beaux airs de l'ancienne musique grecque. Les soldats et les souverains mirent genou en terre pour recevoir la bénédiction. La pensée du spectateur français se reportait à 1793 et à 1794, quand les bœufs refusaient de passer sur ces pavés, que leur rendait odieux l'odeur du sang. Quelle main avait conduit à la fête des expiations ces Tartares dont quelques-uns habitaient les tentes de peaux de brebis, au pied de la grande muraille de la Chine ? Ce sont là des spectacles que ne verront plus les faibles générations qui suivront mon siècle.

Un reproche grave s'attachera à la mémoire de Buonaparte : sur la fin de son règne il rendit son joug si pesant, que le sentiment hostile contre l'étranger s'en affaiblit, et qu'une invasion, déplorable aujourd'hui en souvenir, prit au moment de son accomplissement quelque chose d'une délivrance. L'élite des esprits se trouve d'accord à cette époque dans le jugement terrible qu'ils ont porté à Napoléon : les Lafayette, les Lanjuinais, les Camille Jordan, les Ducis, les Lemercier, les Chénier, les Benjamin Constant, debout au milieu de la foule rampante, osèrent mépriser la victoire et protester contre la tyrannie. Qui ne se souvient de leurs paroles vengeresses ou de leurs écrits brûlants ? Courir sus à toute vie indépendante, se faire une joie de déshonorer les caractères, de violenter les mœurs particulières autant que les libertés publiques ; et les oppositions générales qui s'élevaient contre ces énormités seraient déclarées calomnieuses et blasphématrices ! Si le succès était réputé l'innocence ; si, débauchant jusqu'à la postérité, il la chargeait de ses chaînes ; si, esclave future engendrée d'un passé esclave, cette postérité subornée devenait la complice de quiconque aurait triomphé, où serait le droit ? où serait le prix des sacrifices ? Le bien et le mal n'étant plus que relatifs, toute moralité s'effacerait des actions humaines.

« Fiers défenseurs de la monarchie, dit Benjamin Constant dans l'*Esprit de conquête*, supporterez-vous que l'oriflamme de saint Louis soit remplacé par un étendard sanglant de crimes et dépouillé de succès ? Et vous qui désiriez une république, que dites-vous d'un maître qui a trompé vos espérances et flétri les lauriers dont l'ombrage voilait vos dissensions civiles et faisait admirer jusqu'à vos erreurs ? »

Le reste de cet ouvrage est encore plus accusateur et plus énergique. Il est certain que la postérité n'est pas aussi équitable dans ses arrêts qu'on le dit : il y a des passions, des engouements, des erreurs de distance, comme il y a des passions, des engouements, des erreurs de proximité. Quand la postérité admire sans restrictions, elle est toute scandalisée que les contemporains de l'homme admiré n'eussent pas de cet homme l'idée qu'elle en a. Cela s'explique pourtant : on n'entend plus les imprécations, les cris de douleur et de détresse des victimes ; on ne voit plus couler le sang et les larmes. La gloire faite avec du malheur reste, et l'on n'a pas senti ce malheur. Les choses qui blessaient dans le grand personnage sont passées ; ses infirmités sont mortes avec sa partie mortelle ; il ne lui survit que sa renommée impérissable.

Alexandre passa de France en Angleterre : il ne vit pas sans quelque jalousie les arsenaux de la Grande-Bretagne ; la Tour de Londres, qui peut armer un peuple entier ; Woolwich, où les canons verdâtres tapissent la terre de leur pelouse. A Oxford, le prince régent, promu à la dignité doctorale, reçut docteurs, en costume exigé, Alexandre et le roi de Prusse. L'orateur prononça un discours latin ; des étudiants déclamèrent des morceaux de poésie sur l'incendie de Moscou et sur la chute de Napoléon : représentation d'un autre âge au milieu des plus grands événements de l'âge moderne.

Le czar se rendit à Vienne pour le congrès, au commencement de l'année 1815 ; il avait alors plusieurs sujets de plainte contre le souverain, nouveau possesseur de la couronne de saint Louis. Louis XVIII venait de refuser, sous prétexte de religion et par quelque motif offensant, le mariage du duc de Berry avec la sœur d'Alexandre, mariage qui eût changé le cours des choses et le sort de la légitimité : cette sorte d'éloignement et d'inimitié inexplicable avait offensé un prince généreux. Bientôt il eut connaissance du projet d'une triple alliance entre la France, l'Autriche et l'Angleterre, alliance évidemment dirigée contre l'ambition présumée du cabinet de Pétersbourg. La Benardière, attaché à l'ambassade française de Vienne, s'étant revenu placer auprès de M. de Caulaincourt, fit un rapport sur les griefs que la France avait contre la famille légitime. Alexandre, déjà blessé, choqué d'ailleurs de la retraite précipitée de Louis XVIII sans que celui-ci eût essayé de se défendre, fut frappé du rapport de La Benardière, et tout à coup il demanda aux alliés s'il ne serait pas bon de donner le duc d'Orléans pour roi à la France quand on aurait une dernière fois vaincu Napoléon. Cette proposition jeta le congrès dans le plus grand étonnement ; elle manqua son effet par l'opposition de lord Clancarthy, lequel déclara n'avoir aucun pouvoir pour décider une question aussi grave. Une dépêche de Vienne, sous le numéro 25 ou 27, rendit compte à Louis XVIII de cette surprenante affaire qui prouve qu'à la seconde restauration, pas plus qu'à la première, les alliés ne prétendaient rétablir la légitimité [1]. Malgré cette disposition particulière d'Alexandre, il restait fidèle aux engagements généraux qu'il avait pris : il apprit à Vienne, le 3 mars, à deux heures de l'après-midi, le débarquement de Napoléon ; le même jour, à cinq heures du soir, une estafette porte à Pétersbourg l'ordre de faire partir la garde. Les troupes qui se retiraient s'arrêtent ; leur longue ligne fait volte-face, et huit cent mille ennemis tournent le visage vers la France : il avait suffi de la chaleur des ailes de la renommée de Marengo et d'Austerlitz pour faire éclore des armées dans cette France qui n'est qu'un grand nid de soldats.

Le duc de Wellington avait ordre d'attendre l'arrivée des Russes ; Buo-

---

[1] Je touche occasionnellement ici un des points historiques les plus curieux et les plus secrets de notre temps : je m'expliquerai dans mes *Mémoires*.

naparte ne lui en laissa pas le temps : Waterloo est un nom qu'on ne peut passer sous silence.

Nous étions pendant les Cent-Jours avec le roi : le 18 juin 1815, vers midi, nous sortîmes de Gand par la porte de Bruxelles ; nous allâmes seul nous promener sur le grand chemin : nous avions emporté les *Commentaires de César*, et nous cheminions lentement, plongé dans la lecture. Nous étions déjà à plus d'une lieue de la ville, lorsque nous crûmes ouïr un roulement sourd. Nous nous arrêtâmes, nous regardâmes le ciel assez chargé de nuées, délibérant en nous-même si nous continuerions d'aller en avant, ou si nous nous rapprocherions de Gand, dans la crainte d'un orage. Nous prêtâmes l'oreille ; nous n'entendîmes plus que le cri d'une poule d'eau dans les joncs et le son d'une horloge de village : nous poursuivîmes notre route. Nous n'avions pas fait trente pas que le roulement recommence, tantôt bref, tantôt long, et à intervalles inégaux : quelquefois il n'était sensible que par une trépidation de l'air, laquelle se communiquait à la terre sur ces plaines immenses, tant il était éloigné. Ces détonations moins vastes, moins onduleuses, moins liées ensemble que celles de la foudre, firent naître dans notre esprit l'idée d'un combat. Nous nous trouvions devant un peuplier planté à l'angle d'un champ de houblon ; nous traversâmes le chemin, et nous nous appuyâmes debout contre le tronc de l'arbre, le visage tourné du côté de Bruxelles. Un vent du sud s'étant levé nous apporta plus distinctement le bruit de l'artillerie. Cette grande bataille encore sans nom, dont nous écoutions les échos au pied d'un peuplier, et dont une horloge de village venait de sonner les funérailles inconnues, était la bataille de Waterloo !

Auditeur silencieux et solitaire du formidable arrêt des destinées, nous aurions été moins ému si nous eussions été dans la mêlée : le péril, le feu, la cohue de la mort ne nous auraient pas laissé le temps de méditer ; mais seul sous un arbre, dans la campagne de Gand, comme le berger des troupeaux qui paissaient autour de nous, le poids des réflexions nous accablait.

Quel était ce combat ? était-il définitif ? Napoléon était-il là en personne ? Le monde, comme la robe du Christ, était-il jeté au sort ? Succès ou revers de l'une et l'autre armée, quelle serait la conséquence de l'événement pour les peuples, liberté ou esclavage ? Mais quel sang coulait ? Chaque bruit parvenu à notre oreille n'était-il pas le dernier soupir d'un Français ? Était-ce un nouveau Crécy, un nouveau Poitiers, un nouvel Azincourt, dont allaient jouir les plus implacables ennemis de la France ? S'ils triomphaient, notre gloire n'était-elle pas perdue ? Si Napoléon l'emportait, que devenait notre liberté ? Bien qu'un succès de Napoléon nous ouvrît un exil éternel, la patrie l'emportait en ce moment dans notre cœur ;

nos vœux étaient pour l'oppresseur de la France, s'il devait, en sauvant notre honneur, nous arracher à la domination étrangère.

Wellington triomphait-il ? La légitimité rentrerait donc dans Paris derrière ces uniformes rouges qui venaient de reteindre leur pourpre au sang des Français ? La royauté aurait donc pour carrosses de son sacre les chariots d'ambulance remplis de nos grenadiers mutilés ? Que sera-ce qu'une restauration accomplie sous de tels auspices ? Ce n'est là qu'une bien petite partie des idées qui nous tourmentaient. Chaque coup de canon nous donnait une secousse et doublait le battement de notre cœur. A quelques lieues d'une catastrophe immense, nous ne la voyions pas ; nous ne pouvions toucher le vaste monument funèbre croissant de minute en minute à Waterloo, comme du rivage de Boulak au bord du Nil nous tendions inutilement les mains vers les Pyramides.

Aucun voyageur ne paraissait : quelques femmes dans les champs, sarclant paisiblement des sillons de légumes, n'avaient pas l'air d'entendre le bruit que nous écoutions. Mais voici venir un courrier : nous quittons le pied de l'arbre et nous nous plaçons au milieu de la chaussée ; le courrier s'arrête ; nous l'interrogeons : il appartenait au duc de Berry et venait d'Alost. Il nous dit : « Buonaparte est entré hier (17 juin) dans Bruxelles, après un combat sanglant. La bataille a dû recommencer aujourd'hui (18 juin) ; on croit à la défaite définitive des alliés, et l'ordre de la retraite est donné. » Le courrier continue sa route.

Nous le suivîmes en nous hâtant. Nous fûmes dépassés par la voiture d'un négociant qui fuyait en poste avec sa famille : il confirma le récit du courrier.

Le 19 juin, la vérité fut connue. Les Français avaient obtenu d'abord des succès à l'aile gauche ; bientôt la chance tourna : Blücher, survenu avec des troupes fraîches, isola du reste de nos troupes, déjà rompues, les carrés de la garde impériale. Autour de cette phalange immobile, le débordement des fuyards entraîne tout, parmi des flots de poussière, de fumée ardente et de mitraille, dans des ténèbres sillonnées de fusées à la Congrève, au milieu des rugissements de trois cents pièces d'artillerie et du galop précipité de vingt-cinq mille chevaux : c'était comme le sommaire final de toutes les batailles de l'empire. Deux fois les Français ont crié : Victoire! deux fois leurs cris sont étouffés sous la pression des colonnes ennemies. Le feu de nos lignes s'éteint ; les cartouches sont épuisées ; quelques grenadiers blessés, au milieu de quarante mille morts, de cent mille boulets sanglants, refroidis et conglobés à leurs pieds, restent debout appuyés sur leur mousquet baïonnette brisée, canon sans charge. Non loin d'eux, l'homme des batailles, assis à l'écart, écoutait, l'œil fixe, le dernier coup de canon qu'il devait entendre de sa vie.

Cette catastrophe, qui fit mourir l'empire, ramena le czar à Paris : il ne trouva plus la même faveur. On avait cru voir dans la première invasion des alliés une délivrance, on ne vit plus dans la seconde qu'une conquête : comme cette seconde invasion n'apporta pas une liberté et imposa des charges énormes, le joug de l'étranger fut senti dans toute sa pesanteur. Ce n'étaient plus les Russes qui dominaient à Paris, c'étaient les Prussiens; ceux-ci avaient des humiliations à venger et des défaites à cacher dans l'insolence de la victoire. Un camp anglais était établi au bois de Boulogne, et les Français avaient sous les yeux, comme oppresseurs, les deux nations qui leur sont le plus antipathiques. La France, en 1814, s'était trouvée délivrée du soldat ennemi en moins de six mois; elle se voyait maintenant occupée pour cinq années; elle perdait Landau en Alsace, Sarrelouis en Lorraine, Philippeville, Marienbourg dans le Hainaut, Versoix dans le pays de Gex; elle consentait à la démolition de Huningue et à rendre à la Savoie et aux Pays-Bas le territoire que nous avait assuré le traité de Paris de 1814. Elle livrait pour cinq ans seize forteresses sur la frontière, s'obligeant à y entretenir une armée d'occupation de 180,000 hommes. Une indemnité de cinq cents millions fut stipulée, et douze millions quarante mille francs de rentes furent créés pour l'extinction des dettes particulières contractées hors de notre territoire actuel. En ajoutant à ces sacrifices la perte causée par le passage et le séjour des troupes étrangères, on estime que chacun des cent jours a coûté à la France trente millions; total des cent jours : trois milliards, frais d'une marche de Buonaparte.

Les objets d'art nous furent ravis. Il fallait voir la double consternation de Paris, quand, d'une part, le duc de Richelieu vint présenter aux Chambres les funestes traités avec une voix à demi étouffée, et quand les Chambres votèrent en silence ces traités. Le même sentiment patriotique éclata lorsque les étrangers enlevèrent les manuscrits des archives publiques, et dépouillèrent la galerie du Louvre : Canova lui-même indiquait les chefs-d'œuvre appartenant à l'Italie : la victoire reprenait ce qu'avait pris la victoire.

Tout cela n'était point la faute d'Alexandre, mais l'opinion ne fait point de distinction d'individus quand elle est aigrie. Lui-même, blessé de la légèreté d'un peuple pour la liberté duquel il avait tant fait, ne regardait plus les Français que comme une nation brave, mais mobile, sans raison et sans reconnaissance : en 1814, elle avait paru ravie d'être délivrée de Buonaparte; en 1815, elle l'avait repris et secondé : le sénat, les généraux qui avaient décrété et applaudi la déchéance de Napoléon, l'avaient rétabli et lui avaient donné une armée. Alexandre n'était pas plus content de la famille restaurée : un roi s'enfuyant sans essayer de se défendre ne lui semblait pas propre à régner et le faisait trembler pour l'avenir. Ainsi, froidement accueilli, ne conservant plus ses premières sympathies et l'enchantement d'une première victoire, Alexandre vécut à part, dans les idées mystiques qui commençaient à le dominer.

Il fut d'abord sans croyance et commença par être athée, puis il devint déiste ; du déisme il passa à la religion grecque avec un penchant pour la religion catholique, dont les jésuites, et surtout le père Grivel, l'avaient entretenu. Il resta flottant : comme il cherchait de bonne foi et que son imagination était exaltée dans les choses pures, il dériva vers l'illuminisme des sectes allemandes : madame de Krudner exerça pendant quelque temps un véritable ascendant sur lui.

Toutefois les nouvelles circonstances des affaires et les nouvelles dispositions d'Alexandre ne lui ôtèrent rien de sa générosité. Dès son arrivée à Paris, le 11 juillet, trois jours après le retour de Louis XVIII, il fit cesser des actes de vandalisme commencés et arrêta la destruction des ponts d'Austerlitz et d'Iéna. « Le droit de représailles, dit-il, m'a toujours été odieux. » Il ne voulut pas que la division de ses troupes, arrivée sous les ordres du général Barclay de Tolly, consommât les dernières ressources des habitants, et il la nourrit des approvisionnements de ses magasins. Il passa dans la plaine de *Vertus* la fameuse revue du 10 septembre 1815, à laquelle assistèrent le roi de Prusse et l'empereur d'Autriche : l'*alliance* y prit le nom de *sainte*.

Au congrès d'Aix-la-Chapelle, il consentit à abréger l'occupation de la France, s'opposa de nouveau aux violences de ses alliés, et remit au duc de Richelieu cette carte où était tracée la ligne qui séparait de notre sol les provinces à démembrer de la France.

En retournant en Russie, il voyageait comme à son ordinaire, presque sans suite : il s'arrêta pour entendre la messe dans une église de campagne. Après la messe, il s'approcha du prêtre et lui baisa la main, selon l'usage des Grecs ; le pauvre prêtre, selon un autre usage, le baisa au front sans le connaître, seulement le parfum des cheveux de l'étranger l'étonna : voilà tout ce qu'il sut jamais de l'empereur.

Alexandre avait défendu les réjouissances : le synode et le conseil d'État voulurent lui conférer le surnom de *béni* ; il le refusa : « Je ne puis, dit-il, me permettre d'accepter et de porter ce surnom ; je démentirais mes propres principes en donnant à mes fidèles sujets un exemple si contraire aux sentiments de modération que je m'efforce de leur inspirer. Que mon peuple me bénisse ainsi que je le bénis ! Que la Russie soit heureuse, et qu'avec elle et moi soit toujours la bénédiction de Dieu ! »

Le czar ne fut point frappé de la beauté de la France ; il la trouva laide, et il avait raison, car il ne la vit ni assise au bord de la Méditerranée, ni couchée parmi ses pamprées entre les Pyrénées et la Loire. Il rentra dans le *palais d'Hiver* de Pétersbourg, qu'il orna de tableaux achetés à la Malmaison à la mort de Joséphine. Un jour, en Italie, se promenant avec nous le long de l'Adige, il nous fit la description de la ville de Pierre le Grand : « Le soir, en été, nous dit-il, elle est éclairée d'un crépuscule qui ne ressemble ni à la lumière du jour, ni à celle de la lune. Vous verriez à Pétersbourg les plantes de la Syrie et les costumes de l'Orient à la clarté du pôle. La Néva bleue, comme le Rhône à Genève, passe entre des quais de granit rose, et elle est couverte de vaisseaux de toutes les nations. »

Vers la fin de notre dernière conversation avec Alexandre, à Vérone, la mélancolie, à laquelle il était sujet, le gagna ; il se tut ; nous gardâmes le silence. Lorsqu'il nous prit la main, et nous la serra en nous quittant, nous nous sentîmes ému, comme si quelque chose nous eût dit que nous ne le reverrions plus ; que, dans trois ans, nous le chercherions en vain, lui, encore si jeune, si fort, si beau ; nous, si peu fait pour lui survivre. Son dégoût des affaires et des hommes publics s'augmenta quand nous fûmes jeté hors du ministère, et il mourut dix-huit mois après notre chute. Nous lui avions annoncé notre destitution, il nous répondit par cette lettre :

« L'estime que vous m'avez inspirée, monsieur le vicomte, était indépendante de la place dont vous exerciez les fonctions. Cette estime, vos principes et vos talents vous la concilieront dans quelque situation que vous vous trouviez. Je me plais donc à vous en réitérer les témoignages, et je vous remercie des sentiments que vous m'exprimez dans votre lettre. Un glorieux souvenir se rattache à l'époque de votre ministère. La bonne cause vous doit une juste reconnaissance. Peut-être même devra-t-elle de nouveaux services à cet esprit de loyauté et de sagesse qui vous distingue et qui, planant au-dessus des considérations personnelles, ne connaît que l'intérêt du bien et du repos public. Ce rôle est digne de vous. Vous saurez le remplir, et c'est dans cette confiance que je vous offre, monsieur le vicomte, la nouvelle expression des sentiments distingués autant que sincères, sur lesquels je vous invite à toujours compter de ma part.

« ALEXANDRE. »

Peterhoff, le 24 juillet 1824.

La résidence favorite de l'autocrate solitaire était Czarskoë-Selo : il y vivait séparé du monde, faisant de longues excursions dans un parc de deux ou trois lieues d'étendue ; on ne voyait dans ce parc que des sentinelles. A la retraite, la musique des gardes jouait sous les fenêtres du czar des airs mélancoliques.

L'impératrice Élisabeth, de son côté, passait ses jours dans un profond isolement; elle n'avait auprès d'elle qu'une dame d'honneur, et ne recevait personne à Czarskoë-Selo. Elle était mince, avait le teint et les traits délicats; une langueur était répandue sur son langage et ses manières; son sourire était triste, sa voix douce; en la regardant, on voyait qu'elle allait mourir. Elle errait le soir, à cheval, au pas, dans les plus sombres allées du parc, accompagnée de sa dame d'honneur et d'un écuyer; elle évitait de se promener le matin, de peur de gêner l'empereur.

Alexandre avait eu des faiblesses; de ces faiblesses variables sortit un attachement qui dura près de onze années. Un aide de camp de l'empereur, de confident intime, devint rival préféré. Ces misères, dont sont semées les vies obscures comme les vies glorieuses, firent du prince choisi un collègue de notre ambassade à Rome, et de la princesse volage une ermitaine de notre Vallée-aux-Loups : la princesse, encore belle, porta le deuil d'Alexandre sous des arbres qui n'étaient plus à nous et que nous avions plantés au jour de nos illusions évanouies comme les siennes. Une fille avait été le fruit d'une liaison tenue longtemps secrète. Alexandre chérissait d'autant plus cette enfant naturelle qu'il n'avait point d'enfants légitimes. Élevée à Paris, revenue à Pétersbourg, elle touchait à sa seizième année; prête à se marier sous les yeux de son père, elle manqua tout à coup à l'autel : quand les parures de noces, commandées en France, arrivèrent, la jeune fiancée n'existait plus. Alexandre apprit cette mort à la parade; il pâlit, et dit : « Je reçois ma punition. »

Comme l'empereur était bon, il lui avait fallu une excuse pour se justifier à lui-même l'abandon dans lequel il avait laissé l'impératrice : il s'était figuré qu'elle ne l'aimait pas; que, froide et insensible, elle était incapable d'affection; que les erreurs de son mari ne la rendaient point malheureuse : la supposant sans amour, il la supposait sans souffrance et sans jalousie.

Il n'en était point ainsi : Élisabeth aimait passionnément Alexandre; timide et réservée, elle n'avait point osé faire entendre de plainte; elle ressemblait à l'Hermangarde de Manzoni; elle disait comme elle : « Heureuses les femmes qui ont pu couvrir leur front du bandeau sacré avant d'avoir arrêté leurs yeux sur le front d'un homme! Tu étais à moi; je me taisais dans la sécurité de mon bonheur; mes chastes lèvres n'auraient jamais osé s'ouvrir pour te révéler toute l'ivresse de mon cœur. »

Averti par son heure, *jam moriente die,* par l'infidélité de la femme dont il avait désiré mieux, par le coup qui l'avait atteint en frappant l'enfant d'une tendresse illégitime, Alexandre se rapprocha de l'impératrice. Lorsqu'il s'aperçut qu'il était chéri d'elle, ses remords s'accrurent : il l'avait revue en 1814 à Carlsruhe; elle le rejoignit à Vienne la même année.

La religion vint achever en lui l'ouvrage des jours qui sans cesse détrompent; mais la vie d'Élisabeth commença rapidement à décliner au moment qu'elle commença d'être heureuse. Elle aimait alors l'empereur de tout le bonheur qu'il lui rapportait et de toute la gloire qu'il avait acquise : elle, qui n'avait pas été mère, le suivait à la tombe d'une fille regrettée et elle priait avec lui. Alexandre était préoccupé de sa fin ; on le surprenait la nuit agenouillé dans les cimetières. Quand il partait pour quelque voyage, il avait coutume de dire : « Tous les ans on se hâte de terminer ses affaires avec moi, comme si l'on ne devait plus me revoir. » Il répétait souvent : « Je mourrai au coin d'un bois, dans un fossé, au bord d'un chemin, et l'on n'y pensera plus. »

Lorsqu'il sortit de sa capitale pour n'y plus rentrer vivant, les eaux de la Néva, refoulées par la mer, furent au moment d'engloutir Pétersbourg ; retiré dans les combles de son palais, Alexandre contemplait avec consternation ces désastres. La croix d'un cimetière, déracinée par les vagues, se vint placer en face du château, sous les yeux de la famille impériale : on prit ce Calvaire mouvant pour un présage funeste. Au moment de quitter Pétersbourg, le czar s'attendrit outre mesure en embrassant ses parents ; parvenu à quelque distance, il fit arrêter sa voiture, et regarda la ville où il était né.

Cependant Élisabeth ne voulait point se séparer de son mari, ni s'exiler sous son ciel naturel, le doux ciel de l'Italie : avec le souverain de son cœur, elle alla, réconciliée à l'existence, implorer la vie dans le climat de la fausse Grèce. Elle voyageait pleine de sa joie présente, et elle avait au sein la mort que ses infélicités passées y avaient mise. Elle traversa les déserts menteurs, jadis embellis pour Catherine de villages simulés et de hameaux sans bergers ; mais tout était habité pour Élisabeth : elle voyait partout Alexandre.

Des bruits des complots militaires qui le menaçaient étaient parvenus jusqu'à l'empereur : de jeunes officiers avaient puisé dans ses propres sentiments l'amour de la liberté : auteur du mal ou du bien que l'on tournait contre sa puissance, il s'éloignait pour se donner à ses compassions accoutumées et pour n'être pas obligé d'agir avec trop de sévérité. En même temps ses idées le tourmentaient ; il ne savait s'il ne devait pas se mettre à la tête des réformes : il entendait le siècle marcher dans les steppes de la Russie, et de la Grèce l'appeler d'une voix plaintive. Mais, cherchant la volonté de Dieu sans la démêler, il craignait de s'engager dans une fausse route, de favoriser ces innovations, qui déjà avaient fait tant de victimes et si peu d'heureux.

Il laissa sa femme à Taganrog, visita le Don, projeta le voyage d'Astrakan, parcourut la côte méridionale de la Crimée, ayant l'air d'errer à l'aventure. Une fièvre causée par un froid humide le contraignit de s'arrêter dans une habitation du comte Voronzof : se trouvant plus mal, il ordonna de le transporter à Taganrog. On croit qu'il y acquit la preuve de la conspiration ourdie contre sa vie, et qui bientôt mit en danger celle de son frère. Il se contenta de dire : « Quel mal leur ai-je fait ? » Il se mourait ; on a parlé de poison, de médecin suspect : rien n'est certain. L'impératrice expirante était à quelques pas de son mari visité des afflictions, sans pouvoir le voir. La maladie ne dura que onze jours. Alexandre rendit l'esprit le 13 décembre 1825. Près de retourner à Dieu, il commanda de lever les stores de ses fenêtres et dit : « Quelle belle journée ! » et ne parla plus. L'impératrice écrivit à Pétersbourg : « Notre ange est au ciel, j'ai l'espoir de me réunir bientôt à lui. » Espérance qui ne fut réalisée que parce que toutes les autres avaient été déçues.

Trois jours après, quand les peuples se présentèrent à Taganrog pour baiser la main du cadavre, ils ne virent point le front de leur souverain : le visage du prince était couvert d'un voile.

Quelques personnes ont cru qu'Alexandre, vers la fin de sa vie, s'était fait catholique. Son avénement au trône lui enleva son père ; sa descente du trône pensa renverser son empire. Après tant de bruit et de gloire, il ne resta de lui que son cercueil et la bière de sa femme ; coffres scellés et silencieux passant dans les bois éclairés de torches de pin, et accompagnés d'une horde de ces Baskirs qui campèrent dans la cour du Louvre.

Là se termina l'affaire entre Alexandre et Napoléon, disparus l'un et l'autre dans un désert. Napoléon avait déjà pris son vol : aigle, on lui avait donné un rocher, à la pointe duquel il demeura au soleil jusqu'à son départ : on l'apercevait de toute la terre.

L'impératrice mère, rassurée par une première lettre de Taganrog, faisait chanter un *Te Deum* dans les églises de Pétersbourg ; le peuple y priait, car Alexandre était adoré. Le *Te Deum* n'était pas fini qu'un second courrier apporta au grand-duc Nicolas la nouvelle de sa mort. Nicolas, sorti pour recevoir le courrier, rentra dans l'église, où tout le monde fut frappé de l'altération de son visage. Il n'osa parler ; il ne dit qu'un mot au métropolitain : l'évêque s'avança vers l'impératrice mère, portant dans ses mains une croix couverte d'un voile noir. La mère comprit son malheur et tomba sans connaissance au verset du *Te Deum* interrompu : *In te, Domine, speravi.....*

Quelles qu'aient été les hautes qualités du czar, en dernier résultat, il a été funeste à son empire : il le mit trop en contact avec l'Europe de l'Occident ; il y sema des germes de civilisation qu'il voulut ensuite étouffer. Tiraillées en sens contraires, les populations ne surent ce qu'on leur demandait, ce qu'on voulait d'elles, pensée ou abrutissement, obéissance passive ou obéissance légale, mouvement ou immobilité. Alexandre, franc Tartare, retenant ses peuples dans la barbarie ; Alexandre, prince éclairé, les menant par degrés aux lumières, eût mieux servi son pays. Il était trop fort pour employer le despotisme, trop faible pour établir la liberté : son hésitation ne créa point l'affranchissement national, mais elle enfanta l'indépendance individuelle, laquelle, à son tour, au lieu de libérateurs, ne produisit que des assassins.

XXXII

Changement de dispositions. — Reprise de la narration. — Alexandre : conversation avec lui.

Nous trouvons maintenant à peine le courage de représenter causant avec nous celui que nous venons de descendre muet dans le Saint-Denis des czars. Que lui font les congrès et les royaumes d'ici-bas ? La grandeur de la tombe rapetisse tout : la mort et la vie sont deux choses d'un ordre si différent qu'après avoir parlé de la première, on croit, en retournant à la seconde, retourner aux puérilités de l'enfance.

M. de Montmorency étant parti, notre rôle, fort court, augmenta d'importance : nous estimons pourtant ces heures, car elles nous ont donné la bienveillance la plus illustre de notre carrière politique, bienveillance qui ne s'est jamais démentie.

On avait mis l'empereur de Russie en garde contre nous; on lui avait dit que, s'il nous voyait, nous exercerions sur lui une séduction à laquelle il lui serait difficile de résister. Nous lui avions été présenté à Paris; il nous prenait alors pour un *ultra*, et, comme il était *libéral*, nous ne lui convenions que sous le rapport religieux. Nous le retrouvions à Vérone : il était devenu *ultra;* nous, étant demeuré *libéral*, la même difficulté de rapports se rencontrait en sens contraire. Au congrès, il nous avait traité poliment, mais d'une manière réservée. Nous l'apercevions souvent dans ses promenades : nous savions trop bien vivre pour le reconnaître; nous attendions qu'il nous eût fait un signe ou jeté en passant une parole. Une fois il nous accosta, et, remontant tous les deux le cours de l'Adige, il parla de Pétersbourg, afin d'éviter de parler de politique. Quoique M. de Montmorency nous fût peu favorable, il agit envers nous (nous l'avons dit) selon l'impulsion de son sang et de sa vertu : en prenant congé de l'empereur, il l'invita à moins s'effrayer de notre personne. La comtesse Tolstoy, qu'Alexandre voyait assez souvent, nous avait ménagé, sans succès, quelques rendez-vous avec lui : il était un peu sourd; nous n'aimons pas à parler haut, et notre indifférence pour les princes est si grande que nous ne nous étions pas même douté de la froideur de l'homme dont tout le monde mendiait un regard.

M. de Montmorency ayant quitté Vérone, Alexandre nous envoya chercher : nous ne nous fûmes pas plus tôt vus face à face un quart d'heure, que nous nous plûmes. Nous nous associons trop familièrement, nous le savons, à ce puissant de la terre, mais c'est une sorte de familiarité d'âmes : les âmes sont égales entre elles ; cela n'ôte rien au respect. L'empereur éprouva la surprise que nous avons remarquée souvent sur le visage des personnes qui nous avaient seulement connu sur un portrait de fantaisie. Préoccupé de la guerre d'Espagne, n'y voyant d'obstacle dangereux que la jalousie britannique, nous nous efforçâmes de gagner un peu Alexandre, afin de l'opposer aux malignités du cabinet de Londres.

Dans nos diverses conversations, nous lui parlâmes de tout, et il écouta tout sans se souvenir de ce qu'il était. Nous lui témoignâmes notre opposition aux traités de Vienne ; il ne pensa pas devoir s'expliquer, il se contenta de nous répondre : « Vous vous trouviez mieux du traité de Paris. »

A propos de la Pologne, nous osâmes lui en représenter le démembrement comme la conséquence d'une des plus grandes lâchetés de l'ancienne France. Nous lui dîmes que l'iniquité de ce démembrement pèserait à jamais sur la Russie, la Prusse et l'Autriche, et qu'Alexandre achèverait de se rendre immortel en le réparant. Le czar eut la patience de nous entendre lorsque nous ajoutâmes qu'un petit pays très-mal gouverné, et pour lequel Rousseau avait en vain fabriqué un projet de constitution, n'avait pu être un danger pour les États voisins ; que les Polonais seraient toujours tentés de se révolter, non par un esprit révolutionnaire, mais parce qu'il est dans la nature humaine qu'une nation veuille conserver son nom et refuse de perdre son indépendance.

Nous n'oubliâmes pas notre chère Athènes ; nous avons plaidé longtemps sa cause en public et à la Chambre des pairs ; et quand le czar mourut, nous ne craignîmes pas de nous adresser à Nicolas et à Constantin.

Il se passait dans Alexandre des conflits de nature et de position : né pour être à la tête du progrès de la société, il souffrait d'être obligé de repousser les Grecs, ses coreligionnaires, et de désavouer des peuples dont il était le protecteur. Mais, en aimant les libertés, il avait cru que l'Europe demandait sa protection contre des principes destructeurs ; il était d'autant plus frappé de la puissance de ces principes qu'ils venaient de soulever Naples, le Piémont, l'Espagne, et que dans son armée se manifestaient des symptômes de la fièvre de France.

Ainsi, ce prince, après avoir donné une constitution aux Polonais, en suspendit le mouvement ; après nous avoir fait *octroyer* la Charte, il en vit avec anxiété les développements ; après avoir désiré l'indépendance de la Grèce, il désapprouva l'insurrection de 1820 : il n'aperçut dans la révolution des Hellènes qu'un ordre émané du comité directeur de Paris. Aux congrès de Troppau, de Laybach, de Vérone, il s'imagina défendre la civilisation contre l'anarchie, comme il l'avait sauvée du despotisme de Napoléon.

Nous touchâmes la réunion de l'Église grecque et latine : Alexandre y inclinait, mais il ne se croyait pas assez fort pour la tenter ; il désirait faire le voyage de Rome, et il restait à la frontière de l'Italie : plus timide que César, il ne franchit pas le torrent sacré, à cause des interprétations qu'on n'eût pas manqué de donner à son voyage. Ces combats intérieurs ne se passaient pas sans syndérèse : dans les idées religieuses dont était dominé l'autocrate, il ne savait s'il n'obéissait point à la volonté cachée de Dieu, ou s'il ne cédait point à quelque suggestion inférieure qui faisait de lui un renégat et un sacrilége.

XXXIII

M. de Metternich s'ouvre à nous sur la crainte que lui inspirait la guerre d'Espagne. — Dernière conversation avec l'empereur de Russie.

Lorsque l'on sut à Vérone notre croissante faveur auprès du czar, les manières changèrent : on nous rechercha avec autant d'empressement que l'on nous avait évité. M. de Metternich surtout se montra fort gracieux ; et, dans une conversation, il s'ouvrit à nous sur la crainte que lui inspirait la guerre d'Espagne, sur l'ardeur qu'Alexandre montrait pour cette guerre, et principalement sur le projet qu'avait le prince de mettre ses soldats en mouvement, si jamais ils nous devenaient nécessaires. Il nous pria de prêcher la paix au puissant voisin de l'Autriche : nous lui répondîmes que nous ne lui avions jamais prêché la guerre, ce qui était vrai, parce que nous croyions que la France n'avait besoin de personne ; que nous n'étions pas ministre, que nous ne pourrions avoir que notre opinion particulière, laquelle on ne consulterait pas.

« Au surplus, ajoutâmes-nous, M. de Villèle est loin d'être déterminé à une prise d'armes ; ses dernières lettres montrent la peine qu'il ressent de l'envoi des lettres ostensibles à Madrid. Il pense que ces dépêches peuvent lui forcer la main, et l'obliger à retirer l'ambassadeur de France plus tôt qu'il ne l'eût voulu. »

Nous assurâmes M. de Metternich que nous ferions part de cela à Sa Majesté impériale dans la dernière audience qu'elle voulait bien nous accorder. M. de Metternich nous remercia, et parut désirer connaître le résultat de cette conversation.

Nous nous rendîmes au palais Canossa. Nous dîmes à l'empereur ce que nous avions promis de lui dire. Il nous répondit :

« La France fera ce qu'elle voudra. M. de Montmorency m'a demandé quel parti je prendrais au cas que la guerre vînt à éclater entre la France et l'Espagne, et à se compliquer d'accidents malheureux pour la première. Je lui ai dit que mon épée était au service de la France ; si la France n'en veut plus ou peut s'en passer, cela la regarde : je ne prétends influer en rien sur ses démarches ; mais vous, monsieur le vicomte de Chateaubriand, que pensez-vous sur cette question? »

Nous répliquâmes :

« Sire, je pense que la France doit, le plus vite possible, remonter par par elle-même au rang d'où l'ont fait descendre les traités de Vienne. Quand elle aura repris sa dignité, elle deviendra une alliée plus utile et plus honorable pour votre Votre Majesté. »

Nous ne savons si l'empereur nous comprit ; mais il sourit noblement à la réponse par laquelle nous refusions ses secours et demandions la guerre. Il fit une pause ; puis, répondant à sa pensée, il nous dit :

« Je suis bien aise que vous soyez venu à Vérone, afin de rendre témoignage à la vérité. Auriez-vous cru, comme le disent nos ennemis, que l'alliance est un mot qui ne sert qu'à couvrir des ambitions? Cela peut-être eût été vrai dans l'ancien état des choses ; mais il s'agit bien aujourd'hui de quelques intérêts particuliers, quand le monde civilisé est en péril !

« Il ne peut plus y avoir de politique anglaise, française, russe, prussienne, autrichienne ; il n'y a plus qu'une politique générale, qui doit, pour le salut de tous, être admise en commun par les peuples et par les rois. C'est à moi à me montrer le premier convaincu des principes sur lesquels j'ai fondé l'alliance. Une occasion s'est présentée : le soulèvement de la Grèce. Rien sans doute ne paraissait être plus dans mes intérêts, dans ceux de mes peuples, dans l'opinion de mon pays, qu'une guerre religieuse contre la Turquie ; mais j'ai cru remarquer dans les troubles du Péloponèse le signe révolutionnaire.

« Dès lors, je me suis abstenu. Que n'a-t-on point fait pour rompre l'alliance? On a cherché tour à tour à me donner des préventions et à blesser mon amour-propre ; on m'a outragé ouvertement. On me connaissait bien mal, si l'on a cru que mes principes ne tenaient qu'à des vanités, ou pouvaient céder à des ressentiments. Non, je ne me séparerai jamais des monarques auxquels je suis uni. Il doit être permis aux rois d'avoir des alliances publiques pour se défendre contre les sociétés secrètes. Qu'est-ce qui pourrait me tenter? Qu'ai-je besoin d'accroître mon empire? La Providence n'a pas mis à mes ordres huit cent mille soldats pour satisfaire mon ambition, mais pour protéger la religion, la morale et la justice, et pour faire régner ces principes d'ordre sur lesquels repose la société humaine. »

On ne peut presque plus ajouter foi à ce qu'un auteur raconte ; chacun invente ou brode des faits. Nous avons du moins le faible mérite de la probité de l'écrivain. L'*Itinéraire de Paris à Jérusalem* sert aujourd'hui de guide aux voyageurs ; après trente ans, quelques-uns des personnages les plus obscurs dont nous avons cité les noms se retrouvent. L'arabe Abougosh, des montagnes de Judée, vient de nous faire passer une lettre par un pèlerin.

Ce que nous révélons de nos conversations avec l'empereur de Russie est de la même exactitude. Dans notre discours à la Chambre des députés, en 1823, nous citâmes une partie des paroles d'Alexandre. Les avions-nous imaginées ? Non : il nous a toujours été impossible de mêler le roman à la vérité ; en voici une preuve nouvelle. L'empereur de Russie nous écrivit au sujet des conversations de Vérone ; il nous remercia de notre discours ; il soutient seulement dans sa lettre que ses paroles, retenues fidèlement par nous, exprimaient l'opinion de toute l'alliance. Nous en demandons pardon à la mémoire de ce grand souverain : c'est nous dont le souvenir avait été le plus fidèle.

Nous osons dire qu'Alexandre est devenu notre ami, si des princes ont des affections et s'il peut y avoir amitié entre des hommes que d'aussi grandes distances séparent. Ce fut par Alexandre que nous combattîmes le mauvais vouloir de l'Autriche, lorsqu'en suscitant Naples elle pensa produire une catastrophe à Madrid ; ce fut lui qui retint l'Angleterre. Il nous fit adresser les lettres les plus flatteuses, et déclara qu'il signerait les yeux fermés tout ce que nous voudrions lui envoyer. Une estafette nous apporta le cordon de Saint-André aussitôt que la délivrance de Ferdinand fut connue.

Lors de la destitution qui nous frappa, nous aurions pu nous retirer en Russie, où nous attendaient les honneurs et la fortune ; mais nous ne cherchons point ce dont nous n'avons aucun souci. Alexandre est le seul prince pour qui nous ayons jamais éprouvé un sincère attachement. Et les autres souverains ? C'est une nécessité de l'éducation des peuples non encore achevée ; nécessité à laquelle nous nous soumettons, respectueux et fidèle, coûte que coûte : n'est-ce pas assez ?

XXXIV

Entretien avec le prince de Metternich. — Billet de l'archichancelier d'Autriche — Lettre à M. de Montmorency. — Nous quittons Vérone.

Du palais Canossa nous nous acheminâmes vers Casa-Castellani. Nous instruisîmes M. de Metternich de nos bons propos et des paroles d'Alexandre, en en retranchant toutefois la partie relative à la politique générale du monde. Cela ne faisait rien à l'archichancelier d'Autriche, et il nous aurait pris pour deux songe-creux. Il parut, ou fit semblant d'être content de ce que nous avions dit au czar touchant la répugnance de M. de Villèle pour l'expédition militaire. Soit que le prince n'eût pas aperçu le fond de notre pensée, soit qu'il fût conduit malgré lui à mettre au jour le fond de la sienne, il nous montra de nouveau son opposition à la guerre ; il nous conjura de partir, afin d'appuyer M. de Villèle et de combattre l'ardeur de M. de Montmorency. Nous répliquâmes qu'arrivé à Paris nous nous rendrions à Londres ; mais que nous instruirions M. de Villèle de ses idées dans lesquelles nous l'avions laissé, lui, M. de Metternich ; de sorte que, si les alliés le voulaient, ils avaient encore le temps d'envoyer des courriers à Madrid pour suspendre la présentation des *lettres ostensibles*. Nous nous retirâmes, ajoutant que nous eussions désiré mettre nos derniers respects aux pieds de S. M. l'empereur d'Autriche. Nous reçûmes bientôt ce billet :

Vérone, ce 12 décembre 1822.

« Je viens, monsieur le vicomte, de porter à l'empereur l'expression de vos regrets de quitter Vérone sans avoir pu prendre congé de lui. S. M. I. m'a chargé de vous dire qu'elle attache trop de valeur à votre retour à Paris pour avoir pu songer à vous arrêter ici.

« Je serais charmé de voir Votre Excellence avant son départ, et je le désirerais surtout pour lui donner connaissance de mon expédition à M. de Vincent. Je ne dispose cependant d'aucun moment dans ma matinée de demain, laquelle se passera en audience près des souverains et en travail avec l'empereur mon maître. Si Votre Excellence voulait me faire l'honneur de venir dîner chez moi, nous passerions ainsi le temps nécessaire pour nous parler. Si elle était décidée à ne pas rester à Vérone jusqu'à la soirée, je tâcherai de disposer du petit intervalle entre une heure et demie et deux heures.

« Je la prie de me donner ses ordres, et de recevoir l'assurance de ma considération très-distinguée.

« Metternich. »

Nous nous conformâmes au désir du prince ; nous allâmes le trouver le 12 au matin, il nous donna connaissance d'une dépêche qu'il écrivait au baron Vincent ; elle ne contenait que ces phrases diplomatiques propres à ne rien dire : il y avait sans doute derrière une note confidentielle plus explicite. M. de Metternich me répéta ce qu'il m'avait déjà exprimé touchant les inconvénients de la guerre ; mais il lui échappa quelques mots sur les *aberrations* d'Alexandre, et il nous vit nous éloigner avec joie comme un messager de paix ; notre visage et notre langage sont bien trompeurs, ou la perspicacité de l'archichancelier n'est pas telle qu'on la suppose. Nous écrivîmes en rentrant à M. de Montmorency, à Paris, cette dernière lettre :

Vérone, 12 décembre 1822.

« Monsieur le duc,

« J'ai eu ce matin une conversation très-longue avec M. le prince de Metternich, et une autre avec S. M. l'empereur de Russie. Le premier pense qu'il est utile que j'aille vous en rendre compte immédiatement. En conséquence, je partirai demain, 13, et j'espère arriver vers le 20 à Paris. Par le courrier qui vous porte cette dépêche, je réponds à deux lettres de M. de Villèle. Ma réponse indique en général la suite des idées dont j'aurai à vous entretenir.

« M. de Caraman vous aura sans doute mandé, monsieur le duc, que les affaires d'Italie se sont terminées d'une manière assez honorable pour la France. Demain, jour de mon départ, il y aura séance de clôture du congrès, et lundi prochain, 16, les souverains et les ministres auront quitté Vérone.

« J'ai l'honneur de recommander à votre bonté MM. de Rauzan et d'Aspremont, et vous prie d'agréer, avec mes félicitations sur votre nouveau titre, l'assurance de la haute considération avec laquelle j'ai l'honneur d'être, etc.

« CHATEAUBRIAND. »

Nous quittâmes Vérone le 13, jetant un œil de regret sur l'Italie, mais nous consolant dans la pensée d'aller continuer nos *Mémoires* à la pâle lumière du soleil qui avait éclairé les misères de notre jeunesse.

GUERRE D'ESPAGNE

DE 1823

XXXV

Guerre d'Espagne de 1823. — M. de Montmorency donne sa démission. — Nous sommes nommé ministre des affaires étrangères.

M. Canning occupait à Londres la place laissée vacante par la mort de Londonderry. — George IV, pressé par lord Liverpool, avait pris M. Canning dans son conseil, malgré sa répugnance fort naturelle pour le défenseur et l'ami de la reine. Chemin faisant, de Vérone à Paris, notre nature était revenue. Désempestant avec plaisir notre esprit de la politique, nous songions avec plaisir à retourner à Londres, à faire le voyage des trois royaumes, enfin à rentrer dans notre vie intérieure, à nous enfoncer dans la solitude de nos souvenirs. Arrivé rue de l'Université, tout s'évanouit. Notre existence à scènes, à changements de décorations, est sans cesse menacée du coup de sifflet qui nous transporte d'un palais dans un désert, du cabinet des rois dans le grenier du poëte.

Le duc de Wellington, qui nous avait devancé, s'était arrêté à Paris. Il avait obtenu de M. de Villèle qu'un courrier serait expédié aux alliés, afin de les inviter à retarder la communication des instructions qu'ils avaient envoyées à leurs chargés d'affaires à Madrid. En même temps S. G. proposa au gouvernement de Louis XVIII la médiation de l'Angleterre. Cette médiation fut refusée, parce qu'elle n'offrait aucun remède au mal de la France. Cependant, dans un *memorandum* du cabinet de Saint-James, pour lord Fitz-Roy-Somerset, daté de Londres le 6 janvier 1823, on recommande à Sa Seigneurie d'insister en Espagne sur quelques changements à faire à la constitution.

M. le duc de Montmorency remit au duc de Wellington, le 26 décembre 1822, une excellente note dans laquelle il lui expose les motifs du refus de la médiation : c'est le dernier acte du ministère de M. de Montmorency.

La raison officielle de la démission de M. le duc de Montmorency est encore un mystère. M. de Montmorency avait-il pris à Vérone des engagements que M. de Villèle ne jugea pas à propos de remplir? Voulait-il, en cas de guerre, la coopération immédiate et matérielle des alliés ? Nous ne le croyons pas; nous croyons plutôt à l'incompatibilité des caractères. M. de Montmorency conservait le souvenir de la manière dont M. de Villèle était entré dans la présidence, d'autant plus que le duc Matthieu, au moment de son départ pour Vienne, avait su par Sa Majesté même que cette présidence était donnée. Il n'avait pas remis sa place, il l'avait gardée par la conscience de l'utilité dont il pouvait être. M. de Montmorency n'était point sans ambition, passion légitime dans un homme de son nom et de son mérite : il avait de l'esprit et de l'instruction. Élevé dans la grande école d'où sortit Mirabeau, son élocution était naturelle et persuasive; on croyait entendre la voix de ses bonnes actions. Noble et calme à la tribune, il appartenait à une race qui ne se trouble point, et qui, forcée seulement de changer de grandeur, était allée des rois à Dieu. S'il parlait avec autorité de la foi du connétable, ses convictions religieuses étaient tempérées par la douceur de son caractère et par sa bienveillance. Sa figure était pâle et sereine ; un charme de jeunesse ne s'était point effacé de son front demi-chauve ; une imagination caressante et vive répandait sur ses mœurs sérieuses la gracieuseté du sourire. Il conservait des amitiés illustres dont il combattait les opinions avec une austérité tolérante qui accroissait l'attachement par l'estime. On sentait qu'au moment du grand sacrifice, il aurait pu, comme Henri II, duc de Montmorency, écrire à ses amis : « Mon cher cœur, je vous dis le dernier adieu avec la même affection qui a toujours été entre nous. »

M. de Villèle et M. de Montmorency, placés si haut et si discordants entre eux, ne pouvaient guère aller longtemps ensemble : il ne fallait qu'un prétexte pour les séparer. On affirme qu'ils se brouillèrent sur la question du rappel immédiat de M. de La Garde. Ce qu'il y a d'étrange, le jour même où la démission du duc Matthieu fut connue, on connut aussi la dépêche de M. de Villèle, dans laquelle il s'exprime sur le gouvernement des cortès comme l'auraient pu faire la Prusse, l'Autriche et la Russie. M. de Montmorency s'éloigna, et fut regretté par tous les hommes de bien en Europe.

Ayant quitté Vérone le 13 décembre 1822, nous arrivâmes à Paris le 17. Nous nous empressâmes de rendre compte à M. de Villèle de notre dernière conversation avec M. le prince de Metternich, du peu d'envie que celui-ci avait de la guerre, de son désir de voir le cabinet des Tuileries suivre des voies pacifiques, tant par la crainte qu'il nourrissait de nos succès que par celle qu'il ressentait d'un mouvement de la Russie. Nous trouvâmes M. de Villèle extrêmement bien pour nous et très-satisfait de notre correspondance, mais inquiet sur sa position.

M. de Polignac nous vint chercher. Il nous avertit qu'une division existait entre le ministre des affaires étrangères et le président du conseil. Nous lui déclarâmes que notre sort était lié à celui de M. de Villèle depuis que nous avions arrangé l'affaire de son premier ministère, comme lui M. de Polignac le savait, et comme les remercîments de M. de Richelieu, consignés dans un billet que nous possédons encore, l'attestaient; qu'à partir de ce moment nous avions toujours trouvé M. de Villèle loyal. M. de Polignac nous parlant de nos travaux à Vérone, des prétentions que nous pouvions avoir, des bruits répandus d'un dissentiment entre nous et M. de Montmorency, nous lui répondîmes que nous étions si loin d'ambitionner la place du noble duc et de vouloir rester en France pour échauffer les partis, que nous allions sur-le-champ retourner à Londres.

Nous hâtâmes les préparatifs de notre départ; il ne nous restait presque plus qu'à monter en voiture, lorsque deux mots de M. de Villèle nous apprirent la démission de M. de Montmorency. M. de Villèle nous proposait le portefeuille par ordre du roi. Nous passâmes la nuit dans un trouble incroyable ; le 26 au matin, nous écrivîmes à M. de Villèle la lettre suivante :

« Mon cher ami, la nuit porte conseil : il ne serait bon ni pour vous ni pour moi que j'acceptasse dans ce moment le portefeuille des affaires étrangères. Vous avez été excellent pour moi, et je n'ai pas toujours eu à me louer de M. de Montmorency, mais enfin il passe pour être mon ami; il y aurait quelque chose de déloyal à moi à prendre sa place, surtout après les bruits qui ont couru : on n'a cessé de dire que je voulais le renverser, que je cabalais contre lui, etc., etc. S'il était resté dans un coin du ministère, ou que le roi lui donnât une immense retraite, comme la place de grand veneur, les choses changeraient de face; mais alors il resterait encore des difficultés.

« Vous savez, mon cher ami, combien je vous suis dévoué. J'ai le bonheur de vous servir assez puissamment auprès de cette partie des royalistes qui sont opposés à votre système. Je les tempère, je les arrête et je les retiens, par la confiance qu'ils ont en moi, dans les bornes d'une juste modération ; mais je perdrais à l'instant toute mon influence si j'entrais au ministère sans amener avec moi deux ou trois hommes, de ces hommes qu'il est si facile de désarmer, mais qui seront extrêmement dangereux à la session prochaine, si vous ne pouvez pas vous arranger avec eux. Croyez bien, mon cher ami, que le moment est critique. Vous pouvez rester vingt ans où vous êtes et porter la France au plus haut point de prospérité, ou vous pouvez tomber avant deux mois et nous replonger tous dans le chaos. Cela dépend absolument de vous et du parti que vous allez prendre. Je vous en conjure, au nom de l'amitié et de ma fidélité politique, profitez de l'occasion qui se présente pour consolider votre ouvrage. Au reste, j'approuve fort que vous preniez le portefeuille des affaires étrangères, comme vous l'aviez *par intérim*. Cela vous donnera le temps de voir venir et d'arranger les affaires. Je dois vous dire aussi avec franchise qu'il y a tel ministre des affaires étrangères que vous pourriez choisir sous lequel je ne pourrais servir, et ma démission serait un grand mal dans ce moment. Voilà, mon cher ami, une partie des mille choses que j'ai à vous dire. Nous nous verrons, nous causerons. Soyez persuadé, au reste, de cette vérité, c'est que mon sort politique est lié au vôtre, et que je reste ou tombe avec vous. »

En échange de cette lettre, M. de Villèle nous fit tenir ce billet :

« Je reçois votre lettre, mon cher Chateaubriand, et ne puis me décider à la porter au roi avant de vous avoir vu : pouvez-vous me recevoir un moment avant une heure?

« De cœur, tout à vous,

« J. Villèle. »

Nous vîmes M. de Villèle; nous lui fîmes toutes les objections qui nous parurent propres à le convaincre de nous laisser partir. Il alla chez le roi : le roi nous envoya chercher. Il nous retint une heure, lui ayant la bonté de nous prêcher, nous lui résistant avec respect. Il finit par nous dire : « Acceptez, je vous l'ordonne. » Nous obéîmes, mais avec un véritable regret, car nous sentîmes à l'instant que nous péririons dans le ministère. Le mardi 1er janvier 1822, nous passâmes les ponts et nous allâmes coucher dans ce lit de ministre qui n'était pas fait pour nous; lit où l'on ne dort guère, où l'on reste peu.

Ainsi il est faux que nous ayons voulu la chute de M. de Montmorency. Aux affaires étrangères, en allant prendre mes passe-ports pour Londres, je rencontrai M. Bourjot; je lui dis que, bien qu'on parlât de moi pour ministre, j'étais loin encore d'avoir consenti à remplacer un homme du mérite de M. de Montmorency. Tout changement dans le personnel des affaires amène des contentions : celui qui sort a des partisans qui blâment celui qui entre. Cela est tout simple et n'intéresse que les deux ministres; le public ne s'occupe pas ou rit de ces misérables contestes. Nous ne conservons pas le moindre souvenir désagréable de tout ce qui a pu se dire alors. Nous tenions seulement à prouver que notre vénération pour M. de Montmorency avait été aussi grande et aussi complète qu'elle pouvait l'être. Le duc Matthieu était, comme moi, au-dessus de ces animations politiques, et il l'a prouvé. Dans un billet de 1821, en m'annonçant qu'il était nommé ministre des affaires étrangères, il me disait :

« Vous pouvez croire au sincère dévouement de celui qui vous est attaché depuis longtemps, et qui ne peut qu'être reconnaissant de la manière dont vous l'avez souvent mis en avant. »

Il m'écrivait le 27 février 1822, deux mois après mon entrée au ministère :

« Je ne veux pas attendre, noble vicomte, le premier jour où je serai sûr de vous trouver, pour vous remercier de la manière trop flatteuse dont vous avez parlé de moi dans votre grand discours. Je suis malheureusement arrivé trop tard pour l'entendre : je viens de le lire avec un extrême intérêt. Vous avez été spécialement heureux, surtout en ce qui regarde l'Angleterre, et c'est un point essentiel.

« Au reste, pour ménager les intérêts de ce côté comme de tous les autres, permettez-moi de vous dire ce que j'espère être aussi dans votre pensée : *Hâtons*-nous d'agir vis-à-vis de l'Espagne. »

XXXVI

Louis XVIII. — Son peu de penchant pour nous.

M. de Villèle, en nous offrant le ministère de la part du monarque, s'était exprimé avec une amitié modeste ; car, loin de trouver Sa Majesté disposée en notre faveur, il avait eu toutes les peines du monde à déterminer sa volonté : les rois n'ont pas plus d'attrait pour nous que nous n'en avons pour eux ; nous les avons servis de notre mieux, mais sans intérêt et sans illusion. Louis XVIII nous détestait ; il avait à notre endroit de la jalousie *littéraire*. S'il n'eût été roi, il aurait été membre de l'Académie, et il était féru à l'esprit de l'antipathie des classiques contre les romantiques. Sa Majesté nous connaissait peu : nous lui cédions très-volontiers la palme ; nous ne disputons rien à personne, pas même à un poëte porte-sceptre ; nous ne sachions pas un homme de lettres derrière lequel nous ne soyons très-sincèrement et très-humblement disposé à nous éclipser.

Cependant nous parvînmes à plaire au roi plus qu'on aurait pu le penser, et de manière à faire peur de notre crédit à nos collègues. S. M. s'endormait souvent au conseil, et elle avait bien raison ; si elle ne dormait pas, elle racontait des histoires. Elle avait un talent de mime admirable : cela n'amusait pas M. de Villèle, qui voulait faire des affaires. M. de Corbière mettait sur la table ses coudes, sa boîte à tabac et son mouchoir bleu ; les autres ministres écoutaient silencieusement. Nous, nous ne pouvions nous empêcher de nous divertir des récits de Sa Majesté ; le roi était visiblement charmé. Quand il s'aperçut de son succès, avant de commencer une histoire, il y cherchait une excuse, et disait avec sa petite voix claire : « Je vais faire rire M. de Chateaubriand ; » et, en effet, nous étions dans cette occasion courtisan si naturel, que nous riions comme si nous en avions reçu l'ordre.

Au reste, M. de Villèle n'amena Sa Majesté à nous choisir que parce qu'elle n'avait guère plus de penchant pour M. de Montmorency que pour nous. Une tradition parmi nos rois est la défiance des noms, défiance qu'ils se transmettent de règne en règne : leur mémoire tenace se souvient des guerres des grands vassaux ; ils gagnent des nobles pour domestiques : ils les veulent dans leur garde-robe, ils les craignent dans leurs conseils.

M. de Montmorency déplaisait à Louis XVIII par sa vie ancienne et par sa vie nouvelle, par ses opinions passées et par ses vertus présentes.

XXXVII

Histoire des sociétés secrètes en France. — Proclamation de l'armée des hommes libres. — Tous les partis ont eu des hommes sur le sol étranger.

Nous ne fûmes pas plus tôt installé au ministère que nous reprîmes les idées qui nous avaient préoccupé à Londres et à Vérone : nous resolûmes de pousser à la stabilité de la restauration et à la grandeur de la France, puisque nous étions dans un poste d'où nous pouvions agir avec efficacité. En homme de conscience et voulant nous assurer à fond de la justice de la cause, nous nous mîmes à revoir les faits et les événements ; nous nous convainquîmes plus que jamais du péril dont la monarchie était environnée. Les preuves de la trahison surabondaient.

Les sociétés secrètes avaient commencé en France dès la dernière chute de Buonaparte, en 1815. La police découvrit successivement les sociétés de l'*Épingle noire*, des *Patriotes de 1816*, des *Vautours de Buonaparte*, des *Chevaliers du Soleil*, des *Patriotes européens réformés*, et celle de la *Régénération universelle*. Chansons, discours, brochures, charte Touquet, caricatures, éditions compactes, impies et philosophiques, tout entra comme éléments empoisonnés dans ces sociétés dissolvantes. On s'y enrôlait en le sachant, ou l'on s'y trouvait engagé sans le savoir : toutes ne se pouvant guère prouver, on en rit et elles étaient vraies. Ceux qui n'y croyaient pas passaient en public pour des esprits judicieux et gouvernementaux; ceux qui tenaient à ces sociétés se moquaient entre eux de ces capacités fortes et les attrapaient comme des imbéciles. De vastes conspirations en 1816 embrassèrent Paris, les départements de l'Isère, du Rhône et de la Sarthe. Ces réunions se perfectionnèrent en 1820, en s'affiliant aux *carbonari* d'Italie, qui produisirent en Espagne les *communeros*. Les insurrections napolitaine et piémontaise firent mieux connaître ces carbonari, dont les principes, d'abord monarchiques pour repousser la domination de Buonaparte, devinrent graduellement ceux des jacobins de la France.

Les diverses sociétés sus-mentionnées se fondirent à Paris dans celle des *carbonari*. Les carbonari étaient divisés en sections appelées cercles ou ventes centrales, de hautes ventes, avec une vente suprême ou comité directeur. On ne pouvait être admis au premier degré de l'association, la vente particulière, que sur le témoignage de carbonari éprouvés; il fallait justifier de haine pour la légitimité, à moins qu'on ne fût militaire à demi-solde ou en retraite : les preuves de haine étaient alors censées faites.

La vente particulière ne dépassait pas le nombre de vingt membres surnommés *bons cousins*. Était-on découvert, on était *dans la loi*. Les députés de vingt ventes particulières composaient une vente centrale; celle-ci communiquait par un député avec la haute vente, laquelle à son tour, par un émissaire, recevait l'ordre de la vente suprême ou du comité directeur. Chaque carbonaro ne connaissait que les membres de sa vente.

Tout *carbonaro*, aux termes de l'article 55 des statuts, *doit garder le secret de l'existence de la charbonnerie, de ses signes, de son règlement et de son but envers les* PAÏENS.

Article 60, titre V. *Le parjure, toutes les fois qu'il aura pour effet de révéler le secret de la charbonnerie, sera puni de mort.* Il est jugé secrètement; un des bons cousins est désigné au sort pour le frapper.

Les carbonari n'écrivaient point, ils ne communiquaient entre eux que par la parole; ils se révélaient les uns aux autres, au moyen de demi-cartes découpées qui s'adaptaient à d'autres demi-cartes. Ils avaient des mots de passe et d'ordre, des signes de la main et des bras; tantôt par la jonction des doigts ils formaient les lettres C et N double; tantôt ils prononçaient les mots *speranza* et *fede;* ils se séparaient les syllabes *ca-ri-ta*. Les lettres C et N double signifiaient Jésus-Christ et son Père; la Foi, l'Espérance et la Charité étaient leur interprétation mystérieuse. Ces athées marchaient sous l'étendard des chrétiens; toutes les révolutions du globe viennent se ranger sous ce *labarum*, qui a donné le signal du changement de la terre. Le carbonarisme venait de l'Italie, et la madone saluée des piferari dans les bois avait présidé à la liberté.

Les carbonari s'engageaient d'obéir aveuglément à la vente suprême;

ils devaient être munis d'un fusil, d'une baïonnette et de vingt-cinq cartouches; ils avaient des poignards; ils versaient à la caisse commune cinq francs lors de leur admission, et un franc par mois. Leur nombre s'élevait en France à plus de soixante mille. Les membres invisibles de la vente suprême se tenaient au fond d'un sanctuaire impénétrable. De ce Saint des Saints, ils envoyaient à la mort les carbonari vulgaires, leur promettant des larmes bruyantes et un tombeau fréquenté.

Dans le cours de 1821, trente-cinq préfets dénoncèrent des sociétés de carbonari. Paris avait des centaines de ventes : la *Victorieuse*, la *Sincère*, la *Réussite*, la *Washington*, la *Bélisaire*, la *Westermann*, les *Amis de la vérité*. Elles se tenaient dans des caves sombres, dans des chambres mystérieuses, dans des greniers inconnus, comme des sabbats. Des espèces de conscrits pour les émeutes étaient payés à ciel ouvert, et les détenus recevaient des secours dans les prisons. Les troubles du mois de juin 1819 et la conspiration du 19 août 1820 commencèrent l'action des affiliés. Au mois de décembre 1820, l'évasion du colonel Duvergier eut lieu ; des carbonari français se mirent en route afin d'aller secourir les frères de la *Fontaine-d'Or*. De Madrid ils devaient revenir avec les Espagnols sur les frontières de France, sous le drapeau tricolore. Ils infestèrent en passant notre cordon sanitaire.

Ces ventes, dont les simagrées étaient puériles afin d'enflammer l'imagination romanesque des jeunes candidats, avaient, par leur nature latente et volcanique, assez de puissance pour briser le monde : appliquées au faible trône des Bourbons, elles pouvaient le faire sauter en l'air ; heureusement le caractère français n'est pas propre aux forces secrètes; nous ne savons pas, comme les Allemands, nous réunir au clair de la lune, dans les murs ébréchés d'un vieux château ; nous ne nous assemblons pas dans les forêts des Apennins, dans les cavernes baignées des flots déserts de l'Adriatique, comme les Italiens, pour rêver avenir ; nous ne nous retirons pas, comme les Espagnols, dans le creux de nos complots et le silence de notre espoir, sous les palmiers de Murcie la *trois fois couronnée*. Le poignard sur lequel nous prêtons serment n'est que le brin de paille de cette féodalité bourgeoise qui nous ensaisine ou nous met en possession d'un parjure envers nos rois : pour nous dégager, il suffit de le rompre et de le jeter par-dessus notre tête : *exfestucatio*.

Du mois de décembre 1820 au 16 mars 1821, versement de fonds, comité d'action militaire, maniement d'armes, avortement des reconnaissances du général Berton ; les départements de l'ouest et du midi sont minés ; affaire de Belfort ; les soldats sont surpris descendant en armes ; tout est dissipé : le général La Fayette s'enfuit après avoir paru un moment.

A Joigny, même manœuvre. Cugnet de Montarlot et un officier de l'ancienne garde recrutent sur la frontière des Pyrénées. A Marseille et à Toulon, on se prépare à marcher sur Paris. Vallée est saisi et exécuté : il portait sur lui un écrit déchiré en soixante-trois morceaux. A Saumur, Delon et Siréjean sont condamnés à la peine de mort. L'Est doit se soulever ; un ex-général est garant du succès ; il parcourt des provinces et des communes. A Strasbourg, des sergents et des caporaux s'agitent. Il se fonde une vente dans le 45⁰ régiment de ligne. Ce régiment part de Paris pour La Rochelle le 21 janvier : la conspiration se continue en route et à La Rochelle. Au bas d'une liste des noms des jurés on lisait : *Le sang veut du sang;* au-dessous des noms des jurés, se trouvait écrit le mot *poignard* et le mot *mort :* Bories fut conduit à la place des sacrifices. Élevés dans les ventes de Paris, ses compagnons, muets et consternés, se rangent en haie sur son passage : sang généreux inutilement versé, inutilement déploré, et à qui la gloire promettait son éclat sur nos frontières !

C'est grand'pitié ! Tous les partis ont aujourd'hui des tombeaux, et presque aucun de ces tombeaux n'attire la vénération complète des hommes. La société quelconque que l'on veut tuer, tue ; représaille naturelle : mais quand le moment de la conspiration est passé, il ne reste qu'un peu de cendres ; et comme rien ne s'est amélioré dans la société vengée, elle en est aux regrets.

L'Espagne, depuis plusieurs années, s'était liée à nos factions ; elle avait, on ne sait pourquoi, pris parti contre la légitimité ; elle s'était hâtée d'imiter nos constitutions, qui pourtant ne lui avaient apporté que des malheurs. Chérirait-on des adversités, par le seul motif qu'elles semblent nous rendre célèbres ? Le bruit subjugue la raison humaine : l'illusion de la renommée nous dépouille du bon sens.

Vous avez déjà vu les députations de nos ventes aux associés de la *Fontaine-d'Or,* et leurs sourds travaux dans notre cordon sanitaire. L'*Observateur espagnol,* dans sa feuille du 1ᵉʳ octobre 1822, avant même l'ouverture du congrès de Vérone, a ces paroles :

« L'épée de Damoclès, qui est suspendue sur la tête des Bourbons, va bientôt les atteindre. Nos moyens de vengeance sont de toute évidence. Outre la vaillante armée espagnole, n'avons-nous pas dans cette armée sanitaire dix mille chevaliers de la liberté, prêts à se joindre à leurs anciens officiers, et à tourner leurs armes contre les oppresseurs de la France ? N'avons-nous pas plus de cent mille de ces chevaliers dans l'intérieur de ce royaume, dont vingt-cinq mille au moins dans l'armée, et plus de mille dans la garde royale ? N'avons-nous pas pour nous cette haine irascible que les neuf dixièmes de la France ont vouée à d'exécrables tyrans ? »

Dans la même feuille du 9 février 1823, le gouvernement de Louis XVIII est traité d'*infâme;* elle nous apprend qu'un général français, en non activité, écrit que *le premier coup de canon tiré contre les Espagnols sera le signal de la chute des Bourbons*. Louis XIV fit la guerre à la Hollande pour des injures moins menaçantes. Des lettres interceptées dévoilent le plan : il s'agit de former des corps sous le pavillon tricolore et de proclamer Napoléon II. Les ministres espagnols sont représentés comme se prêtant à ces mesures, recommandant seulement aux conjurés de ne pas aller trop vite. L'*Observateur espagnol*, journal avoué du gouvernement de Madrid, annonce positivement que l'impératrice Marie-Louise sera invitée à présider la *régence*. Si l'invasion a lieu, assure cette feuille, *nous verrons des choses étonnantes*.

Un homme fut arrêté à Perpignan ; on trouva sur lui plusieurs exemplaires d'une proclamation et d'un manifeste où le parti achève de mettre au jour sa pensée. Voici ces deux pièces, elles lèveraient seules tous les doutes s'il en pouvait exister. Nous les transcrivons textuellement du *Moniteur*, avec quelques réflexions de ce journal :

Au quartier général de l'armée des hommes libres,
sur les monts Pyrénées, le   1823.

« Français !

« L'époque est près de nous à laquelle vous fûtes appelés, par les destinées des grandes nations, à apprendre à votre tour au monde entier ce que peut sur les grandes âmes l'amour de la patrie et de l'indépendance nationale ; vous combattîtes sans cesse avec succès l'hydre du despotisme armée contre vous, en un seul jour, sur tous les points de l'Europe ; en vain les hordes du Nord, en vain les manœuvres machiavéliques de la superbe Albion tentèrent de lasser votre constance et votre courage : vous étonnâtes par des prodiges multipliés de valeur les pervers qui s'étaient flattés, dans leur orgueil, de n'avoir qu'à se présenter pour vous imposer le joug et vous faire entrer de nouveau sous la puissance féodale ; vous ne répondîtes à leurs cris sacriléges de devoir et de soumission que par les cris sacrés de liberté et de patrie ; vivre libres ou mourir fut votre devise, elle vous conduisit toujours dans les sentiers de la gloire ; vous vécûtes, vos ennemis pâlirent ; le fanatisme et la féodalité brisèrent leurs flambeaux et leurs chaînes dans le désespoir sanglant de la rage et de la mort.

« Ce serait un spectacle bien étonnant pour les générations présentes et futures que de vous voir en ce jour l'instrument aveugle de la tyrannie contre une nation non moins grande que généreuse, qui, longtemps admiratrice de vos vertus, a osé marcher sur vos traces ! Français, nous courons à vous, non comme ennemis, mais comme frères ; nous sommes en présence et en armes. Quel est celui d'entre vous, s'il s'honore du nom de Français, qui ne frémira point avant de lancer le feu meurtrier qui, en quelque endroit qu'il soit dirigé, ne peut qu'atteindre un homme libre?

« Les puissances étrangères, après s'être efforcées d'effacer votre gloire, qu'elles n'ont pu seulement ternir, osent vous commander la honte et le déshonneur : vainqueurs de Fleurus, d'Iéna, d'Austerlitz et de Wagram, vous laisserez-vous aller à leurs insinuations perfides? Scellerez-vous de votre sang l'infamie dont on veut vous couvrir, et la servitude de l'Europe entière? Obéirez-vous à la voix des tyrans pour combattre contre vos droits, au lieu de les défendre, et ne viendrez-vous dans nos rangs que pour y porter la destruction et la mort, lorsqu'ils vous sont ouverts pour la liberté sainte, qui vous appelle du haut de l'enseigne tricolore qui flotte sur les monts Pyrénées, et dont elle brûle d'ombrager encore une fois vos nobles fronts couverts de tant d'honorables cicatrices?....

« Braves de toutes armes de l'armée française, qui conservez encore dans votre sein l'étincelle du feu sacré! c'est à vous que nous faisons un généreux appel; embrassez avec nous la cause majestueuse des peuples contre celle d'une poignée d'oppresseurs; la patrie, l'honneur, votre propre intérêt le commandent : venez, vous trouverez dans nos rangs tout ce qui constitue la force, et des compatriotes, des compagnons d'armes, qui jurent de défendre jusqu'à la dernière goutte de leur sang leurs droits, la liberté, l'indépendance nationale.

« *Vive la liberté! Vive Napoléon II! Vivent les braves!* »

Au grand quartier général de l'armée des hommes libres,
sur les monts Pyrénées, le   1823.

MANIFESTE A LA NATION FRANÇAISE.

« Français!

« Les puissances étrangères proclamèrent en 1815, à la face de l'Europe, qu'elles ne s'étaient armées que contre Napoléon; qu'elles voulaient respecter notre indépendance, et le droit qu'a toute nation de se choisir un gouvernement conforme à ses mœurs et à ses intérêts.

« Cependant, au mépris d'une déclaration si formelle, la force armée envahit notre territoire, occupa notre capitale, et nous imposa la loi d'adopter, sans choix, le gouvernement de Louis-Xavier-Stanislas de France. Par suite d'un tel attentat à la souveraineté de la nation, un simulacre de constitution nous fut également donné sous le nom de Charte constitutionnelle, et la même puissance qui nous contraignit de l'accepter en a, par la suite, neutralisé ouvertement tous les effets.

« La haine prononcée contre Napoléon ne fut qu'un prétexte dont se servirent les souverains de l'Europe pour voiler leurs vues ambitieuses; l'énergie de la grande nation était un trop grand obstacle au rétablissement du système général de despotisme discuté dans le cabinet du roi, il fallait en prolonger l'action, et le seul moyen d'y parvenir, c'était d'abord de la séduire, ensuite de la tromper ou de la réduire : sur ces bases déjà établies reposa le grand conseil des souverains, sous le nom de *Sainte-Alliance,* qui ne peut s'expliquer autrement que par ces mots : *Coalition des tyrans contre les peuples.* L'invasion de la Pologne, celle de l'Italie et les calamités dont gémit l'Espagne depuis la rentrée de Ferdinand, menacée à son tour d'être envahie, sont une conséquence de ce principe.

« PAR CES MOTIFS : — Vu les derniers actes de la Chambre des représentants du peuple français du mois de juillet 1815 ;

« Vu la loi concernant les droits de la nation française dudit mois et les constitutions de l'État qui appellent au trône de France Napoléon II ;

« Vu la déclaration des mêmes représentants, dans la séance du 5 juillet, concernant les droits des Français et les principes fondamentaux de leur constitution, par laquelle tous les pouvoirs émanent du peuple, attendu que la souveraineté du peuple se compose de la réunion des droits de tous les citoyens ;

« Vu également la déclaration de la Chambre des représentants dudit jour, qui porte que le gouvernement français, quel qu'en puisse être le chef, doit réunir tous les vœux de la nation légalement émis ; qu'un monarque ne peut offrir des garanties réelles s'il ne jure d'observer une constitution délibérée par la représentation nationale et acceptée par le peuple ; que tout gouvernement qui n'aurait d'autre titre que les acclamations et les volontés d'un parti, ou qui serait imposé par la force, que tout gouvernement qui n'adopterait pas les couleurs nationales n'aurait qu'une existence éphémère et n'assurerait point la tranquillité de la France et de l'Europe ;

« Que si les bases énoncées dans cette déclaration pouvaient être méconnues ou violées, les représentants du peuple français, s'acquittant d'un devoir sacré, protestent d'avance, à la face du monde entier, contre la violence et l'usurpation ; ils confient le maintien des dispositions qu'ils proclament à tous les bons Français, à tous les cœurs généreux, à tous les esprits éclairés, à tous les hommes jaloux de leur liberté, enfin aux générations futures ;

« Nous, soussignés, Français et hommes libres, réunis sur le sommet des Pyrénées et sur le sol français, composant le conseil de régence de Napoléon II, protestons contre la légitimité de Louis XVIII et contre tous les actes de son gouvernement attentatoires à la liberté et à l'indépendance de la nation française.

« En conséquence, nous déclarons comme antinational tout attentat émané de Louis XVIII ou de son gouvernement, contre l'indépendance de la nation espagnole.

« Français, un homme généreux a osé faire parvenir jusqu'au trône ces paroles mémorables : *Les peuples se relèvent des grandes chutes!* Ces paroles ont retenti dans toute la France, et l'heure est enfin arrivée où la prophétie doit s'accomplir. Français! obéirez-vous à la voix des tyrans qui veulent sceller de votre sang l'opprobre et l'infamie dont ils tentent de vous couvrir, pour vous punir d'avoir été assez grands que de porter dans le dix-huitième siècle les premiers germes de la liberté sur tous les points de l'Europe? Non, vous céderez à cette voix plus forte qui parle à vos cœurs magnanimes, et qui vous commande de vous réunir à nous sous les bannières sacrées de l'honneur, où on ne lit pour devise que *liberté, gloire et patrie*.

« Français, les intentions de la Sainte-Alliance ne vous sont point méconnues; rappelez-vous que vous apprîtes, en 1792, à l'Europe étonnée, ce que peut une nation qui veut la liberté. Nous vous rapportons l'étendard tricolore, signal de votre réveil, au même instant où, du sommet des Pyrénées, des âmes fortes et des bras nerveux lancent la bombe libérale qui va faire trembler les rois absolus sur leurs trônes déjà ébranlés par la justice de l'opinion publique. Unissez-vous à nous pour concourir à honorer de nouveau l'ordre social. C'est du grand quartier général de l'armée des hommes libres que nous vous faisons un appel unanime. Venez, vous n'y trouverez que des amis et des frères qui jurent de ne reconnaître et de ne proclamer comme le plus puissant roi de l'Europe que le souverain le plus constitutionnel. Telle est la force et la volonté des lumières du siècle !

« *Les membres du conseil de régence de Napoléon II.* »

A la suite de cette dernière pièce imprimée se trouve, écrite à la main et en forme d'instruction, la note suivante :

« *Nota.* Le présent manifeste ne sera livré au public, ainsi que la proclamation à l'armée, qu'au commencement des hostilités; et alors seulement on connaîtra le nom des signataires. Il serait impolitique de faire paraître ces deux pièces avant cette époque. Il convient cependant que les sociétés secrètes en aient connaissance, afin qu'elles agissent dans le même sens que nous, et qu'elles préparent dès aujourd'hui, dans l'intérieur de la France, les éléments pour cela. »

Après les pièces, *le Moniteur* ajoute :

« Est-ce clair ?

« La dernière preuve de ces complots manquait encore, elle a été donnée. L'action devait suivre la parole pour rendre évidente à tous les yeux la sagesse de nos précautions et la légitimité de notre défense. Tout le monde sait qu'une troupe de transfuges attend nos soldats à l'avant-garde de l'armée de Mina; nous savions qu'un détachement de cette troupe était parti de Bilbao, au cri de *vive Napoléon II!* et portant l'uniforme de la garde du ci-devant empereur. Enfin, sur qui le premier coup de canon a-t-il été tiré en Espagne? Sur des hommes qui criaient *vive Napoléon II!* Quel est le premier signe ennemi qu'on a rencontré? L'aigle et le drapeau tricolore.

« Voilà des faits que ne détruiront jamais les sophismes révolutionnaires. Notre droit de prendre les armes contre une faction qui voudrait nous replonger dans l'abîme n'est que trop prouvé, à moins que l'on veuille qu'un gouvernement se laisse stupidement détruire, qu'il attende sa chute pour démontrer qu'il était en péril. »

Ce manifeste, comme jadis celui du duc de Brunswick, était précis; il ne laissait plus le choix libre. Nous n'avions pas certainement besoin de cette provocation directe pour nous déterminer à la guerre; mais enfin il est utile à l'histoire de rassembler ces faits épars : si, dans un temps donné, on s'occupe encore de ces choses qui s'effacent, la postérité saura du moins que le trône des Bourbons avait toutes les raisons d'avenir et tous les motifs du moment pour attaquer et se défendre. On souffre de tant de jactance si peu soutenue. Mais, lorsque l'Angleterre disait qu'elle ne voyait pas *clairement* de quoi nous avions à nous plaindre, qu'elle serait heureuse que nous lui exposions nos griefs, et que nous vinssions, avec l'Espagne, plaider à son tribunal paternel, nous étions tentés de lui jeter le croc de fer de Clovis à la figure.

Nous ne mentionnerons point les trois violations du territoire français avant la déclaration de guerre : elles auraient certes suffi pour légitimer cette déclaration ; elles montraient le mépris dans lequel la légitimité était tombée, puisque les Espagnols mêmes ne craignaient pas de l'insulter; force nous était de tirer l'épée ou de mourir dans la honte.

Et pourtant comment agir? Que de périls à braver! L'armée du roi était travaillée en tous sens. Quand la guerre devint plus probable, les complots furent ajournés jusqu'au premier coup de fusil, persuadé qu'on était qu'en face des troupes constitutionnelles des cortès, il serait plus facile d'amener un mouvement parmi les soldats français. On nous avertissait à chaque moment; des personnes qui tenaient à la conspiration générale, mais qui nous conservaient une bienveillance exceptionnelle, ne cessaient de nous écrire ; elles nous demandaient des rendez-vous ; elles nous disaient : « Mais vous ne voyez donc pas ce qui se passe ; que cette armée rassemblée par vous est contre vous ; que nous sommes sûrs du triomphe ; que nous rions de vous voir vous perdre comme un enfant ; que nous nous raillons de votre candeur? Vous ne savez donc pas que tel général vous trahit, que tel autre est trompé ; on le pousse à vous servir pour vous perdre? Personne ne veut plus de la restauration : les alliés sont secrètement de notre bord ; l'Angleterre est avec nous ; elle se déclarera dès que vous aurez mis le pied en Espagne. Quittez vite tout cela ; donnez votre démission ; éloignez-vous lorsque vous en avez encore le temps : laissez périr un vieux vaisseau qui va couler bas sous vous. »

Capitaine, non de nom, mais de fait, nous voulûmes périr avec le vaisseau et y rester le dernier : nous ne fîmes point usage de ces avis contre ceux qui nous les donnaient, persuadé qu'on ne sauve point un État par des arrestations de police. Dans tous les cas, nous aimions mieux jouer le va-tout de la restauration que de vivre dans des appréhensions perpétuelles : nous disions de la monarchie de Henri IV ce que Henri IV disait de sa personne : « On ne meurt qu'une fois. »

Les faits contenus dans le rapport de M. de Marchangy sur les sociétés secrètes ne peuvent plus se nier ; les conspirations ne peuvent plus être placées au rang des fables, aujourd'hui qu'on les avoue et qu'on s'en vante. Nous tenons d'un député estimé, lequel dans ce temps-là appartenait aux ventes, qu'au moment où le rapport de M. de Marchangy parut, il fut trouvé si exact par les affidés, qu'ils condamnèrent le rapporteur à mort. La personne dont nous tenons ces détails s'opposa à l'exécution de l'arrêt [1]. Ce n'est pas nous qui, entendant les coups de marteau, voyant bâtir l'échafaud, dresser la machine de la mort, étions assez bon homme pour croire les bénins initiés lorsqu'ils s'écriaient : « Des conspirations? Quelle sottise ! Personne ne pense à conspirer ! Personne n'en veut à la légitimité. Ce qui vous fait peur est un théâtre que l'on prépare pour une représentation de marionnettes ! »

Nous n'aimions ni n'admirions les *Fantoccini* de 1793.

Mais, s'il est vrai que ces conspirations existaient avant la guerre d'Espagne, il est encore certain qu'elles cessèrent avec cette guerre. Les vanteries, depuis les journées de juillet, sur la comédie de quinze ans, sont des satisfactions d'hommes en sûreté ; au moment de la chute de la légitimité, personne ne conspirait : c'est elle qui s'est précipitée de gaieté de cœur. N'a-t-elle pas pris la Chambre, en 1830, pour une chambre d'en-

---

[1] *Voyez* encore, sur les *sociétés secrètes*, les aveux de M. Andryane, au commencement du tome Ier de son intéressant ouvrage, intitulé : *Mémoire d'un prisonnier d'État au Spielberg*.

nemis? Il ne s'agissait que de choisir trois ou quatre hommes, lesquels mouraient d'envie d'être ministres, et qui avaient pour l'être les talents nécessaires. Voilà ce que la légitimité n'a jamais voulu comprendre : la susceptibilité trop naturelle de ses malheurs l'oblige aujourd'hui d'admettre l'existence des conspirations imaginaires qui la consolent et l'excusent.

Il faut distinguer les dates : autant les machinations étaient déjouées à la fin de la guerre d'Espagne, autant elles étaient menaçantes au commencement de cette guerre. Nous sommes persuadé du complot dont l'envoi de l'aigle à Bayonne indiqua la trace ; il était faux quant aux personnes élevées auxquelles on voulait le faire remonter, en s'étant servi de leur nom respectable ; il était vrai quant à la réalité de son existence ; on fit prudemment de ne pas l'approfondir. Le coup de canon de la Bidassoa changea les consciences : le poids d'un boulet heureux n'est pas de trop du côté de la fidélité. Au bord de la Bidassoa, les Français que promettait la proclamation se présentèrent : trompés par la fortune et par leurs amis, ils avaient espéré voir le drapeau blanc s'abaisser devant le drapeau tricolore, les siècles s'incliner devant leur jeunesse. Si ces gens pleins d'énergie, parmi lesquels nous avons trouvé depuis un ami, tombèrent dans une rencontre funeste, elle ne fut pas sans honneur, car l'honneur s'accroît de l'adversité. Ne disons donc plus que ceux que la fatalité entraîne à combattre leur patrie sont des misérables : en tout temps et en tout pays, depuis les Grecs jusqu'à nous, toutes les opinions se sont appuyées des forces qui pouvaient leur assurer le succès. On lira un jour dans nos *Mémoires* les idées de M. de Malesherbes sur l'émigration. Nous ne sachons pas en France un seul parti qui n'ait eu des hommes sur le sol étranger, parmi les ennemis, et marchant contre la France : Benjamin Constant, aide de camp de Bernadotte, servait dans l'armée alliée, laquelle entra dans Paris, et Carrel a été pris les armes à la main dans les rangs espagnols. La *cause* ne change point la question ; avec la *cause* on justifierait tout : dire que l'on combat pour la liberté ou pour l'ordre, on a toujours tort, ou l'on a toujours raison.

XXXVIII

Questions confondues. — Objections contre la guerre d'Espagne. — Réponse. — État de la Péninsule au moment du passage de la Bidassoa.

Les contradicteurs de l'expédition d'Espagne ont perpétuellement confondu deux choses, la question *française* et la question *espagnole* : quand la seconde n'aurait pas été aussi heureusement résolue que la première, des ministres *français* n'étaient responsables à l'opinion *française* que de l'honneur de la prospérité de la France. Nous reviendrons sur ce sujet.

On cherchait à soulever nos peuples et notre armée, il fallait opter entre une guerre et une révolution ; la première sembla moins dispendieuse : par l'expérience déjà faite, la gloire aux Français coûte moins que les malheurs.

La guerre n'a point été injuste ; nous avions le droit de l'entreprendre : nos intérêts essentiels étaient en péril.

A Dieu ne plaise que nous considérions les calamités d'un État comme une chose insignifiante : reproche aux hommes qui, violant le droit des nations, obtiendraient la prospérité de leur pays aux dépens de la prospérité d'un autre pays ! Il était de notre devoir d'épargner aux Espagnols les maux inséparables de toute invasion militaire. Nous ne nous étions rien dissimulé ; nos succès devaient avoir pour le peuple de Charles-Quint des inconvénients ainsi que nos revers ; mais, à tout prendre, en nous sauvant, nous le délivrions du plus grand des fléaux, de la double tyrannie démagogique et soldatesque. Pourrait-on douter de cette vérité ? Est-ce comme ennemis ou comme libérateurs que nous avons été reçus à Madrid ?

Quel était l'état de la Péninsule au moment du passage de la Bidassoa ? Était-ce une contrée tranquille, heureuse, dans laquelle nous allions porter le désordre, sous prétexte de nous mettre en sûreté contre un mal imaginaire ? La guerre civile ne s'étendait-elle pas jusqu'aux portes de la capitale ? La Catalogne n'était-elle pas en armes ? Valence n'était-elle pas menacée d'un siège ? Le royaume de Murcie n'était-il point soulevé ? Ne se battait-on point dans les rues de Madrid ? L'anarchie constituée, l'insurrection des camps reconnue en droit, l'héritier du trône mis en accusation, les prisons violées, les prisonniers égorgés, les propriétés envahies, les prêtres déportés ou noyés, les citoyens exilés, des clubs prêchant le massacre et la terreur, des sociétés secrètes remuant et corrompant tout, les colonies perdues, la marine détruite, la dette nationale accrue d'une manière effrayante, voilà l'Espagne sous le règne des cortès.

Dites-vous que peu importait la mise en accusation de l'héritier du trône, les noyades des prêtres et le reste? Selon vous, le genre humain devait *marcher ;* tant pis pour ceux culbutés dans le fossé ou écrasés en route. Nous comprenons. Mais nous, mandataires de la France, nous voulions que la France *marchât* avant tout, et ces atrocités appelées *utiles* l'empêchaient d'aller à sa résurrection. Ensuite, ce que vous prenez pour un progrès était une descente dans un puits de sang ; heureux si, remontés de ce trou des meurtres, après un siècle d'efforts, vous ne faisiez pas horreur ! Qu'avons-nous gagné à 1793? le Directoire, Buonaparte, la Restauration, le meilleur de nos temps d'arrêt, si elle avait su nous sauver en se sauvant.

Avons-nous usé de notre influence pour donner des institutions à l'Espagne?

Avant d'être si pleins d'amour pour les institutions des autres, il faudrait d'abord s'en donner de bonnes à soi-même et n'en pas changer tous les huit jours. Nous avons dit notre opinion sur le peuple espagnol, sur son peu d'estime pour nos libertés écrites et votées : convenait-il au gouvernement français de se faire le propagandiste de ces doctrines, bonnes aux yeux des uns, mauvaises au sentiment des autres ; d'imiter la Convention ou Buonaparte, l'une qui mettait bas des républiques, pour faire naître l'anarchie dans le cercle de ses prisons et de ses échafauds ; l'autre qui engendrait des despotes, pour multiplier la tyrannie dans l'étendue de ses champs de bataille?

Nous souhaitons à l'Espagne ce que nous souhaitons à tous les peuples, une liberté mesurée sur le degré de lumière de ces peuples ; l'illustre patrie de tant de grands hommes trouverait dans le rétablissement de ses vieilles cortès d'immenses ressources. Un corps politique du passé, modifié peu à peu par les nouvelles mœurs, me paraîtrait assez puissant pour protéger les citoyens, créer l'administration, fonder un système de finances et rendre la force à cette noble nation épuisée par son héroïsme. Toutefois, dans cette matière, la France n'était point appelée à prononcer : heureuse de ses propres libertés, elle ne pouvait prêcher que d'exemple.

Avons-nous du moins usé du droit de conseil? Existe-t-il quelque document qui prouve la modération des principes dans laquelle le gouvernement français s'est tenu à l'égard de la politique intérieure de l'Espagne?

La lettre de Louis XVIII à Ferdinand vous répondra. En fait de prévision et de conception indépendante, personne ne peut nous en remontrer. Le siècle avance ; la démocratie s'accroît : si les caractères en décadence la peuvent supporter, les rois, à l'heure providentielle, abdiqueront volontairement ou seront obligés de se retirer. Si les peuples corrompus, sans laisser venir les jours, sans écouter personne, se jettent du haut en bas, loin de tomber dans la liberté, ils s'engloutiront dans le despotisme, et, pour dernière calamité, ce despotisme ne sera pas permanent.

XXXIX

(Rappel de M. le comte de La Garde. — Ministère et journaux espagnols.)

Tels furent les antécédents de la guerre d'Espagne.

En entrant au ministère, nous écrivîmes, selon l'usage, les lettres pour annoncer aux diverses cours notre nomination, et pour leur déclarer, aussi selon l'usage, que rien n'était changé dans le système politique de notre prédécesseur. Nous adressâmes un mot particulier à M. Gentz : nous connaissions son influence sur l'esprit de M. de Metternich, et nous savions que la principale contrariété nous viendrait du cabinet de Vienne.

Ces formalités diplomatiques remplies, nous rappelâmes M. le comte de La Garde de Madrid. Il en partit le 30 janvier, et arriva le 3 de février à Bayonne. Les représentants des alliés avaient déjà demandé leurs passe-ports.

M. San-Miguel répondit par une note hautaine aux envoyés de la Russie, de la Prusse et de l'Autriche ; celle-ci pourtant laissa un consul à Madrid. Le roi et les cortès s'empressèrent d'approuver la note du ministre ; l'*Universel* du 13 janvier ajouta :

« Vous demandez vos passe-ports, Messieurs : allons, bon voyage ! Ce qui nous afflige sincèrement, c'est que Son Excellence se soit crue obligée de traiter d'*impoli* le ministre de Russie ; mais, d'un autre côté, nous devons réfléchir que ce serait être par trop exigeant de prétendre qu'un Kalmouk fût aussi bien élevé qu'un habitant des pays civilisés de l'Europe.

« Enfin, l'affaire est faite ; et bon voyage, et que Dieu accorde un beau temps et une heureuse route à la trinité diplomatique ! Ce qui doit nous consoler d'une perte aussi sensible, c'est l'arrivée de lord Somerset, qu'on attend à Madrid d'un jour à l'autre, sans compter le général anglais Roch, arrivé depuis trois jours. Un jour viendra où l'Europe, et principalement la France, pourront parler, et accuseront l'inepte et criminelle conduite des gouvernements qui ont forcé l'Espagne à resserrer de plus en plus les liens qui l'unissent à l'Angleterre. »

Il faut pardonner à l'Espagne, pays de *romans* et de *romances* : la voilà qui se croit civilisée, elle qui n'a ni grands chemins, ni canaux, ni auberges ; elle qui vit dans ses solitudes. Nous la trouvâmes, en effet, fort civilisée en 1807, parce que nous y arrivions de la Barbarie ; nous nous plûmes à entendre deux pauvres enfants nous chanter une longue complainte dans une route montagneuse entre Algésiras et Cadix ; nous aimions à voir faire du beurre pour la première fois à Grenade avant d'aller nous égarer à l'Alhambra ; nous aimions à nous asseoir avec des muletiers devant un large foyer à Andujar, tandis que notre domestique nous achetait chez le boucher un morceau de mouton. Nous rêvions de Pélage, du Cid de Burgos et du Cid d'Andalousie, du chevalier de La Manche et de ses lions, de Gil Blas et de l'archevêque : tout cela nous charmait en fumant notre cigare, en voyant des taureaux se battre dans la campagne, en écoutant les accords lointains d'une mandoline. Les Maures, qui enlevaient de belles chrétiennes et qui mouraient auprès des ruisseaux, Roland, Guillaume au court nez, les joutes de Séville et les mosquées de Cordoue nous revenaient en mémoire. Mais, Espagnol, vous êtes poëte et vous n'êtes pas plus civilisé que moi ; n'en déplaise à vos institutions libérales, vous vivrez comme poëte, non comme successeur de Mirabeau. Vous et moi nous ne valons pas un Kalmouk quant à la civilisation. Parlons de nos fleuves, de nos vallées, de nos cloîtres, de nos beaux-arts d'un moment, dont on voit encore des traces dans nos déserts : taisons-nous sur le reste. Rinconet et Cortadille nous apprennent que *chacun sert son Dieu dans l'état auquel il est appelé.*

Quant à l'Angleterre, dont il est parlé dans *l'Universel,* elle n'a pas besoin de l'aide des autres gouvernements pour resserrer ses liaisons et maintenir ses traités avec l'Espagne ; elle sait comment il faut s'y prendre. Elle a cru dernièrement avoir quelque chose à réclamer ; elle ne s'est pas arrêtée niaisement à considérer si le gouvernement espagnol avait ou n'avait plus de colonies, s'il avait ou n'avait plus de finances, si l'Espagne avait été dévastée ou non dévastée par Buonaparte, si elle était de nouveau désolée ou non désolée par la guerre civile, si elle pouvait craindre ou ne pas craindre une guerre avec l'Europe : l'Angleterre a tout amicalement demandé son argent et menacé de courir sus aux vaisseaux espagnols si elle n'était payée sur-le-champ. Pour mieux prouver son horreur de l'intervention, elle a reconnu dès 1824 le pavillon des colonies espagnoles, et elle se proposait de reconnaître incessamment leur indépendance, bien que les cortès mêmes ne voulussent pas entendre parler de cette indépendance : séparer le nouveau monde espagnol de l'ancien monde espagnol, ce n'est pas, pour l'Angleterre, *intervenir.*

Enfin les plaisanteries de *l'Universel* étaient, sans doute, du meilleur goût ; il n'y manquait qu'une chose : lorsque Pichegru écrivait à un général autrichien : « Général, cédez-moi la place, sinon je vous attaquerai et je vous battrai. » Pichegru tenait parole ; mais ne pas nous attendre à Madrid, s'en aller à Séville en nous souhaitant *bon voyage,* n'est-ce pas s'exposer à se faire renvoyer son souhait ?

XL

Journaux anglais. — Division du récit.

Tant que la question ne parut pas tout à fait décidée, les journaux anglais montrèrent plus de retenue que ceux de l'Espagne : le *New-Times* disait, à propos de M. de Villèle :

« Il a déjà fait un pas immense en s'assurant de l'appui du grand et beau nom de M. de Chateaubriand, cet écrivain célèbre, dont les ouvrages attestent en même temps qu'il ne fléchira jamais devant la révolution et qu'il restera toujours attaché à la liberté constitutionnelle. »

Mais bientôt ce langage changea : il est à remarquer que les principales colères se dirigèrent contre nous : nous n'étions pas pourtant le chef du cabinet ; on ménageait le président du conseil, qui parlait beaucoup et très-bien ; on maltraitait le ministre des affaires étrangères. Un certain instinct semblait avertir les ennemis que nous étions le grand promoteur de la guerre d'Espagne.

Deux choses ont marché simultanément pendant la durée de notre ministère : pour éviter la confusion, nous les séparerons et les traiterons l'une après l'autre. Nous donnerons d'abord ce qui a rapport aux combats de la tribune, soit en France, soit en Angleterre, parce que ces combats sont sur le premier plan du tableau et qu'ils se sont livrés à la vue de mille spectateurs. Nous parlerons ensuite de nos travaux diplomatiques, travaux secrets où tout nous était obstacle et péril.

Il est vrai qu'en racontant ce qui *fut*, on s'ennuie et que l'on ennuie les autres : quel intérêt le genre humain peut-il trouver à ce que tel mouvement politique soit arrivé comme ceci ou comme cela, quand le résultat a tout décidé ? Le roman dont on a lu la catastrophe n'a-t-il pas perdu sa valeur ?

Que les antécédents d'un fait deviennent insipides à relater, le fait étant nouvellement accompli, soit : mais, à distance, ce fait a changé de nature ; il s'est classé d'une autre manière, dans une lignée de choses héritières les unes des autres, sans être corrélatives. On a marché avec le temps, de mort en mort, de naissance en naissance ; tous les événements également écoulés ont acquis, chacun à part, une sorte d'existence individuelle. Nulle ruine n'intéresserait, car elle n'atteste qu'un passé connu de tous ; et cependant nous nous plaisons aux débris de l'histoire devenue ruine.

XLI

COMBATS DE TRIBUNE.

Tribune française. — Ouverture de la session de 1823.

Le roi ouvrit la session le 28 janvier 1823, au Louvre, dans la salle des Gardes de Henri IV. Le trône était surmonté d'un dais de velours cramoisi : sur ses marches tapissées se rangeaient en ordre les grands dignitaires. Une salve d'artillerie annonça le moment où le souverain quittait le palais des Tuileries pour se rendre à la solennité. M. de Villèle, président du conseil ; M. Peyronnet, garde des sceaux ; nous, ministre des affaires étrangères ; M. le duc de Bellune, ministre de la guerre ; M. le comte de Corbière, ministre de l'intérieur ; M. de Clermont-Tonnerre, ministre de la marine, et M. le marquis de Lauriston, ministre de la maison de S. M., nous étions placés en avant du reposoir des monarques Très-Chrétiens.

Le roi entra ; des acclamations s'élevèrent. Assis sur son trône, S. M. se découvrit, salua l'assemblée et se recouvrit ; alors commença son discours. L'étonnement, croissant de minute en minute, rendait le silence plus profond. C'était la première fois que la légitimité le prenait de si haut et parlait un tel langage. Nous nous rappelions l'époque où Louis XVIII, prêt à quitter de nouveau les Tuileries, vint faire à ses sujets un adieu peut-être éternel : maintenant nous croyions voir notre roi, se confiant à notre fidélité, prendre enfin possession de sa couronne, au nom de la France glorieuse et délivrée.

Ce passage du discours fit un effet prodigieux :

« J'ai tout tenté pour garantir la sécurité de mes peuples et préserver l'Espagne elle-même des derniers malheurs.

« L'aveuglement avec lequel ont été repoussées les représentations faites à Madrid laisse peu d'espoir de conserver la paix.

« J'ai ordonné le rappel de mon ministre ; cent mille Français, commandés par un prince de ma famille, par celui que mon cœur se plaît à nommer mon fils, sont prêts à marcher en invoquant le Dieu de saint Louis, pour conserver le trône d'Espagne à un petit-fils de Henri IV, préserver ce beau royaume de sa ruine, et le réconcilier avec l'Europe.

« J'ai dû mettre sous vos yeux l'état de nos affaires du dehors. C'était à moi de délibérer, je l'ai fait avec maturité ; j'ai consulté la dignité de ma couronne, l'honneur et la sûreté de la France.

« Nous sommes Français, Messieurs ; nous serons toujours d'accord pour défendre de tels intérêts. »

Mr DE METTERNICK

antidoté de vertu, M. de Broglie peut fréquenter des gens corrompus sans se souiller, comme il y a des tempéraments sains qui ne gagnent point les maladies. Nous nous efforçâmes de répondre au discours du noble duc.

« Mon adversaire de ce côté-ci de la Chambre, dis-je à leurs seigneuries, s'élève contre ce principe qu'aux rois seuls appartient le droit de donner des institutions aux peuples; d'où il conclut que les rois peuvent changer ce qu'ils avaient donné, ou ne rien donner du tout, selon leur volonté et leur bon plaisir.

« Mais il ne voit pas qu'on peut rétorquer l'argument, et que si le peuple est souverain, il peut à son tour changer le lendemain ce qu'il a fait la veille, et même livrer sa liberté et sa souveraineté à un roi, comme cela est arrivé. Si le noble pair eût été moins préoccupé, il aurait vu que deux principes régissent tout l'ordre social : la souveraineté des rois pour les monarchies, la souveraineté des nations pour les républiques. Dites dans une monarchie que le peuple est souverain, et tout est détruit ; dites dans une république que la souveraineté réside dans la royauté, et tout est perdu. On était donc obligé, sous peine d'être absurde, d'affirmer qu'en Espagne les institutions devaient venir de Ferdinand, puisqu'il s'agissait d'une monarchie. Quant à la manière dont il peut donner ces institutions, ou seul, ou d'accord avec des corps politiques reconnus par lui dans sa pleine liberté, c'est ce qu'on n'a jamais prétendu prescrire. On n'a fait qu'exprimer le principe vital de la monarchie, exposer une vérité de théorie.

« Le noble duc ne veut pas que nous allions prévoir des crimes dans l'avenir ; il ne veut pas que nous raisonnions par analogie. Ferdinand, il est vrai, n'a point encore été jugé ; on ne l'a encore menacé que de déchéance; il est si libre qu'il voyage peut-être à présent avec ses geôliers, au milieu des soldats législateurs qui vont l'enfermer dans une forteresse. Il n'y a rien à craindre, attendons l'événement.

« Il résulterait de la doctrine de mon adversaire que l'on peut punir le crime, mais qu'on ne doit jamais le prévenir. Selon moi, la justice est un de ces principes éternels qui ont précédé le mal dans ce monde ; selon le noble duc, au contraire, c'est le mal qui a donné naissance à la justice. Il pose ainsi au fond de la société une cause permanente de subversion ; car on n'aurait jamais le droit de venir au secours de la société que lorsqu'elle serait détruite. »

Le discours de M. le comte Daru confirme ce que nous avons déjà dit sur les dispositions des congrès. M. Daru, laborieux et durement équitable, ne donnait jamais une entorse à la vérité, lors même que cette vérité contrariait ses opinions.

« En élevant ici ma voix en faveur de la paix, dit-il, je ne crains point d'offenser ceux qui se sont illustrés dans la guerre. L'embarras que j'éprouve vient de ce que je ne connais ni les arguments que j'ai à réfuter, ni les promesses d'une résolution que je crois funeste.

« Cette guerre prête à s'allumer entre la France et l'Espagne est, ou *spontanée*, ou *provoquée*, ou *conseillée*.

« Nous n'avons eu connaissance, ni de *provocation*, ni de *conseil*.

« Nous voyons, au contraire, dans le petit nombre des documents qui ont été publiés sur cet objet, que « les puissances réunies au congrès de « Vérone s'en sont remises à la France pour la suite de la conclusion des « affaires d'Espagne, qu'elles se sont reposées de la solution d'une ques- « tion qui les intéressait toutes, sur la puissance qui avait dans cette ques- « tion l'intérêt le plus immédiat. » Ainsi, soit comme la plus intéressée, soit comme libre apparemment dans ses résolutions, la France se trouvait l'arbitre de la paix et de la guerre. »

Voilà donc les dispositions pacifiques de Vérone reconnues, même par un opposant à la guerre. Quand on voulait nous rendre odieux à la nation, on soutenait que nous étions poussés par les étrangers à la guerre; quand on cherchait à nous ôter cette triste excuse, on prouvait que les alliés ne voulaient pas la guerre, que nous seuls étions les véritables coupables. Souvent ces deux assertions contradictoires se rencontraient dans le discours du même orateur.

XLIII

Chambre des députés.

Dans la discussion de l'adresse au sein de la commission de la Chambre des députés, M. de Villèle prononça la phrase qui servit de prétexte à cette accusation populaire : « La France fait la guerre par ordre du congrès. » Les dépêches des trois cours à Madrid, commençant d'être connues, mettaient en garde quelques judiciaires impartiales, mais la foule passionnée n'écoutait pas; elle adopta tout aveuglément : nous fûmes déclarés sans miséricorde les huissiers à verge de la Sainte-Alliance. Si maintenant il se trouve que la phrase prêtée à M. de Villèle n'est jamais sortie de sa bouche telle qu'on l'a donnée, l'échafaudage s'écroule. Il y a plusieurs exemples de ces impostures du hasard tenues encore même aujourd'hui pour authentiques : par exemple, *la mort sans phrase* n'a point été le vote de l'abbé Siéyès : il a dit *la mort;* la glose a passé dans le texte.

Nous éviterons de nous servir du *Moniteur;* on pourrait soutenir que les paroles du président du conseil y sont obligeamment altérées. Nous emprunterons le compte rendu de ces curieuses séances au *Constitutionnel*, journal très-répandu de l'opposition.

Le numéro du 13 février 1823 rapporte ainsi l'opinion de M. Duvergier de Hauranne :

« Je plains sincèrement la généreuse nation espagnole d'être régie par une constitution vicieuse sous beaucoup de rapports. Mais cette circonstance, quelque déplorable qu'elle soit, ne me paraît pas un motif suffisant pour entreprendre une guerre dont les résultats peuvent devenir funestes à la France; et, pour répondre tout de suite à ce qui vient d'être dit par M. le président du conseil, « que nous sommes dans l'alternative, ou de combattre pour la révolution espagnole sur nos frontières du nord, ou de faire la guerre à cette révolution en Espagne, » je dis à mon tour que, si nous étions réduits à une telle extrémité, que la triple alliance voulût nous dicter des lois, il serait préférable et plus national de résister sur les frontières du nord que de nous laisser imposer une guerre qui va peut-être mettre en péril nos institutions et la monarchie elle-même. Ce ne serait pas pour la révolution espagnole que nous combattrions, mais bien pour notre indépendance. »

L'orateur ajoute dans une note :

« Je dois à la vérité de dire que M. le président du conseil a prétendu que je ne l'avais pas bien compris; mais son explication ne m'a pas paru claire. »

Après l'opinion de M. Duvergier de Hauranne, vient l'opinion de M. le général Foy :

« M. le président du conseil des ministres, tout en ayant commencé par déclarer que nous ferons la guerre nous seuls, a insinué ensuite que cette guerre ne dépendait pas uniquement de notre volonté.

« Nous sommes placés dans l'alternative, a-t-il dit (car j'ai eu soin de recueillir ses paroles), nous sommes placés dans l'alternative d'attaquer la révolution espagnole aux Pyrénées, ou d'aller la défendre sur nos frontières du nord.

« Voilà, Messieurs, une grande et imposante révélation, une révélation féconde en incertitudes et en calamités...

« Si la France toute seule, la France livrée à elle-même, la France indépendante, était engagée dans un duel avec l'Espagne, je pleurerais les calamités d'une guerre absurde, d'une guerre sans justice et sans morale, d'une guerre sans profit et sans gloire, je pleurerais ces calamités; mais j'en verrais la fin possible, et dès lors il y aurait soulagement aux maux que nous éprouvons...

« Mais il n'en est pas ainsi.

« La guerre actuelle est placée hors de nous, hors de notre portée; — l'impulsion est venue du dehors; — cette colère n'est pas française, — elle est l'écho de la colère des Prussiens et des Cosaques. — Nous ne sommes pas les seuls à allumer l'incendie; qui peut nous dire si nous serons jamais les maîtres de l'éteindre?

« C'est là, Messieurs, où mon amendement se dirige; voilà l'effroyable danger sur l'existence duquel je provoque les explications des ministres de Sa Majesté.

« Les ministres se flatteraient-ils de nous faire accroire qu'ils agissent seuls, dans leurs propres vues et avec leur entière liberté ? — Ici les faits parlent, et ils parlent avec énergie. La guerre *occulte* et *souterraine* (le *Constitutionnel* souligne ces mots) que notre gouvernement faisait depuis un an à la nation espagnole a été convertie tout à coup en éclats menaçants.

« Cet éclat, ces menaces, est-ce l'Espagne qui les a provoqués?... Mais la situation de ce pays est la même qu'en 1820 et 1821. . . . .
. . . .

« Il faut chercher ailleurs le secret de la politique des conseillers de la couronne.

« *C'est de Vérone que la guerre nous est venue.*

« Notre intervention actuelle dans les affaires intérieures de l'Espagne n'est pas un acte qui n'appartient qu'à nous.

« La triple alliance est derrière nous qui nous presse après avoir été pressée elle-même par la turbulence de la faction qui domine notre pays.

« La guerre d'Espagne n'est pas une guerre isolée ; elle sera bientôt une guerre européenne. Vous la commencerez sur les Pyrénées ; vous ne savez pas où elle se transportera ; vous ne savez pas où elle finira. . . . .
. . . . »

Le général Foy termine en demandant aux ministres de faire connaître :

« 1° Quels arrangements ont été pris, à Vérone, avec les puissances étrangères relativement à l'intervention, et si ces arrangements sont de nature à amener l'occupation permanente ou passagère d'une portion du territoire français par les troupes de la Sainte-Alliance ;

« 2° Quelles dispositions sont prises pour empêcher cette occupation dans le cas où les puissances étrangères seraient conduites, par la marche des événements, à la juger utile à l'accomplissement de leurs projets, soit sur l'Espagne, soit sur la France.

« Dans le cas où l'indépendance nationale serait sacrifiée, ou même n'aurait pas été suffisamment garantie, ce serait un devoir rigoureux pour moi, loyal député, de demander, en séance publique, *la mise en accusation des ministres* qui auraient signé ou promis l'humiliation de la couronne et la ruine du pays. »

Nous n'ergoterons ni sur la mise en accusation des ministres, ni sur les déclamations prononcées avec talent et chaleur. Le général Foy, homme d'imagination, était sujet à se tromper : on se souvient encore de son fameux : « Ils n'en sortiront pas ! » Mais comment le général pouvait-il faire cette question : « Cet éclat, ces menaces, est-ce l'Espagne qui les a provoqués? » On a vu plus haut si nous avions été provoqués. Une provocation publique d'un État à un autre État, avec lequel il est censé en paix, ne s'est presque jamais vue. S'il n'y avait que ce seul cas dans lequel la défense fût justifiée et devînt légitime, un gouvernement périrait avant d'avoir le droit de se sauver : quoique miné de toutes parts, il faudrait qu'il attendît la *déclaration positive de guerre* pour se secourir soi-même. Les hostilités de propagande n'étaient point connues autrefois : n'en sont-elles pas moins réelles? Qu'on puisse abuser de ce mot propagande pour aller opprimer un peuple, c'est vrai ; mais que la propagande abuse aussi de son pouvoir caché pour détruire une nation, n'est-ce pas vrai encore?

L'argument qu'on veut tirer de la ressemblance des années 1821 et 1822 prouve seulement la longanimité et la patience de la France. Comment le général peut-il dire : « C'est de Vérone que la guerre nous est venue? » Les hommes mêmes du parti de l'orateur convenaient que tout était pacifique à Vérone. *Le Constitutionnel* du 17 janvier s'exprime de la sorte :

« ... Nous publions aujourd'hui les trois dépêches des cabinets d'Autriche, de Prusse et de Russie à leurs ambassadeurs à Madrid.....

« On doit remarquer que les trois cabinets ne parlent en aucune manière d'employer la force pour imposer des lois à la nation espagnole. On n'y trouve aucune menace d'agression imminente.

« Les ministres mêmes de la Sainte-Alliance professent un grand amour pour la paix. Ils ne peuvent manquer d'encourir à cet égard l'indignation de nos fanatiques. »

Le même journal du 1ᵉʳ février rapporte cet article de *l'Observateur autrichien :*

« Les cours d'Autriche, de Russie, de Prusse, ont tenu à Madrid un langage que la frénésie révolutionnaire peut méconnaître, qu'une politique bornée peut désapprouver, mais qu'une politique plus profonde ne peut que respecter. Ce langage n'était point une déclaration de guerre, et le rappel des légations n'est pas un acte d'hostilité. La France, animée par les mêmes sentiments, a agi d'après les mêmes principes, quoique avec des formes différentes. Au moyen de son contact immédiat avec l'Espagne, les résolutions ultérieures de la France sont fondées sur des motifs dont on doit reconnaître l'importance, sans prononcer légèrement sur les résultats. La guerre n'est point encore déclarée : des événements ultérieurs peuvent l'empêcher. »

Sur cette déclaration, qui confirme tout ce que nous avons raconté des dispositions de M. de Metternich, *le Constitutionnel* demande :

« Comment concilier l'assertion positive et claire du journaliste autrichien, rédacteur de tous les protocoles de la Sainte-Alliance, avec le langage que les révélations du comité secret prêtent à M. le président du conseil? Après avoir rendu compte de tous les efforts qu'il a faits pour le maintien d'une paix qu'il regardait sincèrement lui-même comme si nécessaire au repos et au maintien de la tranquillité en France, il a, dit-on, prétendu que la position hostile où l'Espagne s'était placée vis-à-vis des grandes puissances ne permettait pas à la France de demeurer en paix.

« Eh bien! aujourd'hui, *l'Observateur autrichien,* à une époque où il connaissait tout ce qui s'est passé à Madrid lors du départ des ministres des trois grandes puissances, déclare formellement que les puissances ne se considèrent point comme étant en guerre avec l'Espagne.

« Ce n'est donc pas à raison des dispositions hostiles de ces trois puissances que le ministère français s'est décidé à la guerre ; et s'il y est forcé, c'est à un autre pouvoir qu'il cède, ou plutôt par d'autres passions qu'il est entraîné. »

Mais revenons, et arrêtons-nous à la phrase de M. le comte de Villèle ; d'abord il n'a point dit : « Si nous ne combattons pas sur les Pyrénées, nous serons obligés d'aller combattre sur le Rhin. » Les adversaires de M. de Villèle reproduisent tout autrement les paroles de l'orateur. Selon M. Duvergier de Hauranne, ces paroles sont celles-ci : « Nous sommes dans l'alternative, ou de combattre pour la révolution espagnole sur nos frontières du nord, ou de faire la guerre à cette révolution en Espagne. »

D'après M. le général Foy, qui dit avoir recueilli immédiatement la phrase de M. le président du conseil, cette phrase était ainsi conçue : « Nous sommes placés dans l'alternative d'attaquer la révolution espagnole aux Pyrénées, ou d'aller la défendre sur nos frontières du nord. »

Ces deux versions, quoiqu'un peu différentes l'une de l'autre, qu'impliquent-elles en réalité? Que nous étions placés de sorte que, si nous n'allions pas étouffer la révolution en Espagne, cette révolution arriverait en France ; qu'alors les puissances effrayées prendraient les armes, et que nous, France, nous serions obligés d'aller combattre sur nos frontières du nord.

Quoi de plus évident, de plus clairement, de mieux exprimé? Remarquez bien ce pronom *la,* dans la leçon du général Foy ; il se rapporte au mot *révolution,* non au mot *guerre,* non au mot *Europe ;* c'est la *révolution* espagnole qui nous aura bouleversés et que nous serons appelés à *défendre* sur le Rhin ; c'est-à-dire que nous serons forcés à recommencer nos guerres révolutionnaires, à retourner à 1793. Jamais M. de Villèle n'aurait parlé, même d'après cette version, d'une manière aussi juste. Ce qu'on aurait peine à comprendre, c'est qu'il n'eût pas répété ses paroles en en prenant sur lui la responsabilité ; il se serait contenté de nier les fausses interprétations et de soutenir qu'on altérait et son texte et sa pensée.

Mais voici toute la vérité.

M. de La Bourdonnaie avait attaqué la décision prise par le roi d'entreprendre la guerre d'Espagne avec cent mille Français. Il avait exprimé le regret que cette guerre n'eût pas été commencée plus tôt et que la France n'eût pas agi comme auxiliaire de la régence d'Urgel et des royalistes espagnols ; et, prenant ensuite les choses dans leur état présent, il avait dit que la France devait agir maintenant de concert avec les puissances continentales et d'après la direction de la Sainte-Alliance.

M. de Villèle combattit ces attaques en déclarant que, la France étant particulièrement intéressée à rétablir l'ordre dans la monarchie espagnole, notre alliée naturelle, nous devions dans cette circonstance refuser la coopération des autres puissances, afin de conserver toute notre liberté d'action, et de n'engager dans aucune complication l'intérêt qui nous déterminait à intervenir.

D'un autre côté, les orateurs *libéraux* avaient attaqué l'intervention comme contraire à la liberté, et le général Foy, après avoir fait un tableau éloquent des maux de la guerre, avait fini par prêcher une croisade de tous les gouvernements constitutionnels contre les gouvernements absolus.

C'est pour faire ressortir l'inconséquence de ce discours que M. de Villèle, répondant à cet orateur, s'écria :

« Et comment l'honorable général, qui nous a fait un tableau si rembruni des maux de la guerre, n'a-t-il pas vu que son système ne l'exclut pas, puisqu'en suivant ses conseils, au lieu d'avoir à la faire sur les Pyrénées, nous aurions à la soutenir sur le Rhin? »

Nonobstant cette version authentique, la fausse interprétation a prévalu. De là tout le mal : la France fut saisie de vertige, dupe d'une méprise qu'un examen de quelques minutes eût fait incontinent disparaître. Tel a été le pivot vermoulu sur lequel ont tourné les opinions en dehors et en dedans de la Chambre. Le peu de bonne foi de celui-ci, la crédulité de celui-là, la légèreté des autres, firent croire à une coercition dont les pièces que nous avons reproduites (congrès de Vérone), et qui furent déposées sur le bureau de la Chambre des communes, démontraient la fausseté. Comment d'ailleurs supposer que le continent nous ferait la guerre au nord si nous ne la faisions au midi? Bon gré mal gré nous devions nous mettre en campagne, afin d'amuser l'Europe ennuyée de paix! Comme au médecin de Molière, il lui fallait un malade, et elle le prendrait où elle le pourrait! Elle savait pourtant assez bien comment nous tirions le canon.

Cette absurdité était plus manifeste encore quand on savait que, sur les quatre puissances de l'alliance, trois, l'Angleterre, la Prusse et l'Autriche, auraient tout donné pour nous empêcher de prendre les armes.

Nous espérons, ce point important éclairci, avoir détruit une erreur que le laps du temps aurait introduite dans l'histoire.

XLIV

Crédits extraordinaires.

Le 21 février, M. de Martignac, rapporteur de la commission chargée de l'examen du projet de loi tendant à ouvrir des crédits extraordinaires pour l'exercice de 1823, monta à la tribune. Parmi les crédits demandés se trouvait celui de cent millions pour la guerre d'Espagne : on avait eu tort de le cacher ainsi, on paraissait timide, chose détestable.

M. de Martignac lit le rapport de la commission. La lecture du rapport est interrompue par les bravos de la droite et les rires de la gauche. « *Votre guerre est un vrai complot!* s'écrie l'opposition, — *tout cela n'est que du jésuitisme!* » Le président cherche en vain à ramener l'ordre. M. de Martignac descend de la tribune au milieu du bruit.

Grande rumeur de la part du général Foy, de M. Demarçay, de M. de Girardin, de M. Kératry, de M. de Chauvelin, de M. Dupont de l'Eure : *Quelle infamie! c'est un complot odieux! Il est impossible de se contenir!* M. de La Fayette, M. Royer-Collard, M. A. de Lameth, M. Humann, les généraux Foy et Sébastiani s'inscrivent contre le projet de loi.

M. Casimir Périer demande la parole. Il discute la demande du crédit :

« Elle porte, dit-il, en partie sur un excédant de recettes que l'on n'a pas légalement constaté devant la Chambre. D'ailleurs, le cas n'est pas urgent; la guerre n'est pas encore déclarée, et l'on peut espérer qu'elle n'éclatera pas, car l'*Europe semble repousser toute pensée de provocation contre la Péninsule.* »

La discussion du projet, commencée le 21 février, est reprise le 25, au milieu d'un concours extraordinaire.

M. Royer-Collard aborda le premier la tribune. Ce jour-là, dans la hauteur de ses desseins, il crut devoir flatter la gauche. Ses principes nous parurent, dans notre humble opinion, moins victorieux que ne fut conquérante sa personne infaillible : il dogmatisa contre un système qui, *faible et décrié au dedans*, était allé chercher au dehors l'appui du gouvernement. M. Royer-Collard tombait dans l'erreur commune sur le congrès de Vérone; mais il ne faut pas exiger qu'un homme si rempli de ses grandes pensées daigne quitter les sommets de son génie pour recueillir quelques renseignements vulgaires.

Lorsque nous fîmes imprimer les *Réflexions politiques*, nous allions, notre manuscrit en poche, en classe chez M. Royer. Il raturait les phrases incongrues, nous renvoyait avec quelques férules, nous invitant à être plus sage à l'avenir. Nous nous retirions régenté et soumis. Nous avons été, sinon le disciple, du moins l'écolier de M. Royer-Collard. L'indépendance des opinions est une des choses que les Français entendent le mieux : les royalistes au pouvoir vous bâillonnent, les libéraux suppriment vos ouvrages, les jacobins votre tête, le tout pour la plus grande liberté de parler et d'écrire.

M. Royer-Collard termina son discours par cette éloquente péroraison :

« Et moi aussi je suis Français, sans doute, et c'est à ce titre que je viens m'opposer à une guerre qui menace la France autant que l'Espagne, et que je m'élève contre le système que je viens de signaler. De tous les devoirs que j'ai pu remplir envers la monarchie légitime, aucun ne m'a jamais paru plus sacré, plus pressant. Puis-je me taire, quand d'aveugles conseils la précipitent vers sa ruine? Comme elle a été la pensée, le vœu, l'espérance, je pourrais presque dire l'action de toute ma vie, elle est aujourd'hui le premier de mes intérêts, si je dois donner ce nom d'intérêt aux affections les plus désintéressées, les plus nationales. Et quel autre sentiment pourrait m'arracher au silence, puisque j'ai vu la restauration s'accomplir? Que me restait-il à désirer pour la monarchie légitime, si ce n'est qu'elle s'enracine chaque jour davantage dans les intérêts publics, si ce n'est qu'elle aime la France pour en être aimée? »

Touchant et noble *Nunc dimittis!* Hélas! M. Royer-Collard a eu le malheur de voir passer ce qu'il avait eu le bonheur de voir revenir : nous avions eu autant de joie du rétablissement de la légitimité que le député illustre et fidèle, et cependant nous n'avons pas suivi la même route.

M. de La Bourdonnaie parut; plein d'idées qu'il produit avec un talent approprié à ses idées, il a contre tout succès une aversion insurmontable. D'une vaste capacité, mais un peu faible de caractère comme les esprits entiers qui ne sont pas dominateurs, il ne fit que passer dans le conseil de Charles X; sous le prétexte assez vrai qu'il était environné d'imbéciles, incapables de prendre un parti, il se retira habilement des affaires au bout de trois mois. Il est resté de lui une bonne ordonnance, l'ordonnance relative à l'École des Chartes. Né pour occuper dans l'opposition la première place, M. de La Bourdonnaie est, dans un autre genre, ce qu'était M. de Villèle, un de ces hommes de la restauration supérieurs aux trois quarts des hommes d'aujourd'hui.

On reconnaît le penchant de son esprit aux paroles qu'il lança contre nous autres, misérables ministres :

« Puis-je accorder, dit-il, de nouveaux subsides pour commencer la guerre à des hommes qui s'y sont constamment opposés (M. de Villèle), et dont l'intérêt évident est de s'y opposer encore, parce qu'il est impossible qu'ils ne voient pas ce qui n'échappe à personne, qu'ils ne peuvent, honorablement pour eux et sans danger pour le pays, diriger une entreprise qu'ils travaillèrent trop longtemps à rendre impopulaire, pour qu'ils puissent aujourd'hui donner à l'esprit public cet élan sans lequel une guerre ne peut devenir nationale, et par conséquent obtenir de succès dans un gouvernement représentatif? »

M. de La Bourdonnaie, s'étant mis en règle avec son système d'opposition, vota pour le projet de loi.

M. de Laborde, après des considérations sur la nature du territoire espagnol, les mœurs de ses habitants, etc., etc., déclare la guerre impossible et folle.

« Les hommes qui s'y décideraient mériteraient, dit-il, bien moins d'être mis en accusation qu'en *interdiction*.

« Au surplus, ajoute-t-il, personne ne veut prendre sur soi une telle responsabilité, et je me demande quelle peut être la puissance magique qui l'emporte sur les vœux et sur l'opinion de tous. Chose étrange, Messieurs! quand on veut pénétrer ce singulier mystère, on écarte tous les rangs, on se fait jour à travers toutes les existences, pour arriver jusqu'à ce repaire belliqueux; et qu'y trouve-t-on? rien que quelques jésuites intrigants. »

Si M. le comte de Laborde avait pénétré davantage au fond de ce *repaire belliqueux*, au lieu d'un jésuite il aurait trouvé un ami, pourvu que quelque distraction ne l'eût pas empêché de nous reconnaître, et qu'il n'eût pas mis en *interdiction* notre ancienne amitié.

M. de Castelbajac parla très-bien pour le projet de loi.

M. le général Foy reparut à la tribune ; il posa cette question :

« La nation veut-elle la guerre? Non. Le gouvernement veut-il la guerre? »

Ici l'orateur représente le ministère comme divisé et dans un grand état d'angoisses. Selon lui, « ce n'est pas M. de Villèle, *esprit très-positif et parfaitement libre des prestiges de l'imagination*, qui veut la guerre. — Il ne la veut pas, il autorise seulement de son nom une parade belliqueuse, il se résigne à une guerre qu'il sait injuste. — Il ferait mieux de dire hautement son opinion, sans se laisser dominer par la crainte de perdre son portefeuille.

« Quelle est donc cette puissance qui domine les ministres et leur fait mener de front, depuis six mois, une diplomatie conciliatrice et des hostilités souterraines?

« Il m'importe peu de savoir quelle est la *faction mystique*.

« Ce qui me suffit, c'est qu'une volonté et des passions qui n'ont rien de français nous entraînent où nous ne voulons pas aller. »

M. de Villèle répond que, quant à lui, il aimerait mieux la paix, mais qu'il veut la guerre, parce qu'il la croit urgente, et non pas parce qu'il tient à son portefeuille.

Tout le monde convenait ainsi que M. de Villèle ne voulait pas la guerre. On mettait toujours de côté, en France, le personnage *mystique*, ou plutôt le personnage mystérieux : le ciel nous avait alors chargé du rôle du sort. Mais l'Angleterre, moins bienveillante et plus avisée, ne s'y trompait pas, et c'était à nous qu'elle adressait ses coups.

M. le général Foy, dont la parole était parlementaire, soutint qu'au fond le gouvernement ne voulait pas les hostilités; il appela M. de Montmorency le duc de Vérone, plaisanterie entre le bon et le mauvais goût. Il prouva que nous serions battus :

« La campagne sera manquée; un moment viendra où, après des pertes douloureuses, une retraite couronnera dignement une folle et coupable entreprise. »

Le général Foy était au-dessus de l'opinion qu'il représentait : il a laissé un travail d'un grand prix sur les guerres de Napoléon dans la Péninsule; il avait quelque chose de Cazalès.

Le génie militaire, génie particulier de notre patrie, est si fort, qu'il renferme pour nous le génie de tous les autres talents : l'art d'écrire et de parler appartient naturellement à nos hommes d'armes. *François Rabutin*, qui s'appelle lui-même *un petit soldat*, quand il s'agit de peindre le lieu d'un combat, trouve dans le vieux langage français les expressions d'Hérodote :

« Le ciel et la terre nous vouloient favoriser, étant ce jour autant beau et clair, et la terre ni trop molle ni trop sèche, couverte de toute verdure et de diverses fleurs. »

Le maréchal de Montluc avait servi dans la compagnie de Bayard.

« Retiré chez moi, dit-il, en l'âge de soixante-quinze ans, ayant passé par degrés et par tous les ordres du soldat, me voyant stropiat presque de tous mes membres, d'arquebusades, coups de pique et d'épée, sans espérance de recouvrer guérison de cette grande arquebusade que j'ai au visage, j'ai voulu employer le temps qui me reste à décrire les combats auxquels je me suis trouvé pendant cinquante-deux ans. »

Et *ce plus vieux capitaine de France* écrit d'une main mutilée, avec la verdeur de Mars, une page encore sur son premier champ de bataille. On relira les *Commentaires* du général Foy.

M. de Villèle résuma ces discours; il attesta (ce qui était vrai, à notre grand regret) que le gouvernement avait fait tout ce qu'il avait pu pour maintenir la paix. Il prononça ces paroles judicieuses :

« Et quelle justification plus éclatante pouvions-nous attendre que de voir tous les orateurs de l'opposition éviter avec tant de soin d'aborder la question principale, la seule question qui soit digne d'occuper vos esprits, et qui puisse être pour vous l'objet d'une sérieuse délibération? Certes, ce n'est ni le temps, ni le talent, ni l'instruction qui leur a manqué. Quel autre sentiment que celui de l'impuissance à lutter contre la vérité les a fait reculer devant la question, telle que le gouvernement l'a posée aux yeux de la France, pour se jeter dans de véritables divagations, dans des lieux communs cent fois reproduits et toujours victorieusement réfutés?

« Cette question, Messieurs, la voici :

« L'état actuel de l'Espagne est-il compatible avec l'honneur de la couronne de France, avec l'honneur et la sûreté de notre pays? »

XLV

M. Bignon. — Discours du ministre des affaires étrangères. — Exclusion de M. Manuel.

La séance du 26 vit paraître M. Bignon : il appuya son opinion de preuves historiques; il vota contre :

« Une guerre qui, sous un prétexte de politique, tendait à allumer les mêmes passions auxquelles, sous un prétexte religieux, la guerre de la Ligue dut sa naissance; contre une guerre qui pouvait renouveler tous les maux dont la France eut alors à gémir, et qui anéantirent la maison de Valois. »

Nous succédâmes à l'orateur. C'était la première fois que nous prenions la parole devant la Chambre élective. Nous excitâmes naturellement un mouvement de curiosité; les députés sortis rentrèrent; le silence régna dans la Chambre et dans les galeries, encombrées de spectateurs. Nous montâmes à la tribune; tous les yeux se fixèrent sur nous. Nous commençâmes ainsi :

« Messieurs, j'écarterai d'abord les objections personnelles : les intérêts de mon amour-propre ne doivent trouver aucune place ici. Je n'ai rien à répondre à des pièces mutilées, imprimées par je ne sais quel moyen, dans des gazettes étrangères. J'ai commencé ma carrière ministérielle avec l'honorable préopinant, pendant les Cent-Jours. Nous avions tous deux un portefeuille par intérim, moi à Gand, lui à Paris. Je faisais alors un *roman*, lui s'occupait *de l'histoire :* je m'en tiens encore au roman.

« Je vais parcourir la série des objections présentées à cette tribune. Ces objections sont nombreuses et diverses : pour ne pas m'égarer dans un si vaste sujet, je les rangerai sous différents titres.

« Les orateurs qui ont obtenu la parole lors du vote de l'adresse ont fait imprimer leurs discours. Hier, en séance publique, quelques-uns des honorables députés ont référé leurs opinions à ces discours mêmes. Aujourd'hui, on a rappelé une partie des arguments produits dans le comité secret. J'essayerai donc de répondre à ce qui a été dit, imprimé et redit, afin d'embrasser l'ensemble du sujet.

« Suivant, dans leurs objections, les orateurs qui siégent sur les bancs de l'opposition, j'examinerai : 1° le droit d'intervention, puisque c'est là la base de tous les raisonnements ; 2° le droit de parler des institutions qui peuvent être utiles à l'Espagne ; 3° le droit des alliances et les transactions de Vérone ; et, enfin, quelques autres objections.

« Examinons donc d'abord la question de l'intervention.

« Un gouvernement a-t-il droit d'intervenir dans les affaires intérieures d'un autre gouvernement? Cette grande question du droit des gens a été résolue en sens opposés.

« Ceux qui l'ont rattachée au droit naturel, tels que Bacon, Puffendorf et Grotius, et tous les anciens, ont pensé qu'il est permis de prendre les armes, au nom de la société humaine, contre un peuple qui viole les principes sur lesquels repose l'ordre général ; de même que, dans un État particulier, on punit le perturbateur du repos public.

« Ceux qui voient la question dans le droit civil soutiennent, au contraire, qu'un gouvernement n'a pas le droit d'intervenir dans les affaires d'un autre gouvernement.

« Ainsi les premiers placent le droit d'intervention dans les devoirs, et les derniers dans les intérêts, etc. »

Nous renvoyons le lecteur pour le reste aux documents imprimés ; on les trouve partout. Ce discours fixa l'époque de notre transformation d'écrivain et d'homme à théories en homme d'affaires et de pratique.

En relisant les journaux du temps, on voit que l'effet de notre opinion fut considérable. Plusieurs la louèrent sans réserve ; ceux qui la critiquèrent crurent devoir dire ce qu'ils y trouvèrent de bien. Nous rappellerons tout à l'heure, avec la même fidélité, les injures dont on nous a accablé : on cherchera la vérité dans ce concert discordant d'outrages et de flatteries.

Au surplus, la question de l'intervention, tant débattue à cette époque, est une question oiseuse ; elle peut servir de texte à des phrases d'opposition, mais elle n'arrêtera jamais un homme d'État. Non-seulement l'Angleterre intervint à la grande époque que nous citions, mais elle est intervenue de tout temps et partout, et pour toutes les causes de liberté ou de pouvoir, quand elle a cru devoir le faire. Autrefois elle prit part à nos guerres civiles ; elle envoya de l'argent et des soldats à Henri IV ; de nos jours, elle ne cesse d'intervenir en Portugal. Tandis qu'elle voulait nous empêcher d'intervenir dans les affaires d'Espagne, n'y intervenait-elle pas elle-même en reconnaissant l'indépendance des colonies espagnoles? Bien plus, on voit par notre dépêche, que le cabinet de Saint-James a rendue publique, que ce cabinet, dans un mémoire en réponse à une note de la Russie, avait énoncé l'opinion qu'on avait le *droit de se mêler des affaires d'Espagne, si l'exaltation de ceux qui dirigeaient les affaires de ce pays les portait à une agression contre une autre puissance.* Le libéralisme ferait-il une querelle à l'ancien gouvernement français d'être intervenu dans la querelle de l'Angleterre et de ses colonies de l'Amérique septentrionale? Pourtant pouvions-nous dire alors que notre sûreté nationale était compromise, *nos intérêts essentiels blessés,* parce que le cabinet de Saint-James voulait prélever quelques taxes nouvelles sur les habitants de Massachusetts?

L'intervention ou la non-intervention, défendue tour à tour à la tribune, est donc une puérilité absolutiste ou libérale dont aucune tête puissante ne s'embarrassera : en politique, il n'y a point de principe exclusif ; on intervient ou l'on n'intervient pas, selon les exigences de son pays. Dire que l'on n'ira pas éteindre le feu chez les voisins quand il va se communiquer à notre maison ; dire que l'on doit toujours prendre pour le feu ce qui n'est pas le feu ; employer la force au gré de son caprice, c'est abuser des mots. Le premier devoir d'un ministre est de sauver sa patrie quand un danger la menace, en dépit des considérations générales et des intérêts particuliers. Quiconque ne sent pas, ne voit pas cela, n'agit pas dans cet esprit, ne sera jamais un homme d'État.

La guerre d'Espagne pouvait sauver la légitimité ; elle lui mit à la main le pain de la victoire : la légitimité a abusé de la vie que nous lui avions rendue. Il nous avait semblé utile à son salut, d'une part, de la fixer dans la liberté ; de l'autre, de la pousser vers la gloire : elle en a jugé autrement.

Le 26 février, la discussion fut continuée. M. Manuel nous crut prendre en faute dans notre citation à propos du cas d'intervention que l'Angleterre jugea légal en 1793 ; il se trompa : c'était nous qui avions raison. Malheureusement il arriva à des comparaisons et à des souvenirs mal interprétés, qui soulevèrent la majorité de la Chambre.

Le 28 février, M. de La Bourdonnaie développa la proposition qu'il avait déjà communiquée dans les bureaux ; il demanda l'expulsion d'un député, lequel, selon lui, avait fait publiquement l'apologie du régicide. M. Manuel, désirant se justifier, rappela cette phrase de nous : « Comme OEdipe, Louis XVI a disparu au milieu d'une tempête. » Dans la séance du 3 mars, la Chambre déclara qu'elle *excluait de son sein M. Manuel pendant la durée de la session entière.* Le parlement anglais avait donné quelques exemples de ces exclusions, assez fréquentes dans nos corps de magistrature : c'était trop de violence pour trop peu de chose. M. Manuel de plus à la tribune ne m'aurait pas gêné davantage que la liberté de la presse. Il fut heureux dans son malheur; son silence mit à l'abri son talent : il en est résulté pour la mémoire de l'orateur une de ces immortalités qui s'élèvent à quelques pas des tombeaux.

Au surplus, nous n'avons jamais tant ouï de malédictions et de prophéties sinistres, tant vu de bonnes cervelles à l'envers; c'était un feu roulant des mêmes objections, une battologie et une tautologie perpétuelles : guerre injuste, guerre impolitique, faite dans l'intérêt du pouvoir absolu; nous n'avions pas le droit d'intervenir ; nous consoliderions ce que nous prétendions renverser, etc., etc. En entendant ces discours, nous éprouvions une sorte d'impatience et d'étonnement; nous ne pouvions comprendre comment, parmi tous ces hommes distingués, il ne s'en trouvait pas un qui devinât notre pensée, qui découvrît le but vers lequel nous tendions. Nous étions prêt quelquefois à nous écrier :

« Eh ! imbéciles gens d'esprit ! il s'agit bien d'intervention, de constitution espagnole, de toutes ces choses que vous nous forcez à vous dire ici; choses vraies sans doute, mais qui sont à côté de la question véritable ! Mauvais Français, vous nous combattez par prévention, jalousie, ambition, sans voir où nous allons, sans savoir ce que vous faites ! Nous ne pouvons dire notre secret à la tribune. Nation légère et taquine, à quoi vous sert donc votre intelligence si vantée ? »

XLVI

TRIBUNE ANGLAISE.

Discussion dans la Chambre des communes. — M. Peel et M. Brougham.

Les premières attaques eurent lieu en Angleterre dans la séance du 4 février 1823, à la Chambre des lords, par le comte Stanhope et par le marquis de Lansdown; à la Chambre des communes, par MM. Childe, Wildman, Yorke et Brougham. Les trois premiers déclarèrent que si le canon retentissait sur la Bidassoa, il serait impossible à l'Angleterre de demeurer neutre. M. Canning et M. Peel furent presque toujours présents aux conflits qui se succédèrent durant le mois de février avec une ardeur croissante.

Sir Robert Peel, qui nous offrit à sa table l'hospitalité diplomatique, avait été élevé à l'école de Harrow, presque avec lord Byron, quand, pauvre émigré, nous errions inconnu autour de Harrow-Hill. La personne du ministre de l'intérieur était agréable; l'harmonie de sa voix faisait oublier l'habitude originale de l'un de ses gestes. Lady Peel, née, ce nous semble, sous le ciel de l'Inde, était d'une délicatesse que nous n'avons vue à aucune femme : on eût dit qu'elle était transparente ; tout à coup cette Niobé d'albâtre se teignait du pâle incarnat d'une rose du Bengale ; elle avait des enfants, véritables angelets. M. Peel puisait dans sa richesse et son bonheur quelque chose de doux et de modéré ; cet esprit de tempérance le suivait à la tribune. Tout en approuvant l'opposition, il douta que l'Angleterre pût intervenir ; il assura que l'intervention de l'Autriche à Naples était impérieusement *commandée par la nécessité, et conséquemment parfaitement juste pour garantir ses propres États d'un danger réel;* et nous, nous n'eussions pas eu le droit d'intervenir pour nous garantir d'un danger réel !

M. Brougham nous attaqua dans trois discours, et les injures du grand moqueur augmentaient d'une manière tout admirable. Il mit en train l'Angleterre, qui poussait des *huzza* derrière lui : articles de journaux, brochures et discours pleuvaient ; les expressions n'étaient pas ménagées comme en France ; tout ce que la grossièreté la plus populacière et la crédulité la plus ignare pouvaient vomir était lancé sur moi, et toujours M. de Villèle était épargné. Des huées, des trognons de choux, des restes de pommes m'assaillaient, comme si j'eusse été un candidat résigné à la fange sur les *hustings de Westminster*. Le radicalisme a fait entrer le *boxing* dans l'éloquence britannique, comme la révolution a introduit la pique et le bonnet rouge dans nos discours.

XLVII

Suite. — Ce que répondent à M. Brougham le *Courier* et M. Canning.

M. Brougham, à la Chambre des communes, affirme qu'en France « ce n'était qu'un parti, et peu estimable, qui cherchait à pousser le gouvernement à la guerre, pour satisfaire sa bigoterie ou ses intérêts pécuniaires. »

Mes intérêts pécuniaires !

Dans un autre discours, M. Brougham se surpasse lui-même : là, je suis appelé un *cloggy writer* (lourd, empêtré écrivain) ; il se moque d'*Atala*, il accable de ses lazzis la *Fille du désert* ; il brocarde toute ma vie : je suis un misérable flagorneur de Buonaparte ; je suis allé bigotement à Jérusalem chercher de l'eau du Jourdain pour le roi de Rome (mon voyage à Jérusalem est de 1806, et Buonaparte n'a épousé Marie-Louise qu'en 1810 : quelle prévision de ma part !) ; il trouve étonnant qu'on ait appelé un pauvre diable comme moi au ministère. Son étonnement n'était pas fondé : était-il donc étonnant qu'un homme entré dans la carrière diplomatique sous Buonaparte, nommé depuis ministre à Stockholm, ministre à Berlin, ambassadeur à Londres, devînt ministre des affaires étrangères? Est-ce comme écrivain qu'il trouvait étrange ma prise de possession d'un portefeuille? Mais pourquoi n'éprouvait-il pas le même sentiment à l'égard de M. Canning et de M. Martinez de La Rosa, tous deux poëtes, tous deux auteurs comme moi? Lui-même, M. Brougham, n'était-il pas entaché du même vice? N'avait-il pas commencé par se servir de sa plume avant d'user de sa langue? Le *Courrier* anglais lui dit justement :

« Nous croyons que l'élégance de langage et le ton d'urbanité et de politesse de M. Brougham, en parlant du vicomte de Chateaubriand, ne peuvent exciter qu'un seul sentiment.

« Nous avons pu nous convaincre jusqu'à présent que ce style énergique et d'une espèce toute particulière n'est pas familier à M. de Chateaubriand. Toutefois, s'il pouvait vouloir répondre sur le même ton, seulement pour prouver que l'on peut faire à bon marché de ces fleurs de rhétorique, nous croyons qu'il pourrait répliquer : Brougham, cet homme d'État et de loi à la douzaine, qui écrit de mauvaises revues et prononce des discours plus mauvais encore, etc.

« Tout homme qui ne craint pas de se salir les doigts peut jeter de la boue ; mais en général, dans cette espèce de guerre, un *boueur* doit avoir un avantage décidé sur un *gentleman*. Mais, bien que le boueur eût couvert de boue et d'ordures son adversaire de la tête aux pieds, ce dernier n'en resterait pas moins un gentleman, et l'autre un boueur.

« En toute occasion, M. Brougham paraît agir dans l'idée que des mots durs sont des arguments forts, que de citer des noms, c'est prouver des faits, et qu'entasser des épithètes d'horreur et de réprobation est la même chose que de démontrer qu'elles sont bien appliquées. Il tient certainement magasin d'invectives, ce qu'il faut peut-être attribuer aux habitudes de sa profession, etc. »

Nous n'aurions pas demandé au *Courrier* anglais une réponse d'une telle acrimonie ; mais nous ajouterons, pour la consolation de notre amour-propre, que les premiers articles de la *Revue d'Édimbourg*, si injurieux à lord Byron, étaient de M. Brougham : le critique nous a traité comme il traita *Childe-Harold :* qu'il permette à notre vanité de s'emparer de cette flatteuse analogie.

M. Peel défendit Alexandre, attaqué et représenté comme assassin de son père : nous nous roulions dans la boue avec l'empereur de Russie, sous les poings vigoureux de l'athlète anglais. M. Canning hasarda à notre égard une petite excuse honteuse, disant que le gouvernement français était coupable, mais qu'il ne fallait pas me confondre avec ce gouvernement : cela était vrai dans tout autre sens que ne l'entendait l'orateur. Le ministre des affaires étrangères de S. M. B., à propos du discours de M. Brougham, nous appliqua le mot comique de Molière que nous avons déjà cité[1] : « Tu l'as voulu, Georges Dandin ! » Notre illustre ami s'était pourtant maintes fois exprimé sur notre compte avec indulgence et politesse, notamment dans son discours au sujet du *Literary funds,* pendant notre ambassade de Londres, dans la lettre qu'il nous écrivit à Vérone, et, dans les autres lettres qu'on va lire, il se piquait d'émulation ; il joutait de *memorandum* contre nous dans tout l'avantage de son talent. Lorsque nous fûmes nommé ministre, il dit à ses bureaux : « Soignons nos dépêches, Messieurs ! » il les corrigeait, les écrivait souvent lui-même, et quand il en était satisfait, il ajoutait : « Qu'en pensera Chateaubriand ? » Cette lutte de deux intelligences qui s'estiment et se craignent est un fait curieux dans l'histoire de la diplomatie, ordinairement école de dissimulation et de mensonge.

XLVIII

Lady Jersey. — Dîner à Londres, en 1822, avec M. Brougham. — Nous répondons dans la Chambre des pairs à nos adversaires anglais. — Lord Brougham vient nous voir à Paris.

Nous avions dîné à Londres avec M. Brougham chez la belle lady Jersey, qui rappelait la première duchesse de Dévonshire, auteur du poëme sur le Saint-Gothard. Lady Jersey, duchesse anglaise de Chevreuse, moins les grandes aventures et plus la régularité des mœurs, était de l'opposition par nature, comme on est oiseau ou poëte par la volonté des astres. Son père, le duc de Westmoreland, membre du cabinet, Breton de la vieille roche, buvait bien, traitait comme sa pantoufle les idées nouvelles, et avait inventé pour monter à cheval des garde-jambes, ainsi que le chevalier Robert le Cornu eut la gloire, sous Guillaume le Roux, d'être l'auteur des *souliers à la poulaine.*

M. Brougham, au grand dîner d'opposants dont nous parlons, fut presque muet ; il nous regardait avec une sorte d'inquiétude sarcastique en souffrance : il eût été plus insolent s'il eût eu le droit de l'être. Nous l'avions entendu aux Communes ; sa mine nous parut assez plébéienne, quoiqu'il appartînt à une famille noble : à son geste et à sa parole, nous l'aurions pu prendre pour un orateur français ; il avait de plus cette expression des rues inhérentes à l'*humour* de John Bull.

La vomique du membre de la chambre basse n'ayant fait que souiller nos vêtements sans nous toucher au visage, nous en fûmes quitte pour faire donner notre habit au premier camarade de M. Brougham qui passa de-

---

[1] *Voyez* le *Congrès de Vérone.*

vant la porte du ministère des affaires étrangères. Nous nous rendîmes, le 30 avril, à la Chambre des pairs : nous prîmes la parole pour répondre à nos adversaires anglais. L'opinion que nous prononçâmes est une de celles dont le succès fut le moins contesté ; la voici :

« On m'a sommé, Messieurs, de répondre à des questions qu'on a bien voulu m'adresser ; on a accusé mon silence : je vais vous en exposer les raisons, et peut-être vous paraîtront-elles avoir quelque valeur.

« Si le gouvernement britannique n'est pas, sous quelque rapport, aussi circonspect que le nôtre doit l'être, il est évident que cela tient à la différence des positions politiques.

« En Angleterre, la prérogative royale ne craint point de faire les concessions les plus larges, parce qu'elle est défendue par des institutions que le temps a consacrées. Avez-vous un clergé riche et propriétaire ? Avez-vous une chambre des pairs qui possède la majeure partie des terres du royaume, et dont la chambre élective n'est qu'une sorte de branche ou d'écoulement ? Le droit de primogéniture, les substitutions, les lois féodales normandes, perpétuent-elles dans vos familles des fortunes pour ainsi dire immortelles ? En Angleterre, l'esprit aristocratique a tout pénétré ; tout est priviléges, associations, corporations. Les anciens usages, comme les antiques lois et les vieux monuments, sont conservés avec une espèce de culte. Le principe démocratique n'est rien : quelques assemblées tumultueuses qui se réunissent de temps en temps, en vertu de certains droits de comtés, voilà tout ce qui est accordé à la démocratie. Le peuple, comme dans l'ancienne Rome, client de la haute aristocratie, est le soutien et non le rival de la noblesse.

« On conçoit, Messieurs, que dans un tel état de choses la couronne en Angleterre n'a rien à craindre du principe démocratique ; on conçoit aussi comment les pairs des trois royaumes, comment des hommes qui auraient tout à perdre à une révolution, professent publiquement des doctrines qui sembleraient devoir détruire leur existence sociale : c'est qu'au fond ils ne courent aucun danger. Les membres de l'opposition anglaise prêchent en sûreté la démocratie dans l'aristocratie : rien n'est si agréable que de se donner les honneurs populaires, en conservant des titres, des priviléges, et quelques millions de revenu.

« En sommes-nous-là, Messieurs, et présentons-nous à la couronne de pareilles garanties ? Où est l'aristocratie dans un pays où vous ne trouvez pas douze mille propriétaires qui payent mille francs d'imposition ? Où est l'aristocratie dans un État où le partage égal anéantit la grande propriété, où l'esprit d'égalité n'avait laissé subsister aucune distinction sociale, et souffre à peine aujourd'hui les supériorités naturelles ?

« Ne nous trompons pas ; il n'y a en France de monarchie que dans la couronne; c'est elle qui, par son antiquité et la force des mœurs, nous sert de barrière contre les flots de la démocratie. Quelle différence de position! En France, c'est la couronne qui met à l'abri l'aristocratie; en Angleterre, c'est l'aristocratie qui sert de rempart à la couronne. Ce seul fait interdit toute comparaison entre les deux pays.

« Au reste, Messieurs, les gouvernements représentatifs deviendraient impossibles si les tribunes se répondaient. Les récriminations imprudentes auraient bientôt changé l'Europe en un champ de bataille. C'est à nous à donner l'exemple de la modération parlementaire. On a fait des vœux contre nous : souhaitons la prospérité à toute puissance avec laquelle nous conservons des relations amicales. On a osé élever la voix contre le plus sage des rois et son auguste famille! Qu'avons-nous à dire du roi d'Angleterre, sinon qu'il n'y a point de prince dont la politique soit plus droite et le caractère plus généreux; point de prince qui, par ses sentiments, ses manières et son langage, donne une plus juste idée du monarque et du gentilhomme? On a traité avec rigueur les ministres français! Je connais les ministres qui gouvernent aujourd'hui l'Angleterre : ces personnages éminents sont dignes de l'estime et de la considération dont ils jouissent. J'ai été l'objet particulier des insultes! qu'importe, si vous trouvez, Messieurs, que je ne les ai méritées que pour avoir bien servi mon pays? Ne craignez pas que ma vanité blessée puisse me faire oublier ce que je dois à ma patrie; et, quand il s'agira de maintenir la bonne harmonie entre deux nations puissantes, je ne me souviendrai jamais d'avoir été offensé. »

On trouva, même en Angleterre, que l'avantage nous était resté.

M. Brougham, devenu lors Brougham, oubliant ce qu'il avait dit de nous, nous a fait l'honneur de venir deux fois nous voir à Paris. Quand on l'annonça, nous fûmes étonné un peu; nous nous levâmes, nous nous avançâmes vers lui, et nous lui dîmes : « Milord, je suis bien aise que vous ne m'en vouliez pas de vos anciens discours. » Sa Seigneurie s'est assise : l'éclat de son rang avait déjà rejailli sur ses façons, et ses trivialités démocratiques avaient une certaine grâce de franchise, à travers le ton moins familier de l'aristocratie. Nous avons causé cordialement ensemble, comme si lord Brougham eût toujours été notre *admirateur* et notre *ami*. Il ne songeait plus au Jourdain, à notre *bigoterie*, à nos *intérêts pécuniers;* il nous honorait comme un *gentleman* pauvre, sincère dans ses opinions et resté fidèle au malheur : nous, nous étions charmé de nous entretenir avec un *scholar* d'autant d'esprit et de savoir.

XLIX

Lettre de Cobbett.

Mais nous eûmes en dehors du parlement un étrange défenseur et un singulier ennemi : le fameux pamphlétaire Cobbett écrivait dans ce moment des lettres contre les ministres de S. M. B. : parmi ces lettres, il nous en adressa une. Ce politique populaire se montra plus clairvoyant que les hommes d'État de la France et de l'Europe; il ne s'en fallut guère qu'il ne mît au jour notre secret; il ne se méprit pas, lui, sur le résultat de l'expédition d'Espagne : seulement, il ne prévit point que nous ne serions plus là pour tirer de nos succès l'avantage dont nous bercions nos espérances.

Cette lettre, inconnue en France, est un monument historique.

A M. de Chateaubriand [1].

Kensington, 1er mars 1823.

« Monsieur,

« Votre discours du 25 du mois dernier a été traduit en anglais et publié en Angleterre. Quand on est sur le point de commencer une guerre dont les suites peuvent intéresser matériellement une grande partie du monde civilisé, il est très-important d'en savoir les véritables motifs. Dans votre discours, vous avez spécifié les motifs qui font agir la France. L'objet de ce discours est, non-seulement de justifier la conduite de la France aux yeux du monde, mais de justifier le gouvernement français aux yeux du peuple français. Ce discours se divise donc naturellement en deux parties : 1° *le droit de la France* d'intervenir dans les affaires des Espagnes conformément aux lois et usages des nations; 2° l'utilité pour la France de l'exercice de ce droit dans le moment actuel.

« Quant à la première partie, vous vous reposez très-sagement sur les principes mis en avant par le gouvernement anglais au commencement de la guerre de 1793. Le passage que vous avez cité de la déclaration du roi d'Angleterre, du 19 octobre 1793, est une justification complète du gouvernement français dans le moment actuel. Il est vrai que les Français avaient alors fait mourir Louis XVI; mais, si la mort de Louis XVI donna à

---

[1] Je dois la traduction élégante et fidèle de cette lettre à mon ami M. Frisel, auteur de l'excellent écrit sur la *Constitution de l'Angleterre*.

l'Angleterre le doit d'intervention, ce droit n'était fondé que sur *son propre jugement*. La mise à mort du roi de France était tout autant *une affaire intérieure* que tout autre acte de l'Assemblée nationale ou de la Convention. Elle ne pouvait être regardée comme un péché impardonnable aux yeux des nations étrangères, puisque le gouvernement anglais offrit, quelque temps après, de traiter et de vivre en amitié avec le Directoire, dont tous les membres étaient des régicides.

« D'ailleurs, dans l'année 1800, le gouvernement anglais, en répondant à une proposition de paix faite par Buonaparte, base son refus, non sur la personne du consul, mais sur l'état de choses existant en France. Il refuse d'entrer en négociation, non parce que Buonaparte, alors premier consul, propose quelque chose d'humiliant ou d'injurieux pour l'Angleterre, mais parce que, disait-on, il n'y avait pas de garantie pour le maintien d'une paix quelconque tant que le *système politique de l'intérieur de la France continuerait d'exister*. Il déclare ne pas vouloir dicter un gouvernement à la France; mais, en même temps, lord Granville mande à M. de Talleyrand que la *restauration de la famille de Bourbon* serait le meilleur gage de l'abandonnement d'une conduite qui *mettrait en danger l'existence même de toute société civile*, qu'une telle restauration ôterait tous les obstacles qui empêchaient de traiter avec la France; il ajoute que l'Angleterre ne pouvait pas traiter *avec le système actuel de la France*. Y eut-il jamais un exemple plus frappant d'intervention dans les affaires d'une nation étrangère? Cette déclaration de lord Granville est datée du 4 janvier 1800. En réponse à cette note, il reçut de M. de Talleyrand l'assurance la plus solennelle que la France était devenue parfaitement tranquille, qu'elle ne cherchait plus à troubler la paix des autres nations, et qu'elle désirait surtout de vivre en amitié avec l'Angleterre. Bref, le ministre de France fit presque des supplications pour la paix. Ces supplications furent rejetées sur le seul motif de la nature du gouvernement alors existant en France.

« Tout ce qu'on dit donc maintenant sur la déclaration du gouvernement espagnol, qui ne cherche pas à propager ses principes au delà de la frontière, tous les arguments que tire notre gouvernement de cette déclaration pour vous engager à ne pas envahir l'Espagne, tout cela tombe à plat, car nous avons la preuve qu'une pareille déclaration, faite par Buonaparte et la nation française, a été rejetée avec dédain par notre gouvernement. Cependant ce même gouvernement fit la paix quelque temps après avec Buonaparte, sans avoir vu le moindre changement dans les institutions françaises ou dans les dispositions de ceux qui gouvernaient la France. Lord Granville, dans la note déjà citée, dit qu'il avait besoin de *l'évidence des faits* pour être convaincu que la France avait renoncé à ses projets d'ambition et à cet esprit remuant qui mettait en danger l'existence de la société : deux ans après, il reçut cette *évidence des faits,* et ces faits consistaient dans de grandes victoires obtenues sur les alliés par la France, dans d'énormes additions faites aux conquêtes françaises et dans des prétentions pour les termes de la paix beaucoup plus élevées que celles qu'avait Buonaparte en 1800 ! Tels étaient les faits dont le gouvernement anglais avait besoin pour *se croire en sûreté* en traitant avec la France. Et si les Espagnols pouvaient passer les Pyrénées et conquérir une ou deux provinces de la France, je crois sincèrement que vous ne trouveriez aucun danger à traiter pour la paix avec les cortès. Rien ne tend plus à pacifier les nations, comme les individus, que d'être bien battu. Mais cette réflexion n'a pas de rapport avec la question devant nous. Dans ces deux procédés de 1800 et 1802, nous avons la preuve complète que notre gouvernement se conduisit d'après les mêmes principes que vous mettez en avant pour justifier votre invasion de l'Espagne.

« Mais, Monsieur, pour ne rien dire du renouvellement de la guerre en 1803, pour ne rien dire de la déclaration du 10 mai de cette année, qui a été si parfaitement réfutée dans *le Moniteur* du 7 juin suivant, pour ne rien dire des assertions renouvelées, alors qu'il était impossible à l'Angleterre de vivre en paix avec la France sous le système qui la dominait, je m'étonne que vous ayez omis la déclaration des alliés, contenue dans la minute imprimée de leurs conférences à Vienne, datée le 12 mai 1815. A cette époque, Buonaparte était rentré en France. Il avait fait la déclaration la plus solennelle de ses dispositions pacifiques; il avait entièrement aboli la traite des nègres ; il avait assuré notre gouvernement de son désir extrême de vivre en paix avec lui ; mais, en réponse à toutes ces déclarations et assurances, il reçut la guerre de la part de l'Autriche, de l'Espagne, de l'*Angleterre,* du Portugal, de la Prusse, de la Russie, de la Suède, de la Bavière, du Danemark, du Hanovre, des Pays-Bas, de la Sardaigne, de la Saxe, des Deux-Siciles et du Würtemberg, qui, toutes, signèrent la minute de la conférence, dont la publication devait tenir lieu d'une nouvelle déclaration de guerre. Dans cette minute, vous auriez pu trouver le passage suivant : « Les puissances savent trop bien les principes qui doivent
« les guider dans leurs relations avec un État indépendant, pour essayer
« (comme on tâche de les en accuser) de lui imposer des lois ou de se
« mêler de ses affaires intérieures, pour lui prescrire une forme de gouver-
« nement, et lui donner des maîtres selon les intérêts et les passions de ses
« voisins. Mais elles savent aussi que le droit qu'a une nation de changer
« son système de gouvernement *doit avoir ses limites,* et que, si les puis-
« sances étrangères n'ont pas le droit de lui prescrire l'usage qu'il doit
« faire de cette liberté, elles ont indubitablement le droit de protester
« contre l'abus qu'il peut en faire à leur préjudice. Conformément à ce

« principe, les puissances ne se croient pas autorisées *d'imposer un gou-*
« *vernement* à la France ; mais *elles ne renonceront jamais au droit*
« *d'empêcher le rétablissement en France, sous le nom de gouvernement,*
« *d'un foyer de désordres qui tendrait à la subversion des autres États.* »

« C'est l'ancien langage ; ce n'est ni plus ni moins que le principe mis en avant pour justifier la guerre contre la France, depuis 1793 jusqu'à l'époque de cette nouvelle déclaration. Dans un autre paragraphe de cet écrit, les puissances déclarent qu'elles ne veulent *pas de paix avec Buonaparte*. Un de nos lords de l'amirauté, en l'an 1814, déclara, dans le parlement, que nous ne voulions pas de paix avec James Madison (le président des États-Unis) : quelques *bonnes défaites* produisirent le même effet à l'égard des Américains, qu'elles avaient eu pour Buonaparte entre les années 1800 et 1802. Cependant l'assertion contre James Madison ne fut pas faite d'une manière aussi officielle que la déclaration de Vienne que je viens de citer, et qui était signée par trois lords, Clancarthy, Cathcart et Stewart. Dans un autre endroit de cette même conférence ou déclaration, il est dit : « La paix avec un gouvernement placé en de telles mains,
« et composé de tels éléments, ne produirait qu'un état perpétuel d'incer-
« titudes, d'inquiétudes et de dangers. Aucune puissance ne pourrait réel-
« lement réduire son établissement militaire ; les nations ne jouiraient
« d'aucun des avantages d'une véritable pacification, elles seraient écra-
« sées par des charges de toute espèce ; il n'y aurait aucune stabilité dans
« les relations politiques ; l'Europe alarmée s'attendrait à de nouvelles
« explosions : les souverains ont pensé qu'une guerre ouverte, avec tous
« ses inconvénients et ses sacrifices, serait préférable à un état pareil. »

« Tel était le langage de l'Angleterre, ou tout au moins du gouvernement anglais, en l'année 1815. Comment donc le même gouvernement, composé à peu près des mêmes hommes, peut-il prétendre dire que leur conduite passée n'était pas basée sur les mêmes principes que ceux d'après lesquels vous justifiez la guerre que vous allez entreprendre ?

« Quant à moi, je ne reconnais pas ces principes ; je les regarde, avec une grande partie de la nation anglaise, comme des principes monstrueux. Mais tout cela ne fait rien ni à vous, Monsieur, ni à votre nation. Ce qui est très-louable en moi serait précisément le contraire de votre part, parce que vous avez à tirer parti de ces principes au profit de la France, parce que vous êtes Français, tandis que moi, je suis Anglais. Votre citation et vos arguments ne sont d'aucune valeur contre moi et contre quelques écrivains habiles de notre propre pays ; mais ils sont excellents comme une réponse à nos ministres et à leurs partisans. Et, en effet, on n'a pas essayé de vous réfuter : des injures personnelles, mais point de réfutation ; du verbiage sur ce que vous avez servi Buonaparte, sur ce que vous lui avez rendu des honneurs divins, sur ce que vous avez comparé la naissance de son enfant à celle du Rédempteur, sur ce que vous avez apporté de l'eau de la rivière du Jourdain pour servir au baptême de cet enfant ; mais pas un seul mot en réponse à votre discours, pas un mot pour montrer que le principe dont nos ministres se sont servis pour l'invasion de la France, pour empêcher la *contagion morale* de traverser la Manche, que ce même principe ne peut servir aussi au roi de France pour le justifier d'empêcher la *contagion morale* de passer la ligne imaginaire qui sépare ses États de l'Espagne. Quand vos adversaires sont réduits à employer des injures personnelles, quand ils parlent d'eau apportée du Jourdain, au lieu de nier qu'ils ont prêché les mêmes principes que vous dans leurs manifestes et dans leurs journaux, vous pouvez rester assuré que la victoire est de votre côté.

« On pourrait dire, quoique cela ne fît rien à la chose, que cette déclaration de Vienne n'était pas conforme aux sentiments de la nation anglaise; qu'elle n'était pas conforme aux sentiments de la partie saine de la nation, car plusieurs de nous avaient en horreur les principes sur lesquels elle était basée ; mais, encore une fois, il n'est pas question de cela ; il est question des principes des ministres et du langage du parlement : dans ce même parlement, on a prononcé des discours pleins d'invectives contre le roi de France pour avoir imité notre langage et notre conduite. Pendant les débats sur la guerre contre Buonaparte, plusieurs des hommes maintenant en place ou dans le parlement exprimèrent leurs sentiments. Avec leur permission, je citerai quelques-unes de leurs expressions. Persuadé qu'elles seraient quelque jour d'un intérêt considérable, j'en fis un recueil que j'adressai dans une lettre à lord Castlereagh ; la lettre terminait avec ces paroles : « Ici, milord, je finis mes extraits. Ce sont des *passages mémorables;*
« on les citera *cent fois.* Ici, ils sont en *sûreté ;* ils ne seront plus en dan-
« ger d'être *perdus.* »

« Lors des débats sur la guerre avec la France, lord Liverpool déclara
« que nous étions obligés d'avoir recours aux armes pour nous opposer au
« système français, système qui n'offrait aucune garantie pour la paix, et
« menaçait de danger les autres nations ; qu'il désirait que la France eût
« un gouvernement limité, comme celui de ce pays-ci ; mais que, tant que
« le gouvernement français restait comme il était, il n'y avait pas de sû-
« reté pour nous dans un état de paix ; qu'il ne cherchait pas à diminuer
« les ressources de la France, mais il demandait seulement qu'elle eût un
« gouvernement qui offrît des garanties pour la paix avec le reste de l'Eu-
« rope. » Après cela, il ajouta : « Voici l'état de la question. Premièrement,
« vous avez une juste cause de guerre contre le système français, que
« l'expérience a décidément prouvé être incompatible avec la paix et l'in-

« dépendance des nations de l'Europe ; secondement, vous avez mainte-
« nant, pour vous opposer à ce système, des moyens que vous ne pouvez
« pas raisonnablement espérer avoir dans un autre moment. La question
« est donc de savoir s'il n'est pas de votre devoir de profiter des circon-
« stances pour détruire ce système. » Lord Liverpool termine en disant :
« Nous avons le droit de vouloir que la France *n'ait pas un gouverne-*
« *ment* qui menace le repos des autres nations ; nous ne devons pas refu-
« ser de nous associer à ceux qui veulent écraser un des plus grands
« maux qui aient jamais existé. »

« Ainsi parle l'homme qui était *alors premier ministre*, et qui est *premier ministre maintenant ;* et cependant c'est le même homme que les journaux nous représentent comme ayant dit « que le roi de France n'a,
« dans ce moment-ci, aucun motif justifiable pour l'invasion de l'Es-
« pagne. » Nous avons le droit de dire à la France : « Vous n'aurez pas
« un gouvernement qui menace de troubler notre repos ; » mais le roi de France n'a pas le droit d'en dire autant à l'Espagne. Après le premier ministre, vinrent lord Granville et lord Bathurst, qui soutinrent les mêmes opinions. Dans l'autre chambre, M. Graham, M. Plunkett et lord Milton soutinrent les mêmes opinions. Ces Messieurs sont de ce qu'on appelle *l'opposition*. M. J. Smith appelle le système français un système de *pillage*, et l'armée française une armée de *brigands*. M. Grattan dit que le gouvernement français était une *stratocratie*, et que la constitution française n'était que la *guerre*. Il dit que nous n'avions pas le droit d'imposer un gouvernement à la France, mais que nous avions le droit de lui dire :
« Vous ne vous donnerez pas un gouvernement dont le but est de vous
« mettre en hostilité avec l'Europe. » Il ajoute qu'il avait pour opinion *l'autorité de M. Burke* et la *pratique de M. Fox*.

« En voilà assez sur le principe qu'on mit en avant pour justifier l'invasion de la France en 1815. Vint ensuite l'argument du *pouvoir*. Tous les orateurs se vantèrent du grand nombre de nos alliés, et insistèrent sur la politique de faire la guerre *pendant que nous avions ces alliés*. On ne dit pas un mot alors sur les trois *gentilshommes de Vérone* (titre d'une comédie de Shakspeare, et allusion aux deux empereurs et au roi de Prusse). On ne pensa pas alors à cette assez médiocre plaisanterie. Nos orateurs parlementaires, au moins ceux qui soutenaient les ministres, ne déclamèrent pas contre les *despotes combinés*. Les ministres alors se *vantèrent* de leurs *alliés*, et personne ne cria contre les *trente et un* plénipotentiaires de *seize* États qui signèrent la déclaration de Vienne. Diront-ils que les Espagnols sont *faibles*, en comparaison de ce qu'étaient les Français alors ? Écoutons leurs orateurs sur cet article. Lord Liverpool déclara que la masse de la nation française avait une grande aversion pour Buonaparte. M. Grat-

tan dit : « Buonaparte *n'a ni cavalerie*, ni argent, ni crédit; sa puissance
« est à présent *ébranlée jusqu'aux fondements.* » M. Plunkett dit : « Buo-
« naparte a embarqué sa fortune dans un vaisseau battu par l'orage, et
« dont le mât est courbé jusqu'au niveau de l'eau. » Lord Castlereagh :
« La force militaire de *tout le reste de l'Europe* est combinée maintenant
« contre *la moitié* de la France. » M. Plunkett dit encore que toutes les
puissances de l'Europe étaient avec nous aussi bien qu'*une portion considérable de la population de la France.*

« De manière que la *faiblesse*, qui était alors un des grands motifs pour
attaquer la France, est maintenant un des arguments *contre l'invasion* de
l'Espagne. Les conseillers disent : « N'attaquez pas les Espagnols ; ils sont
« *trop faibles* pour que leurs principes puissent vous faire du mal ; ils n'ont
« pas les moyens de vous envahir. » Ce sont des arguments opposés qu'em-
ployaient les mêmes hommes au commencement de la courte guerre qu'ils
firent *à la France,* laquelle (chose singulière) priva sa capitale de ses mu-
sées, son royaume des villes frontières, et son trésor d'une somme énorme
d'argent ! Au lieu de dire dans le parlement anglais : N'envahissez pas la
France ; la France est *trop faible* pour vous faire du mal, on disait :
« Faites la guerre à la France parce qu'*elle est faible* et parce que vous
« êtes forts, ayant pour vous toutes les puissances de l'Europe et la moitié
« de la France. »

« Telle fut la mémorable scène en 1815. J'avais bien raison, en recueil-
lant les principaux passages des discours faits alors dans le parlement, de
dire qu'on les citerait plus d'une fois. Les doctrines émises alors étaient si
injustes et si monstrueuses, que je croyais qu'il était impossible qu'elles ne
fussent pas un jour appliquées contre nous. Nous voyons maintenant la
France, avec plus d'apparence de raison, tenir le même langage que nous
tenions en 1815 ; et il est curieux de remarquer que personne, excepté moi,
ne rappelle à la nation quelle était alors la conduite de notre gouvernement.
Les passages que j'ai cités sont une réponse éternelle aux ministres et à
leurs partisans, quand ils veulent questionner le droit d'intervention pour
forcer une nation de modifier sa constitution selon la volonté des puissances voisines qui sont plus fortes.

« Encore un mot avant de quitter la déclaration de 1815. Le grand cri
en Angleterre maintenant est contre les *despotes combinés.* En 1815, au
contraire, cette combinaison des despotes était un sujet d'éloges ; agir de
concert avec une pareille combinaison était regardé comme heureux et
même glorieux. Cette combinaison, dont on parle maintenant avec tant d'a-
mertume (et avec tant de raison), était vantée comme *formée par l'Angleterre* et projetée par Pitt ! Lord Castlereagh, en parlant du congrès de
Vienne, dit que « c'était une grande satisfaction pour eux, qui révéraient

« la politique de *ce grand homme d'État*, d'avoir assez vécu pour voir
« *réduit en pratique* ce que son grand esprit avait imaginé en théorie,
« comme le complément de tous ses souhaits. » C'est donc le gouvernement anglais qui a inventé la Sainte-Alliance. On se vantait de cette alliance en 1815 ; mais maintenant que cette alliance soutient la France dans un projet qui doit nuire à l'Angleterre, au lieu de soutenir l'Angleterre dans un projet nuisible à la France, les mêmes personnes qui la louaient alors l'appellent maintenant *une combinaison de despotes*.

« Vous aurez été probablement surpris, Monsieur, de voir que messieurs de l'opposition aient été si portés pour les ministres qu'ils n'aient jamais pensé de dire que votre guerre avec l'Espagne est au moins aussi juste que celle qu'ils ont faite en 1793 et 1815, qu'ils les aient même loués sur leur humanité et leur esprit indépendant, tandis qu'ils ont vomi tant d'injures contre vous et vos alliés. Mais, Monsieur, un de nos membres du parlement a écrit dernièrement une brochure dans laquelle il remarque qu'il y a en Angleterre des roues dans des roues. Vous nous appelez une nation de boutiquiers, mais vous savez aussi que nous sommes de grands *manufacturiers* et sommes fameux pour nos *machines*. Vous seriez bien surpris de voir le nombre de roues que nous avons dans nos machines, et la manière singulière dont elles travaillent, étant mises en mouvement ou arrêtées par une puissance totalement invisible aux yeux du vulgaire. Dans votre Chambre des députés, quelle colère, quelle indignation, quelle opposition *réelle* ! Ah ! monsieur de Chateaubriand, si vous passiez un hiver avec nous, vous ne seriez pas embarrassé de trouver des raisons pour beaucoup de choses qui vous paraissent extrêmement singulières et totalement inexplicables !

« Il ne reste donc pas une ombre de doute sur la vérité de cette proposition : que, selon les principes proclamés par le gouvernement anglais, et selon la pratique de ce gouvernement, le roi de France est parfaitement justifié de son invasion de l'Espagne. Entendez-moi : je dis que le principe est monstrueux et la pratique abominable ; mais, quand tout le reste du genre humain aurait le droit de crier contre la France à cette occasion, ce droit n'appartient pas au gouvernement anglais et à ses partisans. Si j'avais été membre du parlement, la plus grande partie de ce que je vous écris, je l'aurais dit en face des ministres le premier jour de la session. Tout convaincu, comme je le suis, des vrais motifs de la conduite de la France, sachant parfaitement qu'elle *met en avant un prétexte qui est sanctionné par les principes et la pratique du gouvernement anglais, voyant parfaitement la vraie cause de la guerre qu'elle va faire, et dans laquelle il y a toute raison de croire qu'elle réussira*, j'aurais eu une belle occasion de rappeler à la Chambre notre conduite en 1815 : je lui aurais montré qu'avec les mêmes prétextes sous lesquels la France s'occupe d'envahir l'Espagne, l'Angleterre envahit la France, *plaça sur le trône ces mêmes Bourbons qui nous inspirent maintenant tant de crainte, prodigua les trésors de l'Angleterre à ces mêmes alliés qui maintenant soutiennent la France, se vanta en même temps de la conquête de la France, et tint, à l'égard de la France et du peuple français, cette conduite que cinquante siècles ne feront ni oublier, ni pardonner à ce peuple.* Aurais-je pu voir nos ministres à leurs places *dans* la chambre sans rappeler à leur conduite antérieure toutes les causes, non-seulement de votre guerre contre l'Espagne, mais les raisons de l'impossibilité où nous sommes de nous opposer à cette guerre, à moins de produire dans notre intérieur des dangers peut-être plus grands que ceux qui résulteront inévitablement pour nous de vos succès dans cette guerre ? Aurais-je pu laisser échapper cette occasion sans montrer que cette énorme dette qui nous paralyse vient de ce que nous avons agi d'après le même principe que nous condamnons en vous, sans montrer aussi clairement que le jour que les ruineuses conséquences de notre intervention dans les affaires de la France nous ôtent à présent les moyens d'empêcher votre intervention dans les affaires intérieures de l'Espagne ? En voilà assez sur la partie de votre discours qui a rapport au *droit* d'intervention. L'*utilité* de cette intervention est une autre question, et vous l'avez traitée en homme qui ne craint pas de dire la vérité ouvertement. Vous dites, et vous dites avec vérité, qu'il est utile aux intérêts de la France de placer l'Espagne sous l'influence de la France. Cela *est si évident que tout le monde doit le voir.* Il est très-certain que si l'Espagne était *libre de contracter des alliances sans faire attention aux souhaits de la maison de Bourbon, la position de la France serait moins bonne qu'autrefois.* C'est un très-bon argument pour vous justifier de faire la guerre, comme il l'est pour nous de nous joindre aux Espagnols ; mais cela ne fournit aucune raison à nos orateurs et à nos journaux corrompus de vous injurier et de vous parler de l'eau que vous avez apportée du Jourdain. Vous êtes notre ennemi, mais nous sommes les vôtres ; c'est bien connu au reste du monde, et ce n'est pas ignoré de nos partis politiques. De vous voir embarqué dans une entreprise qui vous promet tant d'avantages, est une très-bonne raison pour que nous tâchions d'empêcher le succès de cette entreprise, mais nullement pour aboyer des injures contre vous et vos alliés. Il paraît qu'on a imaginé ici que des discours pleins d'invectives, que des clameurs de bourse, des paragraphes injurieux dans les journaux vous feraient assez de peur pour vous empêcher de suivre votre projet. J'ai dit à ces faiseurs de bruit que vous ne vous souciiez que du bruit du canon, et que, quant à des cris, le roi de France en avait assez entendu dans sa vie pour n'en avoir pas peur.

« Une autre partie de votre discours confirme aussi ce que j'ai dit à cette nation il y a plusieurs mois, qu'une guerre de la part de la France ayant pour but de faire tort ou d'humilier l'Angleterre serait sûre d'être populaire en France. Je rappelais les transactions de 1814 et surtout de 1815. Je demandais aux Anglais quels sentiments ils auraient eus pour la France, si la France, en 1815, avait agi envers l'Angleterre comme l'Angleterre avait agi envers la France. Je leur rappelais le langage des journaux anglais à cette époque, et je citerai aujourd'hui des passages des deux journaux qui avaient alors le plus d'influence, *le Courrier* et *le Times*. Voici un passage du *Courrier* du 28 juillet 1815 : « Une nouvelle armée
« peut être fidèle au roi de France, et le roi *peut* avoir des dispositions
« pacifiques ; mais, supposé qu'il *ne les eût pas,* supposé que *son succes-*
« *seur ne les eût pas,* supposé qu'il fût obligé de suivre l'impulsion guer-
« rière de la nation, la *vraie,* la *sage,* la *saine* politique est de *réduire la*
« *puissance de la France;* c'est la seule manière de l'empêcher de troubler
« la paix de l'Europe. Nous devrions insister sur la *remise* ou au moins
« sur la *destruction de toutes les forteresses au nord de la France.* Nous
« devrions lui faire rendre toutes les conquêtes de Louis XIV. Pourquoi ne
« pas donner la Lorraine à l'Autriche et l'Alsace à la Prusse ? Enfin, on ne
« devrait pas lui laisser un seul tableau ni une seule statue. » Ceci fut écrit après que les alliés, après que l'Angleterre, *l'alliée* de Louis XVIII, eut occupé militairement Paris. Nous savons que cet avis fut presque suivi à la lettre. Ainsi vous voyez que l'hostilité de l'écrivain d'un journal ministériel très-répandu n'était pas contre Buonaparte, n'était pas contre une forme quelconque de gouvernement, mais contre la France, contre le peuple français, contre son bonheur et sa sûreté ! C'était trop encore que ce peuple conservât en tableaux et en statues les trophées de sa valeur ; ils furent enlevés par les *alliés du roi de France,* par ceux qui avaient signé la déclaration de Vienne. Nous étions ses *alliés* dans la guerre, nous entrâmes en France comme ses *alliés,* et, étant à Paris comme ses *alliés,* nous agîmes, à peu de chose près, de la manière recommandée par *le Courrier*. Le journal du *Times* recommande de plus la mort de Buonaparte, et, au mois de septembre suivant, il justifie le massacre des protestants à Nîmes. Tel était le langage de la presse anglaise ; tels étaient ses égards pour le peuple français. Si vous aviez le temps de lire des discours, je vous trouverais des discours dans lesquels on louait Blücher d'avoir le premier enlevé des statues et des tableaux ; je vous trouverais des discours qui élevaient jusqu'au ciel tout acte qui *tendait à opprimer ou à humilier la nation française;* je vous trouverais vingt discours dans lesquels on appelle avoir *conquis la France* d'y être entré comme *allié* du roi de France ; je vous en trouverais cent où l'on se vante de cette *conquête glorieuse,* quoique la guerre eût

commencé par une déclaration des ministres anglais, que c'était un combat où il y avait d'un côté toute l'Europe, et de l'autre la moitié de la France.

« On n'a pas encore cessé de nous fatiguer les oreilles de cette glorieuse conquête. On doit ériger une colonne de Waterloo en l'honneur de cette victoire de toute l'Europe sur la *moitié* de la France. Nous avons un pont qui porte le nom de Waterloo, en attendant la colonne ; nous avons dans une des promenades de Londres une grande statue nue en bronze, dédiée, par les *dames de l'Angleterre,* aux héros de Waterloo, où, je le répète, toute l'Europe combinée triompha de la *moitié* de la France. Et devons-nous croire que les Français n'ont pas les mêmes sentiments que nous ? Si une grosse figure nue était plantée au milieu de Paris avec une inscription insolente, si vous aviez des ponts et des colonnes pour célébrer vos triomphes sur nous ; si vous nous aviez dépouillés seulement d'un tas de tonneaux à bière ou de vieilles statues de Gog et Magog ; si enfin vous nous aviez traités comme nous vous avons traités en 1815, et cela surtout après être entrés sur notre territoire comme nos alliés, et avoir déclaré d'avance que la *meilleure moitié* de nous était d'accord avec vous ; si vous nous aviez enfin dépouillés des trophées dont nous nous enorgueillissions justement, il n'y aurait pas une goutte de sang anglais qui n'eût bouillonné du désir de se venger de la France. Comme ils doivent donc être stupides, combien peu ils doivent connaître la nation française ou le cœur de l'homme, ceux qui ignorent que tous les petits intérêts de parti disparaîtront devant la haine nationale excitée par les transactions de 1815 !

« Si j'avais été premier ministre en Angleterre, il y a longtemps que j'aurais pris des précautions contre l'effet de cette indignation en France contre nous. J'aurais calculé que la nation française forcerait enfin son gouvernement, si celui-ci n'était pas disposé à le faire, à porter quelque bon coup à l'Angleterre. Je me serais attendu à ce coup, et vous n'auriez pas osé maintenant parler d'envahir l'Espagne, malgré vos ressources, malgré votre désir de vengeance et malgré vos alliés ; vous n'auriez jamais eu un *cordon sanitaire* sur la frontière de l'Espagne. J'aurais découvert que la fièvre jaune ne pourrait pas être bloquée par une masse d'hommes ayant des ceinturons, et tenant dans leurs mains des cartouches à balle : en tout cas, s'il fallait ou la fièvre ou un cordon sanitaire, je vous aurais forcés à recevoir la fièvre ; car, dès le moment où vous avez placé votre cordon sur la frontière de l'Espagne, j'aurais attaqué votre commerce, vos colonies et vos ports. Néanmoins, il m'est impossible de vous blâmer, encore moins puis-je être assez bas pour vous adresser des injures personnelles. *Votre discours est celui d'un homme de bonne compagnie, d'un homme instruit, d'un homme d'État,* et, comme vous le dites vous-même, *d'un bon Français.* Comme nous nous permettons d'employer l'expression *un bon Anglais*, nous serions aussi bête qu'injuste de trouver mauvais que vous employassiez l'expression équivalente.

« Ce n'est pas moi qui dois discuter la question du droit d'intervention : cette question est résolue il y a longtemps pour tous les hommes honnêtes et de bon sens. Il ne m'appartient pas non plus de juger du résultat de la guerre que vous allez entreprendre. Au fait, je n'ai pas assez de données pour porter un jugement. Mais ce que je sais, c'est que si vous n'êtes pas chassés de l'Espagne avec déshonneur, vous tournerez vos succès contre ces hommes en Angleterre qui ont épuisé nos trésors et qui nous ont mis dans l'état où nous sommes par suite des guerres entreprises pour replacer les Bourbons sur le trône de France. Je ne prétends pas que les Bourbons doivent la moindre reconnaissance, ni à ces hommes, ni à l'Angleterre : il était évident que ces hommes croyaient qu'en rétablissant les Bourbons, ils rendraient *la France faible pour des siècles*. C'était ce que l'on appelait *couper les ailes à la France :* c'était évident à tout le monde. Mais il est néanmoins vrai que nous nous sommes attachés une pierre au cou par la guerre entreprise pour rétablir les Bourbons. Il y avait des hommes, et qui s'appelaient même des hommes d'État, qui pensaient que quand les Bourbons seraient rétablis, la France serait *si misérablement faible, que nous pourrions nous bercer dans un doux repos pendant des siècles*, en nous levant seulement de temps en temps pour parler avec importance sur notre conquête de la France. J'avertis ces hommes du danger d'entretenir ces espérances. Je leur conseillai de se préparer sur-le-champ pour la guerre. Je leur rappelai la fertilité du sol de la France, ses ressources nombreuses et surtout les effets de l'industrie nouvelle résultant du nouvel ordre de choses. Je leur dis tout cela au moment même qu'on enlevait les statues et les tableaux. Je leur prédis les progrès rapides que la France ferait vers la prospérité et la puissance. Je les suppliai de nous soulager de ces centaines de millions de dettes que nous avait coûtés le vain essai de couper les ailes à la France. Toutes mes représentations, toutes mes prières et supplications furent sans effet. Les ministres ont persévéré dans leur conduite, et maintenant, avec la phrase, *honneur national*, toujours dans leur bouche, ils restent tranquilles, les bras croisés, pendant que cette France, qu'ils *croyaient avoir mutilée pour des siècles*, est sur le point de se rendre maîtresse *d'un pays dont l'indépendance doit nous être aussi chère que l'indépendance de l'Angleterre. Comme une mesure de convenance, comme une mesure de politique, votre guerre contre l'Espagne, ou plutôt contre la révolution espagnole, ou, en d'autres mots, contre la liberté espagnole, est une mesure de sage et vraiment profonde politique.* Vous allez prendre possession du pays, vous allez le rendre vôtre, si ce n'est de nom, du moins en réalité. Rien n'est plus vrai que votre observation, que, si vous ne changez pas le gouvernement de l'Espagne, si vous ne le liez pas à la France comme autrefois, vous aurez perdu votre ancienne force.

« Vos raisons pour subjuguer l'Espagne sont mêmes plus fortes que ne le seraient les nôtres pour subjuguer l'Irlande, si l'Irlande ne faisait pas déjà partie du royaume. Il y a un bras de mer entre l'Angleterre et l'Irlande, mais rien ne sépare la France de l'Espagne. Si *l'Écosse* était un royaume *séparé*, combien il serait nécessaire que l'Angleterre se l'attachât! Nous nous rappelons combien de fois l'Angleterre a été envahie par les Écossais. *Un ministre français qui regarde une carte d'Espagne, qui voit les facilités infinies qu'il y a pour débarquer dans ce royaume une armée étrangère coopérante avec les Espagnols contre la France; un ministre français, dis-je, serait indigne de sa place si, voyant ce danger, il ne saisissait pas la moindre occasion de le détourner. Vous, Monsieur, vous voyez ce danger, vous le montrez franchement, et vous paraissez résolu d'y mettre fin, si vous le pouvez.* Notre affaire est de vous empêcher d'accomplir votre objet. C'est le devoir impérieux de nos ministres; mais, s'ils négligent ou ne sont pas capables de remplir ce devoir, cela ne donne nullement à leurs partisans le droit de vous dire des injures. Moi, comme Anglais, je vous remercie d'avoir franchement avoué votre objet. Vous dites franchement que la France a été envahie par la *frontière d'Espagne*. L'univers entier sait qu'une armée anglaise a marché de l'Espagne à Paris, après avoir traversé un pays qui n'avait jamais vu auparavant une armée ennemie. Eh bien! Monsieur, le seul souvenir de ce fait est assez pour stimuler toute la France à la guerre, et c'est plus qu'assez pour stimuler toute l'Angleterre à la rencontrer dans cette guerre. Comment nous, *sous les ailes de qui les premières cortès ont été organisées;* nous, qui avons dépensé cent cinquante millions de livres sterling pour chasser les Français d'Espagne; nous, qui avons implicitement promis notre protection au peuple espagnol, laisserons-nous nos armes se rouiller, et bornerons-nous nos efforts à de bruyants et impuissants discours, à des articles de journaux? Ce n'est pas à vous à répondre à cette question : c'est une question entre le gouvernement et le peuple anglais. C'est pourtant une question à laquelle il faut bientôt répondre. Si la réponse est affirmative, alors nous pourrons dire à ce peuple anglais, autrefois si fier et si brave : « Voilà les « conséquences de votre intervention dans les affaires des nations étran- « gères, d'avoir essayé de forcer les autres nations à *se soumettre à des* « *gouvernements choisis par vous,* d'avoir contracté des centaines de mil- « lions de dettes pour accomplir cet objet. »

« Pour conclure, Monsieur, je vous prie d'être assuré que je ne fais qu'exprimer l'opinion de tous les hommes honnêtes et sensés dans ce pays, quand je dis que j'ai un souverain mépris pour ceux qui, soit dans les chambres, soit dans la rue, soit dans des discours, soit dans des articles de journaux, ont recours à des injures contre vous et le gouvernement français. On ne trouve rien de pareil dans les discours de vos orateurs, ni dans les articles de vos journaux.

« Je suis, Monsieur, votre très-humble et très-obéissant serviteur.

« Cobbett. »

Telle est la lettre du publiciste populaire : une verve qui renaît d'elle-même, une raison que n'altère jamais la passion politique, une ironie d'autant plus mordante qu'elle est tempérée par la finesse, toutes ces qualités éclatent dans ce petit chef-d'œuvre de Cobbett, supérieur aux lettres de Junius, quoique d'un langage moins pur.

Si nous nous croyions obligé de faire l'apologie de l'entreprise d'Espagne, il nous suffirait de produire cette lettre du radical dont les États-Unis et l'Angleterre ont persécuté le caractère, les talents et les principes. Cobbett, violent révolutionnaire, n'inclinait vers nous par aucun sentiment; il détestait les nobles et les royalistes, au parti desquels nous étions censé tenir; il avait engagé Louis XVIII à les écarter de son conseil, comme incapables et oppresseurs : néanmoins cet homme fut le seul, à cette époque, qui prît notre défense, nous rendît justice, jugeât sainement, et de la guerre d'Espagne, et de l'idée que nous avions de rendre à notre patrie la force dont on l'avait privée. Heureusement il n'aperçut point notre plan en entier; il ne devina pas notre projet de rompre ou de faire modifier les traités de Vienne, et d'établir des monarchies bourbonniennes en Amérique : s'il eût soulevé tout le voile, il aurait mis la France en danger, car déjà l'alarme était dans les cabinets de l'Europe.

L

Travaux diplomatiques.

Maintenant, nous avons fini de rappeler ces débats, comme faisant partie intégrante et néanmoins séparée de la guerre d'Espagne : après cette histoire *parlée*, nous allons continuer, ou plutôt commencer, l'histoire *écrite* de cette guerre. Pour cela, nous n'aurons qu'une chose à faire, ce sera de donner notre correspondance privée avec Londres, Pétersbourg, Vienne, Berlin et Madrid. *L'animation, l'actualité, la spontanéité*, qualités vivantes des correspondances directes, disparaîtraient dans le style *indirect* du narrateur. Si, comme la plupart des secrétaires d'État, nous avions commandé des dépêches à nos chefs de division, nous contentant de minuter la marge, de pareilles dépêches n'auraient de valeur que celle des documents de fabrique, faits à la machine des bureaux : mieux vaudrait sans doute alors compiler ces banalités politiques, pour en extraire une histoire. Mais peu de diplomates se sont trouvés dans notre position : le hasard une fois avait placé dans un emploi éminent un homme ayant l'usage *d'écrire*. De là, notre correspondance porte l'empreinte d'un caractère *individuel* : sorties de notre tête, nos lettres sont de notre main. On a vu nos ouvrages littéraires, on va voir nos œuvres diplomatiques mêlées aux lettres que nous recevions des rois, des ministres, des généraux et des ambassadeurs.

Avant d'entreprendre cette lecture, nous requérons le souvenir de notre but; ce but, nous allons l'indiquer de nouveau : il faut ensuite qu'on lise avec attention l'exposé des empêchements de toutes les sortes dont nous étions environné. Quand vous tiendrez ce fil, vous pourrez parcourir, sans vous perdre, le labyrinthe des lettres; vous comprendrez pourquoi nous mandons telle chose pour tel cabinet, en contradiction apparente à ce que nous écrivons pour tel autre; vous n'aurez pas, ou vous aurez peu besoin de notes explicatives sur un fait obscurément touché en passant dans ces lettres.

LI

Qu'il faut distinguer les idées révolutionnaires du *temps* des idées révolutionnaires des *hommes*. — Que l'Espagne est l'alliée obligée de la France. — Pourquoi ?

Loin de nous excuser de la guerre d'Espagne, nous nous en faisons honneur, vous le savez, et nous le répétons. Le résultat en aurait été aussi utile qu'il a été glorieux, si l'on nous eût laissé le temps de recueillir la moisson que nous avions semée.

D'abord il s'agissait de sauver les Bourbons. Relisez plus haut les preuves, à présent non contestées, du complot des carbonari. Nous avions heureusement la conviction, contre l'opinion commune, que les obstacles étaient surmontables : notre excuse était notre confiance; notre foi nous absolvait et nous sauvait.

Ce n'est pas que nous pensions préserver en définitive la monarchie de la trame des siècles : l'univers change; les principes nouveaux détruisent graduellement les anciens principes; la démocratie tend à se substituer à l'aristocratie et à la royauté. Il faut se donner garde de prendre ces idées révolutionnaires du *temps* pour les idées révolutionnaires des *hommes*; l'essentiel est de distinguer la lente conspiration des âges de la conspiration *hâtive* des intérêts et des systèmes. Si l'on ne séparait ces deux choses, on s'exposerait à poursuivre le genre humain, au lieu de poursuivre une faction. C'est ce que nous avons compris : nous nous sommes efforcé d'arrêter le mouvement factice qui, précipitant la société trop vite dans le sens de sa pente, l'empêcherait de prendre son niveau quand le monde se transformera en république ou en monarchie républicaine. Lorsqu'on rompt violemment ses entraves, on est presque toujours repris et réenchaîné : il n'y a de liberté durable que pour ceux dont le temps a usé les fers.

Nous voulions donc, premièrement, mettre le trône, à peine rétabli, à l'abri de cette propagande de clubs et de ventes, laquelle nous arrivait par le pire des conducteurs, la démagogie militaire, la constitution des mamelouks espagnols; nous prétendions, secondement, rendre à la France des soldats et lui ramener son alliée naturelle.

L'Espagne était devenue anglaise : en vertu des institutions qu'elle s'était données et de l'influence que la Grande-Bretagne avait acquise durant la guerre de l'indépendance, il nous était évident que nos ennemis l'emporteraient sur nous dans le conseil de Madrid; que, de changement en changement, on arriverait, soit par la corruption législative, soit par les vices ou la faiblesse du prince, à quelque innovation désastreuse dans l'ordre de la succession au trône.

De là, l'un ou l'autre de ces dangers : ou la France serait replongée aux troubles du jacobinisme sous l'inspiration de la jacobinerie espagnole, ou la couronne catholique passerait par mariage à quelque race *étrangère*, deux choses auxquelles le ministre d'un roi de France doit s'opposer à tout prix. Dans l'établissement de la loi salique à Madrid, il ne s'agit pas de l'hérédité des Bourbons, il s'agit du salut de la France. Jugez-vous que le temps de cette loi est passé? Alors dépêchez-vous! Que la France et l'Espagne deviennent immédiatement républiques, ou préparez-vous à conquérir l'Espagne et à la réunir à la France. Si vous n'arrivez pas là, nos neveux, sur un sol affaibli, tourmenté et déchiré, vous maudiront.

A cette heure, on fait de la politique quotidienne sans prévoyance et sans maximes; toutefois, l'événement dont on a souffert la consommation parce que l'effet n'en était pas instantané accuse, en se développant, les infimes politiques qui n'ont pas su découvrir le mal dans son germe. L'Espagne, à l'état de domaine aliéné, donne une issue sur nous : n'est-ce pas par cette issue que déboucha, en 1814, l'armée de Wellington? Depuis le cardinal de Richelieu jusqu'au duc de Choiseul, les hommes d'État de notre cabinet n'ont jamais perdu de vue l'adhérence obligée de la péninsule hispanique à ce sol de France, par lequel elle se rattache à l'Europe.

Sans remonter à la reine Brunehaut, à Charlemagne et à la mère de saint Louis, n'avons-nous pas le traité du roi Jean et de Pierre, roi de Castille, en 1351, à l'occasion du mariage de Blanche de Bourbon; le traité de Charles V et de Henri II le Magnifique, roi de Castille, en 1368; le renouvellement de la même alliance en 1380; le traité de Charles VI et de Jean, roi de Castille, en 1387, contre l'Angleterre, et renouvelé en 1408; le traité entre Louis XI et Jean II, roi d'Aragon, en 1462; le traité du même Louis XI et de Henri, roi de Castille et de Léon, en 1469; un autre traité avec Ferdinand et Isabelle, roi et reine de Castille et d'Aragon, en 1478; Louis XII renouvela ce traité en 1498; Germaine de Foix, nièce de Louis XII, fut promise en mariage à Ferdinand, roi d'Espagne, en 1505; autre traité d'alliance.

Le traité du 13 décembre 1640 avec Louis XIII et la principauté de Catalogne, les conditions de Barcelone du 19 septembre 1641, nous donnèrent des droits sur la Catalogne. Puis viennent le traité des Pyrénées du 7 novembre 1659, et le contrat de mariage de Louis XIV, tous les traités qui accompagnèrent et suivirent la guerre de la succession, à partir de 1701 à 1713; enfin, le pacte de famille en 1768, qui, par son article 18, déclare que les États respectifs devaient être regardés et agir comme s'ils ne faisaient *qu'une seule et même puissance.*

Voyez tout le mal que l'Espagne nous a fait sous François Ier, Henri II, Charles IX, Henri III, Henri IV et Louis XIII, lorsqu'elle a été séparée de nous, et que les filles de Philippe III et de Philippe IV n'étaient point encore montées sur le trône de Hugues Capet.

La preuve peut-être la plus éclatante de la nécessité de la France à mettre sa frontière des Pyrénées totalement à l'abri fut le traité signé à La Haye le 11 octobre 1698; ce traité, qui n'eut point d'exécution à cause de la mort du prince de Bavière, portait que le prince électoral de Bavière serait désigné roi d'Espagne; que le dauphin aurait les royaumes de Naples et de Sicile, les places dépendantes de la monarchie d'Espagne sur la côte de Toscane, la *province de Guipuscoa, Fontarabie, Saint-Sébastien* et le *Port du Passage.* Il est étrange seulement que, dans ce projet de traité de partage, il ne soit pas question des colonies espagnoles, à moins qu'elles ne fussent données secrètement au roi d'Angleterre et aux états généraux copartageants; mais on voit le soin que la France avait de fermer la frontière en se faisant donner le *Guipuscoa, Fontarabie, Saint-Sébastien* et le *Passage.*

Si on disait que tout est changé et que les intérêts ne sont plus les mêmes, on se tromperait : l'autorité des anciens traités et des anciens politiques ne doit pas sans doute être toujours reconnue, mais elle doit l'être quand tous ces traités et tous ces politiques sont d'accord sur un point, quand les petits et les grands génies ont été d'accord; ce qui forme un esprit de raison, né d'un intérêt persistant et semblable, que ni temps, ni constitutions, ni hommes ne peuvent changer. Cet accord de tous les politiques est à l'intérêt de l'État ce qu'est le consentement universel des peuples à l'existence de Dieu.

Dès 1792, M. Burke, dans ses *Mémoires sur les affaires d'État*, disait :
« L'Espagne n'est pas une puissance qui se soutienne par elle-même ; il faut qu'elle s'appuie sur la France ou sur l'Angleterre. Il importe autant à la Grande-Bretagne d'empêcher la prépondérance des Français en Espagne que si ce royaume était une province d'Angleterre, ou qu'elle en dépendît autant que le Portugal. Cette dépendance de l'Espagne est d'une bien plus grande importance ; si elle était détruite ou assujettie à toute autre dépendance que celle de l'Angleterre, les conséquences en seraient bien plus funestes. Si l'Espagne est contrainte par la force ou la terreur à faire un traité avec la France, il faudra qu'elle lui ouvre ses ports, qu'elle admette son commerce, et qu'elle entretienne une communication par terre pour les paysans français.

« L'Angleterre peut, si bon lui semble, consentir à cela, et la France fera une paix triomphante, et s'asservira entièrement l'Espagne, et s'en ouvrira toutes les portes. »

Il suffit de jeter un regard sur la carte et sur l'histoire pour juger de l'intérêt que nous avons à l'union des deux royaumes. En désaccord avec l'Espagne, nos provinces du midi se trouvent sevrées d'un commerce qui fait leur richesse, et notre marine privée, dans les deux mondes, des secours et des ports si nécessaires dans nos conflits avec les Anglais. Pendant la guerre de 1756, les efforts de l'Espagne nous épargnèrent les honteuses conditions que nous subîmes par le traité de 1763, et, en 1778, la jonction des deux marines força la flotte anglaise à se réfugier dans le canal de Saint-Georges. La république, par la présence d'une armée espagnole, connut le danger de laisser ouverte notre frontière du Languedoc et du Béarn, et se hâta de conclure la paix de Bâle. Buonaparte sentit aussi la nécessité politique ; mais, au lieu de faire de l'Ibérie une alliée, il voulut en faire une conquête : méprise énorme.

L'avènement des Bourbons au trône de Charles II ne fut point une pure affaire de testament et de legs accepté ; ce fut un acte de haute science diplomatique, lequel on ne conclut pas à un prix trop cher, au prix des malheurs de la guerre de 1701. L'Espagne est un de nos flancs ; nous ne devons jamais le laisser découvert ; l'Espagne est un satellite qui doit à toujours rester dans notre sphère, pour la régularité de ses mouvements et des nôtres.

Les avantages de la bonne entente des cabinets de Madrid et de Paris étaient si bien compris de l'Angleterre, qu'un article secret de ses traités, en 1815, *prescrit la destruction du pacte de famille*. L'Espagne anglaise et autrichienne déroule devant nous une nouvelle frontière à défendre ; nous remontons au règne de Philippe II, et nous perdons l'ouvrage de Louis le Grand. D'une autre part, le territoire de la Suisse n'étant plus respecté, nous sommes devenus sujets à blessures du côté des Alpes, comme du côté des Pyrénées.

Tel est l'état périlleux que nous avions entrepris de faire cesser, afin de nous replacer dans l'enceinte inviolable où la France reposait depuis le dix-septième siècle. Grâce à Louis XIV, il ne nous restait qu'une seule ligne à surveiller depuis Tournay jusqu'à Bâle; Vauban avait hérissé cette ligne de forteresses; la France était fermée comme une boîte; on n'y pouvait pénétrer que par une ouverture de feu au nord-est, et par deux entrées, l'une à l'ouest, l'autre au midi, entrées dont nos flottes et deux mers gardaient les portes.

LII

Traité de Vienne. — Passage du Mémoire sur les affaires d'Orient. — Cabinet de Louis XVIII.

La démagogie étouffée, notre alliée dominée par notre attraction, une armée retrouvée, nous reprenions immédiatement notre rang politique et militaire. Alors, dans le cabinet ou sous la tente, nous étions à même de faire modifier de gré ou de force les odieux traités de Vienne, de rétablir l'équilibre rompu entre nous et les grandes puissances.

La faute immense du congrès de Vienne est d'avoir mis un pays militaire comme la France dans un état forcé d'hostilité avec les peuples riverains.

L'Angleterre a conservé presque toutes les conquêtes qu'elle a faites dans les colonies des trois parties du monde pendant la guerre de la révolution. En Europe, elle s'est nantie de Malte et des îles Ioniennes; il n'y a pas jusqu'à son électorat de Hanovre qu'elle n'ait enflé en royaume, et bourré de quelques seigneuries.

L'Autriche a augmenté ses possessions d'un tiers de la Pologne, des rognures de la Bavière, d'une partie de la Dalmatie et de l'Italie. Elle n'a plus, il est vrai, les Pays-Bas; mais cette province n'a point été dévolue à la France.

La Prusse s'est agrandie du duché ou palatinat de Posen, d'un fragment de la Saxe et des principaux cercles du Rhin; son poste avancé est sur notre ancien territoire.

La Russie a recouvré la Finlande et s'est établie sur les bords de la Vistule.

Et nous, qu'avons-nous gagné à ces arrangements? Nous avons été dépouillés de nos colonies; notre vieux sol même n'a pas été respecté : Landau détaché de la France, Huningue rasé, ouvrent une large brèche dans nos frontières. Un combat malheureux à nos armes suffirait pour amener l'ennemi sous les murs de Paris. Paris tombé, l'expérience a prouvé que la

France tombe. Ainsi, il est vrai de dire que notre indépendance nationale est livrée à la chance d'une seule bataille et à une guerre de huit jours. Le partage jaloux et imprudent du congrès de Vienne nous obligerait, dans un temps donné, à transporter notre capitale de l'autre côté de la Loire ou à pousser notre frontière jusqu'au Rhin. Ce n'est pas une absurde moquerie : la Hollande, heureuse à Mons, pourrait venir coucher au Louvre. Nos inutiles cris seront-ils plus écoutés de la France qu'ils n'ont été entendus de la restauration ? Les autres capitales de l'Europe, enfoncées dans leurs provinces, défendues par les places et les populations qui les couvrent, sont peu de chose, et, lors même qu'elles sont prises, l'État auquel elles appartiennent n'est pas détruit. Il n'en est pas de même de la France telle que les alliés l'ont faite.

Nous ne savons si, dans le projet d'entourer Paris de forts détachés, il n'est pas entré quelque prévision des périls auxquels nous sommes exposés. Mais le remède serait pire que le mal : quelques forts étant pris, ils serviraient de point d'appui à l'invasion étrangère ; aucun accident n'arrivant, ces forts deviendraient le camp retranché des prétoriens.

La pensée d'obtenir des frontières préservatrices par force ou par négociations n'était pas chimérique : nous avons montré, dans une brochure de l'année 1831, que la France perdit alors une occasion qu'elle ne retrouvera plus ; elle inspirait une terreur telle aux rois qu'elle eût tout obtenu sans coup férir. N'occupons-nous pas Ancône, à la grande gêne de l'Autriche ? La Prusse n'a-t-elle pas porté respectueusement les armes à nos bombes pendant le siège d'Anvers, et admiré durant la nuit les paraboles lumineuses de nos projectiles ? Ne s'est-elle pas intéressée à l'effet du mortier-monstre ? M. de Metternich a dit que l'arrestation de l'archevêque de Cologne était un grand événement ; il a raison, en admettant que la France sût le voir et en profiter, qu'elle voulût conseiller et soutenir le pape dans sa résistance légitime, qu'elle connût l'esprit allemand, et qu'elle entrât franchement dans l'intérêt religieux des provinces blessées. De véritables hommes d'État ménageraient la réunion à la France des cercles catholiques du Rhin, et prépareraient une transaction d'autant plus durable qu'elle aurait lieu par l'idée civilisatrice, la religion. A l'époque de la guerre d'Espagne en 1823, nous n'aurions pas manqué d'aide pour un agrandissement réclamé dans l'intérêt du nouvel équilibre européen : Alexandre avait toujours cru qu'on nous avait trop dépouillés ; serrée entre lui et nous, l'Europe germanique ne pouvait résister à de justes réclamations. Une fois redevenus puissants au moyen de nos succès dans la Péninsule, il eût été aisé de ramener le czar à ses anciennes notions d'équité ; on pouvait entraîner la Prusse en reprenant l'arrangement de la Saxe, abandonnée au congrès de Vienne pour un pot-de-vin de quatre millions.

Les preuves de notre aversion pour les traités de Vienne sont multipliées : on en trouve partout la trace dans nos discours et nos écrits avant la guerre de 1823 : après cette guerre, l'idée d'accroître utilement notre patrie ne nous a point quitté. Le *Mémoire sur les affaires d'Orient* que M. le comte de La Ferronnays nous demanda lorsque nous étions ambassadeur à Rome reproduit la même opinion ; nous y disons :

« J'ai fait voir assez que l'alliance de la France avec l'Angleterre et l'Autriche, contre la Russie, est une alliance de dupe, où nous ne trouverions que la perte de notre sang et de nos trésors. L'alliance de la Russie, au contraire, nous mettrait à même d'obtenir des établissements dans l'Archipel, et de reculer nos frontières jusqu'aux bords du Rhin. Nous pouvons tenir ce langage à Nicolas : Vos ennemis nous sollicitent : nous préférons la paix à la guerre ; nous désirons garder la neutralité ; mais enfin, si vous ne pouvez vider vos différends avec la Porte que par les armes, si vous voulez aller à Constantinople, entrez avec les puissances chrétiennes dans un partage équitable de la Turquie européenne. Celles de ces puissances qui ne sont pas placées de manière à s'agrandir du côté de l'Orient recevront ailleurs des dédommagements. Nous, nous voulons avoir la ligne du Rhin, depuis Strasbourg jusqu'à Cologne. Telles sont nos justes prétentions. La Russie a un intérêt (votre frère Alexandre l'a dit) à ce que la France soit forte. Si vous consentez à cet arrangement et que les autres puissances s'y refusent, nous ne souffrirons pas qu'elles interviennent dans votre démêlé avec la Turquie ; si elles vous attaquent malgré nos remontrances, nous les combattrons avec vous, toujours aux mêmes conditions que nous venons d'exprimer.

« Voilà ce qu'on peut dire à Nicolas. Jamais l'Autriche, jamais l'Angleterre ne nous donneront la limite du Rhin pour prix de notre alliance avec elles ; or, c'est pourtant là que, tôt ou tard, la France doit placer ses frontières, tant pour son honneur que pour sa sûreté [1]. »

Cette arrière-pensée que nous chérissions secrètement comme découlant de nos succès en Espagne, nous ne la communiquions à nos collègues, assez malheureux déjà d'être embarqués dans des hostilités, qu'en forme de projets, de plaintes, de vagues espérances.

Un jour, étant allé porter au roi une dépêche, nous le trouvâmes seul, assis devant sa petite table, dans le tiroir de laquelle il s'empressa de cacher les lettres ou les notes qu'il écrivait toujours à l'aide d'une grosse loupe. Il était de bonne humeur, et il nous parla sur-le-champ de littérature.

« Croiriez-vous, nous dit Sa Majesté, que j'ai été des années sans con-

---

[1] On trouvera cette pièce entière au récit de mon ambassade de Rome, dans mes *Mémoires*.

naître la cantate de Circé? M. d'Avaray m'en fit honte; je l'ai apprise par cœur. » Et soudain le roi déclama tout du long la cantate.

Il passa au cantique d'Ézéchias : quand il vint à cette strophe :

Comme un tigre impitoyable, etc.

nous prîmes la liberté de lui demander s'il connaissait la correction de Rousseau :

Comme un lion plein de rage, etc.

Le roi parut surpris, et nous fit répéter la leçon changée. La poésie lyrique le conduisit à la poésie familière, aux ponts-neufs, aux vaudevilles; il chantonna *le Sabot perdu*. Nous osâmes alterner quelques rimes :

On peut parler plus bas,
Mon aimable bergère.

Le roi était le cardinal de Richelieu; nous, nous étions Conrard ou Malleville aidant Armand à fagoter ce beau vers :

La cane s'humectait de la bourbe de l'eau.

Voyant Sa Majesté si gracieuse, nous lui présentâmes la dépêche sur notre chapeau, et nous glissâmes en même temps, à propos de nos succès, la frontière du Rhin, sous la protection de Babet. Le roi allongea les lèvres, poussa un petit souffle, leva un doigt de sa main droite à la hauteur de son œil, nous regarda, nous fit un signe amical de tête pour nous inviter à nous retirer et comme pour nous dire : « Nous nous reverrons. »

Tout chemin mène à Rome.

Quelque soin que nous prissions d'ensevelir en nous notre pensée relativement aux traités de Vienne, une dépêche de M. de Rayneval prouve que l'on nous soupçonnait en Prusse : cette puissance s'en prenait à l'Angleterre, qui, par son opposition, nous forcerait à redoubler d'énergie et nous rendrait dangereux au continent. D'un autre côté, M. de La Ferronnays, dans une de ses lettres, raconte les craintes que manifestait l'Autriche de nos succès; elle disait *que nos têtes tourneraient, que l'on avait tout à redouter de nous :* elle nous aimait mieux lorsqu'on pouvait mettre en doute la fidélité de notre armée.

LIII

Deux machines politiques à créer. — Jalousies de toutes parts. — Prétention de Naples. — La Russie. — Ordonnance d'Andujar. — M. le duc d'Angoulême.

Pour mettre à exécution ces projets, nous avions besoin de deux machines capables d'enlever des poids immenses : une armée pour nous rendre maîtres du terrain, une junte espagnole pour parler à l'Espagne au nom des Espagnols mêmes, pour faire obéir les guérillas royalistes disséminées dans la Péninsule.

L'armée, au souffle de la guerre, se ranima de ses cendres : des soldats, on en trouvera toujours dans la terre de Clovis, de Charlemagne, de saint Louis, de François Ier, de Louis XIV et de Napoléon ; de l'argent, avec le vote législatif et un habile ministre comme M. de Villèle, on ne pouvait en manquer. Il fallut tout créer, et tout fut créé. On avait trompé le maréchal de Bellune sur des amas de vivres et de fourrages ; des magasins furent formés, il est vrai, à grands frais, mais qu'importe ? la recette devait surpasser la dépense. Nos troupes se jetèrent du haut en bas des Pyrénées à leur façon, à la façon des torrents. Le succès rallia tout : sous la tente, l'honneur et la vaillance française ne laissèrent aucune place à ces projets qu'enfante l'oisiveté des garnisons et des camps.

Une junte provisoire espagnole entra avec nos soldats dans la Péninsule, et fut changée à Madrid en junte de régence ; M. de Martignac l'accompagna en qualité de commissaire civil, et M. le comte de Caux en qualité de chargé d'affaires, jusqu'à l'arrivée de M. le marquis de Talaru, que nous fîmes nommer ambassadeur.

Les deux machines une fois montées, l'armée et la junte, restait à en suivre les mouvements et à prévenir au dehors ce qui pouvait en contrarier le jeu.

A Vienne, nous avions à combattre des jalousies tantôt agissant à visage découvert, tantôt cachées sous le masque de l'intérêt. Le cabinet autrichien, alarmé de nos succès, ne poussa-t-il pas le pauvre cabinet de Naples à réclamer la régence d'Espagne ? Misérable querelle que personne n'a sue, qui pensa tout perdre par l'incertitude qu'elle jeta un moment dans nos opérations. On en verra les détails à la correspondance. La conclusion eût été que nous eussions fait la guerre au profit du roi de Naples, l'agnat et l'héritier de la famille de Ferdinand ; le vieux roi ne pouvant venir à notre armée, il y eut été représenté par le prince de Castel-Cicala, sous lequel le duc d'Angoulême eût eu l'honneur de servir. L'empereur de Russie mit fin à ce spectacle de marionnettes, dont M. de Metternich était le Séraphin, en engageant le souverain de Naples à *retourner dans ses États afin de veiller au gouvernement de ses royaumes.*

Une autre fois, l'Autriche s'avisa d'une proposition qui devait nous charmer; M. de Caraman nous fit cette ouverture, à savoir : que M. de Metternich se flattait d'amener l'Angleterre à prendre part à nos délibérations, à Paris, sur les affaires d'Espagne. De sorte que nous, acceptant la conciliante mesure, nous n'avions plus à nous mêler de rien; nous remettions le tout à la benoîte médiation de l'Autriche, de même que S. G. le duc de Wellington nous avait proposé la médiation de l'Angleterre. La Prusse suivit d'abord le mouvement de Pétersbourg; mais, après la délivrance de Ferdinand, lorsqu'elle crut entrevoir quelques velléités constitutionnelles à l'égard des institutions de l'Espagne, elle devint orageuse; son envoyé à Madrid nous fit beaucoup de mal en entrant dans les passions absolutistes du pays.

Au moindre mot de charte, les oreilles de l'alliance se dressaient; nous, auteur de *la Monarchie selon la Charte,* nous étions véhémentement soupçonné; on nous croyait ennemi des insurrections militaires, des institutions libérales *délibérées* dans un camp, d'une émancipation à la façon des baïonnettes intelligentes : mais, au fond, si nous admettions des droits de peuple, valions-nous mieux que les soldats de l'île de Léon? C'était avec cette arme que le cabinet de Vienne attaquait notre influence à Berlin et à Pétersbourg, et cherchait à neutraliser notre action sur l'esprit d'Alexandre.

Celui-ci nous prêtait cordialement l'appui que nous nous étions ménagé au congrès de Vérone; il défendait la France à Vienne; il donna la main pour déjouer le grotesque et dangereux complot diplomatique caché sous le manteau du roi de Naples; à Londres, il fit dire que si l'Angleterre attaquait la France pendant notre expédition, il regarderait cette attaque comme une déclaration de guerre aux alliés, et l'accepterait comme telle. Ce haut langage servit à retenir M. Canning. Mais, si l'empereur de Russie agissait loyalement, l'excès de sa bonne volonté était un embarras d'une autre sorte; il demandait à former en Pologne une armée de réserve de 60,000 hommes. Cette armée se fût appelée l'armée de l'alliance; elle n'aurait marché que d'après les exigences de l'alliance, et particulièrement sur la demande du cabinet des Tuileries. Cette proposition nous alarmait; il était difficile de dire au czar : « Nous acceptons vos services tant qu'ils se réduisent à des paroles; mais sitôt qu'ils veulent se convertir en actions, nous n'en voulons plus. »

Le cabinet autrichien, à qui les mêmes communications sur cette armée étaient faites, s'affublait d'une énorme simarre de paroles embrouillées, renvoyait le tout à la France, et nous jetait le chat aux jambes.

Tandis que sur la Néva nous prenions toutes les précautions pour faire comprendre que nous serions *peut-être obligés* de laisser une constitution à Madrid, en Angleterre nous mettions tout notre soin à prouver que, loin d'être absolutistes, nous aimions la liberté autant qu'aucun membre du parlement. La Grande-Bretagne consentait à intervenir pour la délivrance de Ferdinand si nous entrions dans les vues des royaumes-unis, mais alors la Russie menaçait. Il fallait se tirer de ce labyrinthe inextricable, ne rompre avec personne, aller droit à notre but en écoutant tout. On s'écriait qu'on ne pouvait deviner ce que nous voulions, que nous avions deux esprits, deux pensées, que nos discours et nos dépêches se contredisaient : cela était vrai dans la *forme,* faux dans le *fond*.

Tout le travail consista d'abord à obliger l'Angleterre à rester neutre. Excepté sur la question de la guerre, nous étions plus près de ses idées que de celles des autres alliés. Le cabinet de Saint-James profitait de cette sympathie constitutionnelle pour nous rendre suspects à l'Europe, en lui disant que nous voulions donner à la Péninsule un gouvernement représentatif.

Nous étions, dans nos dépêches et dans nos lettres, obligés de balbutier sur l'alliance quelques mots de mauvaise grâce : elle s'y trompait peu, et, tantôt craignant nos succès, tantôt voulant s'en parer, elle se plaignait qu'en propos nous étions aussi prodigues de dévouement que nous en étions économes dans nos écrits. L'empereur de Russie, auteur de l'*alliance*, ne voulait pas qu'on en fît ostensiblement peu de cas : il inclinait vers nous; il tendait à se dépêtrer de ses amis de la *plaine de Vertus,* mais il tenait à ce qu'on ne s'en aperçût pas. Il est de même certain que notre triomphe inespéré lui donna quelque jalousie, car il s'était secrètement flatté que nous serions forcés de recourir à lui; tant les natures les plus abandonnées au bien ne sont pas à l'abri d'une surprise du mal !

En Angleterre, tout était ennemi, excepté le roi, M. Peel, le duc de Wellington, l'ancien parti de Castlereagh, lesquels n'aimaient ni les principes niveleurs, ni les militaires votant à la manière des soldats de Cromwell; mais, ébranlés par leurs jalousies nationales, ils étaient charriés du flot de l'opinion. Les radicaux proposaient d'aller bombarder Pétersbourg et de marcher contre nous sur l'Èbre; ils envoyaient aux clubistes d'Espagne des secours sur lesquels le cabinet de Saint-James fermait les yeux. Robert Wilson se rendit lui-même dans la Péninsule avec des volontaires.

Dans une lettre étonnante pour le style, le mouvement, le dire à la fois impérieux, fascinant ou sublime, M. Canning, entraîné de génie et ne sachant pas se dominer, va jusqu'à montrer ses regrets de la victoire d'Almanza, en 1707, qui donna la couronne d'Espagne aux Bourbons. On voit la crainte que lui inspiraient les nouveaux succès possibles de la France; le pacte de famille ne lui peut sortir de la mémoire; il se fait, pour nous mieux menacer, l'interprète des sentiments de la Grande-Bretagne ; il lamente notre absence de l'ambassade de Londres ; il nous fait l'honneur de nous redouter au département des affaires étrangères ; il dit que lord Liverpool nous avait vu dans d'autres opinions. Lord Liverpool avait pris notre politesse pour notre pensée intérieure : la preuve que nos sentiments dès le principe avaient toujours été semblables, c'est qu'à cette époque même nous écrivions de la guerre d'Espagne à M. le vicomte de Montmorency.

Après la délivrance de Ferdinand, l'intrusion du ministère anglais devint fâcheuse ; arrêté par la Russie et par la rapidité de nos succès, il manqua de cœur d'abord : Cobbett le lui reprochait justement. Notre position avait un côté vulnérable : quand l'armée de Silveira entra sur le sol espagnol, nous en dûmes refuser l'appui, crainte de fournir un prétexte aux agressions de l'Angleterre. M. Canning eût-il, comme il le fit plus tard, débarqué quelques régiments anglais à Lisbonne, notre flanc droit se trouvant menacé, nous n'aurions pu suivre le gouvernement de Madrid à Séville. Si les cortès fussent demeurées dans le midi de l'Espagne ; si l'on ne nous eût pas rendu le roi à Cadix ; si l'on eût, ou défendu cette ville, ou contraint Ferdinand de s'embarquer, alors s'ouvraient des chances incalculables : ces chances, une seule démonstration du cabinet britannique nous les pouvait faire courir. La Providence seconda la témérité de l'aventure.

Nous osons dire que nous ne voyons personne, à cette époque, qui eût pu tenir le portefeuille des affaires étrangères, du moins personne qui aurait fait la guerre dans nos idées. M. de Montmorency et ceux qui partageaient ses sentiments désiraient étouffer la révolution espagnole, mais ils n'eussent jamais recherché ce succès dans le dessein de rompre ensuite avec l'Europe. Or, détruire l'ouvrage des cortès sans en tirer la puissance et l'affranchissement de la France, c'était n'avoir fait quelque chose que pour la sécurité d'un moment : l'acte une fois accompli, notre avenir n'étant ni émancipé ni assuré, les troubles auraient bientôt recommencé en Espagne. M. de Talleyrand, qui se montra l'ennemi de cette guerre, est en dehors de la question.

A Madrid, la lutte était de tous les quarts d'heure, d'un côté avec la junte de régence, laquelle nous reconnaissions souveraine et auprès de qui nous avions un ambassadeur ; de l'autre, avec les ministres étrangers également accrédités auprès d'elle. Jaloux de la France, selon l'humeur de leurs différents cabinets, ces ministres, tantôt menaçaient de se retirer, tantôt insistaient sur des mesures qui ne nous convenaient pas ; ou bien ils entraient dans les passions des divers membres de la junte et des différents chefs royalistes ; ou bien ils demandaient à M. de Talaru des conférences générales, comme si les alliés eussent été là eux-mêmes, avec leur argent et leurs soldats : cependant la guerre était uniquement française ; nous en portions les charges et les périls. L'envoyé désigné de l'Autriche, à propos de l'intervention de Naples, disait d'abord qu'il n'avait point reçu d'ordre de sa cour, qu'il ne pouvait se rendre à Madrid pour y reconnaître la junte, et tout cela en présence des factions espagnoles, attentives aux moindres symptômes de division.

Force nous avait été de la former, cette junte ; elle parlait aux Espagnols au nom de leur roi ; elle amenait les généraux des cortès à traiter avec une autorité de la patrie, laquelle autorité dissimulait à leurs yeux ce qu'il y a de pénible dans un changement brusque de parti et d'opinion. Elle encourageait aussi les royalistes qui, voyant auprès d'elle un corps diplomatique, se croyaient soutenus par l'Europe. Au delà des Pyrénées, il eût été impossible d'avancer d'une lieue, à moins d'avoir la population pour soi.

Mais la junte avait l'humeur de son pays ; les haines qui se mêlaient à cette humeur la rendaient souvent intraitable. Elle fit tant de sottises, elle publia un décret si menaçant contre le parti des cortès et contre les miliciens rentrant dans leurs foyers, qu'elle força M. le duc d'Angoulême à s'éloigner de Madrid, et à publier, à Andujar, le 8 août 1823, l'ordonnance suivante :

« Nous, Louis-Antoine d'Artois, fils de France, commandant en chef l'armée des Pyrénées,

« Considérant que l'occupation de l'Espagne par l'armée française sous nos ordres nous met dans l'indispensable obligation de pourvoir à la tranquillité de ce royaume et à la sûreté de nos troupes,

« Avons ordonné et ordonnons ce qui suit :

« Art. 1. Les autorités espagnoles ne pourront faire aucune arrestation sans l'autorisation du commandant de nos troupes dans l'arrondissement duquel elles se trouveront.

« 2. Les commandants en chef des corps de notre armée feront élargir tous ceux qui ont été arrêtés arbitrairement et pour des motifs politiques, notamment les miliciens rentrant chez eux.

« Sont toutefois exceptés ceux qui, depuis leur rentrée dans leurs foyers, ont donné de justes motifs de plainte.

« 3. Les commandants en chef de notre armée sont autorisés à faire arrêter ceux qui contreviendraient au présent ordre.

« 4. Tous les journaux et journalistes sont placés sous la surveillance des commandants de nos troupes.

« 5. La présente ordonnance sera imprimée et affichée partout.

« Fait à notre quartier général d'Andujar, le 8 août 1823.

« Louis-Antoine.

« Par S. A. R. le prince général en chef, le major général,

« Comte Guilleminot. »

Nous expliquions dans une lettre à M. de La Ferronnays tout le bien qu'il y a à dire de cette ordonnance, laquelle cependant mit la presse espagnole en *état de siège*. Nos généraux, accoutumés aux guerres napoléoniennes et aux décrets du maître du monde, ne pouvaient perdre ces théâtrales et surprenantes allures : le prince généralissime se laissait aller à une similitude qui, ne le grandissant pas, l'affaiblissait. L'ordonnance, philosophiquement parlant, fut une mesure infiniment honorable ; politiquement parlant, une faute dangereuse. On porta le décret d'Andujar aux nues ; les esprits rêvassiers y trouvaient leur philanthropie et le progrès du siècle, les ennemis, plus madrés, y voyaient notre ruine : de là toute l'admiration.

Notre devoir était sans doute d'empêcher les réactions, d'ouvrir sans bruit les prisons aux hommes détenus pour opinions politiques ; mais faire de cette mesure humaine un ordre ostensible, déclarer aux *Reales* que l'on favorisait les *Liberales*, c'était armer contre nous le clergé, les moines, la population entière, cette population qui nous ouvrait les portes, qui ôtait à notre invasion ses périls, qui nous faisait marcher sur un sol brûlant, l'arme au bras, là où Buonaparte n'avait pu pénétrer avec son nom, 300 millions et 300,000 hommes. La junte prit feu, on vit le moment où les masses s'allaient lever, couper les communications de nos divers corps, et nous obliger à rétrograder sur l'Èbre : avec une armée chancelante encore sous la cocarde blanche, un seul pas en arrière, et nous étions perdus.

Les hommes de pratique, qui veulent les moyens quand ils veulent la fin, sauront si nous devions être alarmé. Qu'on juge d'après le caractère des Espagnols, chez un peuple qui regarde toute amnistie comme une espèce de déni de justice, qui n'a aucune estime pour l'indulgence, qui joue toujours vie pour vie, qui donne la mort ou la reçoit comme il accomplit un devoir ou paye une dette ; qu'on juge de l'effet de l'ordonnance, inappréciée même de ceux dont elle améliorait le sort. On verra les efforts que nous fîmes pour réparer, sans livrer aucune victime, ce saint et magnanime entraînement.

Au surplus, M. le duc d'Angoulême était lui-même un obstacle : solitaire, mécontent de tout, se plaignant de tout, il menaçait incessamment de revenir en France et de tout planter là. Il ne consultait point M. de Talaru, laissant celui-ci chargé de réparer les mesures intempestives. Nous n'avions point sa confiance ; il l'accordait à M. de Villèle. Les lettres de ce prince, que le président du conseil nous lisait, étaient pleines de sens, montraient du jugement et des connaissances militaires.

Nous entretenions en même temps des correspondances avec nos généraux relativement aux commandants des places et aux commandants des armées des cortès. Lorsque nos vaisseaux n'avaient pas jeté l'ancre à heure fixe, que nos troupes n'avaient pas cheminé assez vite, que telle opération n'avait pu avoir lieu faute d'embarcations, de transports, de munitions, nous étions au supplice. Au jardin des Tuileries, nous regardions jouer le télégraphe, espérant ou craignant la nouvelle qui traversait l'air sur notre tête. O mulet chargé de l'or de Philippe! comme vous nous manquiez pour entrer dans les forteresses de Ferdinand! eussions-nous eu 50 millions à nous, nous en aurions disposé, afin d'écarter ce qui pouvait nous faire obstacle. Les chicanes sur les marchés Ouvrard, mesurées au but proposé, nous semblaient infimes : il s'agissait bien de quelque argent dans une affaire de laquelle dépendaient le salut et l'avenir de la France! Les heures étaient comptées; un moment de retard, et nous allions au rendez-vous de l'abîme. Tout craignait autour de nous; l'Espagne était prête à nous échapper, l'Europe à se diviser. Un succès prompt pouvait seul justifier notre entreprise. Obligés de faire une seconde campagne, que serions-nous devenus? Quel triomphe pour ceux qui nous avaient annoncé des revers! Nous eussions passé pour les plus fous, les plus coupables, les plus incapables des humains; il n'y eût pas eu de retraite assez obscure pour nous cacher; objets de la réprobation universelle, il ne nous restait que la cendre et le cilice, et la France retombait dans une révolution pire que la première. Cette idée nous effrayait d'autant plus que nous, ministre des affaires étrangères, nous n'étions pas président du conseil, que nous ne disposions pas, sous une monarchie absolue, des revenus de l'État et de la volonté du roi : un discours de tribune, une jalousie de cour, pouvaient à chaque instant nous précipiter avant que nous eussions achevé notre ouvrage.

Enfin, les embarras de notre position en France venaient se joindre aux difficultés que nous avions à surmonter à l'extérieur.

LIV

Conférences. — Ministres dans un gouvernement représentatif.

Par les anciennes stipulations, il était dit que les cinq grandes puissances alliées s'occuperaient en commun des affaires qui regarderaient chacune d'elles. L'Angleterre s'était soumise à cette clause au congrès d'Aix-la-Chapelle, au sujet des colonies espagnoles; l'empereur de Russie s'y était conformé à Vérone, relativement à ses dissensions avec la Porte : force nous fut de subir cette dangereuse obligation des anciens instruments authentiques. Les ambassadeurs de Russie, de Prusse et d'Autriche venaient à l'hôtel des affaires étrangères bavarder sur l'Espagne, dans de prétendues conférences qu'on n'avait pas le droit de leur refuser. Comment aurions-nous naïvement expliqué à l'Europe que nous courions les risques de la guerre aux cortès, dans l'espoir de nous relever des traités de Vienne? Il fallait laisser croître la France orpheline depuis la mort de Napoléon :

> . . . . Tant qu'enfin
> Le lionceau devient vrai lion.

Richelieu et Mazarin furent à l'aise, l'un pour rallumer la guerre de Trente-Ans, l'autre pour la terminer : qu'auraient-ils fait s'ils eussent été forcés de traiter dans des conférences avec les ministres étrangers, ou de repousser à la tribune les assauts de leurs adversaires, alors qu'en se justifiant ils n'auraient pu dévoiler leurs plans? Le premier député disert les eût vaincus. Tout ouvrage qui demande du temps, du secret, une même main, n'est presque pas possible dans un gouvernement représentatif, tel que l'esprit français l'a conçu. Pourrait-on suivre aujourd'hui les négociations compliquées et mystérieuses qui servirent au maître de Louis XIII à humilier la maison d'Autriche, en armant les protestants de l'Allemagne après avoir écrasé ceux de la France, en faisant sortir Gustave-Adolphe des rochers de la Suède? Cette vaste machine avait marché à l'aide du père Joseph, qui portait dans son froc l'or et les promesses; interrogé sur un fait au milieu de sa messe, il disait, entre deux *Dominus vobiscum :* « Pendez, pendez. » Mais qu'un journal ou qu'un parleur de chambre se fût mis aux trousses du capucin, comment eût-il cheminé? Un grand esprit de cabinet n'est jamais sûr, dans ce pays-ci, de vivre au delà d'une session : il est obligé de perdre les trois quarts de sa journée à défendre misérablement sa personne. La longueur d'une administration actuelle est presque toujours le signe de sa médiocrité; elle ne dure que par un accord touchant d'impuissance entre le gouvernant et le gouverné. Les qualités qui font les ministres immortels excitent trop de jalousie; elles sont d'ailleurs rebelles et ne savent pas se plier aux convenances des grands. Tout le monde sait-il élever des pies-grièches? Que ces hommes supérieurs se trouvent dénués de la faculté de la parole, ils demeurent à tout jamais perdus pour l'État. Or, cette faculté appartient assez généralement aux têtes vides : Richelieu muet serait obligé de céder la place à un légiste bavard.

Si l'on oppose l'exemple de l'Angleterre; si, dans la Grande-Bretagne, lord Chatam et son fils ont joui maintes années du pouvoir, comme hommes d'État et comme orateurs; s'ils ont eu de la marge pour accomplir leurs desseins, c'est que nos voisins n'ont pas notre impatience; c'est que l'aristocratie anglaise tient de la constance, de la force et du secret de la royauté, dont elle a été l'usurpatrice et l'héritière; c'est qu'à l'époque où les deux William parurent, la démocratie n'avait point encore envahi la société.

Nous doutons que, dans l'Angleterre de 1838, M. Pitt eût le succès et l'existence qui l'élevèrent, il y a quarante ans, à la hauteur des premiers politiques. Beaucoup de Ximénès et d'Alberoni mourront maintenant inconnus.

On ne tient pas assez compte aux dépositaires du pouvoir de cette différence du temps présent au temps jadis : les obstacles diplomatiques, les menées des gouvernements secrets et absolus, sont demeurés tels qu'ils étaient autrefois, et l'on a de plus à combattre les inquiétudes des gouvernements publics et constitutionnels, sans parler des indiscrétions et des incartades de la liberté de la presse. C'est pourtant à la clarté de cette liberté, à laquelle nous n'avons pas voulu qu'on touchât, que la *folie* de la guerre d'Espagne a été faite; c'est à cette lumière que s'est rallumée la mèche éteinte de nos canons réchauffés et consolés. Le danger toutefois était extrême, car que n'aurait point dit et écrit l'opposition au moindre revers? Il fallait sauter dans l'abîme, ou au delà de l'abîme.

Les ministres qui négocièrent le testament de Charles II, ceux qui influèrent dans les affaires sous Philippe V, n'eurent à surmonter que ces intrigues de cabinet, ces ambitions des particuliers, ces difficultés de caractère que l'on rencontre sitôt que l'on se mêle aux hommes : le cabinet de Versailles n'était pas dans la nécessité de traiter en conférence avec l'Europe *dite amie,* et de regagner des forces sous des yeux jaloux.

L'Autriche, prévoyant que notre premier soin serait de nous assurer de l'Espagne, avait voulu, dès 1814, mettre garnison dans nos places frontières de la Catalogne. On disait à Vienne que nous voulions nous séparer de l'alliance et faire cause à part avec la Russie; on disait à Pétersbourg et à Berlin que nous voulions donner une charte à l'Espagne; on disait en France que nous prétendions rétablir l'inquisition et le roi *netto*. Voilà sous quel poids nous étions accablé. Amis et ennemis, il fallait tout tromper, ou plutôt ne laisser rien voir du fond des choses; il fallait que la France ressuscitât sans qu'on s'en doutât, que le géant reparût la pique à la main lorsqu'il n'eût plus été possible de le désarmer.

Nous tirions pourtant quelque parti des conférences de Paris contre les envoyés de l'alliance à Madrid. Nous finîmes même par supprimer les réunions officielles de ceux-ci. Selon la longueur et l'espèce des négociations, l'esprit de ces envoyés varia : M. Brunetti, très-fâcheux au commencement de la guerre, devint meilleur quand le succès de cette guerre fut assuré, et se montra moins *absolutiste* que ses collègues dans la question des colonies; MM. Bulgari et Royez, qui d'abord marchèrent bien avec nous, devinrent intraitables lorsque, Ferdinand étant délivré, il fut question des vieilles cortès et de l'émancipation des provinces américaines.

Les dissidences étaient partout. M. le général Bourmont s'accordait peu en Espagne avec M. de Talaru; à Vienne, M. de Caraman demandait de l'argent ou sa retraite; à Paris, le loyal et fidèle maréchal Victor était obligé de céder son portefeuille aux préventions de M. le duc d'Angoulême.

Nous étions soutenu dans ces traverses par l'idée d'atteindre aux grands résultats, après lesquels nous comptions retourner à nos goûts solitaires. Quiconque connaît l'indifférence que nous avons aux choses humaines, le peu de prix que nous attachons à tout, saura ce qu'il a dû nous en coûter pour nous plier à tant de contraintes, pour nous cacher aux cabinets continentaux, afin qu'ils nous prêtassent leur appui moral tant que nous en avions besoin contre l'Angleterre; pour ne pas nous rendre trop désagréable celle-ci, afin de faire servir une partie de ses projets à nos projets, en l'opposant, quand son tour serait venu, à l'Europe absolutiste. En excluant la Grande-Bretagne de tout ce qui regardait la guerre d'Espagne, nous étions censé n'entretenir que des relations amicales avec la Russie, l'Autriche et la Prusse, et nous voulions, d'un autre côté, qu'elle fût admise dans les conférences générales sur les colonies espagnoles, malgré les puissances alliées, qui, dans des idées impossibles de coercition, prétendaient traiter cette affaire sans le cabinet de Saint-James.

LV

Espagnols réfugiés.

Les Espagnols royalistes réfugiés en France étaient une nouvelle source de débats. L'archevêque de Tarragone, l'évêque d'Urgel, MM. de Erro et Calderon, qui jusqu'alors s'étaient trouvés à la tête des provinces insurgées, soutenaient qu'il se fallait hâter d'installer le gouvernement provisoire espagnol; mais ils demandaient qu'à la tête de ce gouvernement fût placé le général Eguia. Selon leurs rapports, la volonté de Ferdinand, exprimée dans un ordre du 10 janvier, était que le général présidât tout espèce de gouvernement, quel qu'il fût, *pour travailler à la délivrance de son auguste personne;* cette phrase prouvait du moins que le *roi constitutionnel* se regardait comme prisonnier entre les mains de ses amis *constitutionnels.* M. de Balmaceda et monseigneur l'archevêque de Tarragone nous envoyaient des pancartes de juntes et de commandants royalistes de la Catalogne qui protestaient de leur fidélité à la régence d'Urgel, et déclaraient ne vouloir reconnaître d'autre autorité.

D'un autre côté, des adresses combattaient une proclamation que le général Eguia avait cru devoir faire en son nom. Ces adresses affirmaient que cette proclamation allumerait parmi les royalistes une guerre plus sanglante que celle dont l'Espagne était affligée depuis trois ans.

En même temps, M. Berryer me faisait parvenir une note à lui demandée par M. de Mataflorida; elle n'avait d'éloquent et de persuasif que la signature de M. Berryer.

« Le parti de M. Mataflorida (ainsi s'exprime la note) doit prévaloir. On sait maintenant à Paris que le général Eguia est un vieillard usé et incapable, et que l'honorable baron d'Éroles, après avoir défendu M. Mataflorida jusqu'au dernier moment, n'a cédé et n'a consenti à entrer dans le conseil projeté, sans M. Mataflorida, que parce que la France lui promettait des secours qu'il ne voyait pas venir d'ailleurs. »

C'est fort bien. Mais voici qu'une lettre, adressée par le général Eguia à MM. Erro et Calderon, disait :

« J'ai reçu de nouvelles communications par lesquelles il m'est ordonné de notifier au marquis de Mataflorida de renoncer désormais à toute idée de conserver le pouvoir qu'il a usurpé, et de ne plus compromettre S. M. en lui adressant, comme il a fait dernièrement, des lettres où il nomme les personnes et les choses. Faites connaître au sage gouvernement français la nécessité de contenir le marquis de Mataflorida. »

Comment donc nommer un gouvernement provisoire composé du général Eguia, du baron d'Éroles, de l'archevêque de Tarragone, de l'évêque d'Urgel, du conseiller Calderon, de l'intendant à l'armée royale, M. Erro, puisque le général Eguia, repoussé par un parti, était qualifié par ce parti de *vieillard usé et incapable,* et que le marquis de Mataflorida, rejeté par Ferdinand, passait dans une autre faction pour un *ambitieux* et un *étourdi?*

Passèrent devant nous, comme des ombres, différents chefs plus ou moins obscurs, acquéreurs depuis d'une certaine célébrité, MM. Cordova, Quesada et autres. Au milieu de ces suppliants, nous faisions un triste retour sur les destinées humaines : c'était ainsi qu'émigré nous-même, nous avions vu les émigrés, à Londres, solliciter des secours, et se déchirer entre eux. Nous aimions l'Espagne : sous son beau soleil et dans ses palais des Maures, nous avions promené des illusions de jeunesse à cette époque où les songes ne sont pas *fantastiques,* comme ils le sont dans *la saison de la chute des feuilles,* disent les anciens; nous avions traversé l'Ibérie des vieux chrétiens au moment qu'elle exhalait, pour ainsi dire, son dernier soupir, avant l'invasion de Buonaparte; nous étions attaché à cette nation valeureuse autant par nos souvenirs que par la singulière prophétie que nous avions faite de sa résurrection, dans le *Génie du Christianisme :*

« L'Espagne, séparée des autres nations, présente encore à l'histoire un caractère plus original : l'espèce de stagnation de mœurs dans laquelle elle repose lui sera peut-être utile un jour; et lorsque les peuples européens seront usés par la corruption, elle seule pourra reparaître avec éclat sur la scène du monde, parce que le fond des mœurs subsiste chez elle. »

Prédiction que ce noble peuple a si glorieusement accomplie.

LVI

Embarras intérieurs.

Les derniers tracas que nous avons à mentionner sont ceux qui nous venaient, à Paris, de nos amis et de nos ennemis, de nos travaux au conseil et aux chambres. Si ces tracas n'agissaient pas *directement* sur les affaires d'Espagne, leur influence *indirecte* ne s'y faisait pas moins sentir, car ces brouilleries et ces occupations détournaient notre attention, jetaient de la défiance entre les membres du gouvernement, rompaient cette unité si nécessaire dans l'action administrative et dans la majorité parlementaire.

La vérité est que nous n'avions au ministère aucun crédit : tout se passait entre M. de Corbière et M. de Villèle. Avec une dextérité merveilleuse, M. de Villèle rectifiait les comptes et relevait les bévues de ses collègues. Quant aux affaires étrangères, il avait la bonne foi de dire qu'il n'y entendait rien ; en cela il était beaucoup trop modeste. Lorsque nous lui parlions des difficultés qu'on rencontrait à Londres ou à Vienne, il nous répondait : « Eh ! que diable, mon cher, qu'importe ce qu'ils disent ? allons notre train ; soignons nos finances. Arrangez cela, mon cher ; c'est votre affaire. » Ce dédain nous faisait rire, et au fond nous le partagions, mais les paroles de M. de Metternich et de M. Canning nous faisaient passer de mauvaises nuits.

Les royalistes nous accusaient de ne rien faire pour eux : pouvions-nous faire quelque chose pour nous ? Nous ne savons ni prendre, ni demander.

Les conseils chez le roi et chez le président accroissaient le poids de nos élucubrations : il fallait élaborer des budgets, s'occuper de lois telles que celle de la septennalité, notre particulier ouvrage.

La dette américaine, dont le ministre du congrès demandait chaque année l'acquittement, nous obligea d'étudier le travail de nos prédécesseurs. Il se peut (en faisant abstraction du traité non exécuté de la cession de la Louisiane) que nous fussions redevables de cinq ou six millions ; mais si avant le discours du président Jakson cette somme, à la rigueur, pouvait être réclamée, après ce discours nous ne devions plus rien. Nous ne comprendrons jamais que l'on paye quoi que ce soit à celui qui vous insulte, à moins qu'il n'ait satisfait lui-même à sa dette d'honneur. Une nation, non plus qu'un homme, ne se doit pas laisser outrager : la France a donné la liberté aux États-Unis, elle n'est pas si petite qu'elle ne puisse les obliger à s'en souvenir.

Dans ce courant des événements, nous eûmes à envoyer un fauteuil mécanique à Pie VII, à nous occuper d'un conclave, à soigner nos petites légations, pour nous attacher les petits États, à tenir l'œil ouvert sur le Portugal, dont les mouvements étaient si dangereux pour nous.

Dans l'intérieur de notre ministère, nous songions à remanier les consulats. Nous reçûmes d'un de nos employés un gros paquet de notes sur le personnel des affaires étrangères ; nous l'avons encore ; il est intact ; nous ne l'avons jamais lu, nous ne le lirons jamais. M. d'Hauterive, croyant que nous étions contre la septennalité, nous remit un mémoire dans le sens de notre opinion supposée ; nous lui dîmes que nous étions pour la septennalité, il nous apporta dans la journée un autre travail en faveur de la septennalité : cela nous amusait.

Quant aux fonds secrets, nous exigions des quittances. Tous nos comptes furent remis au roi et approuvés par lui, comme l'atteste la lettre de M. de Villèle. Des cartes d'électeur ayant été remises aux personnes de nos bureaux, nous leur défendîmes de se rendre à leurs colléges si elles ne payaient le cens, sous peine d'être renvoyées. Quant à celles qui avaient les conditions requises et qui nous prièrent de leur désigner un candidat, nous leur dîmes de voter selon leur conscience.

Le cabinet noir n'était pas encore aboli ; misérable invention de l'ancienne monarchie, adoptée depuis par toutes les autres puissances, par le Directoire et par Buonaparte. On nous envoyait ce qui regardait notre département : nous n'y vîmes que quelques dépêches du corps diplomatique ; nous les aurions devinées sans les avoir lues.

Une lettre d'un fat de Vienne nous tomba par hasard entre les mains : il écrivait à Paris à une femme malheureuse ; on avait pris cela pour des affaires étrangères.

Nous n'avions point d'audiences à heure fixe ; entrait qui voulait ; la porte était toujours ouverte.

Parmi les besogneux d'argent et d'intrigues de toutes les sortes, s'avançaient en procession vers la rue des Capucines de mystérieux butors, personnages vêtus d'un habit brun boutonné, ressemblant à de sérieux et inintelligents bahuts remplis de papiers secrets. Venaient des mouchards en enfance, à chevrons de la république, de l'empire et de la restauration : oubliant ce qu'ils devaient taire, ils disaient de chacun des choses étranges ; puis se présentèrent des marchands de songes : nous n'en achetâmes pas, nous en avions à revendre. Des messieurs remirent entre nos mains des gros mémoires chargés de notes et notules explicatives et corroboratives. Se produisirent des dames utiles qui faisaient de l'amour avec des romans, comme on faisait jadis des romans avec l'amour. Ceux-ci nous demandaient des places, ceux-là des secours ; tous se dénonçaient les uns les autres ; tous se seraient pris aux cheveux, n'était que ces espèces de morts de tous les régimes étaient chauves. Il y en avait de bien sales ; il y en avait de bien singuliers : ils se tenaient à quatre pour n'être pas bêtes, mais ils ne pouvaient s'en empêcher. Un vénérable prélat voulut bien nous consulter : homme de mœurs sévères et de religion sincère, il luttait pourtant en vain contre une nature parcimonieuse : il ne se servait la nuit dans sa chambre que de la lune, et s'il avait eu le malheur de perdre son âme, il ne l'aurait pas rachetée.

De nobles galants à coiffure du temps de l'ordre de Malte nous contaient leurs amours d'antan entre parenthèses politiques ; d'autres, moins ardents, avaient les vertus des qualités qui leur manquaient. Des gens recommandés d'avance comme nantis de pensées fortes et de sentiments religieux nous honoraient de conseils : ils auraient été méchants s'ils n'eussent été couards ; on voyait qu'ils avaient envie de vous déchirer, mais ils retiraient leurs griffes dans leur peur comme dans une gaîne.

Nous eûmes des sollicitations d'audience de certains roués de la Terreur, race légère, offrant ses services auprès de la mort.

On nous annonça un homme de banque : sans façon et sans précaution oratoire, il nous déclara qu'il appartenait à des *maisons respectables ;* que, s'il était possible de lui communiquer des dépêches télégraphiques, mon Excellence pourrait profiter des succès, sans nuire le moins du monde aux fonds publics. Nous regardâmes cet homme avec ébahissement, puis nous le priâmes de sortir par la porte, si mieux n'aimait sortir par la fenêtre. Il ne se déferra point ; il nous regarda à son tour comme il eût regardé un Osage. Nous sonnâmes : l'homme imperturbable s'en retourna avec son obligeant million. Ignare et stupide que nous étions ! aurait-on su notre bonne aubaine ? l'eût-on connue, en serions-nous aujourd'hui moins considéré ? Au lieu de tirer le diable par la queue, nous aurions des salons, nous donnerions des dîners ; on nous appellerait encore *monseigneur* de courtoisie, et nous passerions pour un homme d'État.

La Fortune chassée revint, mais cette fois dans sa forme et ses habits de femme : c'était une personne encore mineure qui, ne pouvant voyager sans l'autorisation de ses parents, nous priait de lui accorder un passe-port des affaires étrangères pour Genève, sans qu'elle eût recours à la police. Elle avait aussi quelque chose à nous dire de particulier sur nos *intérêts,* si nous voulions lui faire la grâce de l'entendre, quoiqu'elle convînt en rougissant que sa démarche nous pourrait paraître extraordinaire. Elle jeta de côté le voile parfumé de son chapeau avec une main blanche, jeune et légère, dépouillée de son gant et débarrassée d'une rose. Nous la remerciâmes de la confiance qu'elle voulait bien nous témoigner ; nous lui dîmes que, ne nous connaissant aucun intérêt, nous lui épargnerions l'ennui de notre curiosité ;

que, du reste, on ne serait pas assez mal appris à la police pour lui refuser un passe-port, et que ses parents ne seraient pas assez inhumains pour l'empêcher d'aller voir les Alpes. Nous félicitâmes celui qui aurait le bonheur d'être son compagnon de voyage. En disant cela, nous reconduisîmes très-poliment la Fortune jusqu'à la porte. La Prénestine n'était ni aveugle ni chauve, mais on la reconnaissait aux ailes qu'elle avait conservées à ses pieds agiles, *dea mobilis*, telle que nous l'avions vue dans les airs à Venise. Peu rassuré par notre victoire, nous mîmes le verrou en dedans : saint Bernard dit qu'il faut avoir une frayeur salutaire de ces vierges qui portent des trésors dans un vase d'argile.

Après cela apparut un homme d'une contenance embarrassée, tournant son chapeau dans ses mains et le brossant avec son coude ; pourtant rien n'était moins embarrassé que cet homme de ressource, d'esprit et d'imagination en emprunts : nous l'avions déjà vu à Vérone. Il nous expliqua ses plans d'une manière un peu longue ; ils n'étaient pas très-clairs, mais ils étaient ingénieux : si la lumière n'y pénétrait partout, les obscurités laissées çà et là étaient peut-être des obscurités savantes dont se dégagerait l'inconnue. Du reste, le changeur d'effets et de royaumes ne manquait pas d'élégance : s'il faut en croire un proverbe d'Espagne, lorsque dans la jeunesse on a rencontré la beauté, elle vous laisse de quoi vous défendre du temps : la disgrâce des années tardives a moins de prise sur vous.

Pour nous délivrer de ce rendez-vous de mouches qui bourdonnent partout où s'épand quelque goutte d'or, nous n'avions pas, comme l'amiral turc de M. Choiseul-Gouffier, un lion familier venant sentir aux mains de nos visiteurs ; mais nous avions un négrillon qui leur passait entre les jambes, les tiraillait et les interrompait dans leurs discours. Il nous avait été envoyé d'Égypte par notre hôte et notre ami, M. Drovetti. Il était fils de ce prince ; il s'appelait *Morgan* (la perle), nom de tendresse que lui avait donné sa mère, égorgée par les soldats du pacha. Cet enfant était à peu près de l'âge de M. le duc de Bordeaux ; celui-ci admettait à ses jeux l'orphelin esclave privé de son trône d'ébène. Morgan n'a pas vécu ; il est mort à Rome où nous l'avions mis à la Propagande, dans l'espoir d'en faire un archevêque d'Éthiopie : il a rendu son dernier soupir à la primeur du jour, à une heure matinale comme sa vie. Morgan, la perle de sa mère, est allé parer dans le ciel cette pauvre mère. Ce petit roi noir, à l'instar du petit roi blanc, son camarade, avait été jeté par la dérision du sort à la garde de notre faiblesse. Nous aurions mieux été assis avec lui sous un palmier, aux sources du Nil, que lui, courant auprès de nous sous les fauteuils de Sa Majesté Très-Chrétienne, à l'hôtel des affaires étrangères.

Les lettres abondaient : elles étaient bien menaçantes, surtout avant et au commencement de la guerre. Elles nous disaient la vérité ; elles n'étaient guère propres à nous permettre de suivre librement nos plans et notre correspondance diplomatique.

« L'armée de la Foi fait horreur partout ; pas un personnage connu et distingué n'arrive à nous. L'artillerie tout entière est incertaine. Ce qui n'est pas buonapartiste est républicain. Après les *sournois* (l'artillerie), les *taquins* (les chasseurs) sont à la première ligne d'opération.

« *On voit bien que vous voulez reconquérir les bords du Rhin,* car vous ne voulez écouter aucun rapport.

« Comment pouvez-vous vous fâcher tout rouge ? et cela, parce que M. de Villèle [1] a fait de la Bourse une maison de jeu ? savez-vous que Dieu vous punira d'être colère ?

« Si vous faites tous vos vouloirs en Espagne, est-ce que nous aurons pour récompense ici M. l'abbé de Lamennais [2], Branchet et tous les prêtres à la tête des affaires ? Ce *Drapeau blanc* vous attaque tous les matins et ne cache guère ses espérances.

« Savez-vous que tout se recorde ; que les républicains, comme les buonapartistes purs, sont convenus d'un sacrifice politique, et que tous consentent à M...? C'était un grand œuvre d'amener toutes les opinions sur un seul : eh bien, c'est fait.

« Le colonel M... vient de faire une petite caricature charmante : il a représenté notre armée s'engageant dans les montagnes ; les Espagnols, perchés sur des rochers, leur crient : « Entrez, Messieurs, entrez ! *On ne paye qu'en sortant.* »

« Les Anglais seront en Portugal avant que nous n'ayons pris position sur l'Èbre. On se laisse former une opinion colossale contre la guerre, et les angoisses de l'irrésolution augmentent le mal.

« Dites-moi que cette immense toile d'araignée qu'on appelle l'armée française ne sera pas déchirée par ces Espagnols à la façon de Baylen, que ce stupide Ferdinand ne se laissera pas embarquer à Cadix, comme un gros ballot qu'il est.

« Qui vous aurait dit que l'entrée à Madrid ferait baisser les fonds de près de 2 francs ? Eh bien, c'était prévu par tous ceux qui assurent que là commencent la guerre, vos embarras, vos maladies, vos immenses dépenses, votre petit nombre et l'impossibilité de traiter. »

D'autres lettres entravaient encore nos travaux politiques ; elles nous

---

[1] Je laisse ici le nom de M. de Villèle, parce qu'après avoir remué tant de millions, il est sorti du ministère sans avoir augmenté son patrimoine. En général, les hommes de la restauration, du moins ceux qui ont commencé à paraître sur la scène avec elle, sont sortis les mains pures. On voit aussi, à propos de M. de Villèle, avec quelle chaleur je le défendais quand on croyait me faire la cour en l'attaquant.

[2] Mon illustre compatriote doit être bien étonné de se trouver ici placé parmi les absolutistes qui devaient gouverner la France.

donnaient des occupations moins fatigantes, il est vrai, mais elles tendaient également à nous distraire. On s'adressait à nous pour des services que nous étions heureux de rendre ou de demander. Nous tenions à prouver à ceux dont l'inimitié politique nous était connue que la légitimité, sans passions, était bonne, sincère et polie.

Ainsi M. Saint-Edme nous écrivait une lettre très-généreuse en faveur de M. Barginet; M. Coste nous prouvait qu'il croyait à notre amour sincère de la liberté des opinions; deux poëtes, M. Lebrun et M. Arnault, voulurent bien penser que nous nous intéressions au sort de leurs beaux travaux poétiques : ils ont vu qu'ils ne s'étaient pas trompés. Enfin, nous reçûmes plusieurs lettres de M. Benjamin Constant. Une chose est consolante pour nous : les hommes qui nous avaient été d'abord les plus adverses sont devenus nos amis : témoin MM. Benjamin Constant, Béranger et Carrel. En preuve de cette assertion, nous donnerons à la fin de cet ouvrage des lettres de ces illustres contemporains : c'est un présent que nous faisons à leur patrie.

C'était ainsi qu'à travers les conseils, les discours, les chambres, les projets de lois, les sollicitations, les plaintes, les audiences, les visites, les dîners et les bals (car nous donnions aussi des fêtes), c'était ainsi que, contrarié de cent façons, nous poursuivions nos opérations d'Espagne, passant les nuits à écrire, trouvant encore le temps de barbouiller quelques pages de nos *Mémoires,* d'aller, en souvenir de notre vie errante, chercher quelque image de cette vie : *Nebulæ per inane volantes.* Nous ne faisions pas plus de façon avec les affaires; elles étaient tout ébaubies d'être traitées si cavalièrement. Enfin, comme il faut avoir soin de tout, nous songions à négocier avec les habitants de Saint-Malo pour qu'ils voulussent bien nous enterrer sur la grève d'une île où nous avons joué dans notre enfance. Cette négociation a plus duré que la guerre d'Espagne; le génie militaire ne cède pas facilement six pieds de sable : nous consentons pourtant que notre argile serve de gabion à notre patrie. Peu de ministres, et peu de ministres triomphants, se sont occupés de leur tombeau : chacun prend son plaisir où il le trouve.

Il est temps de mettre sous les yeux des lecteurs les lettres qui concernent l'Espagne : elles renferment, jusqu'à la délivrance de Ferdinand, les transactions dont nous avons donné plus haut l'analyse. Le cabinet d'un ministère va s'ouvrir au public; du vivant de ceux qui ont mené les affaires, et en présence d'une partie des témoins de ces affaires. Les secrets des hommes sont si vains, ces hommes eux-mêmes sont si petits, les rois et les royaumes sont si peu, qu'en vérité ce n'est pas la peine de cacher tant de misères. Lorsque, à force de recherches, on a découvert que tel événement a été produit par le hasard, par une femme de chambre, par un commis, par une conversation entre deux personnages jusqu'alors restés ignorés, qu'a-t-on gagné à la *manifestation* de cette *haute* vérité? Que les événements arrivent comme ceci ou comme cela, peu importe : les hommes sont rapides ; les occurrences de leur vie transitoire s'abîment dans la longue et perdurable vie de l'humanité. Rien ne nous paraît plus risible que l'importante taciturnité des mystères de l'État.

LVII

Lettres diplomatiques.

Les missives que voici sont presque toutes de nous; nous n'y avons mêlé quelques lettres des rois, des ministres, des généraux, des ambassadeurs, que pour faire la chaîne, instruire le lecteur de ce que l'on pensait chez les divers peuples et dans les diverses cours, éclaircir quelques articles de nos propres lettres. Il sera curieux, pour ceux qui aiment l'histoire, de voir ce que pouvaient écrire à une époque mémorable tous les hommes occupés d'affaires en Europe. Dans le peu de lettres qui nous sont adressées, nous avons supprimé ce qui était trop intime relativement à tel ou tel homme : c'est ainsi que, dans la belle série des lettres de M. de La Ferronnays, nous avons retranché ce que d'injustes préventions faisaient dire à l'empereur Alexandre sur l'administration de M. de Villèle, dont il ne pouvait être bon juge.

Cette correspondance s'ouvre presque par les lettres de M. Canning. J'ai déjà loué et admiré plus haut ces lettres. L'imagination domine dans ces inspirations du talent et d'une rivalité trop honorable pour nous. Cette brillante imagination s'exprime avec une verve et une rapidité prodigieuses. Le ministre britannique cherchait à nous attirer sur un terrain où nous refusions le combat ; il feignait d'ignorer la *question française :* il se jetait sur la guerre de la Succession, dont nous ne lui disions pas un mot ; il nous parlait mal de Ferdinand, dont nous pensions encore plus de mal que lui, comme on l'a déjà vu par quelques-unes de nos réflexions sur les pièces diplomatiques de Vérone ; il nous signalait, pour nous effrayer, la ruse du cabinet de Vienne faisant souvenir l'Espagne de sa grandeur lors de sa dépendance de l'Autriche : malice de M. Gentz, qui ne nous était point échappée. Il revient deux fois sur la révolution de 1688, espérant, en bon Anglais, que l'Espagne imiterait cette révolution ; il suppose que, si le gouvernement espagnol, dont nous accusons les excès, récriminait contre les nôtres, nous serions bien embarrassés.

Il ne nous était pas possible d'entrer en controverse sur ces points divers, parce qu'il ne s'agissait pas de tout cela ; que d'un autre côté nous ne pouvions révéler à M. Canning le fond de notre pensée sur la guerre d'Espagne, sur la nécessité où nous étions de saisir l'occasion de rattacher la Péninsule à la France, dont elle ne devait jamais être séparée. Aussi, dans notre correspondance, c'est M. Canning qui est le poëte, nous qui sommes l'homme d'affaires. Les lettres de M. Canning sont longues, abondantes, entraînantes, merveilleuses ; les nôtres sont courtes, sèches, positives et allant au but ; il n'a manqué à l'éloquence de notre illustre ami que le succès.

Lorsque M. Canning, tout en nous combattant, nous traite avec une amitié et une considération si flatteuses ; lorsqu'à l'autre extrémité de l'échelle, Cobbett trouve que nous faisons notre devoir de Français ; lorsque des souverains, importants parce qu'ils influent sur le sort des peuples, sont forcés de reconnaître quelque valeur à nos travaux ; lorsque, en sens opposé, MM. Benjamin Constant, Carrel, Béranger, nous accordent des idées applicables, nous inclinons à croire que nous n'avons pas été tout à fait inutile à notre siècle. Mais ces bouffées de vanité ne tiennent guère, et nous en rougissons le moment d'après.

M. DE CHATEAUBRIAND A M. GENTZ.

Paris, 30 décembre 1822.

Me voilà ministre, Monsieur. M. le prince de Metternich vous communiquera peut-être la lettre où j'ai l'honneur de lui mander tout le détail. Maintenant ne m'abandonnez pas : je suis sur la brèche. Les obstacles sont grands au dedans comme au dehors. J'ai à lutter contre les choses et contre les hommes ; appuyez-moi donc. Que je sois appuyé par les sentiments de bienveillance des cabinets de l'Europe, et j'en serai plus fort. Vous savez, Monsieur, que je vous ai reproché, à vous autres puissances étrangères, une trop longue injustice envers les royalistes. Tantôt vous nous avez pris pour de vieux barons du treizième siècle, tantôt pour des novateurs du dix-neuvième ; cela nous a fait du mal. Laissez-moi donc être royaliste constitutionnel ; ne vous effrayez ni de ma marche, ni de mon langage. Je connais la France, et je sais la seule route à prendre pour arriver à un ordre de choses qui fera le bonheur de mon pays et le repos de l'Europe. Vous m'avez, Monsieur, promis votre amitié ; je la réclame, et les témoignages m'en seront surtout bien précieux dans ce moment. Vous connaissez tous les sentiments d'estime et de considération que je vous ai voués.

CHATEAUBRIAND.

M. CANNING A M. DE CHATEAUBRIAND.

Au bureau des affaires étrangères, ce 31 décembre 1822.

Permettez, mon cher vicomte, que je vous rende les compliments de félicitation que vous m'avez faits il y a si peu de temps. Vous voilà aussi secrétaire pour les affaires étrangères ! Vous savez combien je me plaisais dans la perspective d'avoir à traiter avec vous ici comme ambassadeur de France ; jugez combien je me trouve plus heureux dans les circonstances actuelles, qui nous placent vis-à-vis l'un de l'autre, dans une position à coopérer d'une manière encore plus efficace pour le bien et pour l'union de sentiments et d'intérêts de nos deux pays.

Rappelez-moi, mon cher vicomte, je vous prie, au souvenir de M. de Villèle : présentez-lui mes hommages, et dites-lui combien je prends part à son succès, et combien je me réjouis de sa décision ; décision qui a sauvé (selon moi) non-seulement la France, mais peut-être l'Europe, d'une crise telle qu'elles ne sont guère en état de soutenir.

Reste à consolider l'ouvrage de la paix, que M. de Villèle a si bien commencé. Comptez sur moi, pour cet effet, dans tout où je pourrai vous être utile, et croyez-moi toujours, mon cher vicomte, avec autant d'amitié et d'estime.

De Votre Excellence,
Le très-dévoué,
George CANNING.

P.-S. Voici, mon cher vicomte, *non* la dernière fois que je vous écrirai (car je médite de le faire, si vous m'en accordez la permission, aussi souvent que la marche des affaires me paraîtra l'exiger), mais peut-être la dernière fois que je vous écrirai autrement qu'en anglais.

M. DE CHATEAUBRIAND A M. CANNING.

Paris, 2 janvier 1823.

J'aime à me flatter, Monsieur, qu'il y a quelque chose d'à peu près semblable dans nos destinées, qui doit contribuer à resserrer nos liens, et comme amis et comme hommes d'État ; je suis persuadé que nous nous entendrons sur la politique pratique, comme nous nous entendons sur la politique de théorie. Vous détestez les radicaux autant que je déteste les jacobins, et si la France et l'Angleterre s'entendent pour décourager les uns et les autres en tous pays, nous aurons bientôt mis un terme aux alarmes du continent.

Je n'ai qu'un regret, Monsieur, c'est que le poste éminent où le roi vient de m'appeler m'oblige d'abandonner celui non moins honorable où j'avais le bonheur de vous voir. Puisse, Monsieur, l'amitié qui nous lie servir à entretenir une bienveillance réciproque entre nos deux pays ! En attendant que la nomination de mon successeur à Londres me permette de remercier officiellement le roi votre maître des bontés qu'il a daigné me témoigner, je vous prie de mettre à ses pieds mes profonds respects et l'hommage de ma vive reconnaissance. Vous connaissez, Monsieur, les sentiments d'estime, d'attachement et d'admiration que je vous ai voués pour la vie.

J'ai supprimé dans cette lettre tout ce que l'amitié supprime, les titres et les compliments : je vous demande de me traiter de même, et, avec cette manière de converser, nous pourrons causer familièrement sur les grandes affaires.

CHATEAUBRIAND.

M. DE MARCELLUS A M. DE CHATEAUBRIAND.

Londres, le 10 janvier 1823.

Monsieur le vicomte,

Je me suis empressé de porter à M. Canning les assurances dont vous m'avez chargé dans votre dernière lettre ; je lui ai annoncé que vous désiriez, comme lui, une correspondance privée dont les résultats devaient être avantageux à la cause et aux principes que vous défendez tous deux, et j'ai ajouté qu'il pouvait vous écrire en anglais. Il a saisi avec empressement ce projet de relations intimes, et il a rapproché son existence politique de la vôtre ; il en a fait ressortir avec finesse l'étonnante ressemblance, et il en a conclu que tout devait vous lier étroitement. « M. de Chateaubriand, a-t-il ajouté, est-il *aussi* parvenu au ministère contre la volonté du roi ? » J'ai répondu qu'ayant longtemps vécu loin de la France, je ne pouvais connaître l'intérieur des Tuileries, mais qu'il existait entre vous et lui une harmonie de plus, puisque, depuis votre commune accession au pouvoir, les rois de France et d'Angleterre montraient pour l'un et pour l'autre une faveur et des bontés bien plus signalées.

« Nous devons, a dit M. Canning, tirer un grand parti de notre union dans la circonstance présente ; nous pouvons agir d'accord à Madrid sans paraître nous entendre, et toujours chacun dans la ligne de ses intérêts respectifs ; nous parviendrons ainsi, j'en ai l'espoir, à maintenir la paix, et le bonheur du monde sera notre ouvrage. Si M. de Chateaubriand approuve ce plan, qu'il me dise dans ses lettres particulières ce qu'il attend de nous, en spécifiant aussi ce qu'il veut de la part des Espagnols ; je répondrai en lui exprimant franchement ma pensée; nous réunirons nos idées, nos projets; nous préparerons notre action à Madrid; pour réussir, elle doit être simultanée, mais séparée. »

J'ai exprimé d'avance, monsieur le vicomte, tout votre empressement à commencer ces rapports d'intimité. S'il m'était permis de vous communiquer aussi ma pensée, je croirais que vous pouvez user avec fruit de ces liaisons directes, et de la haute estime que je vois à M. Canning pour votre caractère. Je suis persuadé qu'en raisonnant dans sa position, en reconnaissant ce qu'exige de lui sa situation nouvelle vis-à-vis le parlement et le commerce, en repoussant officiellement, puisqu'il le faut, le principe de la question d'Espagne *toute française,* mais en admettant confidentiellement quelque chose de ce principe, qui, au fond, nous est honorable, vous obtiendrez le concours réel et efficace de M. Canning à Madrid.

Je vous parle, monsieur le vicomte, avec un grand abandon, livrant sans réserve mes raisons à votre approbation ou à votre blâme; je ne retranche rien de ma pensée quand je vous écris, et je n'y ajoute que l'assurance de mon dévouement illimité dans les nouveaux devoirs que vous pourriez me prescrire, comme l'expression de mon respectueux attachement.

Le vicomte de M<small>ARCELLUS</small>.

M. CANNING A M. DE CHATEAUBRIAND.

London, january 11, 1823.

Our letter having crossed each other, I will not stop to consider whose turn it is to writ neat; but will show you at once, my dear M. de Chateaubriand, that I accept your challenge, delivered to me by M. Marcellus; and avail myself of the condition which you are good enough to annex to our correspondance, by writing in the language in which alone I am sure of expressing myself correctly, and which you understand as well as I, and your king better than either of us.

If you ask me my opinion, I give it you in the words of our lord Falkland in the time of our Charles Ier: « Peace! — peace! — peace. » The war between France and Spain would not, to bessure, be a civil war, but in would be as nearly so, as a war between two nations can be; and it would

---

Nos lettres s'étant croisées l'une et l'autre, je ne m'arrêterai pas à considérer lequel de nous deux doit écrire le premier, mais je vais vous prouver, mon cher monsieur de Chateaubriand, que j'accepte le défi que vous m'avez fait porter par M. de Marcellus; je me prévaudrai de la condition que vous avez la bonté de joindre à notre correspondance, en m'exprimant dans une langue qui peut seule, j'en suis sûr, rendre correctement mes pensées; langue que vous comprenez aussi bien que moi, et votre roi mieux qu'aucun de nous deux.

perhaps be the parent of war *plus quam civilia;* which might again divide these two nations against themselves, if even others did not follow their examples. Am I for peace, because I hate revolutions less than you do? You give me full credit for showing your invincible hostility to them. But it is because the lovers of revolutions, if all countries pray for war, that I am most anxious for the prevention of it. That class of politicians has a merveillous sagacity in discovering what could best promote their objects; and I confess, that in addition to my faith in their instinct, I arrive, by reasoning, as the same conclusion, that a war in Europe at this moment, against the revolutionary principle, would shake the monarchy of France, and its yet un confirmed institutions to their foundations. — What shook so fearfully your institutions could no doubt, try ours; but ours have root enough to stand the trial. And, wrapping ourselves up, as we should be wise enough to do, in a strict and imperturbable neutrality, — depend upon it, we might, — if we were so disposed, — turn your distractions to our own account : — but depend upon it we have no such disposition. Rather, much rather will we exhaust our effort to preserve the peace on which, we think your prosperity depend.

The reply tho the duc de Montmorency's answer to our offer of mediation, which you will receive from M. de Marcellus, by this messenger, is adapted towhat we conceived to be M. de Villèle's policy. M. de Montmorency was for making the question of peace or war a question « toute européenne ». M. de Villèle had made it a question for France herself, and he, as it appears to us, was right, — as he thus took the whole management into your own hands.

Si vous me demandez mon opinion, je vous la donnerai par les paroles de notre lord Falkland au temps de Charles Ier : La paix! la paix! la paix! La guerre entre la France et l'Espagne ne serait certainement pas, à la rigueur, une guerre civile; mais elle serait aussi près de ce résultat qu'une guerre entre deux nations peut l'être, et elle aurait peut-être un degré d'affiliation avec les guerres *plus quam civilia,* ce qui pourrait encore diviser entre elles ces deux nations, même si d'autres ne suivaient pas leur exemple. Suis-je pour la paix parce que je hais moins que vous les révolutions? Vous me faites assez d'honneur pour croire que je partage l'invincible répugnance que vous avez contre elles; et c'est parce que les hommes de tous les pays épris des révolutions invoquent la guerre que je suis le plus désireux de la prévenir. Cette classe de politiques possède une sagacité merveilleuse pour découvrir ce qui peut le mieux avancer leurs desseins; et je confesse qu'en confirmation de ma foi en leur instinct, j'arrive par le raisonnement à cette même conclusion : qu'une guerre en ce moment en Europe, contre le principe révolutionnaire, ébranlerait la monarchie française et ses institutions non encore affermies jusque dans leurs fondements. Ce qui ébranlerait si effroyablement vos institutions pourrait sans doute *éprouver* les nôtres, mais les nôtres sont assez enracinées pour supporter l'épreuve; et, nous enveloppant, comme nous serions assez sages pour le faire, dans une stricte et imperturbable neutralité, soyez-en persuadé, nous pourrions, ainsi disposés, tourner vos déchirements à notre avantage; mais, soyez-en sûr, nous n'avons

Our note adapts this view : I trust there is nothing present, a perspective in it, that can embarrass you. You know we must keep our own case clear. — You will have heard of lord Fitzroy Somerset's journey to Madrid. His mission is one of counsel and exhortation : I trust it will be vell received. — If he passed through Paris, as I enjoined him to do, without seeing your Exellence or M. de Villèle, it was because I *was sure* that his reception at Madrid would be cordial, in proportion as he was known to be *our* missionary and *yours*. Sir C. Stuart can tell you that, even since L.-F. Somerset was dispatched, I have had fresh reason to be satisfied that such is the temper at Madrid; and that all our endeavours would be spoiled by the notion of our acting *in concert* with France.

There is enough for the present. And for the present then, mon cher vicomte, adieu !

G. CANNING.

M. DE CHATEAUBRIAND A M. DE LA GARDE.

Paris, dimanche 12 janvier 1823, onze heures du soir.

Lord Fitzroy est parti hier sans emporter cette dépêche. Aujourd'hui, 12, un courrier nous a apporté vos dépêches du 5 janvier, n°s 2 et 3, avec trois pièces et deux lettres particulières à M. de Villèle, l'une datée du 5, et l'autre du 6. J'ai consulté le conseil, et sur son avis je vous invite, monsieur le comte, à ne plus différer de parler à M. de San Miguel de la violation du territoire. Vous lui apprendrez le nouveau délit dont nous avons droit de nous plaindre; vous lui direz que nous n'en demandons aucune répara-

---

pas de tels penchants. Plutôt, bien plutôt, nous épuiserons tous nos efforts pour conserver la paix, de laquelle, pensons-nous, dépend votre prospérité.

La réplique à la réponse de M. le duc de Montmorency sur notre offre de médiation, réplique que vous recevrez de M. de Marcellus par ce courrier, est adaptée à ce que nous pensons être la politique de M. de Villèle. M. de Montmorency était d'avis de faire de la question de paix ou de guerre une question « toute européenne. » M. de Villèle en a fait une question pour la France elle-même; et lui, comme il nous paraît, a raison; il met ainsi toute l'affaire dans vos propres mains.

Notre note admet ce point de vue; j'espère que rien n'y présente un objet qui puisse vous embarrasser. Vous savez que nous devons garder notre propre affaire claire.

Vous aurez entendu parler du voyage de lord Fitzroy-Somerset à Madrid. Sa mission est une mission de conseil et d'exhortation; j'espère qu'elle sera bien reçue. S'il est passé par Paris, comme je le lui ai recommandé, sans voir Votre Excellence ou M. de Villèle, c'est parce que *j'étais sûr* que sa réception à Madrid serait cordiale en proportion de la connaissance qu'on aurait qu'il est *notre* missionnaire et non le *vôtre*. Sir C. Stuart peut vous dire que, depuis que lord F. Somerset est parti, j'ai eu de nouvelles raisons pour être convaincu que les dispositions sont telles à Madrid, et que tous nos efforts eussent été paralysés si on avait su que nous agissions de concert avec la France.

En voici assez pour le présent. Et pour le présent donc, mon cher vicomte, adieu.

tion partielle, car il ne s'agit plus maintenant d'échanger des notes et de se contenter de promesses qui n'auraient aucun résultat. Vous direz que cette violation du droit des nations prouve de plus en plus qu'il nous est impossible de rester dans la position où nous sommes; qu'il n'y a qu'un changement notable dans l'ordre des choses en Espagne qui puisse satisfaire à ce que nous devons à notre sûreté comme à notre honneur. Vous déclarerez enfin, monsieur le comte, que, si le changement n'est ni prompt ni décisif, le gouvernement du roi sera sans doute forcé de vous rappeler, et que cet ordre peut vous arriver d'un moment à l'autre.

On assure qu'il y a ici, à Paris, des nouvelles de Madrid du 7, c'est-à-dire d'une date postérieure à celles que nous avons reçues de vous.

Il paraîtrait, par les nouvelles, que les notes des quatre cours auraient été renvoyées à une commission des cortès, chargée de les examiner et d'y répondre. Ne vous laissez pas, monsieur le comte, abuser par des mesures dilatoires qui n'ont d'autre but que de gagner du temps et de ne rien conclure. Cette commission, si elle existe, fera-t-elle vite son rapport? Consentira-t-elle à des changements qui puissent assurer le repos de la France et de l'Europe? — Si elle se contente de dire qu'un *jour* on pourra examiner ce que la constitution espagnole peut avoir de défectueux, pouvons-nous nous contenter de cette réponse? Non, sans doute : il nous faut quelque chose de clair et de net, car il est impossible d'ouvrir les chambres sans leur dire où nous en sommes avec l'Espagne, et si enfin nous avons la paix ou la guerre. Défiez-vous de l'Angleterre dans tout ceci. Elle ne vous secondera réellement que quand elle croira que la France n'a peur de personne. Soyez ferme avec sir W. A'Court, et montrez-lui que nous sommes las enfin de nos inutiles sacrifices.

Vos collègues de Russie, d'Autriche et de Prusse ont ordre de se retirer, quelque soit la délibération des cortès, à moins d'un changement réel; il ne nous appartient point d'affaiblir leurs résolutions. Laissez-les donc agir d'après leurs ordres. Vous trouverez ci-joint un paquet de dépêches des trois cours pour vos collègues. S'ils étaient partis quand cette dépêche vous arrivera, vous jetteriez le paquet au feu. Faites tous vos préparatifs de départ, afin de quitter Madrid sans délai au premier ordre que le roi me chargerait de vous transmettre.

CHATEAUBRIAND.

M. DE LA GARDE A M. DE CHATEAUBRIAND.

Madrid, le 13 janvier 1823.

Monsieur le vicomte,

M. Jackson vient m'avertir à l'instant qu'à la suite d'une note passée à minuit par M. San-Miguel à M. A'Court, pour solliciter les bons offices de l'Angleterre entre la France et l'Espagne, il partait immédiatement en courrier.

Le chevalier A'Court m'avait déjà prévenu qu'il avait travaillé indirectement à porter le gouvernement espagnol à cette démarche, et il est probable que la note susdite a été le résultat de la séance secrète tenue hier aux cortès.

Le temps me manque pour obtenir des renseignements plus circonstanciés, et, n'ayant pas même celui de les écrire, j'ai dû me borner à tracer ces quelques lignes à la hâte pour ne pas laisser passer cette occasion.

Hier, avant de se former en comité secret, les cortès ont reçu de M. San-Miguel la déclaration que le gouvernement s'occupait de la rédaction d'un manifeste exposant à l'Europe ses sentiments et ses principes.

En supposant que telle circonstance me mît dans le cas de demander mes passe-ports, je supplie Votre Excellence de vouloir bien me prescrire la conduite que j'aurai à tracer à nos consuls.

J'ai l'honneur d'être, avec une haute et respectueuse considération,

De Votre Excellence,

Le très-humble et très-obéissant serviteur,

La Garde.

M. DE CHATEAUBRIAND A M. CANNING.

Paris, 14 janvier 1823.

C'est avec une véritable satisfaction, Monsieur et ami, que j'ai reçu la première lettre d'une correspondance qui me met en rapport avec un homme tel que vous, et qui peut être si utile à son pays. Pour vous imiter, j'entrerai tout de suite en matière. Je vous dirai d'abord que je pense absolument comme vous sur la question de la paix ou de la guerre, considérée abstraitement. Nul doute que la paix ne soit d'un immense avantage, et nul doute encore que nous n'ayons dû faire tous les sacrifices pour l'obtenir.

Je suis donc, en théorie, parfaitement de votre avis; mais, selon moi, la question n'est pas là, ou n'est plus là. Pouvons-nous, dans les circonstances où nous sommes placés, éviter une rupture avec l'Espagne, si aucun changement notable n'arrive dans ce pays? Pouvons-nous rester plus longtemps dans cette politique incertaine où j'ai trouvé les esprits quand le roi m'a confié le portefeuille des affaires étrangères? Pouvons-nous, dans l'état violent de l'opinion en France, ouvrir la session sans avoir pris un parti? Voilà ce qu'il fallait examiner d'abord. Vous savez mieux que moi que les principes absolus sont peu applicables en politique : dans les affaires humaines il y a des nécessités, et, quels que soient les efforts des hommes d'État, ils ne peuvent passer les bornes du possible.

La guerre, dites-vous, pourrait renverser nos institutions encore mal affermies : cela peut être, mais il y a deux manières de périr pour un gouvernement : l'une par des revers, l'autre par le déshonneur. Si l'Espagne révolutionnaire peut se vanter d'avoir fait trembler la France monarchique, si la cocarde blanche se retire devant les Descamisados, on se souviendra de la puissance de l'empire et des triomphes de la cocarde tricolore : or, calculez pour les Bourbons l'effet de ce souvenir.

Mais la guerre, si elle doit avoir lieu (ce qu'à Dieu ne plaise!), serait-elle aussi dangereuse que vous paraissez le croire? Ce peuple-ci est tout militaire; notre population augmentée nous offrirait, si nous en avions besoin, plus d'un million des meilleurs soldats du continent; nos finances sont dans un état si florissant, que le budget de cette année va prouver que nous avons dans l'excédant de nos recettes le moyen d'entrer en campagne sans établir un nouvel impôt : il nous serait permis au moins d'espérer un premier succès en Espagne. Un succès rattacherait pour jamais l'armée au roi et ferait courir toute la France aux armes. Vous ne sauriez croire tout ce qu'on peut faire parmi nous avec le mot *honneur :* le jour où nous serions obligés de peser sur ce grand ressort de la France, nous remuerions encore le monde; personne ne profiterait impunément de nos dépouilles et de nos malheurs.

Mais la paix vaut certainement mieux que tout cela, et la paix est dans vos mains. Si, sans suivre la marche des puissances continentales, vous aviez cru devoir tenir au gouvernement espagnol un langage sévère; si vous lui aviez dit confidentiellement : « Nous ne serons point contre vous, mais nous ne serons pas pour vous; votre système politique est monstrueux, il alarme justement l'Europe, et surtout la France; changez-le, ou ne comptez sur aucun appui, sur aucun secours d'armes ou d'argent de la part de l'Angleterre; » je n'en doute pas, dans un moment tout était fini, et l'Angleterre avait la gloire d'avoir conservé la paix à l'Europe. Ce moyen de salut nous est-il encore laissé? j'ai bien peur que la crise ne soit trop prochaine, et que nous ne soyons resserrés dans des limites trop étroites.

Je vous dirai maintenant, mon cher Monsieur, que j'ai reçu avec peine votre note en réplique à la réponse de M. de Montmorency. L'idée m'était venue, dans le premier moment, de ne pas répondre moi-même à cette note, pour éviter de nouveaux sujets de contestation ; mais le conseil est d'un autre avis ; comme dans cette note il est question des alliés et du congrès de Vérone, et comme mon prédécesseur a communiqué aux ambassadeurs des cours d'Autriche, de Russie et de Prusse la première proposition du duc de Wellington, je me trouve forcément engagé à leur en faire connaître la suite. Ces papiers peuvent devenir parlementaires ; cela peut augmenter l'aigreur qui se manifeste aujourd'hui dans les relations diplomatiques : des récriminations particulières du cabinet de Saint-James et de celui des Tuileries ne me semblent avoir rien d'utile. Au reste, tout cela se perdra dans les événements.

J'aurais pourtant été bien aise de voir lord Fitzroy-Somerset à son passage à Paris ; nous nous serions entendus pour le salut commun. Si on a de l'humeur contre nous à Madrid, croyez qu'on n'en a pas moins contre vous ; la manière rude dont vous venez de vous faire rendre justice a blessé l'orgueil espagnol : ce que nous avions de mieux à faire, c'était de nous concerter pour assurer à l'Espagne une liberté raisonnable, en l'arrachant à la domination des clubs et à l'anarchie révolutionnaire.

CHATEAUBRIAND.

M. GENTZ A M. DE CHATEAUBRIAND.

MONSIEUR LE VICOMTE,

L'événement qui fait le sujet de la lettre dont Votre Excellence m'a honoré, et que j'ai reçue avec la plus vive reconnaissance, est à mes yeux un des plus heureux que les vicissitudes de bonne et de mauvaise fortune par lesquelles nous sommes condamnés à chercher le chemin du salut aient amenés depuis longtemps sur l'Europe.

Je le regarderais comme tel, monsieur le vicomte, si je n'avais pour en juger que les notions que je partage avec tout le monde, celles des principes et des sentiments que vous avez gravés dans des écrits dignes de l'immortalité, et sûrs d'en jouir autant que les ouvrages des hommes peuvent y prétendre. Mais ayant eu l'avantage inappréciable de vous entendre traiter des questions pratiques de la plus haute importance, je connais de plus l'application que vous faites de ces nobles principes aux problèmes que nous avons à résoudre, et qui ne sont pas toujours envisagés sous le même point de vue par les hommes d'État les plus d'accord entre eux sur les bases fondamentales.

Je puis donc me flatter de posséder tous les éléments qu'il me faut pour former une opinion correcte sur le système que suivra le gouvernement français dans une des époques les plus décisives pour son avenir.

L'affaire d'Espagne, quelque grave qu'elle soit, n'est, après tout, qu'un point isolé dans la vaste carrière qui vous attend; mais un pressentiment auquel je me livre, comme si c'était une inspiration, m'annonce que, sous vos auspices et sous ceux de M. de Villèle, nous arriverons (car la France c'est nous) à des résultats qu'au milieu de notre lutte pénible nous avions souvent regardés comme fort au-dessus de nos espérances.

Mon opinion personnelle serait ici de peu de valeur, mais, puisqu'elle est entièrement partagée par M. le prince de Metternich, elle me semble acquérir un grand poids. Jamais encore ce ministre éclairé n'a attaché à la direction suprême des affaires en France la confiance prononcée dont je le vois pénétré aujourd'hui; et certes, votre première dépêche à M. de Caraman était bien de nature à justifier cette confiance.

J'ai observé avec une véritable satisfaction, monsieur le vicomte, que dans cette pièce vous vous êtes plusieurs fois servi du terme d'*alliance continentale;* rien ne me paraît plus juste que de substituer ce terme (au moins dans le langage confidentiel des cabinets) à tant de dénominations vagues, qui, en dernier lieu, n'ont servi qu'à couvrir la nullité des engagements auxquels elles se rapportaient. Si l'ordre et la paix peuvent encore être solidement rétablis en Europe, il n'y a que l'union sincère et active des grandes puissances du continent qui puisse nous y conduire. Tout est vrai, tout est réel dans cette association; en dépit de la diversité des formes, les intérêts sont communs, les besoins sont réciproques. Avec des talents, même du premier ordre, à la tête de son gouvernement, la France ne peut se consolider par une marche isolée, et Dieu la préservera de jamais choisir celle dans laquelle elle rencontrerait l'Angleterre; et, quant à nous autres, quoique tranquilles encore sous l'égide de nos vieilles institutions, comment compterions-nous longtemps sur la stabilité de ce bonheur, si la France ne nous rendait pas, par la sagesse de ses conseils et le succès de ses mesures, ce même appui moral qu'elle a le droit d'attendre de notre part? Toute la haute politique me paraît renfermée maintenant dans ces simples vérités; le reste ne vaut pas la peine qu'on s'en occupe. Votre séjour à Vérone doit vous avoir convaincu, monsieur le vicomte, que l'Autriche comme la Russie et la Prusse ne savent plus ce que c'est que de courir après des projets subalternes, de se perdre dans des vues d'intérêt privé ou d'ambition vulgaire, que tout est monté chez nous à des poursuites d'un bien autre caractère, et je regarde comme un des plus précieux résultats du dernier congrès, qu'un homme de votre autorité y ait trouvé de quoi nous rendre enfin ce témoignage dans son pays.

Les écrivains révolutionnaires célèbrent avec transport la dissolution de la grande alliance, et s'expriment comme si nous touchions au moment d'une brouillerie complète avec les puissances qui l'avaient formée. Il faut leur faire comprendre (et qui peut mieux s'en charger que les bons journaux de France?) qu'ils se trompent ou qu'ils trompent le public : que l'opposition manifestée par l'Angleterre, sur des questions sans doute très-importantes, n'est point cependant une attitude hostile contre les alliés, et que, si la réunion des puissances contre les progrès de la désorganisation a fait une perte réelle (ce qui encore est fort douteux) par le refus du gouvernement anglais de prendre part à certaines mesures générales, cette perte se trouverait plus que compensée par l'affermissement du lien entre les puissances continentales. Cette observation suffirait pour détruire les deux tiers des sophismes et des menaces de M. Bignon.

Je n'abuserai pas davantage des moments précieux de Votre Excellence, et je n'oublierai jamais la règle que je dois observer à cet égard. Si, toutefois, il se présentait de ces questions particulièrement intéressantes, sur lesquelles je croirais devoir lui adresser quelques observations, je me flatte qu'elles seraient accueillies avec bienveillance. Il est superflu d'ajouter que si, dans telle occasion que ce fût, Votre Excellence pouvait tirer parti de ma bonne volonté et de mon zèle, je me féliciterais extrêmement de les lui offrir.

J'ai l'honneur d'être, avec tous les sentiments d'admiration et de respect,
Monsieur le vicomte,
Votre très-obéissant et très-dévoué serviteur,
Gentz.

Vienne, le 16 janvier 1823.

M. DE CHATEAUBRIAND A M. DE LA GARDE.

Paris, ce 18 janvier 1823.

J'ai reçu, monsieur le comte, sous la date du 10 janvier, la dépêche (n° 5) que vous m'avez fait l'honneur de m'adresser. En rendant justice aux termes mesurés dans lesquels est écrite la note de M. de San-Miguel à M. le duc de San-Lorenzo, le conseil des ministres n'a pu néanmoins se dissimuler que le gouvernement espagnol rejetait toute mesure conciliatrice. Non-seulement ce gouvernement ne donne aucun espoir d'une amélioration qu'on se plaisait à attendre des sentiments qui ont si longtemps uni les Espagnols et les Français dans l'amour de leurs rois et d'une sage liberté, mais il faut encore que la France retire son armée d'observation et qu'elle repousse les étrangers qui lui ont demandé un asile.

La France est peu accoutumée à entendre un pareil langage : elle en excuse toutefois la hauteur par la considération de l'état de fermentation où se trouve actuellement l'Espagne.

Nous ne renoncerons jamais au glorieux privilége que nous tenons de nos ancêtres ; quiconque touche le sol français est libre et jouit des droits d'une inviolable hospitalité. Les victimes des troubles qui agitent l'Espagne se sont réfugiées parmi nous : elles ont été accueillies avec les égards que l'on doit au malheur, mais on ne leur a point permis de conserver leurs armes, et le droit des nations a été scrupuleusement respecté.

L'Espagne en a-t-elle agi ainsi avec la France ? Nous connaissons jusqu'aux états nominatifs des sujets de S. M. T. C. à qui le gouvernement espagnol a promis de l'emploi dans des corps destinés à combattre leur patrie. Nous aurions pu récriminer : nous avons gardé le silence par amour de la paix.

D'une autre part, est-on bien fondé à demander la dissolution de notre armée d'observation au moment même où les troupes constitutionnelles espagnoles viennent de violer deux fois le territoire français ? Je vous ai transmis, monsieur le comte, dans ma dernière dépêche, les preuves officielles de cet événement déplorable.

L'état de confusion où se trouve l'Espagne compromet nos intérêts essentiels ; elle déclare qu'elle ne veut point y porter remède, elle exige même que nous renoncions à des précautions que sa résolution nous oblige à prendre : il est pénible d'avoir à faire remarquer de pareilles contradictions.

Dans sa sollicitude pour la prospérité de la nation espagnole et pour le bonheur d'un pays gouverné par un prince de sa famille, S. M. T. C. avait voulu que son ministre restât à Madrid après le départ des chargés d'affaires de l'Autriche, de la Prusse et de la Russie. Ses derniers vœux n'ont point été écoutés ; sa dernière espérance a été trompée. Le génie des révolutions, qui a si longtemps désolé la France, a dominé les conseils de l'Espagne. Eh bien ! nous en appelons en témoignage à l'Europe : elle dira si nous n'avons pas fait tout ce qu'il était possible de faire pour entretenir avec l'Espagne des relations que nous ne sommes forcés de rompre qu'avec le plus vif regret. Mais aujourd'hui que toutes les espérances sont déçues, que l'expression des sentiments les plus modérés ne nous a attiré que de nouvelles provocations, il ne peut convenir, monsieur le comte, ni à la dignité du roi, ni à l'honneur de la France, que vous résidiez plus longtemps à Madrid. En conséquence, le roi vous ordonne de demander des passe-ports pour vous et toute votre légation, et de partir, sans perdre un moment, aussitôt qu'ils vous auront été délivrés.

Vous voudrez bien instruire de votre départ, par une circulaire, nos agents commerciaux dans les ports et villes d'Espagne. Je leur ferai part des volontés du roi quand votre rappel pourra être connu ici officiellement. Aussitôt que vous aurez touché le sol de la France, vous voudrez bien m'expédier une estafette pour m'instruire de votre arrivée.

Vous êtes autorisé, monsieur le comte, en demandant vos passe-ports, à donner copie de cette lettre à M. de San-Miguel.

J'ai l'honneur d'être, monsieur le comte, avec la considération la plus distinguée, votre très-humble et très-obéissant serviteur.

CHATEAUBRIAND.

M. DE CHATEAUBRIAND A M. DE LA GARDE.

Paris, ce 20 janvier 1823.

J'ai reçu hier au soir, monsieur le comte, par M. Jackson, votre lettre du 13, dans laquelle vous m'apprenez que M. de San-Miguel a passé une note à sir William A'Court pour *solliciter les bons offices de l'Angleterre entre la France et l'Espagne.*

Je me hâte de vous expédier un nouveau courrier (qui toutefois, je l'espère, ne vous trouvera plus à Madrid), pour vous dire que ce nouvel incident ne doit pas vous empêcher d'exécuter vos ordres, de demander vos passe-ports et de partir sur-le-champ.

Votre présence est un mal qu'il faut faire cesser ; on ne vous propose à Madrid que ce que le duc de Wellington nous a proposé à Paris ; c'est une suite du même plan. On prétend tirer les choses en longueur, nous jeter dans des négociations vagues et sans résultats : le cabinet de Saint-James veut jouer le rôle de médiateur et accroître à nos dépens sa prépondérance en Espagne. On traite indignement les envoyés de la Russie, de la Prusse et de l'Autriche, et l'on nous parle un peu moins rudement, parce qu'on veut nous séparer de l'alliance continentale et nous rendre les suppliants de l'Angleterre auprès des cortès : rien de cela ne peut convenir à notre politique et à notre dignité.

Partez donc sans hésiter, monsieur le comte. Si l'Espagne est de bonne foi et qu'elle veuille véritablement traiter, M. de San-Miguel peut s'adresser directement au gouvernement français, sans intermédiaire. M. de San-Miguel peut m'écrire par courrier, et j'aurai l'honneur de lui répondre après avoir pris les ordres du roi.

Je vous ai mandé, monsieur le comte, d'écrire à nos consuls une circulaire pour leur annoncer votre départ. Je vais moi-même préparer des instructions que je leur expédierai en cas que la guerre vienne à éclater.

Cette lettre est pour vous seul, et ne doit être communiquée à personne ; si elle vous trouve encore à Madrid, et que l'on vous demande pourquoi vous partez quand on vous propose une négociation, vous répondrez que la France, qui ne peut adopter une médiation, ne refuse point toutefois les bons offices de l'Angleterre, mais que c'est directement et avec moi que M. de San-Miguel doit traiter, et qu'enfin vos ordres ne vous permettent pas de rester à Madrid.

J'ai l'honneur d'être, etc.

CHATEAUBRIAND.

M. CANNING A M. DE CHATEAUBRIAND.

London, january 21, 1823.

thousand thanks, mon cher vicomte, for your long, frank and friendly answer to my letters. I lose not a day in replying to it; because, though I have (as you may well believe) enough of official business upon my hands at this moment, I know nothing in the whole range of the correspondence in Europe, that can compare in importance with a just understanding between our two governments; and I know no so sure foundation that can be built for such an understanding, as in a constant and unreserved communication with you.

To begin with that part of your letter which relates to *our* language to Spain, and to the importance which you attach to our holding a common language with France; a language I mean (for I perceive that I have expressed myself ambiguously) common with that which France holds to Spain; — I wil tell you at once quite fairly, that I agree with you on the former point; but presume to differ on the latter.

The language which you put into our mouths as that which you say you wish we had employed in speaking to Spain — what is it but the language which we *have* actually employed? Bot through the spanish chargé

Mille remerciements, mon cher vicomte, pour votre réponse longue, franche et amicale à mes lettres. Je ne perds pas un moment à y répondre; car, quoique j'aie bien assez en ce moment d'affaires sur les bras, comme vous pouvez bien le croire, je ne connais rien, dans l'ensemble complet de la correspondance de l'Europe, qui puisse se comparer en importance à la bonne entente de nos deux gouvernements, et je ne connais pas de base plus sûre pour établir cette intelligence que des communications suivies et sans réserve avec vous.

Pour commencer par cette partie de votre lettre qui a rapport à *notre langage à l'Espagne*, et à l'importance que vous attachez à ce que nous en ayons un commun avec la France (je veux dire un langage semblable à celui que la France tient à l'Espagne, car je conviens que je m'étais exprimé avec quelque ambiguïté), je vous dirai d'abord, et tout à fait loyalement, que je suis d'accord avec vous sur le premier point, mais que j'ose différer de vous sur le dernier. Le langage que vous mettez dans notre bouche, comme étant celui que vous désireriez que nous eussions employé, qu'est-il, s'il n'est le langage que nous *avons* actuellement employé? L'Espagne sait clairement et par

d'affaires here, and through sir W. A'Court at Madrid, Spain knows distinctly what we think on the impractibility of the constitution of 1812, and of the expediency of promising a revision of it : and these opinions are declared with less reserve, in phrase, through lord Somerset; who carries with him, as his whole instruction, a memorandum from the duke of Wellington, in which, if your very words are not set down, there is nothing of your sentiments that is not expressed. — Do you believe that Spain « *compte sur nous pour des secours d'armes et d'argent?* » Not she; I promise you. Do you imagine that, knowing we shall not be « *contre* » she has reason to flatter herself that we shall be « *pour elle* » in a war with France? Be assured, she is under no such mis apprehension. If you harbour such, after having seen us, in a manner which you characterise (and I do not mean to say characterise unjustly) as « *si rude,* » do ourselves right against spain bi force, — at a moment when we risqued by so doing, the chance and the consequent mis interpretation of a co-incidence between our maritime agression on the spanish colonies and a French irruption on the Pyrenees; — what would not your apprehensions, — your suspicions have been, if we had sacrificed our commercial rights and interests to a desire of propitiating Spain ; end to the purpose (it might have been said), of leaving her hands more free to cop with the combination of the continental Powers?

You are right. I dare say, in your belief that this proceeding of ours has « *blessé l'orgueil espagnol.* » — But at least it must have destroyed (in fact in *did* destroy) the Illusion, that we had any thoughts of making common cause with Spain.

son chargé d'affaires ici, et par sir W. A'Court à Madrid, ce que nous pensons sur l'impossibilité de mettre à exécution la constitution de 1812, et sur l'utilité (*expediency*) d'en promettre la révision, et ces opinions sont déclarées avec moins de réserve dans les mots par lord Fitzroy-Somerset, qui porte avec lui, pour toute instruction, un mémorandum du duc de Wellington, dans lequel, si vos propres expressions ne sont pas employées, au moins n'y a-t-il aucun de vos sentiments qui n'y soit exprimé. Croyez-vous que l'*Espagne compte sur nous pour des secours d'hommes et d'argent?* Non, pas elle! je vous le promets. Imaginez-vous que, sachant que nous ne serons pas *contre* elle, elle ait des raisons de se flatter que nous serons *pour* elle dans une guerre contre la France? Soyez assuré qu'elle n'est pas tombée dans une pareille méprise. Si c'est là votre abri, après nous avoir vus nous faire justice contre l'Espagne d'une manière que vous caractérisez de si *rude* (ce que je ne prétends pas être injuste), en employant la force dans un moment où nous risquions, par une telle conduite, de faire coïncider notre agression maritime contre les colonies espagnoles avec l'irruption d'une armée française en Espagne, quels n'auraient pas été vos craintes, vos soupçons, si nous avions sacrifié les droits de notre commerce et ses intérêts au désir de favoriser l'Espagne et de lui laisser, on aurait pu le dire, les mains plus libres pour lutter contre l'union des puissances du continent? Vous avez raison, je le pense, en croyant que ce procédé *a blessé l'orgueil espagnol;* mais au moins il doit avoir détruit, et il l'a fait, l'opinion illusoire que nous avions quelque idée de faire cause commune avec l'Espa-

Nay it did create, at the first moment, an impression that we were leagued with you, not in counsel only but in action, against Spain; and it is against the remnant, or the possible revival of that impression we are obliged to guard, when though speaking (as I have assured you), the language which you would dictate, we never decline speaking it in concert with you.

In truth, how *could* we speak in concert with you; not being prepared to adopt your conclusions; — not having (to state the matter fairly) the same right as you to adopt them? *You* say to Spain. « Your present system is not only distasteful to us, it is practically injurious. It subjects us to incessant alarm; it imposes upon us burdensome precautions. A period will arrive, and that shortly, when, if that system is not changed, we must revise our precautions, and change them for other means more direct and more efficatious. » I do not misstake your argument, I think; I do not here intend to questions, much less to combat it; I am only showing you that *your* argument is not *ours;* that we have neither the right to use it, nor the interest, wich you believe yourselves to have the *immediate* interest, in its tuccessful application. A *general* interest we have, that Spain and every other country in Europe should be well governed; a general interest we hawe, that the peace of Europe, and particularly the peace between France and Spain, which is that most imminently and obviously in danger, should be preserved.

But if your interest in the amendment of the spanish constitution is

---

gne. Bien plus, il a fait supposer dans le premier moment que nous étions unis avec vous, non pas seulement en principes, mais même pour l'action, contre l'Espagne; et c'est contre les restes de cette impression, et pour l'empêcher de renaître, que nous sommes obligés d'être en garde lorsque, tout en tenant (comme je vous en ai assuré déjà) le langage que vous nous dicteriez, nous évitons cependant de le tenir avec vous. Dans le fait, comment pourrions-nous parler de concert avec vous, n'étant pas disposés à adopter vos conclusions, n'ayant pas (pour établir le fait avec loyauté) le même droit que vous pour les adopter? *Vous* dites à l'Espagne : « Votre système actuel n'est pas seulement désagréable à la France; il est, de fait, nuisible à ses intérêts. Il l'oblige à de continuelles alarmes, à d'onéreuses précautions. Un moment arrivera, et cela dans peu, où, si ce système n'est pas changé, nous devrons donner une nouvelle attention à ces précautions, et les changer pour des moyens plus directs et plus efficaces. » Je crois que je ne pose pas mal vos arguments; je n'ai pas ici l'intention d'en mettre en question la justesse, encore moins de les combattre. Je veux seulement vous montrer que votre argument n'est pas le nôtre; que nous n'avons ni le droit de l'employer, ni l'intérêt que vous croyez avoir, *l'intérêt immédiat,* à son heureuse application. Nous avons un intérêt général à ce que l'Espagne et tout autre pays en Europe soit bien gouverné; nous avons un intérêt général à ce que la paix de l'Europe, et particulièrement de la France et de l'Espagne, qui est dans le plus imminent et dans le plus évident danger, puisse être conservée. Mais, si votre intérêt au perfectionnement de la constitution espagnole est tel que vous vous sentiez en droit de dire : « Corrigez-la, ou nous vous faisons la guerre; » si le nôtre, d'un autre côté,

such, that you feel yourselves justified in saying : « Amend it or we make war upon you ; » if ours, on the other hand is only such as may authorise us to say : « Amend it *for your own* sakes, we conjures you ; or you hazard a war with France ; » is not the difference between these two addresses such, as makes it impossible that they should be uttered in concert? would not the uttering them in concert, change essentially the character of one or other of the speakers? would it not dilute your menace into a remontrance, or exasperate our representation into a declaration of hostility? and, not intending hostility, is not our best change of a favourable hearing with Spain, to be derived from a tone corresponding with our intentions? If « l'orgueil espagnol » is the obstacle to enforced concession, is it not advisable to keep *one* channel open, through which concession might appear to be made to reason, and not to force ? I do not warrant to you the chances of success through that channel. I am become less sanguine than I was in the hope of it. Things have fallen out untowardly and contrary, I confess, to my calculation. I did expect that the French Despatch would not be delivered, till after those of Russia, etc. It has preceded them. I reckoned much upon the interval that would followed the departure of the three chargés d'affaires — the minister of France still remaining at Madrid; and, as I understood M. de Villèle's despatch to M. La Garde (but I presume incorrectly) waiting for some *new* fact to *motiver* his departure. It now seems as if M. La Garde were to follow his three colleagues more closely; and on nearly the same grounds. I think these changes unfortu-

---

est seulement de nature à nous autoriser à dire : « Corrigez-la pour votre propre utilité; nous vous en conjurons, autrement vous risquez une guerre avec la France; » la différence entre ces deux manières de parler au gouvernement espagnol n'est-elle pas telle qu'elle rende impossible de les employer de concert. Cela ne changerait-il pas essentiellement le caractère de l'un ou de l'autre des gouvernements? Cela ne pourrait-il pas délayer votre menace en remontrance, ou aigrir nos remontrances jusqu'à en faire une déclaration d'hostilité ? Et, puisque nous n'avons nulle idée d'hostilité, n'y a-t-il pas plus de chance d'être écouté favorablement par l'Espagne en conservant avec elle un ton en harmonie avec nos intentions? Si l'*orgueil espagnol* est l'obstacle qu'on oppose à l'idée d'une concession, n'est-il pas plus à propos de conserver une voie ouverte, au moyen de laquelle la concession puisse paraître être faite à la raison et non à la force ? Je ne vous garantis pas les chances de succès que présente cette voie ; je suis devenu moins confiant dans les espérances que j'en avais ; les choses ont tourné d'une manière contraire, je l'avoue, à mes calculs. J'espérais que la dépêche du gouvernement français ne serait donnée qu'après celles des trois puissances ; elles les a précédées. Je comptais beaucoup sur l'espace de temps qui suivrait le départ des trois chargés d'affaires, le ministre de France restant encore à Madrid, et attendant (c'est ainsi que j'avais compris, mais à ce que je vois, à tort, la dépêche de M. de Villèle à M. de La Garde) quelque nouveau fait pour motiver son départ. Il semble maintenant que M. de La Garde doive suivre de plus près ses trois collègues, et en se tenant quasi sur le même terrain. Je crois que ce changement est malheureux, mais je ne désespère pas encore. Je ne désespère pas, si vous continuez à être pour la paix, et si votre juste opi-

nate. But still I do not despair; I do not despair if you continue to be for peace; and if your just estimate of the dangers of war to France, does not yield to your belief of its facilities and your anticipation of its glories. But, I own, some of your topicks alarm me, more than your reasonings tranquillize me upon that point.

When I speak of the dangers of war to France, do not suppose that I undervalue her resources or power. She is as brave and as strong as she ever was before, she is now the richest — the most abounding in disposable means of all the states in Europe. Here are all the sinews of war, if there be the disposition to employ them. You have a million of soldiers you say, at your call. I doubt it not : — and it is double the number, or thereabouts, that Buonaparte buried in Spain. You consider a « premier succès au moins » as certain; I dispute it not. I grant you a French army at Madrid. But I venture to ask « what then? — if the king of Spain and the cortes are by that time, where they infaillibly will be, in the isle of Leon? » I see plenty of war, if you once get into it : but I do not see a legitimate beginning to it, nor an intelligible object. You would disdain to get into such a war through the sidedoor of an accidental military incursion. You would enter in front, with the cause of war blazoned on your banner. And what is that cause? It is to be learned from the notes and despatches of the four continental powers? — or from Mr. de Villèle's only? It is vengeance for the past, or security for the future. You disclaim the former, no doubt : — but how is the latter to be obtained by war? I understand a war of conquest; I understand war of succession — a war for the change

---

nion sur les dangers de la guerre pour la France ne cède pas à votre croyance de sa facilité et à votre anticipation de sa gloire. Mais j'avoue que quelques-uns de vos remèdes m'alarment plus que vos raisonnements ne me rassurent sur ce point.

Quand je parle des dangers de la guerre pour la France, ne supposez pas que je veuille déprécier ni sa force ni ses ressources; elle est aussi forte et aussi brave qu'elle l'ait jamais été; elle est la plus riche, la plus abondante en moyens disponibles, de toutes les nations de l'Europe; elle a tout ce qui constitue le nerf de la guerre, si on veut l'employer. Vous avez, dites-vous, « un million de soldats prêts à votre appel, » je n'en doute pas, et c'est à peu près le double de ce que Buonaparte en a perdu en Espagne. Vous considérez *un premier succès au moins* comme certain; je ne le dispute pas. Je suppose une armée française à Madrid; mais je hasarde de demander : « Que ferez-vous si le roi d'Espagne et les cortès sont alors où ils seront infailliblement, dans l'île de Léon? » Je vois beaucoup de guerre si une fois vous la commencez, mais je n'y vois ni un commencement légitime ni un but facile à distinguer. Vous dédaigneriez d'entrer dans une pareille guerre par la fausse porte d'une incursion accidentelle des troupes espagnoles. Vous voudriez entrer de front avec la cause de la guerre inscrite sur vos étendards. Et quelle est cette cause? Doit-on la chercher dans les notes et dans les dépêches des quatre puissances continentales, ou seulement dans celles de M. de Villèle? Est-ce vengeance pour le passé, ou sécurité pour l'avenir? Vous rejetez le premier, sans aucun doute, mais comment obtenir le second par la guerre? Je comprends une guerre de conquête, je comprends une guerre de succession, une guerre pour le changement

(on the one hand) or the conservation (on the other) of a pecular dynasty. But a war for the modification of a political constitution ; a war for the two chambers ; and for the extension of the regal prerogative — a war for such objects as these, I really do not understand, nor can I conceive how the operations of it are to be directed to such an end. You would not propagate *la Charte,* as Mahomed did *al Koran ;* or, as in the earlier part of your revolution, France did the Rights of man. Consider : is there not some forbearance on the part of Spain, in not throwing, these things in your teeth ? Might she not, when informed that her change of constitution has not been bloodless, desire that it should be compared with 1789 and 1792-93 ? Might she not, when accused by Russia of a *forcible* change of government, remind the emperor Alexander of the events which preceded his own accession and the treaty of Tilsitt, which made over Spain to Buonaparte ? Might she not speak to Prussia of promises of free institutions, made by a king and violated ? Might she not accept prince Metternich's appeal to the former union of Spain and Austria, and, turning to us (if we took part in the lecture) say, that she was ready, like England in 1688, to preserve her laws and liberties by a slight change in the reigning dynasty ; and to place an Austrian prince, with enlarged powers upon her throne ? Surely, the discussions with which the war has been prefaced, are as hazardous as the war itself. Consider before what an audience you plead : how many of their passions are against you, how few of their sympathies with you. In the beginning of the French revolution, the character of your Louis XVI, ranged all that was good in Europe on his side. Of Ferdinand

ou la conservation d'une dynastie particulière; mais une guerre pour la modification d'une constitution politique, une guerre pour deux chambres et pour l'extension de la prérogative royale, une guerre pour de pareils objets, je ne la comprends réellement pas, et je ne conçois pas comment il faut diriger les opérations de cette guerre pour atteindre une fin pareille. Vous ne voulez sûrement pas propager la Charte, comme Mahomet l'Alcoran, ou comme, dans les premiers temps de votre révolution, la France propageait les Droits de l'homme. Pensez-y : n'y a-t-il pas quelque réserve de la part de l'Espagne de ne pas vous jeter ces choses au visage ? Ne pouvait-elle pas, quand on lui dit que son changement de constitution a fait verser du sang, vouloir le comparer avec 1789, 1792-93 ? Ne pouvait-elle pas, quand la Russie l'accuse d'un changement violent de gouvernement, rappeler à l'empereur Alexandre les événements qui ont précédé son accession, et le traité de Tilsitt qui abandonna l'Espagne à Buonaparte? Ne pouvait-elle pas parler à la Prusse des promesses, faites et violées par le roi, d'institutions libérales? Ne pouvait-elle pas entendre l'appel que fait le prince Metternich à l'ancienne union de l'Espagne et de l'Autriche, et, se tournant vers nous (si nous assistions à ce débat), dire qu'elle est prête, comme l'Angleterre en 1688, à mettre ses lois et ses libertés à couvert par un léger changement dans la dynastie régnante, et à placer sur le trône un prince autrichien avec un pouvoir plus étendu? Certainement, les discussions qui ont comme servi de préface à la guerre sont aussi hasardeuses que la guerre même. Voyez devant quelle audience vous plaidez, combien de passions sont contre vous, combien peu sympathisent avec vous ! Dans le commencement de la révolution fran-

is it not enough to say, that in the British Parliament, and not in the popular branch of it, but in the house of Lords, and not by a factious orator, but by the first minister of the king (a man, whose temperance and sobriety of judgment, even his adversaries extol), it as been admitted that the conduct of Ferdinand had « provoqued a revolution. » And do you make war to free such a monarch from all restraint? and do you hope to have mankind with you?

Judge of the confidence with which I mean to open myself to you, when I hesitate not to submit such arguments as these, to your consideration.

I have, however, detained yor too long. Only one word more. The arguments which I thus venture to address to you, do not imagine that I suggest them to Spain.

Far otherwise. With regard to the personal safety of the king, we have spoken at Madrid as plainly as you could wish us or as you could speak. And I verily believe there is no danger. With regard to his prerogatives, we have not disguised our opinion that they ought to be enlarged : and I am not without hopes, that a revisal of the constitution *is* intended. I am *sure* its imperfections are acknowledged. But *can* they *promise* a revisal of it under pain of invasion? Make the case your own. Would France yield any thing to such a menace? Did she?

But so far is our language to Spain from being the language of encouragement to defiance, that I venture to affirm it is nearly attributable to sir W. A'Court's advice, that the communications of the three powers were not met by an *instant* transmission of their passports : an while I am wri-

---

çaise, le caractère de Louis XVI mit de son côté tout ce qu'il y avait d'honnête en Europe. Mais quant à Ferdinand, n'est-ce pas assez de dire que, dans le parlement anglais, non dans la partie populaire de ce parlement, mais dans la chambre haute; non par un orateur factieux, mais par le premier ministre du roi (homme dont les adversaires mêmes vantent la modération et la sagesse de ses jugements), ce ministre a dit que la conduite de Ferdinand avait provoqué la révolution? Et faites-vous la guerre pour délivrer un tel monarque de tout contrôle? Espérez-vous d'avoir pour vous le genre humain?

Jugez de la confiance avec laquelle je veux m'ouvrir à vous, puisque je n'hésite pas à soumettre de tels arguments à votre réflexion. Mais je vous ai retenu trop longtemps. Un mot encore cependant. Les arguments que je me hasarde à vous adresser, n'imaginez pas que je les suggère à l'Espagne. Bien loin de là : à l'égard de la sûreté personnelle du roi, nous avons parlé aussi positivement que vous pouviez le désirer, ou que vous pouviez parler vous-même; et, en vérité, je crois qu'il n'y a aucun danger. Quant à sa prérogative, nous n'avons pas déguisé notre opinion, qu'elle devait être étendue, et je ne suis pas sans espérance que l'intention ne soit de revoir la constitution. Je suis sûr que ses imperfections sont reconnues. Mais les Espagnols peuvent-ils promettre une révision sous peine d'invasion? Mettez-vous à leur place. La France céderait-elle à une pareille menace? Le ferait-elle?

Mais notre langage à l'Espagne est si loin d'être un langage d'encouragement, que

ting, I receive despatches of the 10th from Madrid, which inform me that it is under discussion in the spanish cabinet, whether they shall not ask *our good offices* with *you?* I do not answer for the result of that discussion. But will you prevent of the chance of such an opening for explanation and for peace? — I trust not.

And so, fort the present, farewell.

CANNING.

M. CANNING A M. DE CHATEAUBRIAND.

Foreing-Office, jan. 24, 1823.

I am enabled to perform the promise which I held out to you in my last letter; and to transmit to sir Charles Stuart, by this day's messenger, a note from the spanish government to sir W. A'Court requesting our good offices to avert a war. The assurances which that note contains, I confess, tranquillize *me* as to the points on which apprehension was felt : — especially in relation to the royal family of Spain : In any case the note invites discussion ; and I trust you will feel it wholly impossible to decline the overture.

M. Jackson who brought sir W. A'Court's despatches, and is returning to Madrid with mine, has orders to wait your pleasure at Paris, and to be the bearer of any thing that you may wish to say to sir W. A'Court. Use A'Court as your own. Here is no longer any danger of misapprehension at Madrid. I write to him, on the contrary to communicate unreservedly

---

j'ose affirmer que c'est principalement à l'avis de sir William A'Court qu'on peut attribuer que les communications faites par les trois puissances n'aient pas été immédiatement suivies de l'envoi des passe-ports; et, pendant que j'écris, je reçois des dépêches du 10, de Madrid, qui m'informent que le cabinet de Madrid discute s'il ne nous demandera pas nos bons offices auprès de vous. Je ne réponds pas du résultat de cette discussion. Mais voulez-vous rejeter la chance d'une telle ouverture à des explications et à la paix? J'espère que non.

Et ainsi pour le présent, adieu.

Je puis remplir la promesse que je vous ai faite dans ma dernière lettre, et transmettre à sir Charles Stuart, par le messager de ce jour, une note du gouvernement espagnol à sir William A'Court, réclamant nos bons offices pour empêcher la guerre. Les assurances que contient cette lettre me tranquillisent, je l'avoue, quant aux points sur lesquels nous avions des appréhensions, surtout relativement à la famille royale d'Espagne. En tout cas, cette note demande une discussion, et j'espère que vous sentirez qu'il est entièrement impossible de rejeter les ouvertures.

M. Jackson, qui a porté les dépêches de sir William A'Court et retourne à Madrid avec les miennes, a l'ordre d'attendre à Paris votre bon plaisir, et de se charger de tout ce que vous pourrez dire à sir William A'Court. Servez-vous de ce dernier comme s'il vous appartenait. Il n'y a plus maintenant à Madrid de crainte d'un malentendu. Je lui écris,

upon every thing with M. La Garde, if he is still there (as I hope he is) ; il not, to consider himself as M. La Garde's successor in every thing in which he can be serviceable to the french government.

Peace, peace, peace.

It is still within your reach, with honour as well as with safety. But, turn political events as they may, I am, mon cher vicomte, ever your friend and servant.

CANNING.

M. DE CHATEAUBRIAND A M. CANNING.

Paris, ce 27 janvier 1827.

Si quelque chose, mon honorable ami, pouvait me faire changer d'opinion sur la politique que la France doit suivre, ce serait certainement votre lettre du 24 ; je ne connais rien de plus pressant et de plus éloquent, mais elle laisse subsister la difficulté tout entière.

Nous concevons d'abord tous les deux que la constitution espagnole doit subir des modifications, mais vous croyez que ces modifications doivent être apportées par le gouvernement espagnol. Quel temps assignez-vous à ce changement si considérable? Combien faudra-t-il de mois et peut-être d'années pour que nous puissions sans danger abandonner ces mesures préservatrices que le duc de Wellington a lui-même approuvées? Pouvons-nous prolonger, dans un avenir incertain, cet état de gêne et de violence dans lequel la révolution espagnole nous a placés? Sir Charles Stuart m'a remis votre petite lettre du 24 et la copie de la note à M. San-Miguel. Qu'ai-je trouvé dans cette note? Que le gouvernement espagnol restera invariable dans ses sentiments; que s'il y a des défauts dans la constitution des cortès, ce sera la nation qui corrigera ces défauts, quand et comment il lui plaira ; et qu'enfin le gouvernement espagnol réclame les bons offices de l'Angleterre. Pourquoi? pour qu'elle nous détermine à dissoudre notre armée d'observation! N'est-ce pas là une proposition aussi insultante que dérisoire, et peut-on commencer une négociation sur une pareille base? Vous le voyez, mon honorable ami, on veut nous pousser à bout. Ce n'est pas en nous mettant sous les pieds des révolutionnaires que nous nous sauverons : nous savons trop, par expérience, ce qu'il en coûte

---

au contraire, de communiquer sans réserve avec M. de La Garde, s'il est encore à Madrid (comme j'espère qu'il y sera); sinon, de se considérer comme le successeur de M. de La Garde en tout ce qui pourrait servir le gouvernement français.

La paix! la paix! la paix! elle est encore à votre portée, avec honneur comme avec sûreté. Mais que les événements politiques tournent comme ils le voudront, je suis toujours, mon cher vicomte, votre ami et votre serviteur.

pour se soumettre à l'anarchie et pour capituler au pied des échafauds. Nous voulons la paix, nous l'appelons de tous nos vœux, mais nous ne la voulons pas avec la révolution. Nous ne voulons pas que chaque jour on essaye de corrompre nos soldats et de soulever nos peuples. Et croyez-vous que l'Angleterre soit moins menacée que la France par les clubs de Madrid? N'avez-vous pas vos radicaux comme nous avons nos jacobins? Votre puissante aristocratie est-elle moins un objet de haine pour les niveleurs modernes que la forte prérogative royale de notre monarchie? Nous avons là un ennemi commun; des soldats législateurs peuvent, à Londres comme à Paris, déclarer un matin qu'il faut régénérer nos institutions, détruire nos deux chambres, et établir la souveraineté du peuple par l'*indépendance des baïonnettes*.

Le roi a rappelé son ministre de Madrid. Sir Willam A'Court est donc resté seul représentant des cinq grandes puissances; nous nous abandonnons très-volontiers à ses bons offices pour tout ce qui conservera à la France la paix avec l'honneur. Nous continuerons néanmoins nos préparatifs de guerre. Le temps qui s'écoulera depuis le jour où je vous écris jusqu'à celui où nous commencerons les hostilités (si ces hostilités sont inévitables) suffit encore pour s'entendre et tout arranger. Voyez, mon honorable ami, employez les ressources de votre génie pour amener les Espagnols à laisser à leur roi la faculté de s'entendre avec eux pour modifier leurs institutions. Le jour où vous m'annonceriez un tel résultat de vos efforts serait le plus beau de ma vie. Dans tous les cas, rien n'altérera ma haute estime pour votre pays et mes affectueux sentiments pour vous.

CHATEAUBRIAND.

M. CANNING A M. DE CHATEAUBRIAND.

Foreign-Office, january 27, 1823.

M. de Marcellus has tantalized me for the last four days, mon cher vicomte, with the promise of a courier who was to bring him most important communications. But the courier does not arrive. I can hold out no longer: and therefore I send off a messenger, before the regular day, to sir Charles Stuart, to beg that he, on his part, will also disregard the established order of our correspondence; and let me know, without delay,

M. de Marcellus m'a flatté, ces quatre derniers jours, mon cher vicomte, de la promesse d'un courrier qui devait lui apporter les plus importantes communications. Mais le courrier n'arrive pas. Je ne puis modérer plus longtemps mon impatience; j'envoie donc, avant le jour marqué, un courrier à sir Charles Stuart, pour lui dire que, lui aussi, pour sa part, ne fasse aucune attention à l'ordre établi de notre correspondance, et me mande sans délai ce qui a été fait et ce qui se fait maintenant à Paris. Demain

what has been done and is doing at Paris. To-morrow is a day with you of tremendous importance. Got grant that it may have passed without a declaration of war, and all may yet be well.

Is it possible, meantime that all that I hear, from other sources of the excessive unpopularity of the apprehended war in France, cat be true and yen that you can be bent upon it; — By « you » I of course do not mean *you* individually; because I am sure that you are for peace, if not compelled to war, as a choice between evils. But what evil can be greater than the carrying on a war, with an unwilling people, against a people struggling for their national existence? — How long — I conjure you to consider — will the point of *honour*, on which you rely and which I admit to be the main spring of french exertion. — How long will that sustain you through the harassing difficulties, and *inglorious* details of a war of posts and guerillas?

We have seen in our time, many moments of crisis and alarm; many on the turn of which, hung the fate of nations. But I protest I do not recollect any instance in which I have thought so much at stand in a single decision. That decision is *to-day* in your hands. When you receive this letter, it will be (in one case) past your recal. May it have been such, as to satisfy your own enlightened judgment; safe as well as honourable for France, and by consequence salutary for the world.

I hope you will be satisfied with our course now. Public report tells me that you (again meaning not *you* M. de Chateaubriand, but France)

est pour vous un jour d'une importance redoutable. Dieu veuille qu'il se passe sans une déclaration de guerre, et tout sera encore pour le mieux.

Est-il possible que tout ce qui m'est parvenu d'une autre source sur l'excessive impopularité de la guerre crainte en France soit vrai, et que vous penchiez encore pour cette guerre. Par *vous* je n'entends pas *vous* individuellement, parce que je suis sûr que vous seriez pour la paix, si vous ne preniez pas la guerre comme un choix entre plusieurs calamités. Et quel malheur serait plus grand que celui de faire la guerre avec un peuple qui ne la veut pas, contre un autre peuple qui se débat pour son existence nationale? Combien de temps, je vous conjure de le considérer, le point *d'honneur,* sur lequel vous comptez, et que j'admets être le principal ressort de l'énergie française, combien de temps le point *d'honneur* vous soutiendra-t-il parmi les fatigantes difficultés et les détails inglorieux d'une guerre d'avant-postes et de guerillas?

Nous avons vu dans notre temps beaucoup de moments de crise et d'alarme, beaucoup auxquels était attachée la destinée des nations; mais je proteste que je ne me rappelle aucune circonstance dans laquelle j'aie pensé que tant de résultats dépendaient d'une simple décision. Cette décision est *aujourd'hui* entre vos mains. Quand vous recevrez cette lettre, il sera (sous un rapport) trop tard. Puisse cette décision avoir été telle qu'elle ait satisfait votre jugement éclairé, sûre autant qu'honorable pour la France, et, par conséquent, salutaire pour le monde.

J'espère que maintenant vous serez content de notre conduite. Des rapports publics me font connaître que vous (ce n'est pas, encore une fois, vous, M. de Chateaubriand,

cannot bear that *we* should negociate between a Bourbon and a Bourbon. In God's name, why not? Have we not negociated between a Bourbon and his people? and had you reason to suspect us of failing in that trust.

Even M. de Marcellus was surprised at this declaration, and perhaps did not more than half believe it : but what he has heard Tuesday, and what he now hears every day, has, I dare say satisfied him of the correctness of my opinion. — « And what then? » you will perhaps say, « Is France to truckle to the public voice of England? Is she not to assert her honour, and to maintain her security, if England objects to her mode of accomplishing those purposes? » — Far be it from me to hazard any such doctrine! But I venture to suggest that in either of two views, the judgment of England cannot be quite *indifferent* to France. As a moral, and enlightened people, it cannot be indifferent that the English nation, weighing the cause of France against Spain, in the balance, should pronounce her pretexts for war frivolous, and her intended aggression unjust ; — that it should be thus made plain to France before-hand that in the course of this war (if unfortunately it should begin) her success will be matter of regret, her failures matter of rejoicing to a whole friendly people. — But further it cannot be indifferent to France to see that the spanish war is considered by the instinctive sense of the people of England, untaught in this respect by their government (and led indeed to believe that their government was of a different opinion), as touching very nearly *English* interests.

In truth, why revive, mon cher ami, the recollections of times, when

---

mais la France) ne pouvez supporter que *nous* négociions la paix entre un Bourbon et un Bourbon. Au nom de Dieu, pourquoi pas? N'avons-nous pas négocié entre un Bourbon et son peuple? et avez-vous eu quelque raison de nous soupçonner en défaut dans cette circonstance?

M. de Marcellus même fut surpris de cette déclaration, et peut-être ne l'a-t-il crue qu'à moitié; mais ce qu'il a su mardi et ce qu'il entend maintenant tous les jours l'a satisfait, j'ose le dire, sur la rectitude de mon opinion. « Eh quoi donc! direz-vous peut-être, la France est-elle tellement asservie à la voix publique de l'Angleterre? N'est-elle pas là pour assurer son honneur, pour maintenir sa sécurité, si l'Angleterre lui objecte la manière dont elle veut accomplir ses desseins? » Qu'il soit loin de moi de hasarder une pareille doctrine; mais j'ose avancer que, sous les deux points de vue, le jugement de l'Angleterre ne peut être entièrement indifférent à la France. Comme un peuple moral et éclairé, il ne peut être indifférent que la nation anglaise, en pesant dans la balance la cause de la France avec la cause de l'Espagne, prononce que les prétextes de la France pour la guerre sont frivoles, et l'agression qu'elle médite est injuste ; qu'il soit tout d'abord démontré à la France que, durant cette guerre (si malheureusement elle a lieu), les succès seront une cause de regret, les revers une cause de joie pour un peuple entièrement ami. Mais bien plus, il ne peut être indifférent à la France de voir que la guerre d'Espagne est considérée par le sentiment instinctif du peuple d'Angleterre (auquel le gouvernement n'avait pas fait la leçon sur ce sujet, et qui, au contraire, était disposé à croire que le gouvernement avait une toute autre opinion) comme touchant de très-près les intérêts *anglais*.

Spain was the theatre of our contest and rivality? — Why revert to the succession war, and the family-compact? M. de Montmorency avoided these topicks, when he asked the English plenipotentiary at Verona, what *appui* moral or material, we would give to France, if unavoidably envolved in a war with Spain? — a war, by the way, in all the questions at Verona, represented as purely *defensive* on the part of France.

Was it worth wills to change those questions from « European » to « French, » for the purpose of pointing them against England? or did it escape your observation that such *was* the effect of the new light in which the speech of the king of France has placed them?

Now, do not mount your war-horse, and say — what signifies after all the ill-will, or even the hostility of England? There *is no* ill-will, — and God forbid that there should be hostility! — we are as peaceable as lambs. We want peace for ourselves, and for all the world; for you, our neighbours, especially; because we know, by woful experience, to what danger we are exposed, *paries cum proximus ardet*. But, in that pacific disposition, we do most peacefully complain, that you have set us a task almost as difficult as you have set to the Spaniards. You have spoken aloud, before all the world, upon topicks, which in order to keep a stric, and unalterable neutrality, we ought to have been enabled to treat as obsolete and forgotten.

You have approximated two epochs which had been long distinct in our

---

En vérité, pourquoi faire revivre, mon cher ami, les souvenirs des temps où l'Espagne était le théâtre de nos différends et de notre rivalité? Pourquoi revenir à la guerre de la Succession et au pacte de famille? M. de Montmorency évita ces sujets, lorsqu'il demanda au plénipotentiaire anglais, à Vérone, quel *appui* moral ou matériel nous donnerions à la France, si elle était inévitablement engagée dans une guerre avec l'Espagne; guerre qui, pour le dire en passant, était représentée, dans toutes les questions, à Vérone, comme purement *défensive* de la part de la France?

Valait-il la peine de changer ces questions « européennes » en questions « françaises, » dans le dessein de les tourner contre l'Angleterre? A-t-il échappé à votre observation que telle était la nouvelle lumière que le discours du roi de France avait fait jaillir sur ces questions?

Maintenant, ne montez pas sur votre cheval de bataille, et ne dites pas : Que signifient, après tout, la malveillance, ou même l'hostilité de l'Angleterre? Il n'y a pas de malveillance, et Dieu préserve qu'il y ait hostilité! Nous sommes aussi paisibles que des agneaux; nous avons besoin de la paix pour nous-mêmes, pour tout le monde, spécialement pour vous, nos voisins, parce que nous savons, par une triste expérience, à quel danger nous sommes exposés : *paries cum proximus ardet;* mais, dans ces pacifiques dispositions, nous nous plaignons, très-paisiblement, de ce que vous nous avez donné une tâche presque aussi difficile que celle que vous avez donnée aux Espagnols. Vous avez parlé haut, devant tout le monde, sur des sujets que, pour garder une stricte et inaltérable neutralité, nous aurions dû être rendus capables de traiter comme surannés et oubliés.

Vous avez rapproché deux époques longtemps distinctes dans nos esprits : la guerre

minds; the war for Spain against Buonaparte, of which undoubtedly we had not forgotten either the origin or the termination; — with that of a century ago, the origin of which was perhaps the last thing we should like to be reminded, — except its termination. And we think rather hard, after having exhausted our blood and treasure in a war of six years *against France*, to restore the *Bourbon* to the throne of Spain, to have it recalled to our recollection that there was a time when France placed them there, in spite of us.

I really think it would have been better to keep the war *toute européenne* as M. de Montmorency left it; than to change its nature to *toute française*, in the sense in which that term is now applied.

The distinction between « European » and « French » we were perfectly ready to allow; — in as much as vicinity, and consequent liability to danger from contact or contagion, distinguished *your* claim to meddle in the concerns of Spain, from that of the remoter continent. But when consanguinity of dynasties is pleaded as the ground of interference, we cannot help recollecting that *last* French war in Spain (in which we triumphed) was undertaken by France to expel that dynasty; — and we do not take it kindly to be reminded that the last French war but *one* (in which we were foiled) was carried on to introduce it. We might have been allowed to forged the battle of Almanza, when we had restored Ferdinand of Bourbon by the battle of the Pyrenees.

pour l'Espagne contre Buonaparte, de laquelle, sans aucun doute, nous n'avons oublié ni l'origine ni la fin; la guerre d'il y a un siècle, dont l'origine serait peut-être la dernière chose dont nous aimerions qu'on nous rappelât le souvenir, — si ce n'est sa conclusion; et nous pensons qu'il serait dur, après avoir épuisé notre sang et nos trésors dans une guerre de six ans *contre la France*, pour établir les *Bourbons* sur le trône d'Espagne, de rappeler qu'il *fut* un temps où la France les y plaça en dépit de nous.

Je pense réellement qu'il aurait mieux valu garder la guerre « *toute européenne*, » comme M. de Montmorency l'a laissée, que de changer sa nature en « *toute française*, » dans le sens qu'on applique maintenant à ce mot.

Nous étions parfaitement prêts à reconnaître la distinction entre « européenne » et « française, » en tant que votre voisinage, et par conséquent votre opposition au danger par contact ou contagion, distinguait *votre* droit de vous mêler des affaires d'Espagne, de celui des peuples d'un continent plus éloigné. Mais lorsque la parenté des races est mise en avant comme cause d'intervention, nous ne pouvons nous empêcher de nous souvenir que la dernière *guerre* française en Espagne (dans laquelle nous triomphâmes) fut entreprise par la France pour expulser cette race; et nous ne prenons pas bien qu'on nous remémore l'avant-dernière *guerre* française (dans laquelle nous fûmes vaincus) qui fut déclarée pour l'introduire. Nous aurions pu oublier la bataille d'Almanza, après avoir rétabli Ferdinand de Bourbon par la bataille des Pyrénées.

En outre, pour revenir à ce que je disais dans une de mes lettres précédentes, si cette parenté est seule, ou en grande partie, la cause de l'invasion française en Espagne (invasion que toute l'Europe, excepté les puissances rassemblées à Vérone, s'accorde à considérer comme une grande calamité); en annonçant la cause, ne pouvez-vous indiquer

Besides — to revert to a suggestion in one of my former letters; if this consanguinity be alone or in great part the cause of the french invasion of Spain (an invasion which all Europe, except the powers that were assembled at Verona, concur in deeming a great calamity) do you not, in announcing the cause, indicate the remedy? — Austria has already, whether awkwardly or maliciously, reminded the Spaniards of happy times, antecedent to te transfer of Spain, of the house ot Bourbon; and we have our own cure for misgovernment in 1688, too freshly and too constantly before our eves, to have any objection to offer a similar expedient, if adopted by Spain. — Indeed, indeed, my valued friend, you have stirred most inconvenient reflections!

And what is the result to which these reflections lead me? — Why, — as before, to the one, only praticable and wholesome result : — Peace, peace. I I thought this object desirable for France (as for fall the world), *before* the speech of the king of France; I think it doubly so *since*. « Peace with honour! » To be sure, you place your honour in obtaining security, — security from the dangers to which you say your vicinity exposes you. Be it so, we will labour with you, and for you, to obtain for you that security; whe advise you to take it *small;* because in good truth, the Spaniards have not much to give, be they ever so willing. But we advise you, taking it, to make the most of it; to cry it up as sufficient to justify you in discountenancing your preparations for invasion, in laying down your arms, if by that expression, M. de Villèle means withdrawing the army of observation.

Leave the Spanish revolution to burn itself out, within its own crater.

le remède? L'Autriche a déjà, soit maladroitement, soit malicieusement, rappelé aux Espagnols les temps heureux qui précédèrent le *transfert* de l'Espagne à la maison de Bourbon ; et la guérison que nous avons appliquée, en 1688, à un mauvais gouvernement, est trop vive et trop constamment devant nos yeux, pour que nous ayons aucune objection à faire à un semblable expédient, s'il est adopté par l'Espagne. En vérité, en vérité, mon estimable ami, vous avez agité les réflexions les plus embarrassantes.

Et quel est le résultat auquel ces réflexions m'amènent? Eh bien! tout comme d'abord, à un seul, à un seul praticable et salutaire résultat : la paix ! la paix ! Si j'ai pensé qu'elle était à désirer pour la France (aussi bien que tout le monde) *avant* le discours du roi, je le pense doublement *depuis*. La paix avec honneur! Certainement votre honneur consiste à obtenir des sécurités, sécurités contre les dangers auxquels vous dites que votre voisinage vous expose. Qu'il en soit ainsi, nous travaillerons avec vous, et pour vous, afin de vous obtenir ces sécurités ; nous vous conseillons de les prendre, toutes petites qu'elles soient ; car, en bonne vérité, les Espagnols n'ont pas beaucoup à donner, le voulussent-ils jamais. Mais notre avis est, tout en les prenant, de les vanter beaucoup, de vous écrier qu'elles sont suffisantes pour justifier la cessation de vos préparatifs d'invasion, et pour mettre bas vos armes, si par cette expression M. de Villèle entend retirer l'armée d'observation.

Laissez la révolution espagnole se consumer d'elle-même dans son propre cratère;

You have nothing to apprehend from the eruption, if you do not open a channel for the lava throught the Pyrenees.

Such are my opinions, honestly and sincerely given. Such, lord Liverpool tells me he believed to be *yours* before you left this country in the summer. He regrets, as much as he is surprized at the change.

It is not yet too late to save the world from a series of calamities. The key to the flood gate is yet in your hands. Unlock it, and who shall answer for the extent of devastation? « The beginning of strife is as the letting out of water's, » So says inspired wisdom. Genius is akin to inspiration ; and I pray that if may on this occasion profit by the warning of the parable ; and pause !

Ever, my dear friend, your friend and your admirer.

CANNING.

M. CANNING A M. DE CHATEAUBRIAND.

London, february 7, 1823.

I scarcely know how to write to you to-day, my dear M. de Chateaubriand. I hesitate between the duty of sincerity, and the fear offence ; till I have almost a mind not to write at all. But there is no end of such difficulties ; or rather, if such difficulties are suffered to prevail there is an end of our correspondence. And *that*, I may say without flattery to you, or vanity on my own part, would, in the present crisis of affairs, be a national, if not an *European* misfortune. I write therefore, and will write the truth ; subject, I am afraid to some possible misconstruction and to

vous n'avez rien à craindre de l'éruption, si vous n'ouvrez pas à la lave un passage à travers les Pyrénées.

Telles sont mes opinions, données avec franchise et sincérité. Lord Liverpool me dit que telles il croyait être les vôtres avant que vous ne quittiez ce pays dans l'été : il regrette votre changement autant qu'il en est surpris.

Il n'est pas encore trop tard pour sauver le monde d'une série de calamités. La clef de l'abîme est encore entre vos mains : ouvrez-le ; et qui pourra répondre de l'étendue de la dévastation? « Le commencement des querelles est comme l'éruption des eaux, » de la Sagesse inspirée. Le génie est parent de l'inspiration ; et je prie que, dans cette occasion, il puisse profiter de l'avertissement et de la parabole, et s'arrêter !

Pour toujours, mon cher ami, votre ami et votre admirateur.

Je sais à peine comment vous écrire aujourd'hui, mon cher monsieur de Chateaubriand ; j'hésite entre le devoir de la sincérité et la crainte de l'offense, à un point qu'il me vient presque à l'esprit de ne pas écrire du tout. Mais de telles difficultés ne finiraient pas ; ou plutôt, si nous laissons prévaloir ces difficultés, c'est notre correspondance qui finira. Et cela, je puis le dire sans flatterie pour vous comme sans vanité sur mon propre compte, serait, dans la crise présente d'affaires, un malheur national, sinon « européen. » J'écris donc, et j'écrirai la vérité ; exposé, j'en ai peur, à quelque malentendu et au risque de

the risque of what may be distastefull, but with no other intention (ita me Deus adjuvet!); than that of consulting your case and honour as well as my own, and the interests of both our governments; and in the confidence that, even if you distrust my judgment, you cannot doubt my friendship.

Well then, to begin at once with what is most unpleasant to utter, you have united the opinions of this whole nation, *as those one man*, against France. You have excited against the present sovereing of that kingdom, the feelings which were directed against the *usurper* of France and Spain, in 1808, nay, the consent, I am grieved to say, is *more* perfect now than on that occasion : for then the jacobins were loath to inculpate their idol; now, they, and the whigs and tories, from one end of the country to the other, are all one way. Surely such a spontaneous and universal burst of national sentiment must lead any man, or any set of men, who are acting in opposition to it, to *doubt* whether they are acting quite right. The government has not on this occasion *led* the public ; quite otherwise. The language of the government, has been peculiarly measured and temperate; and its discretion far more guarded than usual; so much so, that the mass of the nation were in suspense as to the opinions of the government and that portion of the daily press, usually devoted to them, was (for some reasons better known perhaps on your side of the water than on ours) turned in a directly opposite course. I was not without expectation of such an ebullition. M. de Marcellus will probably have told you that I did express such an expectation to him, and that I assured him of my perfect conviction that if the word « neutrality » had found its way into the speech,

paraître désagréable, mais sans aucune autre intention (*ita me Deus adjuvet!*) que celle de consulter votre convenance et votre honneur aussi bien que les miens, et les intérêts de nos deux gouvernements; dans la confiance enfin que, si vous rejetez mon jugement, vous ne douterez pas de mon amitié.

Eh bien donc! pour commencer par ce qu'il y a de plus déplaisant à prononcer, vous avez uni contre la France les opinions de tout ce peuple *comme celle d'un seul homme*. Vous avez excité contre le présent souverain de ce royaume les sentiments dirigés contre l'*usurpateur* de la France et de l'*Espagne*, en 1808; bien plus, l'assentiment, je suis forcé de le dire, est plus parfait à présent qu'il n'était alors ; car *alors* les jacobins avaient de la répugnance à blâmer leur idole; maintenant, eux, et whigs et thorys, d'un bout du pays à l'autre, sont tous du même avis. Sûrement une explosion spontanée et universelle des sentiments nationaux doit amener tout homme, ou toute masse d'hommes agissant en opposition à ces sentiments, à *douter* si ce qu'on fait est bien. Dans cette occasion, le gouvernement n'a pas *conduit* le public; il en est tout autrement. Le langage du gouvernement a été particulièrement mesuré et tempéré, et il s'est tenu sur la réserve bien plus que de coutume ; si bien que la masse de la nation était en suspens touchant les opinions du gouvernement, et que la partie de la presse quotidienne qui lui est habituellement dévouée se trouvait (par des raisons mieux connues peut-être de votre côté de l'eau que du nôtre) tournée dans un sens directement opposé. Je n'étais pas sans m'attendre à un tel bouillonnement : M. de Marcellus vous aura probablement dit que je lui avais exprimé mon attente, et que je l'avais assuré de mon entière conviction que

we should have had to combat the combined efforts of all parties in the house of Commons, to get rid of it. Even if you distruct us, what hinders your negociating for yourselves? Only negociate, at least, before you invade.

Ever, my dear M. de Chateaubriand, with the sincerest regard and admiration, yours.

CANNING.

COMMUNICATION DE L'AMBASSADEUR DE RUSSIE.

Extrait de la dépêche russe au général Pozzo di Borgo du 3-15 mars et des pièces qui s'y trouvent annexées.

L'empereur se flattait encore que la modération prévaudrait dans les conseils du gouvernement anglais, qui ne voudra pas, par une rupture avec la France, s'exposer à détruire tous les liens qui l'unissent au continent. Mais si, contre toute attente, l'Angleterre déclarait la guerre à la France pour empêcher le gouvernement de S. M. T. C. de rendre à l'Espagne le plus essentiel des services, S. M. I. autorise son ambassadeur à assurer dès à présent le cabinet des Tuileries que ses intentions ne changent pas, et que, pour sa part, il regarderait l'attaque dirigée contre la France comme une attaque générale contre tous les alliés, et qu'il accepterait, sans hésiter, les conséquences de ce principe.

Certain de cet appui, l'empereur exhorte le roi à counummer ses propres déterminations et à marcher avec confiance contre les hommes des troubles et des malheurs.

Agissant dans cet esprit, l'empereur rappelle la question agitée au congrès relative à la réunion d'une armée russe sur les frontières occidentales de l'empire comme moyen de sûreté européenne.

Les cabinets alors se séparèrent sans rien arrêter à cet égard; mais la matière a de nouveau été prise en considération. Sa Majesté Impériale est prête à réunir une armée d'observation dans ses États.

Extrait de la dépêche du comte de Nesselrode à M. de Tatischeff, en date du 3-15 mars.

Dans cette dépêche à M. de Tatischeff, l'empereur répond à l'ouverture

---

si le mot « neutralité » s'était trouvé placé dans le discours, nous aurions eu à combattre les efforts combinés de tous les partis de la Chambre des communes pour le faire retrancher. Si même vous nous repoussiez, qui vous empêche de négocier pour vous-mêmes? Seulement, négociez au moins avant d'envahir.

Pour toujours, mon cher monsieur de Chateaubriand, avec l'amitié et l'admiration les plus sincères, votre tout dévoué.

du roi de Naples. Sa Majesté Impériale fait des vœux pour que ce souverain retourne dans ses États, afin de veiller au gouvernement de ses royaumes.

Extrait de la dépêche adressée au comte de Liewen.

L'empereur ordonne à son ambassadeur d'exprimer au cabinet britannique les mêmes sentiments; de lui rappeler que, dans les circonstances pareilles, l'opposition avait rencontré d'éloquents adversaires dans les membres du ministère; que lord Liverpool avait été souvent de ce nombre, et qu'il s'était appliqué plus d'une fois à resserrer les liens de l'alliance, qu'il semble méconnaître dans cette circonstance.

Le comte de Liewen a ordre de s'expliquer dans ce sens envers M. Canning, et de lui observer que Sa Majesté Impériale a été surprise de voir que l'Angleterre trouvait alarmant dans la bouche du roi de France le principe qu'elle a implicitement admis dans toutes les transactions qui ont eu la France pour objet, et qu'elle déclarait juste et inattaquable en Espagne une cause qu'elle n'a soutenue ni à Naples ni dans le Piémont.

M. DE CHATEAUBRIAND A M. CANNING.

Paris, 10 mars 1823.

Il y a bien longtemps, mon honorable ami, que je vous dois une réponse : mon excuse est la multitude des affaires dont je me suis trouvé accablé. Je ne puis reprendre les choses au point où les avait laissées votre lettre, car elles ont fait bien du chemin.

Vous voyez que nous n'avons cessé de temporiser, pour laisser aux hommes sages, à Madrid, l'occasion de mettre, sans effusion de sang, un terme aux malheurs de leur patrie; mais il y a une fin à tout, et vous sentez qu'il serait impossible de prolonger l'état où nous nous trouvons sans les plus graves inconvénients pour nous; si, enfin, nous sommes forcés d'entrer en Espagne, soyez certain que nous n'y entrerons qu'avec les intentions les plus pacifiques et le désir sincère d'en sortir promptement, et d'écouter toute proposition propre à faire cesser les calamités de la guerre. Notre affaire avec l'Espagne, si on ne fait rien pour la compliquer, ne remuera rien en Europe. Nous ne demandons rien, nous ne voulons rien, nous ne nous plaignons de personne; car, mon honorable ami, nous aurions pu nous plaindre amicalement de la permission donnée par votre gouvernement pour l'exportation des armes : en défendant l'exportation pour nos côtes, la neutralité eût été la même, et nous aurait été moins désavantageuse. Mais enfin, si cela fait tuer quelques-uns de nos soldats de plus, ils sont accoutumés à faire bon marché de leur vie, et nous en avons un million pour les remplacer; ainsi nous ne vous adressons aucune représentation.

Je pourrais aussi me plaindre un peu de votre amitié; cependant, si elle n'a pas cru devoir me défendre contre les ignobles et calomnieuses attaques de M. Brougham, c'est qu'elle a eu des raisons particulières. Pour moi, mon honorable ami, si jamais on vous attaque à notre tribune, vous pouvez être sûr qu'aucune raison politique ne m'empêchera de dire tout le bien que je pense de vos talents et de votre caractère.

Continuez-nous, notre honorable ami, votre bienveillance; j'attends, pour vous envoyer un ambassadeur, que la *mob* ne casse plus les vitres. Quand les radicaux auront fini avec le duc de San-Lorenzo et qu'il sera tombé dans l'oubli, alors peut-être obtiendrons-nous grâce.

Vous connaissez, mon honorable ami, mon entier et parfait dévouement,

A vous de tout cœur,

CHATEAUBRIAND.

M. DE CHATEAUBRIAND AU GÉNÉRAL GUILLEMINOT.

Paris, ce 23 mars 1823.

J'ai l'honneur de vous envoyer, général, la proclamation de monseigneur le duc d'Angoulême en français et en espagnol. Nous avons pensé qu'il nous serait impossible de le faire imprimer ici sans qu'on en dérobât quelques exemplaires chez l'imprimeur. Vous la recevrez telle qu'elle a été délibérée au conseil et approuvée du roi, et vous la ferez imprimer à Bayonne dans les deux langues. Vous y mettrez la date : nous pensons qu'elle pourra être datée du 2 ou du 3 avril. Vous en enverrez sur-le-champ une quantité considérable à Perpignan pour l'armée de Catalogne, et vous la ferez répandre avec profusion en Espagne. Le ministre de la guerre pense que l'invasion aura lieu le 7 avril; ainsi la proclamation vous précédera de cinq jours.

M. de Caux, notre agent diplomatique, est arrivé de Berlin. Il partira mardi pour vous rejoindre. Vous en serez content : il a passé une grande partie de sa vie en Espagne, sait l'espagnol comme le français, et joint à une grande modération de caractère l'habitude du travail. M. de Martignac, le commissaire civil, part demain.

Votre grande affaire sera la formation du conseil espagnol. L'archevêque de Tarragone, qui en est nommé président, ne veut ni se séparer de M. *Mataflorida*, ni adopter M. *Eguia*. Celui-ci a les pouvoirs de Ferdinand, et il sera presque impossible de ne pas l'admettre au conseil; mais, d'un autre côté, son nom épouvante les hommes qui ont pris parti pour les cortès. J'espère que la présence de monseigneur le duc d'Angoulême arrangera tout cela; il faut aller comme nous pourrons jusqu'à Madrid : arrivés là, nous établirons le gouvernement provisoire, et il sera plus facile de concilier les amours-propres et les intérêts. MM. Erro et Calderon, membres désignés du conseil, qui sont encore ici, partent demain pour Bayonne.

Je parle toujours au ministre de la guerre de ses approvisionnements; il me répond toujours que vous ne manquerez de rien. En attendant, j'invite à tout hasard des hommes d'affaires à faire partir des vaisseaux chargés d'avoine, de fourrages et d'autres approvisionnements pour Bayonne, afin d'y ouvrir un marché en cas de nécessité. Si, comme je l'espère, les ports de la côte espagnole s'ouvrent pour vous, à mesure que vous avancerez en Espagne, vous pourrez par ces ports recevoir beaucoup de secours.

N'épargnez surtout rien, général, pour avoir des places; non-seulement elles assureront votre marche, mais si elles tombent devant vous à votre entrée en Espagne, l'effet moral de ces redditions sera immense dans la Péninsule. Je ne suis pas sans quelque inquiétude sur la Catalogne. Mina a tout réuni de ce côté, et certainement les refugiés français et piémontais, joints à des Anglais qui sont arrivés en amateurs, tiendront ferme et peuvent étonner au premier moment nos troupes qui sont jeunes. Ne pensez-vous pas que 1,000 ou 1,200 hommes de la garde auraient été utiles de ce côté? L'Angleterre vient de déclarer sa neutralité, mais nous ne pouvons pas nous attendre à ses bons offices : sans paraître, elle nous fera tout le mal qu'elle pourra. Il sera bien essentiel d'insurger et d'armer les Galices, qui couperont toutes les communications avec la Corogne; c'est là qu'arrivent tous nos mécontents et les secours des radicaux de l'Angleterre. Si on pouvait s'emparer de ce port, ou le faire tomber aux mains des royalistes, ce serait une chose considérable. Peut-être qu'une entreprise par mer réussirait.

Voilà, monsieur le comte, une bien longue lettre. Écrivez-moi, je vous prie, quand vous en aurez le temps, et comptez entièrement sur moi.

Croyez à tout mon dévouement et recevez la nouvelle assurance de ma considération la plus distinguée.

CHATEAUBRIAND.

M. GENTZ A M. DE CHATEAUBRIAND.

Monsieur le vicomte,

Je viens de faire la seconde lecture d'un des plus beaux discours qui aient jamais été prononcés dans une assemblée publique. Il ne me convient presque pas d'en témoigner mon admiration à Votre Excellence : ce serait comme si je n'avais pas prévu qu'elle n'élèverait sa voix dans cette grande question que pour la traiter avec une supériorité décisive. Aussi n'est-ce pas à l'éloquence de ce discours que je paye le tribut de mes hommages ; elle est si inhérente à toutes vos compositions, monsieur le vicomte, elle est d'un genre si caractéristique et si élevé, que ce n'est pas à propos d'un discours que l'on peut en parler positivement. Mais la force du raisonnement et de la logique, le choix des arguments, l'à-propos des réflexions les plus profondes, la manière victorieuse dont les objections les plus saillantes y sont coulées à fond, voilà ce qui, à mes yeux, constitue le mérite distinctif de ce chef-d'œuvre.

Votre Excellence n'a ni le temps de lire de longues lettres, ni aucun besoin de mes éloges. Je n'entre dans aucune question problématique. C'est un sentiment irrésistible qui me dicte ces lignes ; et c'est une conviction intime qui me fait croire que, si l'expédition d'Espagne est exécutée comme elle vient d'être défendue, elle tournera infailliblement à la gloire de la France et au salut de l'Europe.

Agréez, monsieur le vicomte, l'assurance de tous les sentiments respectueux avec lesquels je suis,

De Votre Excellence,

Le très-obéissant et dévoué serviteur,

Gentz.

Vienne, le 8 mars 1823.

L'EMPEREUR DE RUSSIE A M. DE CHATEAUBRIAND.

Saint-Pétersbourg, ce 13 mars 1823.

J'ai reçu, monsieur le vicomte, la lettre que vous m'avez écrite le 1ᵉʳ mars. Vos principes me donnaient les meilleures espérances, et chaque jour fournit une preuve nouvelle de vos honorables intentions. Vous les avez développées à la tribune avec une rare supériorité de talent. La bonne cause a trouvé en vous le plus éloquent défenseur, et profondément convaincu vous-même, vous avez dû, j'aime à le croire, opérer la conviction. Ma franchise habituelle ne me permet pas néanmoins de vous dissimuler un regret : je crois qu'il y a eu méprise dans la manière de nous comprendre. Dans nos entretiens à Vérone, je ne m'étais attaché à vous fournir qu'une juste définition de l'*alliance*. Identifié à mes alliés, et connaissant leurs pensées les plus intimes, je vous ai exprimé à cet égard *nos sentiments communs*. Vous avez cité les *miens particulièrement*, ce qui leur prête un caractère exclusif et particulier. En vous bornant à rapporter la définition des engagements qui unissent les monarques alliés, en la présentant comme celle qu'ils leur donnent tous, vous vous seriez rapproché davantage et de mes désirs et des termes réels de nos conversations[1]. La nuance est délicate sans doute, mais vous êtes fait pour l'apprécier, et je ne peux m'empêcher de la relever ici, car elle tient aux *intérêts de l'alliance*. Vous savez qu'à mes yeux ces intérêts sont les premiers de tous.

Croyez, monsieur le vicomte, que je saisirai toujours avec plaisir les occasions de vous réitérer l'assurance de mon estime particulière.

ALEXANDRE.

M. DE LA FERRONNAYS A M. DE CHATEAUBRIAND.

Saint-Pétersbourg, le 26 mars 1823.

Je vous envoie de bien volumineuses dépêches, monsieur le vicomte, et vous trouverez tout simple qu'il me reste peu de choses à ajouter aux détails qu'elles contiennent ; je craindrais d'être accusé d'une trop grande prolixité, si je ne pensais qu'à l'énorme distance qui me sépare de ceux de qui j'attends des conseils et ma direction, il peut importer beaucoup de ne rien laisser ignorer, et que les moindres nuances, les plus minutieux détails peuvent quelquefois avoir leur gravité et leur utilité : j'aime donc mieux encourir le reproche de trop dire que celui de ne pas assez parler ; je vous demande seulement pardon de tout l'ennui que vous causera cette longue lecture.

Je crois avoir épuisé, dans mes conversations avec l'empereur et avec son ministre, tous les arguments que l'on peut faire contre les conférences : je n'ai pas la consolation d'y avoir réussi ; l'on y tient plus fortement que jamais.

J'ai reçu des lettres qui me mandent qu'à Vienne les Anglais se démènent de leur mieux pour donner contre nous et notre bonne foi toutes les préventions possibles ; M. de Metternich se montrerait bien disposé, dit-on,

---

[1] *Voyez* la page 100.

à les accueillir et à les étendre surtout jusqu'ici ; ce serait de la plus mauvaise grâce du monde et avec tous les ménagements que permet la convenance, que le chef du cabinet autrichien se verrait forcé de dire à ses bons amis de Londres que leur conduite n'est dans ce moment ni sage, ni loyale, et que, malgré toute son affection pour eux, il pourrait mal leur arriver de prendre parti contre nous. Il faut que cela ait quelque chose de vrai, que cette partialité pour l'Angleterre soit apparente, *puisque tout le monde* la voit. Il doit exister entre ces deux cabinets quelques liens secrets dont il serait important de connaître la force et la nature : ce serait un excellent moyen d'ouvrir ici les yeux qui sont jusqu'à présent fascinés de la manière la plus extraordinaire et la plus fâcheuse.

Ce que vous avez mandé à l'empereur de la prochaine entrée de nos troupes en Espagne ajoute encore à l'impatience avec laquelle les nouvelles sont et vont être attendues. Soyez donc assez bon, monsieur le vicomte, pour ne pas m'oublier, pour multiplier les lettres, les détails sur tout ce qui sera relatif aux opérations militaires ; enfin mettez-moi à même d'être ici ce que devraient être partout les ambassadeurs du roi, quand la France sort de l'oubli dans lequel on espérait la tenir, et s'empare du rôle le plus beau, le plus difficile, le plus important et le plus généreux.

Adieu, monsieur le vicomte, comptez sur mon zèle pour le service du roi, sur mon exactitude et mon activité, et sur l'inviolable attachement que je vous ai voué.

La Ferronnays.

M. DE CHATEAUBRIAND A M. DE LA FERRONNAYS.

Paris, le 24 avril 1823.

Je vous mande à peu près, monsieur le vicomte, dans ma longue dépêche tout le gros des affaires. Je vais entrer avec vous dans quelques détails.

L'Angleterre a été si mauvaise, qu'il a fallu prendre un parti et ne pas repousser la proposition de l'empereur de Russie au moment où le cabinet de Londres prononçait avec tant de fureur une neutralité forcée. Maintenant toute votre habileté consistera à faire valoir cet abandon et cette condescendance aux vœux de l'empereur, à lui faire voir que cet abandon pourrait avoir pour nous les plus graves inconvénients, en excitant la jalousie de l'Angleterre et en redoublant sa mauvaise humeur. Nous n'avons pas hésité à choisir entre les deux chances, et nous venons de donner à l'alliance la preuve de notre bonne foi et de notre adhésion à ses intérêts.

Mais la prudence veut maintenant que cette armée de Pologne ne soit pas trop considérable, de peur qu'elle produise justement l'effet qu'elle est destinée à prévenir. Si elle alarmait l'Angleterre en lui faisant voir qu'un si grand nombre de soldats ne peuvent être réunis pour une simple mesure de précaution, l'Angleterre, se croyant sûre de l'intervention de la Russie, pourrait prendre les devants et se déclarer. Vous développerez cette idée. Il faut aussi que l'article semi-officiel ne soit mis dans les journaux de l'Allemagne, soit à Francfort ou ailleurs, que lorsque nous pourrons savoir de combien de mille hommes se composera l'armée de Pologne.

Je crois, monsieur le comte, que cette pièce, que je n'ai pas voulu qu'on appelât protocole au procès-verbal d'une conférence, mais résumé d'une réunion, empêchera tous les commentaires que M. de Metternich n'aurait pas manqué de faire sur les pièces officielles publiées par l'Angleterre. Il n'aurait pas manqué de dire que dans mes conversations avec sir Charles Stuart, et mes communications avec l'Angleterre, je n'avais jamais parlé de l'alliance et avais au contraire toujours parlé de paix. La réponse serait pourtant bien simple. L'Angleterre nous menaçait de la guerre, si celle que nous allions faire était une guerre *européenne,* et si nous ne profitions pas de toute ouverture pacifique pour faire un arrangement avec les cortès. Je devais donc me défendre de deux choses pour prévenir une rupture que le reste de l'Europe, et la Russie la première, craignait ; je devais éviter de mêler les alliés dans mes conversations, et repousser les propositions sans cesse renaissantes de sir Charles Stuart. Tout ce qui était *paroles* est dans ce sens ; mais dans les choses *écrites,* j'ai parlé des alliés.

Nous sommes à Burgos. Rien n'est changé à nos plans : c'est toujours à Madrid, où nous arriverons du 20 au 25 mai, que nous établirons le conseil de Castille pour désigner un gouvernement provisoire. Nous aurons un ambassadeur auprès de ce gouvernement. Les puissances continentales y auront les leurs, et les alliés travailleront de concert avec nous à la pacification future de l'Espagne. Ce plan est excellent par sa simplicité. Nous aurons pris pour nous les hasards de la guerre ; les alliés auront les honneurs de la paix. Mais cette paix sera une grande question. Vous devez travailler d'avance à préparer l'esprit de l'empereur à ce sujet. Si l'on s'obstine à ne vouloir la paix que quand Ferdinand sera physiquement libre, ou quand l'armée des cortès sera licenciée, il est évident que la France ferait une guerre qui pourrait durer trente ans. Les cortès ne voudront jamais être pendues, et Quiroga et Riego ne consentiront pas à être fusillés. Maîtres du roi, ils ne le lâcheront jamais et l'enfermeront dans Cadix, où, protégé par les flottes de l'Angleterre, personne ne pourra l'atteindre. Si donc on nous proposait des changements si considérables dans la constitution, que Ferdinand fût réellement roi, il est clair qu'il pourrait faire après la paix, et en vertu même de la constitution, ce que nous désirerions en vain qu'il fît avant la paix. Le bons sens, la saine politique indiquent cela. Nous avons mis la monarchie française sur une carte pour faire la guerre : notre enjeu est trop fort pour que nous ne demandions pas à être écoutés sur la suite de la partie ; c'est notre sang qui coule ; ce sont nos trésors que nous répandons ; les alliés sont tranquilles chez eux ; ils ne peuvent pas prétendre faire tuer quatre ou cinq cent mille Français de plus, et dépenser un milliard, parce qu'il y aurait telle nuance dans une constitution, tel article dans un traité de paix, qu'ils ne voudraient pas y voir. Vous commenterez ce texte.

Le général Pozzo va bien, mais il se tourmente trop pour des conférences. Je veux bien des conférences, mais rarement et à propos, autrement elles nous ôteraient cette indépendance que nous devons conserver, surtout parce que nous *sommes royalistes;* elles nous rendraient impopulaires et par conséquent nous ôteraient notre force, qui commence à être très-grande sur le public. Jamais ministère n'a été placé dans des circonstances plus graves. Nous les surmonterons.

Insistez toujours pour des ambassadeurs à Madrid ; il faut de plus que les grandes puissances engagent les petites à envoyer aussi leurs ministres auprès du gouvernement que nous aurons reconnu. Plus le corps diplomatique sera nombreux, plus la position de l'Angleterre sera embarrassante, ou plutôt la position de sir William A'Court, gardien de Ferdinand à Séville, ne sera pas tenable.

Nous sommes convenus d'admettre l'ambassadeur de Naples à nos conférences, quand il y en aura. Le prince de Carignan a fait demander, par le roi de Sardaigne, à servir sous monseigneur le duc d'Angoulême ; le roi lui a accordé cette permission. C'est un moyen noble de revenir à Turin.

Nous avons déclaré à l'Angleterre que nous n'armerions point en course, et que nos vaisseaux de guerre ne prendraient point les vaisseaux marchands espagnols ; cela était aussi généreux que politique. Nous demandions en même temps que l'Angleterre ne souffrît pas dans ses ports la vente des prises faites sur nous par des corsaires espagnols : croiriez-vous que M. Canning, pour nous ôter ce mérite aux yeux de l'Angleterre, n'en a pas parlé au parlement, et qu'il a proposé à Marcellus de retirer l'*office* qu'il lui avait passé à ce sujet ? Je ne crois pas que mon illustre ami Canning aille loin : il me semble tout à fait fourvoyé.

Vous mettrez aux pieds de l'empereur mes remercîments pour la lettre qu'il a bien voulu m'écrire. Tâchez de lire ce long griffonnage. Vous voyez qu'au milieu de mes embarras de tout genre, je trouve, en prenant sur mon sommeil, le moyen de causer avec vous, et de vous dire que je vous suis sincèrement attaché et dévoué.   CHATEAUBRIAND.

M. DE MARCELLUS A M. DE CHATEAUBRIAND.

Londres, 13 mai 1823.

Monsieur le Vicomte,

D'après ce que je vois chez les ministres et leurs amis, ce que j'entends chez l'opposition, et d'après les observations de mes collègues, notre cause me paraît s'améliorer sensiblement. Cet effet est principalement dû, on ne peut le nier, à la modération et à l'éloquence de votre dernier discours. Notre marche triomphale en Espagne a détrompé bien des esprits, et M. Canning lui-même disait récemment que cette guerre à peine commencée touchait déjà à sa fin. Il ne regarde plus le succès comme douteux, et il n'a plus qu'une pensée, c'est celle de le partager. Le ministère entier éprouve le même sentiment : ils comprennent qu'ils ont besoin, pour leur popularité et leur position envers le parlement, de reparaître médiateurs et actifs sur le théâtre de la Péninsule. M. Canning a beau déclarer qu'il n'agira plus sans avoir des points fixes, et des bases de négociations arrêtées ; il agira, monsieur le vicomte, à la moindre demande ; et tout ce qu'il craint au monde, c'est qu'on ne se passe de lui.

Lord Melville m'assurait avant-hier qu'aucune flotte ne partait pour Gibraltar ; mais six jours suffisent pour cet équipement. Les révolutionnaires exaltés seront accueillis sur les vaisseaux anglais ; le roi même pourra y être conduit par eux, et, de là, le cabinet de Londres traitera des institutions à donner à l'Espagne. Il faut tout prévoir, même cette bizarre complication d'événements. D'un autre côté, si on réclame l'*intervention amicale* de l'Angleterre, M. Canning, pour donner plus de poids et d'éclat à cette *médiation*, ira jusqu'à envoyer le duc de Wellington dont il s'est moqué dans ses discours, car il veut agir à tout prix. La session va se terminer, et, s'il n'a pu défendre cette année que des plans arrêtés avant son entrée au ministère, il voudra se présenter l'année prochaine au parlement avec la pacification de l'Espagne, la reconnaissance de l'indépendance des colonies espagnoles, et peut-être du Brésil, etc., etc. Il lui faut ces succès extérieurs, pour faire oublier son silence sur la question catholique et la réforme parlementaire.

M. Canning nous revient, monsieur le vicomte ; la correspondance qu'il veut rouvrir avec nous le prouve. Éclairé comme vous l'êtes sur son caractère, vous dirigerez cette correspondance avec avantage et dans le sens de vos vues ; il a fait quelques pas vers la modération, et, subtilisant sur un de ses discours : « J'ai sans doute exprimé des vœux pour l'Espagne, a-t-il dit, mais point pour les cortès ; j'ai souhaité la prospérité de l'Espagne, mais non le triomphe du parti des *exaltés*. J'abhorre l'intervention armée de la France, continuait-il ; elle est injuste et coupable en principe; mais je dois avouer qu'elle rend la paix plus facile et plus prochaine, et elle aura beaucoup contribué au repos intérieur de la Péninsule. »

Par ces contradictions pénibles, le ministre n'exprime autre chose que le désir d'intervenir lui-même ; il feint une grande frayeur du despotisme, et il s'appuie dans ses raisonnements sur toute la haine qu'on porte unanimement ici au roi Ferdinand. Il parle fréquemment de sa destitution comme possible et désirable. Vous m'avez recommandé de ne traiter ces divers points politiques que dans des lettres particulières, et je continuerai jusqu'à nouvel ordre.

Le prince Esterhazy et le baron de Werther, qui dînaient chez moi, ne pouvaient se lasser de rendre hommage à l'à-propos et à l'éloquence de votre dernier discours; ils m'ont chargé de vous transmettre leurs sincères félicitations. Madame de Liewen qui, dit-elle, n'est pas suspecte de partialité pour vous, y joint les siennes.

Le roi a témoigné à diverses reprises, monsieur le vicomte, combien votre discours l'a touché. Il en a parlé avec enthousiasme, et réellement le succès de ce discours est merveilleux

J'ai l'honneur, etc.

Le vicomte DE MARCELLUS.

M. DE POLIGNAC A M. DE CHATEAUBRIAND.

CHER ET NOBLE VICOMTE,

Je vous remercie de votre petit billet; on ne peut qu'être fier et heureux de travailler sous un chef tel que vous. Je ferai mes préparatifs aussi secrètement que possible ; j'irai vous remercier moi-même demain matin.

Tout à vous,

Le prince DE POLIGNAC.

Ce 16 mai.

M. DE FLAVIGNY A M. DE CHATEAUBRIAND.

Burgos, le 14 mai 1823.

Vous avez bien voulu m'autoriser à vous écrire : je vais de nouveau profiter de cette permission pour vous soumettre, avec une juste défiance, quelques observations que j'ai faites depuis que je suis en Espagne.

Il paraît aujourd'hui démontré que la révolution n'a point de racines; on peut déjà la regarder comme vaincue : ainsi le but principal de la guerre, celui de nous préserver des dangers de cette révolution, va être atteint. Comment ferons-nous maintenant pour nous assurer de cette juste influence qui doit être aussi le prix de nos efforts? — Laisserons-nous se rétablir le pouvoir absolu, ou imposerons-nous à l'Espagne un gouvernement mixte?

La grande masse de la population ne veut pas de constitution; le roi non plus. Le peuple, par sa propre force, reconquerra le despotisme, et se tournera contre nous si nous lui parlons liberté. Déjà l'on murmure sourdement contre notre système de modération : que ne sera-ce pas à Madrid, dans cet éternel foyer d'intrigues, lorsque tant d'ambitions seront désappointées?

Il est très-probable qu'à Madrid on trouvera des instructions royales, dans le sens du pouvoir absolu; nouvel embarras : ces instructions seront chez Odgarte, l'homme qui a la confiance intime du roi, et on va commencer par l'éloigner.

Est-ce pour donner plus de poids au nouveau gouvernement, qu'on recourrait à une sorte d'élection? Les Espagnols ne font point cas de l'élection ; ils aiment ce qui vient d'en haut, et méprisent ce qui s'élève d'en bas. — Choisissez des hommes sans tache, considérables, justes et fermes; ils gouverneront : le peuple obéira sans s'inquiéter pourquoi.

Mais, dit-on, les classes éclairées veulent des institutions : c'est possible. Mais où est la force? où est l'action? Dans le clergé et dans le peuple. Sous Joseph, les riches avaient fléchi : le peuple seul a secoué le joug : aujourd'hui encore, c'est lui qui doit gagner la partie. Il n'y a pas de mitoyen parti.

Rougirons-nous de laisser se rétablir en Espagne le seul gouvernement qui paraisse convenir à ses habitants? Et pour échapper aux sarcasmes de M. G.... et compagnie, forcerons-nous le peuple espagnol d'accepter des institutions qu'il repousse?

Ne s'agit-il que d'un simulacre d'institutions? Ceux que nous voulons réconcilier ne prendront pas le change, et il faudra bien peu de chose pour nous aliéner nos amis. De cette manière, nous pouvons être bien sûrs d'être aussi froidement accueillis à notre départ que nous l'avons été chaudement à notre entrée.

Personne, monsieur le vicomte, n'est plus zélé partisan que moi du gouvernement représentatif en France, mais j'avoue qu'en Espagne j'y trouve de graves inconvénients.

Une autre observation qu'on ne saurait trop reproduire, c'est l'importance de terminer promptement.

Si vous voulez que votre ambassadeur, monsieur le vicomte, influe aussi par l'argent (et dans une foule de cas ce sera le seul moyen), ouvrez-lui un crédit séparé et indépendant.

En voilà déjà trop, monsieur le vicomte, pour votre patience, si vous avez celle de me lire. Je vous écris avec franchise et avec liberté. Votre vieille indulgence pour moi, mon dévouement sans bornes pour vous, voilà mes titres. J'espère que vous les admettrez.

Agréez, etc.

Le vicomte DE FLAVIGNY.

M. DE LA FERRONNAYS A M. DE CHATEAUBRIAND.

Saint-Pétersbourg, 19 mai 1823.

Je devrais avoir peu de choses intéressantes à ajouter au long résumé que je vous adresse aujourd'hui, monsieur le vicomte; mais il est des détails et des réflexions qui seraient peu convenables dans une dépêche officielle, et qui cependant, n'étant pas toujours sans utilité, peuvent et doivent trouver place dans une lettre.

Je vous dois, avant tout, les plus sincères remercîments pour les deux lettres particulières que vous aviez jointes à votre dernière expédition; plus je sais combien vos moments sont comptés, et plus je suis reconnaissant de ce qu'au milieu de vos occupations et de vos travaux vous puissiez encore trouver le temps de causer aussi longuement avec nous; mais je dois vous avouer que vous avez trouvé par ce moyen celui d'être le moins mal possible secondé par vos agents. J'ai trop reconnu l'avantage dont peut être ici cette double correspondance pour ne pas vous demander de la continuer, et de suivre la même marche toutes les fois que les circonstances en vaudront la peine; je pourrais même demander qu'ainsi que vous venez de le faire, cette correspondance fût triple, c'est-à-dire une dépêche officielle destinée à rester dans les archives, et pouvant être lue par les secrétaires de l'ambassade; une lettre toute confidentielle, dans laquelle vous faites connaître vos véritables intentions et la manière dont vous entendez qu'elles soient comprises et suivies; enfin une lettre particulière ostensible, qui puisse être mise sous les yeux de l'empereur. Vous n'imaginez pas tout le parti et l'avantage que nous pourrons tirer de ce dernier moyen. Une lettre confidentielle que je fais ainsi remettre produit plus d'effet et de meilleurs résultats que ne pourraient faire dix conversations, d'abord parce que vous avez une manière de dire qui vaut mieux, et, de plus, parce que c'est une preuve de confiance et d'abandon qui manque rarement son effet. Vous ne pouvez, par exemple, vous faire une idée de celui qu'a produit ici une lettre particulière de vous, écrite à M. de Caraman, sous la date du 13 avril : la copie en a été envoyée à l'empereur ; elle a été lue, relue, admirée. On m'a communiqué, monsieur le vicomte, cette lettre véritablement excellente et surtout remarquable par un caractère de franchise et de loyauté, si propre à déjouer les petites noirceurs et perfidies politiques. Nesselrode ne me rencontre plus sans me parler de cette lettre ; elle vous a acquis la confiance entière de l'empereur, et la plus extrême considération. Aussi, monsieur le vicomte, il faut bien que je vous avoue ce que je ne pourrais faire lire à la table du conseil, c'est que vous êtes réellement bien regardé, sous le rapport politique, comme celui qui dirige et doit diriger le ministère.

L'empereur se flatte encore que vous conserverez la supériorité que vous avez acquise ; que cette grande entreprise, que seul vous avez déterminée, ne sera achevée que par vous, et que vous en saurez rendre les conséquences et les résultats dignes du but qu'elle doit se proposer. Je ne sais ce qu'il y a de vrai et d'exagéré dans cette opinion de l'empereur sur M. de Villèle, mais je devais vous la faire connaître ; vous y trouverez l'explication de toutes ses méfiances et de ses soupçons.

Tout ceci, monsieur le vicomte, ressemble un peu à un hors-d'œuvre, j'en conviens ; mais il m'importait cependant de vous faire bien connaître la cause véritable des difficultés que je puis et dois rencontrer ici. Je suis obligé de marcher avec d'autant plus de précautions que je suis seul, et que tout le monde diplomatique est contre moi.

Cette situation n'est point commode ni facile, et je n'ai de moyens de m'en tirer que de profiter de mes conversations avec l'empereur pour lui parler avec autant de franchise que je le fais. Tant qu'il croira à ma loyauté, cela ira bien ; mais on a déjà été au moment de lui faire croire que j'étais un carbonaro, et si, à force d'intrigues et de mensonges, on parvient à lui inspirer de la méfiance, alors, monsieur le vicomte, ce moment devra être celui de mon rappel et de mon remplacement ; je serai usé et ne pourrai plus être ici bon à rien ; or, vous voyez que déjà il m'accuse de *chercher le défaut de la cuirasse*. C'est me soupçonner de finesse ; de là à me croire trompeur il n'y a qu'un pas. Si l'empereur le franchit, j'aurai soin de vous en avertir.

Il ne faut pas, monsieur le vicomte, savoir à S. M. I. un trop grand gré de la preuve de condescendance qu'il croit nous avoir donnée en renonçant à faire insérer dans les journaux l'article relatif à l'armée de l'alliance. Vous aviez remarqué dans ma dernière dépêche que l'empereur semblait attacher à cette mesure beaucoup moins d'importance que le général Pozzo ; votre observation était juste, et je vous avoue que je ne vous en ai parlé que comme Nesselrode m'en avait parlé lui-même, comme d'une simple proposition,

Je ne suis pas allé sur les lieux, mais j'ai de fortes raisons pour ne pas croire à la force effective de l'armée que l'on voulait mettre à votre disposition. Je sais d'ailleurs que l'état des finances ne permettrait pas de mobiliser cette armée; car enfin, ce n'est pas chose facile ni peu chère que d'envoyer cent mille hommes à quinze cents lieues de chez eux. Je crois donc, monsieur le vicomte, que tout ce que nous avons de mieux à faire, c'est de déterminer seuls et largement notre grande entreprise, et non-seulement de ne pas nous effrayer de cette terrible intervention russe dont, au loin, on s'épouvante si fort, mais même de ne jamais compter sur elle, si malheureusement elle nous devenait nécessaire, à moins d'avoir un grand nombre de millions à mettre à cette fantaisie. Telle est mon opinion, et je n'attache pas d'autre valeur au sacrifice que l'on a voulu me faire croire que j'avais obtenu.

Voilà, monsieur le vicomte, un appendice bien long à une dépêche qui déjà n'est pas courte ; ne voyez, je vous prie, dans toutes ces écritures, qu'une preuve de mon zèle et de la haute idée que j'ai de votre patience. J'aurais pu être beaucoup plus prolixe encore, mais il aurait fallu pour cela toucher une corde trop délicate pour moi, c'est-à-dire vous répéter les hommages que j'entends rendre à votre caractère et à vos talents. Il n'y a personne d'aussi gauche que moi pour dire ces sortes de choses, surtout quand elles s'adressent à quelqu'un à l'estime de qui j'attache un prix véritable. Je serais moins embarrassé pour vous parler de vos fautes, si vous en pouviez commettre, que je ne le suis pour vous dire que le comte de Nesselrode me répétait hier ce que l'empereur me disait le jour d'avant. C'est que, depuis la restauration, vous êtes le seul dont les actes et le langage aient donné lieu de croire qu'il existait encore des hommes d'État en France. On ajoute à cela beaucoup d'autres réflexions, je les supprime, et je me borne à vous dire qu'elles sont de nature à causer un indicible plaisir à ceux qui servent sous vos ordres, et qui, comme moi, joignent à la haute estime et à la considération qui vous sont dues l'attachement le plus sincère et le plus inviolable,

La Ferronnays.

M. LE DUC DE MONTMORENCY-LAVAL A M. DE CHATEAUBRIAND.

Rome, 19 mai 1823.

Le nonce est chargé, monsieur le vicomte, de vous communiquer une dépêche du prince de Metternich au comte Appony, en date du 17 avril, et la réfutation du cardinal, du 9 mai.

Vous ne pouviez me donner un moyen plus assuré de plaire au cardinal, qu'en me chargeant de lui porter quelques paroles qui promettent intérêt et protection au saint-siége dans ses différends avec l'Autriche.

On est peut-être à tort convaincu que l'intention de l'Autriche est d'occuper militairement les trois légations immédiatement après la mort du pape. On en est tellement persuadé, qu'on prétend avoir connaissance de lettres circulaires déjà imprimées à Modène, par lesquelles on invitera les fournisseurs du duché à concourir pour les approvisionnements nécessaires à un corps de vingt mille hommes.

Le gouvernement romain est beaucoup trop circonspect pour oser lui-même parler de telles révélations, mais elles nous sont parvenues, au ministre de Russie et à moi, par une voie indirecte.

Il me reste à vous répondre, au sujet du désir de la démission de l'archevêque de Lyon, dont vous me parlez dans votre lettre particulière du 23 avril : j'ai consulté des gens qui l'approchent ; jamais le cardinal Fesch ne se pliera à ce sacrifice. Les anciennes tentatives ont été inutiles ; celles-ci le seraient encore.

Je n'ai plus, monsieur le vicomte, qu'à me féliciter avec vous de nos progrès en Espagne, et dans le cœur des Espagnols. Mais que fait-on à Séville, et sir William A'Court laissera-t-il jamais M. le duc d'Angoulême approcher de la personne du roi ?

Je ne connais rien de plus noble et de plus digne d'un ministre du roi que vos paroles dans les deux chambres.

C'est mon plaisir d'en faire convenir quelques libéraux anglais que nous avons encore ici ; vous les dépeignez parfaitement.

Vous ne doutez, monsieur le vicomte, de mon ancien et inaltérable attachement.

Montmorency-Laval.

M. DE CHATEAUBRIAND A M. LE COMTE DE CAUX.

Paris, ce 22 mai 1823.

Quand vous recevrez cette lettre, monsieur le comte, vous ne serez plus qu'à quelques journées de Madrid. Je vais entrer avec vous dans de dernières explications.

Je vous ai dit que le plan original a été un peu altéré. Au lieu d'instituer le conseil de Castille seul, on assemblera les membres, autant que faire se pourra, des divers conseils qui administrent l'Espagne. Ces membres choisiront chacun dans leur conseil deux commissaires, lesquels éliront à leur tour une régence composée de cinq membres. Ceux-ci sont à peu près désignés. C'est le duc de l'Infantado, président, le duc de San-Carlos, un archevêque, le baron d'Éroles, à moins qu'il ne préfère être ministre de la guerre; le cinquième membre est encore inconnu.

Ici naîtront des difficultés. Le duc de l'Infantado voudra-t-il accepter? Le trouvera-t-on à Madrid? Il est timide en politique. Les membres de la junte actuelle n'auraient-ils pas des prétentions? M. d'Erro est nommé ministre des finances, et il est probable qu'il sera satisfait. Calderon est vieux et sans ambition; mais le vieil Eguia, qu'en ferez-vous? Son nom effarouche tout le côté modéré de l'Espagne; on ne peut guère le mettre dans la régence. Il faudrait lui trouver quelque grande place honorifique. Les ministres de la régence nous ont été presque tous désignés par le roi Ferdinand: c'est le baron d'Éroles pour la guerre (on le dit peu propre à cet emploi); M. d'Erro pour les finances; M. de Casa-Irujo pour les affaires étrangères: celui-ci est à Paris et va partir; don Garcias pour ministre des grâces et de la justice.

La régence ne peut être et ne doit être qu'administrative.

Si elle faisait des lois et des constitutions dans l'absence du roi, elle tomberait dans le vice des cortès.

Pourtant la régence doit faire deux choses aussitôt qu'elle sera installée, lesquelles choses doivent avoir force de loi, parce que la nécessité les commande. Elle doit faire des emprunts à l'étranger, car elle se trouverait sans finances; elle doit reconnaître tous les traités qui ont été faits par les cortès avec des puissances étrangères, car les tiers ne peuvent jamais perdre leurs droits. Ce sera d'ailleurs une excellente politique, et l'Angleterre en sûreté pourra être plus facilement amenée à reconnaître elle-même la régence.

Je vous ai dit, monsieur le comte, que toute l'Europe continentale reconnaîtra la régence et enverra ses ambassadeurs à Madrid. L'Autriche est déjà prête; nous aurons dans quelques jours les désignations des cours de Berlin et de Pétersbourg; Rome, Naples et la Sardaigne se joindront aux cours alliées, et j'espère que l'Autriche déterminera les petits États d'Allemagne à imiter son exemple. Plus le corps diplomatique sera nombreux, plus l'impression sera grande sur l'esprit des peuples; et il sera impossible que l'Angleterre tienne longtemps dans l'isolement auprès de Ferdinand et de ses geôliers; il y a une force morale qui entraîne tout et qui vaut mieux que des armées.

Le roi a désigné M. de Talaru, pair de France, pour être son ambassadeur auprès de la régence espagnole pendant la captivité du roi Ferdinand; il aura pour premier secrétaire de légation M. de Gabriac. J'écrirai à M. de Flavigny pour lui apprendre à quel emploi S. M. le destine. Quant à vous, monsieur le comte, vous allez être nommé ministre; mais le roi désire que vous restiez auprès de M. Talaru tant que vous pourrez lui être utile.

M. le marquis de Mataflorida et le reste de la régence d'Urgel sont arrivés à Paris. L'ambition trompée leur avait fait imaginer une chose qui eût été bien dangereuse si elle n'avait été si folle.

Si M. le duc d'Angoulême vous le permettait, vous pourriez mettre cette lettre sous ses yeux.

Je vous prie de la communiquer à M. de Martignac.

Croyez, monsieur le comte, etc.

CHATEAUBRIAND.

M. DE CHATEAUBRIAND A M. DE LA FERRONNAYS.

Paris, 27 mai 1823.

Le jour même que vos lettres et vos dépêches, monsieur le comte, m'arrivèrent par M. de Cussy, qui me les apportait de Berlin, un courrier de Vienne me remit des dépêches de M. de Caraman et une lettre du prince de Metternich. Je reviendrai bientôt sur vos propres dépêches.

Il y avait deux dépêches de M. de Caraman : l'une sur les affaires générales et disant positivement que le prince de Metternich allait envoyer à M. Brunetti des instructions pour Madrid ; l'autre était relative à la réclamation officielle de Naples, que l'on regardait comme la chose la plus juste, la plus simple, et comme devant être du plus grand secours aux alliés. La première dépêche était remplie d'éloges de la conduite de la France et de choses flatteuses pour moi. La lettre du prince de Metternich contenait les mêmes éloges, particulièrement sur le dernier discours que j'ai prononcé à la Chambre des pairs ; le prince finissait par me dire un petit mot en passant sur l'affaire de Naples, qu'il regardait *comme de simple forme*.

M. l'ambassadeur de Naples me demanda une conférence avec les représentants des trois cours alliées. Cette conférence eut lieu. Le prince de Castelcicala nous lut une longue note, et exhiba de pleins pouvoirs du roi de Naples, en vertu desquels il était autorisé à se rendre à Madrid pour entrer dans la régence et y sanctionner tout ce qui serait fait par cette régence.

Tout prévenu que j'étais par la première lettre de M. de Caraman, je ne revenais pas de ma surprise. Il m'était presque impossible d'imaginer qu'un vieux roi qui chasse à Vienne au lieu de gouverner ses États, et dont la capitale est occupée par des troupes autrichiennes, vînt déclarer que l'Espagne était à lui en cas de mort de la famille royale d'Espagne, que la France avait fait tant de sacrifices pour mettre M. le duc d'Angoulême et cent mille soldats français sous le sceptre du prince de Castelcicala. Je me contins cependant. Il fut convenu qu'on s'assemblerait le lendemain, que chacun ferait une réponse, et que l'on dresserait un protocole de toute l'affaire.

La séance fut assez vive. Le prince de Castelcicala fut extrêmement aigre; et il alla jusqu'à manifester ouvertement le désir que les trois grandes puissances continentales n'envoyassent pas leurs agents diplomatiques à Madrid. J'avais fait dans la nuit une réponse assez longue, où je démontrais jusqu'à l'évidence, non-seulement les inconvénients, mais les dangers d'une intervention qui pouvait suspendre une entreprise qui, selon moi, pouvait et devait avoir les plus heureux résultats. M. le baron de Vincent, frappé de la force de ma note, dit qu'elle était d'une nature si grave, qu'il ne pouvait plus, si elle restait telle qu'elle était, faire partir M. Brunetti pour Madrid, et qu'il serait obligé de demander de nouveaux ordres à Vienne. Comme il ne faut pas que les mots arrêtent les choses, je dis à M. le baron de Vincent que je ne mettrais rien du tout au protocole s'il le voulait; il insista pour que j'y consignasse quelque chose; et, d'accord avec lui et les autres ambassadeurs, je la réduisis aux termes où vous la verrez au protocole; mais je vous envoie la note originale, dont le général Pozzo m'a demandé aussi une copie. Je ne doute point que l'excellent esprit de l'empereur et de son cabinet ne soit frappé de toutes les impossibilités des prétentions de la cour de Naples et des dangers manifestes que ces prétentions nous auraient fait courir, si elles nous avaient fait retarder l'envoi de nos ambassadeurs à Madrid.

Et vous remarquerez que je n'ai pas même tout dit dans la note : car il n'est pas clair aux yeux des Espagnols que la couronne soit dévolue au roi de Naples, si la famille royale d'Espagne venait tout à coup à manquer. Il n'est pas du tout prouvé par la loi des Espagnes que les femmes n'héritent pas; et, dans ce cas, la princesse de Lucques et son fils arrivent avant la branche de Naples. Tout cela est pitoyable. Le prince de Castelcicala m'avait fait l'aveu qu'il avait parlé de cette affaire à l'Angleterre. « Eh bien ! lui dis-je, vous aurez été bien reçu; car elle doit être charmée de tout ce qui pourrait amener des divisions dans l'alliance. — Non, me répondit-il; car elle veut que ce soit la maison de Bragance qui règne en Espagne ; ainsi, elle n'est pas pour notre intervention. » Je comptai cela à sir Charles Stuart, qui me dit : « Eh bien ! s'il vous a dit cela de *nous*, voilà ce qu'il est venu me dire de *vous*, en nous invitant à l'appuyer. Il faut, m'a-t-il dit, *défranciser* cette affaire d'Espagne. » Et c'est le ministre d'un Bourbon qui parle ainsi, quand notre sang coule pour un Bourbon, et que l'héritier de la branche aînée de cette famille s'expose, pour la cause de toutes les monarchies de l'Europe, aux balles des soldats des cortès ou au poignard des assassins.

Le bon génie l'a emporté sur celui de la discorde ; un autre petit protocole a été dressé en même temps que l'autre ; on y a fixé les bases d'après lesquelles nous envoyons nos agents diplomatiques à Madrid. On n'y a laissé rien de douteux, rien de sujet à contestation ; le protocole a été signé par les représentants des quatre grandes cours. En conséquence, le marquis de Talaru est parti ce matin même pour Madrid, et MM. Brunetti et Bulgari partiront à la fin de la semaine. M. de Talaru est nommé ambassadeur auprès du roi Ferdinand, et accrédité comme tel auprès de la régence d'Espagne et des Indes pendant la captivité du roi. Quant à la question de Naples, vous voyez qu'elle est renvoyée à l'époque où nous connaîtrons le sentiment des cabinets de Pétersbourg et de Berlin ; et je ne doute pas que ce sentiment ne soit conforme à celui que j'ai exprimé au nom du roi dans ma note.

Le malheur des distances, Monsieur, est que cette affaire, sur laquelle je vous écris si longuement, sera oubliée, ou n'aura plus qu'un faible intérêt, lorsque je recevrai votre réponse. Les événements auront marché, la scène aura changé : nous en serons à d'autres combinaisons et d'autres actions. Dans ce moment nous voilà arrivés au second acte du drame. Si, jusqu'ici, au milieu d'une marche militaire, quelques irrégularités ont été commises ; si, dans des proclamations et des actes, il y a eu quelque chose de trop ou quelque chose d'oublié ; maintenant tout va marcher correctement. Nos agents établis à Madrid agiront de concert d'après les conventions stipulées dans le protocole.

Vous verrez par les journaux que deux colonnes mobiles marchent sur Badajoz et Séville. Nous sommes persuadés que les cortès n'attendront pas nos soldats, et qu'elles emmèneront leur royal prisonnier à Cadix. On dit que l'île de Léon n'est pas en état de défense, et que les cortès manquent d'une garnison assez nombreuse pour l'occuper. Si Bordesoulle peut s'y jeter, Cadix ne tiendra pas longtemps. Buonaparte n'y put jamais pénétrer, et c'est ce qui l'empêcha de se rendre maître de Cadix.

Nous envoyons douze mille hommes de réserve à M. le duc d'Angoulême. Il en restait à peu près autant dans les dépôts ; de sorte qu'au commencement de juillet, l'armée aura reçu un renfort de vingt-quatre à vingt-cinq mille hommes. Nous aurons de plus, si cela est nécessaire, les quarante mille hommes de la conscription. J'ai admiré ce que vous a dit l'empereur sur la nécessité de nous créer une réserve pour alimenter notre armée. Nous sommes persuadés que s'il y a un cabinet, en Europe, qui se réjouisse de notre résurrection militaire, c'est celui de Saint-Pétersbourg. L'empereur est un prince trop généreux, son pays est trop puissant, pour avoir jamais à craindre de nous voir remonter au rang dont nos malheurs nous avaient fait descendre. Nous redevenons le boulevard naturel de l'Europe contre la puissance de l'Angleterre.

Pour moi, Monsieur, je vous avoue que je suis bien fier, pour ma part, de la petite place que j'ai eue et que j'occupe dans ces grands événements. Je vous prie de dire à l'empereur combien je suis touché et reconnaissant de sa bienveillance. Dites-lui que je l'en remercie.

Que nous fallait-il? un gouvernement royaliste à Madrid, tel quel, le meilleur possible, avec lequel nous puissions combattre les cortès et parler au nom des Espagnols. Quand les alliés vinrent à Paris, en 1814, ils n'hésitèrent pas à regarder le sénat comme un gouvernement : pourquoi? parce qu'il fallait marcher, agir, frapper un coup. Aujourd'hui nous avons à Madrid les premiers hommes de l'Espagne, des hommes honorables de toutes les façons, et nous hésiterions à les reconnaître, quand ils exposent leur fortune et leur vie? En vérité, il faudrait ignorer profondément les affaires humaines, ne rien entendre aux révolutions, et ne savoir pas surtout comment on les finit. Vous avez dû recevoir un courrier que la régence envoie à Pétersbourg pour notifier son existence; elle va vous envoyer aussi un ambassadeur. Le duc de San-Carlos est arrivé ici aujourd'hui en cette qualité, et nous allons le reconnaître : le gouvernement des cortès n'existe plus pour nous; et, puisque nous avons notre ambassadeur auprès de la régence, il est tout simple qu'elle ait le sien auprès de nous. Nous supposons que l'alliance en fera autant; cela découle du principe.

Ainsi, monsieur le comte, vous voyez que l'affaire de l'Espagne n'est plus qu'une affaire *de temps*; elle se réduit à ceci : Combien de jours Cadix sera t il bloqué sans ouvrir ses portes?

Il ne peut rien nous arriver dans l'intérieur de l'Espagne; il n'y a pas trace de résistance un peu sérieuse, et l'arrivée de nos agents diplomatiques va donner un nouvel élan à la nation. L'Angleterre est singulièrement vexée de cette mesure, que j'ai toujours regardée comme décisive; les journaux anglais font de longs commentaires, et sir Charles Stuart est encore venu ce matin me parler, avec un chagrin mal dissimulé, de cette résolution des cours. Je lui ai dit en riant : « Eh! sir Charles, faites comme nous : reconnaissez la régence, et que sir W. A'Court revienne rejoindre ses amis, et cesse de boire de cette mauvaise eau des citernes de Cadix. »

Vous voyez, monsieur le comte, que je n'épargne pas les lettres. Je me suis aperçu que les dépêches des bureaux rendaient mal mes idées. C'est un courrier du général Pozzo qui vous portera ce paquet. Je vous expédierai M. de Fontenay dans le courant de la semaine prochaine. J'espère que vous vous accoutumerez à ma mauvaise écriture.

Mille compliments, monsieur le comte, etc.

Chateaubriand.

LE PRINCE DE METTERNICH A M. DE CHATEAUBRIAND.

Vienne, ce 25 mai 1823.

Monsieur le vicomte,

Je ne saurais me refuser au besoin de témoigner directement à Votre Excellence le plaisir que m'a fait éprouver la lecture du discours excellent qu'elle a tenu, le 30 avril dernier, à la Chambre des pairs. Il ne renferme pas une parole qui n'ait droit de porter coup ; plein de modération et de force, il a retenti dans toute l'Europe, et si vous établissez en thèse que les tribunes ne doivent pas se répondre, vous avez saisi un moyen bien adroit pour gêner celle dans le parlement britannique.

Je vous félicite même, et avec toute l'Europe, de la marche que suivent vos opérations en Espagne. Je regarde comme l'une des chances les plus heureuses, tant pour la consolidation des choses en France que pour le salut du corps social dans son entier, qu'il soit entré dans la destinée du pays qui a servi de foyer à tant de soulèvements, d'être appelé à porter un coup à la révolution, duquel, s'il est porté avec vigueur, celle-ci ne se relèvera pas. La démonstration de l'isolement des factieux au milieu d'une masse inerte, à laquelle ils ne manquent jamais de prêter leur propre couleur, ne saurait être faite trop souvent. L'Espagne offre aujourd'hui le même spectacle que Naples; le même qu'eût offert la France, si le remède eût été autrement employé en 1792; le même enfin qu'offrira toute révolution si elle est attaquée avant que les fortunes n'aient été entièrement déplacées. Vous m'avez vu convaincu, monsieur le vicomte, à Vérone, que la difficulté de l'entreprise consistait principalement dans plus d'une gêne à laquelle serait exposé tout naturellement le gouvernement français : ce n'est effectivement que là que j'ai pressenti et reconnu des obstacles à la restauration de l'Espagne. Le tableau que je m'étais fait de l'état des choses dans ce royaume n'a jamais différé de ce qui, aujourd'hui, est démontré vrai jusqu'à l'évidence. Il doit me suffire de vous rappeler ces faits pour vous prouver combien je dois, en mon particulier, reconnaître de mérite aux hommes qui ont su déployer assez de caractère pour arriver au lieu où ils sont arrivés déjà.

Soyez assuré que, de notre côté, nous serons constamment prêts à servir la cause à laquelle s'attache l'avenir de tous les gouvernements comme de toutes les institutions. M. de Vincent reçoit par le présent courrier des instructions qui portent sur un objet qu'en mon âme et conscience je regarde comme de simple forme. Je prie Votre Excellence de la saisir également sous ce point de vue, et d'aviser, avec MM. les représentants des cours, aux moyens les plus prompts pour tirer de la position les avantages incontestables qu'elle présente sous tous les points de vue moraux.

Continuez, monsieur le vicomte, à vous vouer à votre grande et généreuse entreprise, et votre ministère sera tombé dans une époque bien heureuse et à la fois bien glorieuse, si la France, qui la première a ouvert le gouffre de la révolution, devait avoir le bonheur de le fermer sous votre administration. Toutes les chances pour l'achèvement d'une œuvre aussi grande sont là, et ce qui trop souvent ne se présente que comme des vœux s'offre aujourd'hui à votre action.

Veuillez agréer l'hommage de ma haute considération.

METTERNICH.

M. DE RAYNEVAL A M. DE CHATEAUBRIAND.

Berlin, 29 mai 1823.

Je ne saurais trop remercier Votre Excellence des lettres particulières qu'elle veut bien m'écrire. En peu de mots elles contiennent, de la manière la plus suffisante, le résumé des instructions que les dépêches renferment, et si elle veut bien continuer à m'honorer de la même faveur, j'oserai me promettre de ne jamais m'écarter de la ligne qu'il conviendra au système général du gouvernement du roi que tienne le ministre de S. M. à Berlin.

Quoique mon expédition de ce jour ne soit pas très-volumineuse, je n'y ajouterai que peu de chose. Votre Excellence se rappellera que M. de Bernstorff avait précédemment émis l'opinion que l'Angleterre ne serait pas fâchée de voir l'affaire d'Espagne tirer en longueur. Aujourd'hui il croit que le cabinet de Londres voudrait au contraire voir la guerre se terminer promptement, ce qu'il attribue à l'impossibilité où l'Angleterre se voit de mettre obstacle à la rapidité de nos succès. Si elle eût pu isoler la France de ses alliés ou donner aux Espagnols d'une manière quelconque des moyens de résistance, elle eût persévéré dans ses premières vues; mais elle voit aujourd'hui qu'elle ne peut exercer aucune influence qu'en s'associant, en partie du moins, aux autres puissances. Elle espère y trouver son compte, et les alliés, selon lui, y trouveront aussi le leur, si l'Angleterre, ce qu'il croit possible, obtient la liberté du roi Ferdinand. Je ne sais si je me trompe, monsieur le vicomte, mais il me semble qu'avec la vigilance que vous y porterez, l'intervention de l'Angleterre dans les négociations préliminaires, aujourd'hui surtout que sa neutralité paraît assurée par l'attitude des autres puissances plus encore que par ses déclarations, peut nous offrir le moyen de contre-balancer avec avantage ce qu'il y aurait de trop absolu dans la manière dont ce gouvernement-ci et les deux cours impériales voudraient envisager la question. Notre langage sur les principes, et c'est, je crois, un point très-essentiel pour la consolidation de notre système politique, continuera à être le même que celui de nos alliés, et les objections, les preuves de la nécessité des concessions, s'il faut en faire, seront présentées par l'Angleterre, qui n'a rien à ménager sous ce rapport, et qui restera dans son rôle naturel.

Je sais qu'on a fait valoir, pour faire sentir à l'Angleterre combien son attitude hostile envers la France pouvait devenir nuisible aux autres puissances, un argument qu'il est bon de connaître, que nous ne devons pas trop répéter, mais qui peut être reproduit avec utilité dans l'occasion. On a dit que si l'Angleterre poussait la menace trop loin, elle nous obligerait à des efforts extraordinaires, et par là nous mettrait dans le cas de *nous créer de nouveaux moyens de puissance sur le continent, qui plus tard pourraient devenir dangereux pour l'Europe ; qu'il serait d'autant plus fâcheux que ce fût là le résultat de la guerre d'Espagne, que cette guerre étant entreprise de la part de la France comme n'étant pas désagréable aux cours alliées, celles-ci ne pourraient mettre aucun obstacle au développement de ses forces, quoique prévoyant qu'elles pourraient, par la suite, être tournées contre elles.* A ce raisonnement se rapporte secrètement un mot qui est échappé l'autre jour à M. de Bernstorff. Il s'échauffait contre M. Canning et contre sa fausse politique, qui le portait à s'écarter du système de lord Castlereagh. « Il doit cependant bien s'apercevoir, me disait-il, combien il s'est trompé ; il a d'abord voulu vous faire peur pour retenir votre armée, et elle a marché. Il a en même temps voulu persuader aux Espagnols d'entrer en composition, et ils ont refusé tout net. Enfin il a prétendu isoler la France des autres grandes puissances, et c'est au contraire l'Angleterre qu'il a isolée, en les forçant à lui déclarer, et cela *malgré elles,* qu'elles appuieraient toutes sans exception la France, si elle était attaquée. » Je n'ai point relevé ce *malgré elles,* mais je l'ai bien retenu et me suis promis d'en faire part à Votre Excellence.

Nos succès en Espagne, ce qui revient de tous côtés sur l'accueil qu'on y fait à nos troupes, leur discipline, leur courage, leur fidélité et le dévouement que leur inspirent les grandes qualités que développe M. le duc d'Angoulême, tout cela produit un effet qui surpasse nos espérances. M. de Cussy pourra vous dire, monsieur le vicomte, que les officiers les plus distingués de l'armée prussienne, loin de montrer de la jalousie de la rénovation de notre armée, y applaudissent hautement. Tout réservés qu'ils sont, les diplomates mêmes commencent à nous regarder d'un tout autre œil. M. d'Alopéus, qui ne sort pas aisément du langage officiel, commence à me parler des avantages d'une alliance entre la France et la Russie ; il n'en concevait pas la possibilité il y a quelque temps, aujourd'hui il y voit toutes sortes d'avantages, et est même assez près d'avouer que ce système serait préférable à celui de la grande alliance, soit pour assurer le repos de l'Europe, soit pour agir s'il en était besoin.

Je crois devoir prier Votre Excellence d'interroger M. de Cussy sur le jugement que porte M. de Bernstorff de l'ambassadeur d'une des grandes cours à Paris.

Agréez, etc.

RAYNEVAL.

M. DE CHATEAUBRIAND A M. DE CARAMAN.

Paris, ce lundi soir 2 juin 1823.

Je ne puis vous dire, monsieur le marquis, à quel point j'ai été surpris de votre lettre du 27 du mois dernier. Le conseil que j'ai sur-le-champ rassemblé a partagé mon étonnement. J'espérais que votre lettre m'apporterait la nomination du ministre ou du chargé d'affaires de Vienne à Madrid, car c'est là aujourd'hui l'affaire capitale, l'affaire pressante, pour que tout se fasse de concert avec nos alliés dans la conclusion de la guerre d'Espagne. Nous avions réservé pour nous les dangers et les inconvénients de cette guerre; nous n'avions pas appelé nos alliés au combat; nous les appelions à la victoire; nous voulions qu'ils réglassent avec nous les destinées de l'Espagne, qu'ils profitassent du gain de cette partie où nous avions mis pour enjeu notre sang, nos trésors et la couronne de France. Au lieu d'un acquiescement à une mesure loyale et toute en faveur de l'alliance, nous recevons une proposition qui demande de mûres considérations et qui n'est plus en rapport avec la marche des événements.

Il faut bien songer, monsieur le marquis, quand une guerre comme celle d'Espagne est commencée, que chaque jour varie la scène. La politique est entraînée par le mouvement des choses et la rapide complication des affaires. Il faut bien songer que si l'Europe continentale veut la paix, une paix longue et durable, la guerre d'Espagne doit être courte, et nous devons nous retirer promptement de la Péninsule; or, toute mesure qui tend à prolonger cette guerre amène avec soi des dangers. Une régence en Espagne, purement administrative, le corps diplomatique de l'Europe placé immédiatement auprès de cette régence, faisaient disparaître les difficultés, et portaient l'Angleterre elle-même à favoriser la délivrance du roi Ferdinand. En serait-il ainsi dans le plan proposé relativement à la cour de Naples? C'est ce qu'il convient d'examiner.

Que désire le prince Ruffo? que nous reconnaissions les droits du roi de Naples à succéder au trône d'Espagne. Eh! qui lui conteste ce droit? Certes ce n'est pas la France. La guerre que nous faisons aujourd'hui est au profit du roi des Deux-Siciles, puisque nous défendons ses droits sur la couronne d'Espagne, en défendant ceux de Ferdinand VII. Il ne s'agit donc pas du principe, puisqu'il est accordé sans contestation.

C'est donc d'une certaine conséquence de ce principe, conséquence d'après laquelle rien ne serait légitime en Espagne, si la cour de Naples n'avait approuvé les mesures prises ou à prendre.

Mais, monsieur le marquis, la cour de Naples peut-elle maîtriser cette nécessité qui sort du fond des choses, cette nécessité qui naît des accidents de la guerre, du caractère des hommes, des passions et des partis qui divisent l'Espagne? Nous qui portons le poids de la chaleur et du jour, nous serions sans doute très-disposés à soumettre notre humble avis aux ordres de M. le prince de Ruffo, mais nous ne sommes pas seuls dans la question. Nos intérêts ne sont pas séparés de ceux de l'alliance, et nous ne savons pas encore si l'alliance serait d'avis de remettre les destinées de l'Espagne entre les mains de la cour de Naples, afin que celle-ci les remît ensuite aux mains de l'alliance. Nous ignorons quel est sur ce point le sentiment de la Russie et de la Prusse. Il faudrait donc d'abord que nous consultassions ces deux puissances avant de prendre une résolution; or, je vous demande si, dans le mouvement de la guerre, il serait possible de suspendre la formation d'un gouvernement provisoire, et la reconnaissance de ce gouvernement, jusqu'au moment où nous aurions reçu des réponses définitives des cours alliées sur l'intervention de la cour de Naples? Ensuite remarquez deux difficultés insurmontables.

Aujourd'hui que la régence est formée, que la grandesse d'Espagne vient de reconnaître cette régence, croyez-vous que des hommes aussi puissants veulent reconnaître tout à coup qu'ils n'ont plus d'autorité? Quand ils ont eu le courage de prendre un parti, de courir les chances périlleuses des événements, leur juste orgueil, leurs intérêts ne seront-ils pas blessés, si nous venons leur dire : « Vous n'êtes rien, c'est la cour de Naples qui règle votre sort et dispose de votre avenir? Notre armée tout entière ne suffirait pas pour comprimer des mécontentements si légitimes. »

En second lieu, que dirait l'Angleterre (et cette raison est d'un poids immense), si elle voyait d'autres Bourbons venir se mêler avec les Bourbons de France, les Bourbons d'Espagne? Elle nous a cent fois déclaré que si nous combattions pour notre sûreté, elle resterait neutre; mais que si nous avions pris les armes pour des *intérêts de famille*, pour *rétablir des alliances entre Bourbons,* elle ne le souffrirait pas. Prenons garde de réveiller la jalousie du cabinet de Saint-James.

Rien de plus juste que d'admettre l'ambassadeur des Deux-Siciles pour les affaires de la Péninsule aux conférences des ambassadeurs des quatre grandes cours alliées ; rien de plus juste que la cour de Naples soit appelée à donner son avis sur tout ce qui concerne l'Espagne, qu'elle envoie avec nous un ministre à Madrid auprès de la régence, qu'elle soit la première consultée ; c'est ce que nous désirons, c'est ce que nous avons été les premiers à demander ; mais les ouvertures que vous me faites sont d'une nature si grave, si inattendue, si en retard des événements, qu'il faudra que je connaisse, avant de rien déterminer, les dispositions des cours alliées.

Je n'ai point encore vu le prince de Castelcicala, mais quand il me parlera, je lui répondrai dans le sens que je vous indique ici.

Ce qui étonne le plus le conseil, c'est que n'ayant pas de pouvoirs pour décider un point aussi important, vous n'ayez pas auparavant pris les ordres de la cour. Je n'ai pas osé mettre votre lettre sous les yeux du roi, dans la crainte qu'il ne se prononçât d'une manière que je n'aurais pas pu vous dissimuler. J'espère que tout s'arrangera, que M. le prince de Metternich sentira la nécessité d'envoyer un agent diplomatique auprès de la régence, et que l'idée relative à Naples sera ou abandonnée ou remise à une exécution éloignée, dans le cas où d'autres chances viendraient à s'ouvrir. Je vous le répète en finissant, l'Angleterre prendrait très-certainement en mauvaise part l'intervention de Naples ; ensuite, je ne vois aucun moyen possible d'amener les Espagnols maintenant au pouvoir à céder leur place ; ils ont été accoutumés depuis vingt ans à régir l'Espagne sous le nom de junte et de régence, pendant la captivité de leur roi. Je ne sais pas comment on pourrait leur persuader d'abandonner un pouvoir qu'ils exercent de nouveau au péril de leur fortune et de leur vie. Si l'intervention de Naples avait été proposée il y a quatre mois, on aurait pu s'entendre ; mais comment tout changer, quand nos troupes sont en marche sur Séville, où elles seront peut-être arrivées au moment où vous recevrez cette lettre ?

Je m'aperçois qu'en dictant rapidement ces explications, je vous ai parlé des grands d'Espagne, c'est qu'ils ont fait une adresse à monseigneur le duc d'Angoulême, qui sera demain dans *le Moniteur*.

J'ai l'honneur, etc.

CHATEAUBRIAND.

M. DE CHATEAUBRIAND A M. DE LA FERRONNAYS.

Paris, 2 juin 1823.

Il faut, monsieur le comte, une grande dose de patience quand on est ministre, et je suis mis tous les jours à de rudes épreuves. La lettre à M. de Caraman, et ma réponse à cette lettre, vous instruiront du fond de l'affaire, si déjà vous ne l'avez apprise de Vienne.

Je ne doute point qu'un ambassadeur de Russie qui aurait passé ses pouvoirs à ce point, et qui n'aurait pas senti davantage la conséquence de sa démarche, eût été sur-le-champ rappelé. Le roi est très-irrité, et si M. de Caraman reste encore à Vienne, c'est uniquement par considération pour M. le prince de Metternich.

Après ma lettre et celle de M. de Caraman, vous trouverez dans l'ordre des dates celle du roi de Naples et la réponse de notre roi. Vous puiserez dans ces lettres tous les arguments contre le projet de M. Ruffo. J'espérais ajouter quelques considérations que vous ferez valoir auprès du cabinet de Pétersbourg.

Il ne peut plus être question du plan de M. Ruffo et de la régence de Naples en Espagne, puisque le roi de France trouve les plus grands inconvénients à ce projet, et qu'il a d'ailleurs une régence déjà établie en Espagne. Mais voyez, monsieur le comte, le résultat de cette proposition désastreuse. La mesure de l'envoi du corps diplomatique à Madrid a été suspendue. Le marquis de Talaru est parti seul. Vous sentez combien l'Angleterre, les agitateurs en Europe et les cortès en Espagne peuvent profiter de cette circonstance s'ils la remarquent. Ils ne manqueront pas de dire qu'un principe de division a éclaté. Les intrigues, les complots, les espérances, renaîtront de toutes parts, et on court risque d'éterniser une guerre qui pourrait être finie avant le mois d'août. Si cette guerre se prolonge, que de chances peuvent naître ! Qui nous répond que l'Angleterre, dont on a eu tant de peine à obtenir la neutralité, ne se déclarera pas? et si elle se déclare, n'allumera-t-elle pas une guerre européenne?

Nous avons rempli scrupuleusement toutes nos conditions. Nous nous sommes prêtés à tout ce que l'on demandait de nous. Il résulte du plan proposé par la cour de Naples que l'on paraît maintenant se refuser aux arrangements convenus.

Mais, au milieu de tous les hasards d'une guerre prolongée, quel parti prendrions-nous? Nous exposerions-nous à perdre le fruit d'une entreprise aussi hasardeuse et si difficile pour la bizarre ambition d'une puissance qui, toute faible qu'elle est, ne jouit pas même de son indépendance, puisque son territoire est occupé par une armée autrichienne? La guerre avec l'Espagne, d'abord si impopulaire en France, rendue ensuite populaire par nos succès, redeviendrait bientôt impopulaire si elle se prolongeait, et s'il fallait y faire de nouveaux sacrifices : alors nous nous verrions forcés de chercher notre salut dans une paix qui, sans blesser les intérêts de l'alliance, ne renfermerait cependant pas tout ce qu'elle pourrait désirer. Tout cela n'arrivera sans doute pas. J'espère que M. Brunetti recevra bientôt de Vienne l'ordre de partir pour Madrid, et alors le général Pozzo pourra inviter M. Bulgari à se rendre de son côté à son poste; mais vous conviendrez, monsieur le comte, qu'il est dur pour vous, et pour moi en particulier, qui ai eu tant de peine à conduire cet immense affaire d'Espagne, de nous voir contrariés, arrêtés, tandis que le sang français coule et que nous épuisons notre trésor.

Je connais trop la magnanimité de l'empereur de Russie et la loyauté de son cabinet pour douter un moment qu'il ne ressente avec autant de peine que nous ce que cet incident a de fâcheux, et pour qu'il ne donne pas l'ordre à son chargé d'affaires de se rendre auprès de la régence de Madrid. Je me souviens très-bien avec quelle sagesse et quelle force il a écarté, il y a quelques mois, les prétentions que la cour de Naples renouvelle aujourd'hui ; mais les distances sont si grandes que le mal ne peut pas être réparé promptement.

CHATEAUBRIAND.

M. DE CHATEAUBRIAND A M. DE CARAMAN.

Paris, le 8 juin.

Le courrier de M. le baron de Vincent m'a apporté, monsieur le marquis, vos lettres et vos dépêches des 23 et 25 mai. Je vous prie de remercier, de ma part, M. le prince de Metternich de toutes les choses obligeantes qu'il veut bien me dire. J'aurai l'honneur de répondre demain à sa lettre, par le courrier que compte expédier à Vienne le prince de Castelcicala.

Nous avons traité ici, dans des conférences longues et sérieuses, la proposition de S. M. le roi des Deux-Siciles. Vous verrez, par le protocole dont je joins ici la copie, ce qui a été décidé, et les notes auxquelles la discussion a donné lieu. J'avais fait la mienne beaucoup plus longue. J'avais exposé les inconvénients sans nombre que le gouvernement français voit dans la proposition de Naples. J'avais démontré qu'en admettant un régent, ou le délégué d'un régent, ayant droit de *sanctionner*, c'était admettre un *souverain;* que ce *souverain* aurait, par la conséquence de sa *souveraineté*, le droit de *faire des lois*, et que l'alliance ne voulait pas, surtout, qu'on pût faire des lois dans l'absence de Ferdinand. J'avais prouvé qu'un incident, qui retarde l'envoi des agents diplomatiques à Madrid, met en péril l'entreprise si heureusement commencée, peut changer les chances de la guerre, faire rompre à l'Angleterre sa neutralité toujours douteuse, etc., etc. M. le baron de Vincent m'a fait observer que, plus j'insisterais sur les difficultés, plus il serait embarrassé dans sa conduite avant d'avoir pris les ordres de sa cour. Je n'ai pas hésité, pour ne rien faire qui ne fût agréable à M. le prince de Metternich, de retrancher de ma note tout ce que M. l'ambassadeur de Vienne a voulu, et je l'ai réduite au point où vous la verrez, c'est-à-dire que la France n'a pas, pour l'avenir, préjugé la question.

Il a fallu ensuite régler le départ des agents diplomatiques pour Madrid. Nous avons établi les points principaux de la direction qui doit être suivie par les envoyés des alliés, d'une manière qui doit pleinement satisfaire la cour de Vienne. Cependant M. le baron Vincent m'a dit que M. Brunetti allait partir pour Madrid; mais qu'il ne pourrait l'accréditer auprès de la régence que quand il aurait reçu le pouvoir du cabinet autrichien. Je suis persuadé que M. le prince de Metternich ne verra aucune raison pour retarder l'ordre qui donnera à M. Brunetti le droit de déployer son caractère auprès de la régence.

Les nouvelles de l'Espagne continuent à être très-bonnes, ou plutôt il n'y a point de nouvelles, car la guerre n'existe plus. On ignore encore si les cortès ont pu amener le roi à Cadix ou à Badajoz. Nous marchons sur ces deux villes.

Recevez, etc., etc.

CHATEAUBRIAND.

P.-S. Mes lettres de Madrid, que je reçois à l'instant, en date du 5, portent que les cortès voulaient partir le 4 de ce mois avec le roi pour Cadix; que la ville veut bien recevoir le roi, mais refuse d'admettre les cortès. — Molitor doit être à Valence aujourd'hui même.

Le corps de réserve que le nouveau maréchal va mener en Espagne est de douze mille hommes. Il servira à faire la chaîne entre nos postes.

M. DE RAYNEVAL A M. DE CHATEAUBRIAND.

Berlin, ce 11 juin 1823.

MONSIEUR LE VICOMTE,

C'est le 6 de ce mois que j'ai reçu par un courrier prussien la lettre particulière que Votre Excellence a bien voulu m'écrire, en date du 31 mai. J'ai sur-le-champ envoyé à M. de La Ferronnays, par estafette, les paquets qui y étaient joints, et presque en même temps je lui ai adressé une copie de la dépêche télégraphique du 28, que M. de Bernstorff a bien voulu me communiquer comme Votre Excellence le lui avait fait demander.

On a fort approuvé la composition de la régence. M. de Bernstorff m'a parlé de l'omission du nom des alliés dans la proclamation de M. le duc d'Angoulême, mais avec beaucoup de calme, et sans en paraître fort étonné. Du reste, il a été extrêmement satisfait de tout ce qu'elle contient, et croit qu'elle produira le meilleur effet. Quoiqu'il m'eût annoncé la veille la nomination de M. de Royez, je n'ai pas cru inutile de lui parler encore des inconvénients du délai que les cours alliées avaient mis à accéder à notre demande d'envoyer des agents diplomatiques à Madrid ; et, pour produire plus d'impression sur son esprit, je lui ai lu ce que Votre Excellence m'a mandé à ce sujet. Il en a paru frappé.

Agréez, je vous prie, monsieur le vicomte, l'assurance de mon entier dévouement et de ma haute considération.

RAYNEVAL.

M. DE CHATEAUBRIAND AU GÉNÉRAL GUILLEMINOT.

Paris, ce 12 juin 1823.

Je suis fâché, général, de vous importuner de mes lettres; mais une idée utile peut se trouver mêlée dans beaucoup d'ennui, et nous sommes dans des circonstances où rien n'est à négliger.

Je veux vous parler encore de Cadix. Si vous ne pouviez pas entrer dans l'île de Léon par les deux entrées du côté de la terre, on dit qu'en embarquant des troupes à San-Lucar ou à Rota, on peut en deux ou trois heures doubler la pointe de Cadix, et débarquer sans obstacles du côté de la pleine mer, sur le rivage de l'île de Léon, qui est tout à fait ouvert et sans défense de ce côté. Effectivement, je me suis moi-même promené sur le bord de la mer de ce côté, et je ne me rappelle pas y avoir vu aucune batterie, ni aucun ouvrage de fortifications. Si le fait est exact (et ce sont les Anglais, qui connaissent bien les lieux, et qui ne nous souhaitent aucun succès, qui le disent), rien ne serait donc si facile, avec notre flotte, de nous emparer de l'île de Léon. Nos soldats, descendus sur la plage, du côté de la pleine mer, prendraient à revers les ouvrages qui défendent l'île du côté de la terre ferme, s'empareraient de la ville de Léon, et seraient maîtres des fontaines qui fournissent de l'eau à Cadix. Du bout de la chaussée qui unit Cadix à l'île de Léon, il y a à peine portée d'obus; il serait impossible que la ville tînt longtemps dans cette position, privée de ses eaux, de ses arsenaux et de ses ports. Vous savez tout cela sans doute mieux que moi, mais enfin il ne m'en coûte pas grand'chose de vous le dire.

Vous avez appris, général, qu'on a donné ici un bâton de maréchal; j'aurais désiré qu'on eût attendu ; mais enfin il y en a d'autres, et la puissance du roi n'est pas plus bornée que les services qu'on lui rend.

Mina a pris la position qu'occupait Pamphile La Croix, et menace l'Aragon et la Catalogne.

Je n'ai que le temps, général, de vous assurer de nouveau de mon entier dévouement.

CHATEAUBRIAND.

M. DE CHATEAUBRIAND A M. DE CAUX.

Paris, ce 12 juin 1823.

J'ai reçu, monsieur le comte, vos lettres du 6 et du 7. M. le duc de San-Carlos est arrivé : nous allons nous occuper de le reconnaître. Voici une chose dont il faut prévenir la régence.

Le prince de Castelcicala, soutenu secrètement par l'Autriche, a passé une note à la France, dans laquelle il déclare que le roi de Naples, son maître, a le premier droit à la couronne d'Espagne, en cas que la ligne royale actuelle vînt à manquer; et qu'en conséquence de ce droit (qui n'est pas bien clair), il réclame pour son maître la régence d'Espagne, ou du moins le droit de sanctionner, par un délégué, tout ce que la régence actuelle peut faire en Espagne. Nous avons eu là-dessus deux conférences avec les ambassadeurs des cours alliées. J'ai représenté les dangers de cette proposition, et ils sont sans nombre. L'Autriche l'a appuyée; la Russie l'a repoussée, ainsi que la Prusse; mais, ne voulant pas trancher trop vite une question qui pouvait retarder le départ de leurs agents pour Madrid, la Russie et la Prusse ont dit qu'elles prendraient les ordres de leurs cabinets. Cela m'a ouvert une porte, et j'ai dit que la France, avant de prendre une résolution sur la demande de la cour de Naples, attendrait à connaître le sentiment de la Russie et de la Prusse. Cela nous donne deux mois, et, en attendant, les agents diplomatiques vont partir pour Madrid.

Mais j'ai appris qu'arrivé à Madrid, M. Brunetti, avant de déployer son caractère, demanderait à la régence de reconnaître la prétention du roi de Naples et de soumettre ses actes à sa sanction. La régence, selon moi, doit répondre, avec politesse mais avec fermeté, que cette mesure est de la plus haute importance; qu'il s'agit de prononcer sur un fait de succession, pour lequel elle ne se croit pas juge compétent; que cette mesure pourrait alarmer l'Angleterre, qui verrait dans cette question et cette guerre d'Espagne *un intérêt de famille*, ce qu'elle ne veut pas reconnaître; que d'ailleurs, la régence étant à quatre-vingts lieues seulement du roi d'Espagne, elle ne pourrait pas encore prononcer sur une question si grave, sans savoir s'il plaît au roi Ferdinand d'avoir auprès de lui un souverain étranger, ou le délégué de ce souverain, régent de son royaume; et que, dans tous les cas, la régence ne pourrait se prononcer que quand elle connaîtrait sur ce point l'opinion des cabinets de France, de Berlin et de Pétersbourg.

Prenez bien garde à ceci : c'est grave, c'est un piége de la politique autrichienne. M. Saez le verra facilement, et comme c'est lui qui sera chargé de la réponse, il pourra s'entendre avec vous. M. de Talaru est prévenu ; mais montrez-lui cette lettre aussitôt qu'il sera arrivé à Madrid.

Il a quitté hier Paris ; il part demain de sa maison de campagne : je suppose qu'il arrivera le 24 ou le 25 à Madrid. M. Bulgari, chargé d'affaires de Russie, part demain, 13 ; M. Brunetti, chargé d'affaires d'Autriche, part samedi, 14, avec le chargé d'affaires de Sardaigne. Il est probable qu'ils arriveront à Madrid avant M. de Talaru. M. Boutourlin, aide de camp de l'empereur de Russie, qui va complimenter M. le duc d'Angoulême, est parti hier. Les courriers de la régence, allant à Vienne et à Pétersbourg, ont passé par ici. Dépêchez-vous vite d'envoyer quelqu'un à Londres ; j'ai quelque raison de croire que l'envoyé de la régence y sera mieux reçu qu'on ne le croit peut-être.

Tournez toutes vos pensées vers Cadix.

CHATEAUBRIAND.

LE GÉNÉRAL GUILLEMINOT A M. DE CHATEAUBRIAND.

Madrid, 13 juin 1823.

MONSEIGNEUR,

Je reçois la lettre que Votre Excellence m'a fait l'honneur de m'écrire le 8.

Notre droite n'est point perdue de vue. Dans ce moment, la brigade Huber opère par Reynosa contre quelques troupes constitutionnelles, qu'on dit avoir passé la Deba, pour marcher contre Santander et Santona, que bloque le général Marguerie. Nous avons dans cette partie quatre mille hommes, qui sont plus que suffisants. Bourke, qui est à Léon, agit en même temps sur Oviédo. Nous attendons de bons résultats de cette combinaison, et surtout de la désunion et du découragement qui règnent chez l'ennemi. Une lettre que nous avons interceptée, et que j'ai envoyée hier au ministre de la guerre, vous donnera de justes espérances sur les succès de nos affaires dans les Asturies et la Galice.

Wilson y est venu, et, après avoir pris connaissance de l'état des choses dans cette partie, est entré en Portugal par Orense. Il y arrivera trop tard : la contre-révolution y est consommée. Le roi et la famille royale y sont entièrement libres. Un de mes officiers, envoyé aux nouvelles à Salamanque, m'apprend que le comte d'Amarante a quitté cette ville le 8 au matin, pour se joindre aux troupes qui se sont déclarées pour le roi.

Morillo, à qui j'ai envoyé une lettre de sa femme, paraît bien disposé, ainsi que plusieurs de ses généraux. Bourke doit entrer en relations avec lui.

Nous en avons ouvert de nouvelles avec Saint-Sébastien et Pampelune.

Une lettre que j'ai de l'Abisbal pour son frère, qui est dans la première de ces places, a déjà produit quelque division parmi les chefs de la garnison. L'Abisbal doit être arrivé à Bayonne. Il avait été arrêté par les autorités de Bergara, qui le croyaient en fuite ; mais il a été relâché.

Je pense aussi que le roi sera emmené à Cadix. Bordesoulle prendra alors le commandement des deux colonnes expéditionnaires, et serrera Cadix de près. Il n'y a pas d'apparence que S. M. C. aille à Badajoz. Cette place n'est pas en état, et la situation actuelle du Portugal ne permet pas d'y songer. Bourmont, qui suit la direction de Badajoz, ne rencontre rien ; il a passé le Tage sans coup férir, et était le   juin à Truxillo.

Nous espérons que les douze mille hommes que vous nous envoyez ne nous feront pas faute d'ici au moment où ils pourront entrer. Nous profitons de la disposition des esprits pour frapper vite. Je mets tous mes soins à bien coordonner la marche de tous ces *paquets* qui, dans les circonstances actuelles, produisent plus que de grandes masses. Ils font crouler de toutes parts l'édifice révolutionnaire, en favorisant l'organisation des autorités royales. Nous pourrions faire mieux encore ; mais nous ne savons pas assez semer. Heureusement la peur, la méfiance, la force des choses, amèneront un résultat que notre prévoyance aurait pu hâter.

Ne craignez rien, Monseigneur, pour nos communications. Le métier de partisan est impossible quand la population ne le favorise pas. Les voyageurs n'ont à craindre que quelques voleurs. L'argent, et non les dépêches d'un ou deux courriers arrêtés, faisait seul l'objet de la convoitise de ces brigands. Au reste, s'il se formait des partis, nous les dépisterions bientôt.

Je compte toujours sur les bontés de Votre Excellence, comme je la prie de compter sur l'entier et respectueux dévouement avec lequel je suis,
                    Monseigneur,
                         De Votre Excellence,
           Le très-humble et très-obéissant serviteur.
                                   Le major général,
                                   Comte Guilleminot.

M. DE PALMELLA A M. DE CHATEAUBRIAND.

Lisbonne,   juin 1823.

J'ose croire que la nouvelle que Votre Excellence recevra des événements mémorables qui viennent de se passer en Portugal ne pourra être accueillie avec indifférence ni par Sa Majesté Très-Chrétienne ni par son ministère, d'autant plus que l'étonnante et subite résurrection de la monarchie portugaise confirme l'opinion que votre cabinet s'était formée sur les affaires d'Espagne. Il y a tout lieu d'espérer que l'exemple glorieusement donné par la nation portugaise sera suivi par la plus grande partie des habitants de la Péninsule.

Un des premiers vœux de Sa Majesté Très-Fidèle, aussitôt qu'elle s'est vue de nouveau libre sur son trône, a été celui de renouveler avec Sa Majesté le roi de France toutes les relations amicales qui se trouvaient interrompues et compromises par l'aveuglement de la faction révolutionnaire qui a gouverné le Portugal.

Je me félicite, Monsieur, d'avoir été choisi par le roi mon maître pour adresser l'expression de ce vœu à Votre Excellence, et j'espère qu'elle voudra bien permettre à M. le marquis de Marialva d'en être l'organe auprès de Sa Majesté Très-Chrétienne. Il aura l'honneur de lui exprimer toute la part que le roi mon maître prend à l'heureux succès de la glorieuse entreprise de Son Altesse Royale monsieur le duc d'Angoulême, entreprise qui certainement a contribué à faciliter et à avancer la contre-révolution portugaise. Sa Majesté se propose d'envoyer au plus tôt un officier général pour témoigner des mêmes sentiments au quartier général de Son Altesse Royale.

Espérons, Monsieur, que l'Europe pourra cueillir enfin le fruit de tant de malheurs, et profitera de sa triste expérience ! Trois ans ont suffi pour démontrer aux Portugais le danger et la fausseté des doctrines démagogiques ; et la charte que Sa Majesté se propose d'accorder à ses sujets comme une juste récompense de leur fidélité et de leurs vertus patriotiques suffira, sans doute, pour satisfaire l'opinion de la partie sensée de la nation, pour guérir graduellement les plaies que la révolution a laissées, et pour maintenir une tranquillité durable.

Palmella.

M. DE LA FERRONNAYS A M. DE CHATEAUBRIAND.

Saint-Pétersbourg, le 19 juin 1823.

Vous trouverez peut-être, monsieur le vicomte, que je mets un peu trop de précipitation à vous renvoyer mon courrier, et que j'aurais dû attacher moins d'importance à la démarche que vient de faire le prince de Metternich, puisque, après tout, le rejet ou l'adoption de la mesure qu'il propose dépend en quelque sorte de vous, et que si elle est réellement nuisible à la marche des affaires, il vous sera facile de faire comprendre et admettre aux autres cours les motifs qui vous la feront décliner. Cette réflexion cependant ne m'a point arrêté ; j'aime mieux pécher par excès de précaution que d'avoir à me reprocher une négligence qui pourrait avoir des inconvénients. Tout prouve que l'Autriche attache une extrême importance à faire admettre dans cette régence d'Espagne une voix de plus.

Les démentis que les actes du gouvernement et notre conduite en Espagne ne cessent de donner à nos détracteurs ne les découragent cependant pas. On dit que nous arrivons à Madrid nos poches pleines de constitutions ; que dès que nous aurons libéralisé l'Espagne à notre façon, *la tête nous partira*, et que *l'on a tout à redouter des extravagances auxquelles nous pouvons nous porter*. Déjà même on fait remarquer l'emphase avec laquelle quelques-uns de nos journaux parlent du rôle que nous jouons, et de l'importance que nous donne, à nos propres yeux, la conduite de notre armée. Le fait est, monsieur le vicomte, qu'on nous aimait bien mieux dans l'état où nous étions, lorsqu'on pouvait mettre en doute la fidélité de cette armée, et qu'il était possible de la supposer prête à se rallier aux factieux contre le gouvernement; alors les inquiétudes paraissaient avoir quelque chose de fondé, qui semblait donner aux autres le droit de s'entendre pour nous surveiller; on nous tenait ainsi dans une sorte de dépendance dont on n'aime point à nous voir sortir; on doit donc chercher et saisir avec empressement tous les moyens possibles de faire naître sur nous de nouvelles inquiétudes, d'exciter des méfiances ; et si on ne peut nous empêcher de devenir une nation, on veut au moins, autant que possible, nous isoler de toute l'Europe. On y était parvenu en effrayant tout le monde sur la faiblesse du gouvernement, et sur la force de nos révolutionnaires. Aujourd'hui ce sera notre ambition, ou l'abus que nous pourrions faire des forces que nous recouvrons, qui va devenir le moyen dont on se servira pour effrayer les imaginations.

Je vous ai déjà mandé, mais je vous le répète encore, la correspondance de Pozzo est dans le meilleur sens possible ; on commence à rendre plus de justice à M. de Villèle, à comprendre surtout combien serait malheureuse la désunion entre vous et lui : en tout nous ne pouvons pas désirer de meilleures dispositions que celles que l'on nous témoigne dans ce moment. Finissons notre affaire d'Espagne comme nous l'avons commencée, nous ferons taire alors la calomnie, et, si nos ennemis le veulent, nous compterons avec eux.

La Ferronnays.

THEODOSE

si l'on va vite, et durer six mois si l'on tergiverse. Votre gloire, général, et

M. DE CHATEAUBRIAND AU GÉNÉRAL GUILLEMINOT.

Paris, ce 25 juin 1823.

Comme nous avons été persuadés dès longtemps l'un et l'autre que les cortès se réfugieraient à Cadix, l'événement ne nous aura pas pris au dépourvu. J'ai obtenu de nouveaux renseignements et recueilli de nouvelles idées, dont je dois vous faire part.

Bien décidément, général, les cortès ne paraissent pas avoir assez de troupes pour occuper à la fois Cadix et tous les ouvrages militaires de l'île de Léon. On dit toujours qu'il est possible de pénétrer dans l'île par mer ; on assure qu'en payant bien les mariniers de la côte, vous aurez toujours les embarcations à votre service. On assure, de plus, que la marine militaire espagnole est toute royaliste, et que, s'il y a quelques vaisseaux de guerre espagnols dans la baie de Cadix, il sera aisé d'avoir à vous les capitaines. Si vous pouvez parvenir à jeter des bombes dans Cadix, bientôt tout sera à vous. Vous n'êtes pas sans doute effrayé de cette sotte idée qu'une bombe peut atteindre le roi. J'espère qu'il ne lui arrivera aucun malheur ; mais, après tout, il s'agit de la royauté ; un roi n'est qu'un général en temps de guerre : il doit payer de sa personne, et l'on ne consent à mourir pour lui qu'à condition qu'il saura aussi mourir pour le bien de ses sujets quand il le faut. Avec des craintes et des pusillanimités on arrête tout.

La plus grande partie du succès dépendra de notre marine. J'ai obtenu hier qu'on envoyât deux vaisseaux de plus. Soyez certain que vous ne pouvez rien obtenir que par un coup de violence, que la rapidité et l'audace peuvent seules faire tout votre succès.

Persuadons-nous bien que tout est maintenant dans Cadix ; que toutes nos pensées, tous nos efforts doivent tendre à ce point ; que toute la question est réduite à la prise ou à la reddition de cette dernière retraite des *comuneros*. S'ils s'échappaient par mer, cela est possible, mais c'est un événement hors de notre puissance ; alors comme alors, la question ne serait plus que politique et diplomatique. On verrait que faire en Espagne et de l'Espagne. En attendant, notre métier est d'aller de l'avant.

Je vois qu'on dit à Bordesoulle d'aller doucement, et cela me désole ; c'est d'aller vite qu'il s'agit à présent ; vous connaissez, dans les affaires décisives, le prix d'un moment perdu. Il faut arriver brusquement devant Cadix, avant que ces gens-là aient eu le temps de regarder autour d'eux, de se remettre de leur terreur. Tout peut être emporté en un tour de main si l'on va vite, et durer six mois si l'on tergiverse. Votre gloire, général, et votre avenir sont là, songez-y bien. Je pense que Molitor, avec une partie de son corps, suivra Ballesteros : il ne faut pas que celui-ci puisse nous inquiéter sur nos derrières en Andalousie. Le refus qu'a fait sir W. A'Court de suivre le roi à Cadix est une chose immense pour nos intérêts. Ne croyez pas que cela soit un jeu : les Anglais ne sont pas nos amis, mais il ne faut pas les voir partout, et supposer des finesses politiques là où il n'y a que des faits simples. Sir W. A'Court n'avait pas de pouvoirs pour reconnaître une république : il a dû s'arrêter pour en demander à sa cour ; c'est ce qu'aurait fait tout ambassadeur.

Voyez dans ces longues lettres, général, la preuve de mon zèle pour le service du roi, de mon attachement pour vous, et aussi de mon intérêt dans une entreprise dont j'ai été le premier moteur, afin de nous sauver d'une nouvelle révolution, et de donner une fidèle et vaillante armée aux Bourbons. Notre position est entièrement changée en Europe, et je suis fier, comme Français, de voir avec quelle dignité et quelle considération la France a repris son rang parmi les grandes puissances. Applaudissez-vous d'avoir contribué à relever votre patrie.

Tout à vous.

CHATEAUBRIAND.

J'apprends que Bordesoulle s'est porté directement sur Cadix. Dieu soit loué !

M. DE CHATEAUBRIAND A M. DE TALARU.

Paris, ce 26 juin 1823.

J'ai reçu votre lettre de Bayonne, mon cher ami ; nous savons ici toute l'histoire de M. Ward. Quant à M. Brunetti, nous nous y attendions, et vous saurez par M. de Caux que j'en ai fait prévenir la régence. Je vous engage à ne pas vous laisser étourdir, au premier moment, de tout ce que vous entendrez de contradictoire. Les uns vous diront que la régence exagère, qu'elle perd tout, qu'elle est folle ; les autres vous soutiendront qu'elle ne fait rien pour venger les royalistes et la cause royale. Le fait est que cette régence n'est pas composée d'hommes forts; mais, vous le savez, il n'y a pas d'hommes en Espagne. C'est là le côté fâcheux, mais il faut aller comme on peut. En se plaignant et s'effrayant de tout, on ne finirait pas. Votre rôle sera difficile : entre les *partis* français et les *partis* espagnols, vous en trouverez de toutes les sortes. Souvenez-vous de vos instructions ; ayez des conférences avec vos collègues, aux termes de votre protocole ; mais évitez toujours qu'elles soient trop fréquentes et qu'elles aient une apparence plus sérieuse qu'une conversation importante. Pourtant, quand

M. Brunetti demandera des conférences, il faudra bien que vous sachiez s'il est accrédité, oui ou non, auprès de la régence ; car, s'il ne l'était pas, à quel titre demanderait-il des conférences ? Vous lui en ferez poliment et légèrement la remarque. Attendez-vous à être désavoué par l'Autriche, et soyez sûr que les plus mauvais rapports contre nous sont maintenant arrivés de Madrid.

Ne vous laissez pas déconcerter au premier moment, et en dernier résultat nous triompherons avec de la fermeté et de la patience.

Tout à vous, mon cher ami.

CHATEAUBRIAND.

M. DE RAYNEVAL A M. DE CHATEAUBRIAND.

Berlin, 28 juin 1823.

MONSIEUR LE VICOMTE,

Le courrier Diancourt arrive au moment où je venais d'écrire une dépêche qui contient à peu près tout ce que j'ai à mander à Votre Excellence dans ce moment-ci. Elle y verra que le langage de M. Alopéus confirme ce que doit lui mander M. de La Ferronnays des dispositions de la Russie, relativement aux prétentions du roi de Naples ; c'est maintenant une affaire dont il ne sera plus question. A quelque intention qu'elle nous ait été suscitée, elle tournera à notre avantage de plus d'une manière. D'abord, elle nous a permis, et non-seulement à nous, mais aux autres puissances aussi, de lire jusqu'au fond de la pensée de l'Autriche ; et ce que nous y avons lu nous donne, ce me semble, le droit de surveiller cette puissance d'un peu près, sans qu'on s'en formalise. Ensuite, le gouvernement du roi a trouvé là une occasion toute naturelle, et dont il a parfaitement profité, de donner à nos alliés l'idée de la fermeté avec laquelle sera repoussée toute proposition qui blesserait ou nos intérêts ou notre dignité. Cette leçon ne sera pas perdue. Je suis bien persuadé, monsieur le vicomte, que de longtemps vous n'éprouverez plus de semblables obstacles, et que nos alliés vont tous, sans exception et sans plus tergiverser, marcher enfin sur la même ligne que nous. L'article 3 du protocole du 7 juin ne laisse plus aucun prétexte à calomnier les intentions de la France. Sans doute, il eût été telle circonstance où cet engagement eût pu gêner notre action ; mais rien de semblable n'est à craindre aujourd'hui, surtout après cette miraculeuse contre-révolution de Portugal, qui nous tire d'une situation si délicate, et dissipe si complétement tous les nuages qui obscurcissaient de ce côté l'horizon politique.

Tout ce que la France a fait politiquement et militairement depuis trois mois, monsieur le vicomte, nous met dans une situation dont les heureux effets se font déjà sentir. Notre indépendance complète est assurée. Encore un dernier effort, et nous jouirons d'une influence d'autant plus grande, d'autant plus durable, que ce n'est point l'ambition qui nous a mis les armes à la main, et que la cupidité ne ternit point l'éclat de nos succès. La seule comparaison qu'on fera de la conduite des deux puissances qui ont été appelées à combattre la révolution, l'une au delà des Alpes, l'autre au delà des Pyrénées, sera pour nous une victoire décisive. L'opinion des peuples n'est pas peu de chose, et ce n'est pas peu de chose non plus que de la reconquérir si peu de temps après l'avoir si complétement perdue.

Rayneval.

LE GÉNÉRAL GUILLEMINOT A M. DE CHATEAUBRIAND.

Madrid, 2 juillet 1823.

Monseigneur.

Je suis tellement pénétré de toutes les vérités contenues dans votre lettre du 25 juin, que j'en envoie copie à Bordesoulle. Je me suis seulement permis d'y faire une altération : c'est de lui appliquer le passage où Votre Excellence veut bien me parler de mon avenir. Cela ne gâtera rien à l'affaire.

Rien, dans les instructions que j'ai transmises à Bordesoulle, ne lui prescrivait d'aller *doucement*. Je sais trop bien qu'on ne peut comparer la perte de quelques hommes laissés en arrière avec les résultats immenses que doit amener la rapidité de nos opérations. C'est aussi dans ce sens que j'ai écrit à Molitor pour qu'il hâtât sur Grenade le mouvement d'une colonne destinée à déjouer les projets que pourrait avoir Ballesteros d'inquiéter les derrières de nos troupes devant Cadix. Je l'ai engagé, pour plus de promptitude, à user largement de tous les moyens de transport du pays, afin de faire suivre les hommes fatigués.

Une autre colonne d'environ 2,400 hommes part à l'instant d'ici, pour Andujar, afin d'assurer les derrières de Bordesoulle, à qui j'ai laissé la faculté de l'appeler à lui. Comptez sur ce général, pour tout ce qu'il y aura de prompt, de vigoureux et de prévoyant. Il sent, comme moi, tout le prix d'un moment. Notre correspondance très-suivie en fait foi.

Ce n'est point à Paris, mais c'est ici que nous avons *liardé*. Enfin nous commençons à comprendre que la valeur d'un mois de nos dépenses ordinaires peut nous éviter un an de guerre et toutes les chances malencontreuses qui peuvent se présenter durant ce temps.

Morillo vient de se déclarer contre la régence formée par les cortès. Il a adressé à ce sujet une proclamation aux Espagnols et à son armée. Le pas est immense, et ne lui permet plus de reculer. Il a demandé à Bourke d'entrer en arrangement. J'ai écrit hier soir à ce dernier qu'il ne pouvait y en avoir d'autre que de reconnaître la régence d'Espagne, et de nous laisser occuper, de concert avec ses troupes, les places et les provinces de son commandement, qu'il conserverait. En même temps Bourke reçoit l'ordre le plus positif de continuer à marcher, pour profiter de la confusion qui règne déjà dans la Galice et dans les Asturies. Attendez-vous, Monseigneur, aux plus heureux résultats. Bourke partira d'Astorga le 5, ayant été joint alors par une brigade de renfort, et par de l'argent pour tous ses besoins jusqu'au mois de septembre.

J'espère que bien avant cette époque nous serons maîtres de toute la Péninsule, et que le dénoûment de Cadix sera connu.

Ne doutez pas, Monseigneur, de mon ardeur pour le service du roi, ni de la gratitude que m'inspirent vos bontés pour moi.

J'espère beaucoup de l'arrivée de M. de Talaru, pour imprimer à la régence une action tout à la fois raisonnable et vigoureuse.

J'ai l'honneur d'être, etc.

Comte GUILLEMINOT.

M. DE RAYNEVAL A M. DE CHATEAUBRIAND.

Berlin, le 5 juillet 1823.

MONSIEUR LE VICOMTE,

Tout ce qui se passe au delà des Pyrénées nous remplit ici de joie et d'admiration. On ne parle plus d'espérance, parce qu'à l'espérance se joint toujours le doute, et qu'on n'en a aucun sur un succès définitif et très-prompt. Quelques personnes croyaient que les événements du Portugal pouvaient être en partie l'ouvrage de l'Angleterre. M. de Bernstorff, comme Votre Excellence le verra par ma dépêche, nous en donne toute la gloire, et paraît même croire que cette gloire pourrait être suivie de quelque profit, ce qui serait une chose suffisante pour expliquer la mauvaise humeur de nos voisins. Je crois, comme lui, que jamais les circonstances n'ont pu être plus favorables pour rétablir sur un pied convenable nos relations avec le Portugal. Nous avons, avant tout, à obtenir que le séquestre soit entièrement levé sur les propriétés françaises; il serait intolérable qu'il subsistât, après l'immense service que le coup porté par nos armes au parti révolutionnaire dans la Péninsule vient de rendre à la nation portugaise et à son souverain. Je donne à M. de Rauzan quelques détails, qui pourront n'être pas entièrement inutiles, sur les discussions qui existaient relativement aux intérêts pécuniaires des sujets respectifs, entre la France et le

Portugal, au moment où la révolution a suspendu, en quelque sorte, nos négociations avec ce pays.

M. Royez, dans les lettres qu'il a écrites ici avant son départ de Paris pour Madrid, se loue infiniment de l'accueil qu'il a reçu de Votre Excellence, et rend complétement justice aux principes et aux intentions du roi. Je tâcherai d'être informé de l'esprit dans lequel il écrira, une fois arrivé à Madrid, et de la manière dont il peindra à son gouvernement la situation du pays et la conduite que nous y tenons. Jusqu'ici les louanges ne tarissent pas. Le roi, les princes, les ministres, les principaux militaires ne cessent de témoigner leur admiration de la manière dont est conduite une opération qui paraissait offrir tant de difficultés.

Agréez, etc.

RAYNEVAL.

M. DE MARCELLUS A M. DE CHATEAUBRIAND.

Londres, le 8 juillet 1823.

MONSIEUR LE VICOMTE,

M. Canning fait de son mieux pour jeter une grande incertitude sur les nouvelles directions données à sir W. A'Court.

Le redoublement de ferveur pour la cause des cortès, qui s'est manifesté à Londres par des assemblées, des souscriptions et des bals, a produit une somme de dix mille livres sterling environ. Les armes et munitions de guerre acquises avec ces fonds doivent incessamment partir pour Santona sur deux ou trois vaisseaux marchands que l'amiral Jabat a nolisés. Ces accès de générosité ont été excités par les lettres de sir R. Wilson à ses amis, et vous aurez remarqué, avec surprise, que ces lettres leur étaient envoyées d'Espagne sous le couvert de M. Canning.

Le vicomte DE MARCELLUS.

P.-S. On ne sait qui vient d'envoyer à la souscription pour les Espagnols 5,000 liv. ster. (125,000 fr.). Le *Morning-Chronicle* dit que c'est un prince étranger, qu'il ne désigne pas.

M. DE LA FERRONNAYS A M. DE CHATEAUBRIAND.

Saint-Pétersbourg, le 8 juillet 1823.

Le comte de Nesselrode, qui arrive de Czarskoë-Selo, me fait prévenir que son courrier part dans une demi-heure ; il m'est donc impossible, monsieur le vicomte, de profiter de cette occasion pour vous écrire, comme je n'aurais certainement pas manqué de le faire. Ce qui diminue mon désappointement, c'est que le courrier porte à Pozzo tout ce que j'aurais pu vous mander, et que j'ai tout lieu d'espérer que vous serez entièrement satisfait des communications que l'ambassadeur est chargé de vous faire. Tout ce qui est relatif à la proposition napolitaine s'est terminé comme vous pouvez le désirer; il est impossible de trouver des dispositions plus favorables et plus bienveillantes que celles que l'empereur et son cabinet m'ont témoignées dans cette circonstance. Je ne veux pas laisser cependant partir cette occasion sans faire connaître à Votre Excellence que les dernières lettres que j'ai reçues d'elle, et que j'ai cru devoir faire mettre sous les yeux de l'empereur, ont donné lieu à S. M. de me faire dire, par le comte de Nesselrode, que cette correspondance ajoutait encore, s'il était possible, à la confiance entière qu'elle a, non-seulement dans les nobles et pures intentions de Votre Excellence, mais aussi dans la sagesse et l'énergie des mesures qu'elle a su faire prendre au cabinet du roi ; c'est par ordre exprès de l'empereur, monsieur le vicomte, que je suis chargé de vous dire qu'il est impossible de rendre plus de justice à la belle conduite du ministère du roi, ni de faire des vœux plus ardents ni plus sincères pour le succès de la cause pour laquelle nous combattons, et qui est bien reconnue ici pour être celle de tous les trônes de l'Europe. Veuillez, monsieur le vicomte, continuer à me traiter avec la même bonté, et entretenir cette correspondance à la fois si intéressante et si utile, et qui rend ici mes rapports si faciles et si avantageux avec l'empereur et avec son cabinet.

Recevez, etc.

LA FERRONNAYS.

M. DE CHATEAUBRIAND À M. DE LA FERRONNAYS.

Paris, le 11 juillet 1823.

Voici, monsieur le comte, la suite des événements diplomatiques. M. Brunetti est arrivé à Madrid, où il a déclaré qu'il n'était point accrédité auprès de la régence ; et monseigneur le duc d'Angoulême lui ayant demandé comment il devait le considérer, il a répondu : « comme un simple particulier. » Cela a fait le plus mauvais effet du monde. Depuis, il est arrivé de nouveaux ordres de Vienne, et M. Brunetti, au moment où je vous écris, doit avoir été accrédité auprès de la régence. Le roi de Naples, de son côté, diminue ses prétentions : il ne demande plus que son ambassadeur soit membre de la régence, mais qu'il *sanctionne seulement* les actes de la régence ; c'est tout juste la même difficulté. Franchement, j'espère qu'on abandonnera tout à fait cette chicane, que je n'hésite pas à appeler honteuse, et qui, sans la fermeté du gouvernement français et la sagesse de l'empereur de Russie, aurait pu avoir les plus déplorables résultats.

Tout va bien en Espagne : nous triomphons partout, comme vous le verrez par les journaux. L'ascendant qu'ont pris nos soldats est tel, que les constitutionnels espagnols ne se battent réellement plus. Nous occupons en ce moment toute l'Espagne ; nous sommes à Murcie et à Grenade. Il ne reste plus que les Galices qui vont tomber, ou de force, ou par la soumission de Morillo. La contre-révolution de Portugal est complète ; le dénoûment de ce drame politique est dans Cadix. Nous en ferons le blocus par terre et par mer ; il n'y a que trois mois et quatre jours que nous avons passé la Bidassoa. Quand aurons-nous Cadix ? Peut-être demain, peut-être dans quinze jours, un mois, deux mois ; cela dépend de la quantité de vivres que renferme la place, et des divisions entre les chefs ; mais peu importe, après tout, nous sommes résolus à ne jamais reculer. Nous finirons cette révolution, coûte que coûte. Tant que je serai dans le ministère, jamais un pas rétrograde ne sera fait. Il s'agit de savoir si les *comuneros* de Cadix seront plus entêtés qu'un *Breton*. Soyez certain que dans ce monde on finit tôt ou tard ce qu'on veut finir. La victoire est au plus patient, en guerre comme en politique.

Vous entendrez peut-être dire, par des échos, que tout va très-bien en Espagne sous le rapport militaire, mais très-mal sous le rapport politique. Je sais du moins que M. Brunetti, mécontent d'abord de sa position, et avec raison, a eu un peu d'humeur, et a jugé à travers son humeur : voici la vérité :

La régence ne va ni bien ni mal : elle manque de sagacité ; mais l'expérience nous a appris, depuis vingt-cinq ans, qu'il n'y a point d'*hommes* en Espagne. La nation a de la grandeur ; les individus sont médiocres.

La régence va, dit-on, trop vite ; d'autres trouvent qu'elle va trop lentement. Le fait est qu'elle va trop lentement pour la nation ardente qui la pousse, et trop vite pour les hommes raisonnables de tous les pays. Que pouvons-nous faire à cela à présent ? Rien, ou pas grand'chose. Si nous essayions de retenir la régence, aussitôt nous mettrions le corps entier de la nation contre nous, qui crierait que nous sommes des *modérés*, des *constitutionnels*, des *chartistes*, des gens venus pour pactiser avec les ennemis et les cortès. Autant on nous aime, autant on nous détesterait ; et je vous demande ce que nous deviendrions, dispersés comme nous le sommes en Espagne, si la nation venait à se soulever contre nous. Notre sûreté nous oblige donc impérieusement à supporter des mesures dont nous reconnaissons les inconvénients ; et c'est avoir peu de jugement que de ne pas voir que, pour assurer notre puissance militaire, nous sommes obligés de nous réduire à une impuissance politique.

Devrions-nous, au contraire, agir politiquement dans le sens de la nation, favoriser les proscriptions, les emprisonnements, les confiscations, les réactions? Non, nous déshonorerions nos armes. Il est donc clair que nous sommes forcés à jouer un rôle passif, et à nous contenter d'adoucir, par des conseils secrets, des remontrances amicales, les mesures qui nous semblent trop violentes ou même trop justes. Vous connaissez la modération du prince, et combien il doit souffrir d'une position où il ne peut pas montrer ce qu'il sent.

Mais il est évident que cette position cessera à la délivrance du roi. Quand nous n'aurons plus rien à craindre pour notre armée, alors nous ferons entendre les paroles de la raison appuyées de la force. C'est là, selon moi, la vraie mesure. Quant aux institutions, l'empereur Alexandre vous a dit tout juste ce qu'il fallait, avec une admirable perspicacité de jugement. Il est clair que Ferdinand ne peut pas être abandonné à lui-même. Il retomberait dans toutes les fautes qui ont failli perdre l'Europe. Il faut un conseil, je ne sais quoi, une institution quelconque qui lui serve de guide et de frein. Quand nous en serons là, il nous sera aisé de nous entendre.

Mes nouvelles de Londres m'apprennent que les ordres envoyés à sir W. A'Court, à Séville, sont ceux-ci : « Retourner auprès du roi Ferdinand, si la proposition lui en est faite par *le roi et les cortès*, ou si le roi la lui adresse personnellement. Si cependant sir W. A'Court s'apercevait que le roi a été *contraint* à lui faire cette proposition, il ne prendra conseil que de lui-même et des circonstances, pour y aller ou refuser. Dans Cadix, sir W. A'Court devra débuter par une protestation solennelle contre toute atteinte à la sécurité du roi et de la famille royale. Il conservera toujours les moyens de se transporter à Gibraltar. » Il n'est pas hors de vraisemblance que quelques directions secrètes aient été données pour favoriser l'évasion de Ferdinand. Tout cela est bien faible, et c'est une chose déplorable de voir une monarchie puissante se prêter à toutes les fictions qu'une assemblée démagogique se plaît à inventer : tantôt déclarant le roi fou, et le déposant ; tantôt lui rendant la raison comme elle lui a ôté l'esprit, et le replaçant sur le trône ; et un envoyé anglais, reprenant et quittant ses fonctions d'ambassadeur, selon que Ferdinand est roi ou n'est plus roi. Est-ce bien là la fière Angleterre, la reine des mers? Voilà où mènent les fausses doctrines, et l'amour-propre blessé de ceux qui conduisent les États.

12 juillet.

Je reçois des dépêches de Vienne. Causant un jour, avec M. le baron Vincent, du parti qu'avait pris sir W. A'Court, de ne pas suivre le roi déchu à Cadix, je lui dis : « Voilà une belle occasion pour l'Angleterre de se tirer du mauvais pas où elle s'est mise, et de contribuer à obtenir, par son influence, la délivrance de Ferdinand. » Il paraît que M. Vincent a rendu compte de ce propos de conversation au prince de Metternich, qui, prenant aussitôt acte de ce que j'avais dit de fort raisonnable, a cru devoir ouvrir une sorte de négociation avec l'Angleterre, pour l'inviter à rentrer dans l'alliance, et demander son intervention pour la délivrance du roi. Sans doute, il serait fort à désirer que l'Angleterre changeât de système, et qu'elle voulût, avec l'alliance, combattre les révolutions. Que le roi Ferdinand obtienne sa liberté définitive, n'importe par qui, nous en serons charmés ; mais de faire d'une chose désirable une négociation formelle, j'avoue que je n'aurais jamais songé à cela : montrer tant d'empressement et un si vif désir de se rapprocher de l'Angleterre, c'est faire penser à cette puissance, naturellement si orgueilleuse, que nous avons besoin d'elle. Or, ce n'est pas là assurément la position de la France. Nous sommes très-suffisants pour achever la guerre d'Espagne ou toute autre guerre. M. Vincent est venu me lire la dépêche du prince de Metternich à ce sujet, et je lui ai répondu à peu près ce que je vous dis ici. Au reste, sa proposition vient trop tard, et l'Angleterre a déjà pris son parti sur la position de sir W. A'Court.

M. de Gourieff arrive ; il m'apporte votre lettre du 24 juin. Il a rencontré, à huit heures de chemin de Pétersbourg, un courrier du général Pozzo, qui était chargé pour vous de longues lettres de moi. Elles auront achevé d'éclaircir toute l'affaire de Naples, qui est au reste abandonnée par le prince de Metternich. Votre lettre ne m'apprend rien de nouveau. Le général Pozzo, que j'ai vu ce matin, m'a dit que ses dépêches étaient très-satisfaisantes, que l'empereur était plein de bonne volonté pour nous, et qu'il attendait à connaître ce que nous aurions fait à Paris, pour se décider sur l'intervention napolitaine. Dans ce cas tout est fini, et cette misérable affaire va tomber dans l'oubli.

Le duc de San-Carlos a obtenu son audience publique comme ambassadeur d'Espagne, et le marquis de Marialva comme ambassadeur de Portugal. Le comte de Palmella m'a écrit ; il veut, dit-il, faire donner une constitution au Portugal. M. de Marialva m'a consulté sur ce point. Je lui ai répondu que le gouvernement français avait pour principe de n'intervenir en rien dans la politique intérieure des États ; qu'une constitution pouvait être d'ailleurs une chose fort bonne et fort désirable, mais qu'instruits par notre propre expérience, nous pensions qu'il fallait mettre du temps à créer des institutions à un peuple ; que cela ne s'improvisait pas ; que beaucoup de choses manquaient à notre Charte pour nous être trop hâtés de la publier ; que, par exemple, la loi d'élections, qui aurait dû être dans la Charte, ne s'y trouvait pas, et que cette omission avait pensé nous faire périr ; que je croyais, enfin, qu'établir une constitution quelconque en Portugal avant que la révolution espagnole fût détruite, serait danger pour les deux pays. Je crois que j'ai ouvert un avis sage, et je ne vois pas du tout, dans l'état d'effervescence où se trouve encore le Portugal, pourquoi la commission de Lisbonne se presserait de publier un code politique fait au milieu du choc des passions et des intérêts.

CHATEAUBRIAND.

M. DE CHATEAUBRIAND A M. DE TALARU.

Paris, le 14 juillet 1823.

M. de Brunetti doit être accrédité à présent. Cette affaire est finie, l'inimitié secrète reste. Attendez-vous à tous les chats que l'Autriche pourra vous jeter aux jambes. Vous avez très-bien répondu sur les conférences. Quand elles auront lieu, soyez toujours tout *rond*, tout *amical* et ne concluant rien. Dans tous les grands événements, si on vous presse, dites que vous prendrez les ordres de votre cour.

Sir Charles Stuart est venu me *confier* les ordres que Canning envoie à sir W. A'Court, ils sont tels que je vous les ai mandés. Ils laissent à sir W. la faculté de retourner à Cadix. Au reste, en Angleterre on affecte la plus scrupuleuse neutralité ; on veut ne nous *gêner en rien*, on respectera notre blocus et nous pouvons l'annoncer ou le dénoncer officiellement si nous voulons ; enfin c'est la vertu et l'honnêteté mêmes que ce cabinet, et tout ce qu'il fait est pour notre plus grand bien. Je joins ici la copie d'une lettre que notre consul à Lisbonne écrit à monseigneur le duc d'Angoulême, par M. de Souza, qui va se rendre auprès de Son Altesse Royale à Madrid. Mais comme M. de Souza n'est peut-être pas encore arrivé, monseigneur peut être bien aise de savoir d'avance ce qui se passe à Lisbonne. Tout y va très-bien. Hyde part demain pour son ambassade, il va s'embarquer à Brest sur la frégate *la Cybèle*. Il sera à la fin du mois à Lisbonne ; j'espère qu'il portera le cordon bleu au roi et à l'infant don Miguel, qui le désirent. Hyde correspondra avec vous. De son côté il s'occupera de Cadix. Vous pourrez mutuellement vous envoyer des courriers.

La pauvre régence est dupe d'une intrigue pour son emprunt. Il y a deux espèces de gens qui ont des bons des cortès. Les uns jouent à la hausse et les autres à la baisse. Ceux qui jouent à la hausse disent à la régence : « Reconnaissez l'emprunt des cortès, et je vous prête 50 millions. » Ceux qui jouent à la baisse disent : « Déclarez que vous ne connaissez pas l'emprunt des cortès, et nous avons 50 millions à votre service. » Il est clair, dans ses intérêts, qu'en empruntant, la régence ne doit se déclarer ni pour ni contre l'emprunt des cortès.

Bonjour, mon cher ami, mandez-moi beaucoup de nouvelles.

CHATEAUBRIAND.

M. DE CHATEAUBRIAND A M. DE TALARU.

16 juillet 1823.

Très-bien, mon cher ami, c'est cela, ne refusez jamais les conférences ; elles sont indiquées dans le protocole. Il est d'ailleurs essentiel d'être toujours bien avec l'alliance, quelles que soient la jalousie de l'Autriche et les tracasseries du prince de Metternich. Mais que ces conférences soient toujours ou presque toujours des conversations, dans lesquelles vous montrerez toujours le plus grand désir d'agir avec les alliés ; mais *concluez* très-peu ; c'est là votre métier et le mien. Bonhomme sans être dupe, voilà l'affaire en deux mots.

Invitez la régence à passer sur bien des choses ; qu'elle ne se montre pas difficile si les lettres de crédit ne sont pas bien en règle, peu importe ; son intérêt est qu'elle *paraisse* aux yeux de l'Angleterre reconnue par les grandes puissances continentales. Qu'elle n'ait pas la maladresse d'aller relever des défauts de forme qui feraient voir à ses ennemis que les alliés, excepté la France, hésitent à la reconnaître, et qu'ils se ménagent des retraites en cas de revers. C'est évidemment le cas, et tout cela est l'ouvrage de M. de Metternich. Il revient pourtant, et tout se corrigera ; mais il faut du silence. La Russie va très-bien, et la Prusse par conséquent deviendra meilleure. Le prince de Metternich dans ce moment fait une autre tentative : il essaye de ramener l'Angleterre à l'alliance, et de l'inviter à délivrer le roi de concert avec nous. Il ne réussira pas ; mais cette démarche embarrassera l'Angleterre et la ramènera peut-être à faire tenir une conduite plus noble à sir W. A'Court.

Si vous prenez la Corogne, vous devez y trouver des ressources pour augmenter votre marine devant Cadix.

Nous avons ici une lettre d'une des infantes renfermées dans Cadix. La lettre est du 30 juin : elle se flattait d'être bientôt délivrée ; mais elle dit que Cadix reçoit des vivres et de l'eau par Gibraltar, et pourtant nous avons des frégates (fort mal à propos, il est vrai) à Gibraltar. Donnez avis à l'escadre que le ravitaillement vient de Gibraltar, Tarifa, et même de la côte de Barbarie.

Tout à vous,

CHATEAUBRIAND.

M. DE CHATEAUBRIAND A M. DE TALARU.

Paris, 18 juillet 1823.

Vous trouverez toujours, mon cher ami, l'Autriche pour les conférences : rien n'est plus tracassier, tatillon, bavard que ce cabinet. Je vous ai déjà dit, et je vous le répète pour la dernière fois, que vous devez accorder des conférences, aux termes du protocole; mais qu'il faut vous étudier à les rendre rares, à les écarter, tantôt sous un prétexte, tantôt sous un autre; les réduire, autant que possible, à des conversations vagues; à ne jamais vous laisser entraîner à prendre des mesures et des résolutions *en commun;* à ne jamais permettre qu'on attaque le fond des choses, soit sur ce qui se passe à présent en Espagne, soit sur l'avenir de cette même Espagne; et enfin à dire toujours, si on vous pressait sur quelques points importants, nouveaux, inattendus, que vous n'avez pas de pouvoirs, et que vous en réfèrerez à votre cour. Dressez le moins que possible de *protocoles*. Vous remarquerez que dans le protocole du   , il n'est pas question que vous tiendrez des *protocoles :* il s'agit de conférences, et voilà tout. Il faut, en diplomatie, tenir le moins que l'on peut des procès-verbaux de ses paroles. Ne vous refusez pas pourtant tout à fait aux *protocoles*, quand M. Brunetti vous pressera; mais faites que ce soit toujours de pure grâce, par complaisance, comme un bonhomme qui se compromet un peu aux yeux de sa cour, pour être collègue obligeant.

Les communications avec le Portugal finiront par s'ouvrir tout à fait, et Hyde vous sera pour cela très-utile : à Lisbonne, il pourra vous faciliter bien des choses pour Cadix. Je lui ai recommandé de vous envoyer des courriers. Il sera, j'espère, arrivé à la fin du mois.

Ne laissez pas, mon cher ami, traîner mes lettres; elles ne doivent être lues que de vous.

Tout à vous,

CHATEAUBRIAND.

M. DE CHATEAUBRIAND A M. DE SERRE.

Paris, le 18 juillet 1823.

Je vous dois une réponse depuis longtemps, monsieur le comte; j'espère que vous aurez bien voulu m'excuser en songeant à tous les embarras dans lesquels j'ai été plongé.

Nous m'avez vu à Vérone; je suis revenu en France, blessé au fond du cœur de notre nullité en Europe; j'ai trouvé d'un autre côté en arrivant, dans le parti révolutionnaire, un espoir mal dissimulé de corrompre notre armée, des conspirations prêtes à éclater, et tous ces maux ayant leur foyer à Madrid. Appelé inopinément au ministère par la retraite de M. de Montmorency, j'ai pris mon parti sur-le-champ. L'occasion se présentait d'en finir une fois pour toutes, de savoir si les Bourbons avaient ou non une armée, de terminer la restauration, et de nous replacer à notre rang militaire en Europe. Si nous avions le bonheur de réussir dans cette grande entreprise, nous abattions deux révolutions d'un seul coup; car il était clair que les cortès démagogiques de Portugal tomberaient avec les cortès conventionnelles d'Espagne. Les conséquences de ces événements seraient incalculables pour la France : nous pouvions périr, mais il valait mieux périr en redevenant la première puissance du continent, que rester dans l'état de trouble au dedans, et de faiblesse au dehors, où nous étions réduits. L'événement a été heureux, et je ne demande à Dieu que de vivre jusqu'à la reddition de Cadix, pour mourir plein de joie du haut rang de gloire et de prospérité où j'aurai placé ma patrie.

Les obstacles ont été grands : l'Angleterre a été bien menaçante, l'Autriche bien jalouse et bien envieuse. Ne sachant plus comment entraver notre marche, elle avait suscité le roi de Naples pour réclamer la régence d'Espagne, c'est-à-dire pour remettre l'Espagne sous l'influence anglaise, à travers l'autorité du prince de Metternich. L'Autriche disait qu'elle ne reconnaîtrait point la régence d'Espagne, si d'abord les droits du roi des Deux-Siciles n'étaient reconnus; après bien des conférences et des écrits, la prétention du roi de Naples a été repoussée ou du moins ajournée. Ma lettre officielle vous donne aujourd'hui quelques détails sur cette affaire.

Nous ferons tout ce que nous pourrons pour que notre invasion de l'Espagne ne produise pas dans ce malheureux royaume ce que l'invasion autrichienne a produit à Naples ; comme nous ne comptons rien garder ni rien demander, loin de ruiner le pays, nous l'aurons enrichi, et c'est déjà une grande chose. Quant aux institutions, nous ne nous en mêlerons point, empêchant seulement le roi de retomber dans les fautes et de commettre ces actes stupides de tyrannie qui l'ont perdu.

Notre métier, monsieur le comte, est un peu contraire à la franchise. Ne laissons rien percer de ce que nous savons des dispositions de la cour de Vienne pour nous. Il est d'ailleurs juste de dire qu'elle doit craindre plus qu'une autre notre résurrection militaire; elle en est inquiète pour l'Italie ; elle n'a pu s'empêcher de manifester son dépit lorsqu'elle a vu le prince de Carignan servir et se distinguer dans les rangs de nos soldats. Elle avait cru que nous ne pourrions pas faire la guerre seuls, que nous serions ou battus ou forcés d'ouvrir aux alliés le passage de la France. Elle a été trompée sur tous les points, et elle a de l'humeur; c'est fort naturel. La Russie, au contraire, n'est pas jalouse de nos succès, et, quoiqu'elle affecte toujours une grande déférence pour le prince de Metternich, on voit que celui-ci a perdu à Pétersbourg depuis notre guerre d'Espagne : ce sont des germes qui se développeront un jour. L'Angleterre a joué un triste rôle : elle a été à la fois injurieuse et faible ; mais comme cette puissance a des forces à part, et d'admirables institutions, elle reprendrait toute sa puissance si, au lieu de s'opposer par de petits moyens à la délivrance du roi d'Espagne, elle se joignait à nous pour mettre ce prince en liberté, et terminer de concert avec nous la grande affaire des colonies espagnoles.

J'en étais là de ma lettre, monsieur le comte, quand un courrier de Rome m'apporte la nouvelle de l'accident arrivé au pape, et qui sera peut-être suivi de la mort de ce saint religieux. L'Autriche va se mettre en mouvement ; elle nous a déjà proposé de nous entendre avec elle pour l'élection d'un souverain pontife : cela veut dire qu'elle ne serait pas sûre de triompher sans nous. Je crois que nous ne pourrons rien à cette affaire, et que l'intérêt italien, qui nous est plutôt favorable, l'emportera. Nous ferons partir nos deux cardinaux, si nous avons le temps. Dans le cas où l'Autriche voudrait occuper militairement les légations, nous ferons des représentations. Mais je ne crois pas à cette occupation, et j'y croirais bien moins encore si une dépêche télégraphique nous annonçait la reddition de Cadix.

Veillez, je vous prie, aux corsaires espagnols, et qu'ils ne viennent pas vendre leurs prises ou se ravitailler dans les ports de Naples et de Sicile.

Tout à vous,

CHATEAUBRIAND.

M. DE CHATEAUBRIAND A M. DE TALARU.

Paris, le 19 juillet 1823.

Je vous avais, mon cher ami, précisément écrit hier contre les *protocoles*. Mais enfin ce qui est fait est fait. On reviendra sans doute à vous proposer le rapport sur l'état de l'Espagne : c'est la manière de M. de Metternich ; peu importe ; tout ce qui entraîne des longueurs, tout ce qui demande des renseignements, tout ce qui peut être pris et repris, lu et relu, commenté, critiqué, examiné, est bon pour vous et bon en diplomatie. Vous et vos collègues, vous pourrez très-bien être six mois à faire votre rapport, et pendant ce temps-là tout chemine.

Vous faites très-bien de vous mettre à la tête du corps diplomatique. Il faut que vous en deveniez le patron et le maître. Dînez beaucoup, buvez bien : il ne sera bruit que de vous et de la *Sainte-Alliance*.

Votre corps diplomatique va s'augmenter. Vous trouverez ci-jointe une lettre de la cour de Danemark à son agent à Séville : elle le rappelle et lui dit de s'accréditer à Madrid auprès de la régence. Annoncez cela à M. Saez, et envoyez la lettre à sa destination.

Vous ne verrez point de flotte anglaise à Cadix, mais deux frégates, qui viendront se mettre à la disposition de sir W. A'Court. On ne sait toujours si celui-ci ira à Cadix ou à Gibraltar.

Tout à vous,

CHATEAUBRIAND.

P.-S. Nous n'avons point encore reçu la nouvelle de la mort du pape, ce qui me fait croire qu'il aura survécu à sa chute plus longtemps qu'on ne l'avait présumé. Le nonce doit être arrivé à Madrid.

Je dois vous dire qu'il ne faut pas vous laisser entamer sur des choses qui touchent à l'indépendance de la régence, sans quoi, vous et vos collègues, vous deviendriez les régents du royaume. Par exemple, vous n'avez pas le droit de vous mêler des actes de la régence; qu'elle emprunte ou qu'elle n'emprunte pas, cela ne vous regarde en rien ; cela peut être entre vous un sujet de causerie, mais jamais matière à protocole et à délibération. Prenez bien garde à cette tendance de l'Autriche à se mêler et à envahir. Retenez-la dès le premier pas, où vous serez entraîné bien loin.

M. LE PRINCE DE POLIGNAC A M. DE CHATEAUBRIAND.

Londres, ce 22 juillet 1823.

Je suis arrivé hier soir à Londres, mon cher vicomte, après une traversée assez courte mais pénible. Les ordres n'étaient pas encore parvenus à Douvres de rendre à l'ambassadeur du roi les honneurs dus à son rang : on n'a pas, en conséquence, tiré le canon; le commandant de la garnison est venu s'en excuser auprès de moi, mais il a placé à ma porte une garde d'honneur; du reste, j'ai été aussi bien accueilli par les habitants de Douvres que je pouvais l'être; ils se sont rassemblés, à mon départ, autour de ma voiture, et m'ont salué lorsque j'y suis entré. La malveillance s'est déjà emparée de la circonstance de l'omission des honneurs rendus; un papier anglais en fait le sujet de quelques observations. Le fait est, d'après ce que m'assure le vicomte de Marcellus, que la notification officielle de mon arrivée est parvenue un peu tard à M. Canning, et que la cérémonie de la prorogation du parlement, survenue immédiatement après cette notification, aura retardé l'envoi des ordres qu'attendait le commandant de Douvres.

M. Canning m'a fait dire les choses les plus obligeantes par le vicomte de Marcellus, et m'a invité à dîner pour aujourd'hui à sa campagne; je compte y aller. Le roi est à Windsor ; et c'est là probablement que j'aurai ma première audience. Je vous tiendrai au courant de tout. Vous pouvez compter sur mon zèle et mon exactitude.

Recevez, mon cher vicomte, l'assurance de mon bien sincère attachement.

Le prince de POLIGNAC.

M. DE CHATEAUBRIAND A M. DE TALARU.

Paris, le 22 juillet 1823.

Je réponds confidentiellement, mon cher ami, à votre dépêche n° 17. Tous vos raisonnements sur les avantages et les inconvénients des conférences sont justes. La difficulté a été de n'accepter de secours de personne, et de se mettre en garde contre l'empiétement des alliés dans les conférences. Il est certain que les quatre grandes puissances continentales, s'entendant ensemble à Madrid, offrent quelque chose de moins dur à la régence que la volonté de la France, exprimée seule par l'organe de ses soldats. Tout dépend donc de votre habileté.

Votre tableau de l'Espagne est celui que tout le monde fait. Il n'y a de remède à ces maux que la délivrance du roi. On ne fera peut-être que de changer de mal, mais du moins nous n'en serons pas responsables.

Je vais parler pour qu'on accepte au moins les secours de Portugal par mer. Les Portugais ne sont pas dans la position des Russes, des Autrichiens et des Prussiens ; ils ne passeront pas sur notre territoire ; ils sont, comme nous, menacés par la révolution espagnole, et, comme nous, ils ont le droit de prendre les armes contre elle. S'ils déclaraient la guerre à l'Espagne, pourrions-nous les en empêcher? Si on ne veut pas précisément dire qu'on accepte leurs propositions, ne peut-on faire comme on a fait pour le comte d'Amarante, les laisser agir en Espagne comme ils voudront? S'ils veulent bloquer Badajoz et Ciudad-Rodrigo, bien libre à eux, sans doute. Parlez à monseigneur le duc d'Angoulême dans ce sens; ne lui présentez pas la chose comme un parti pris ou à prendre, mais comme une idée qui mérite d'être pesée, surtout pour le service de mer. Nous pouvons tirer un immense parti de la marine portugaise et du matériel qu'elle peut nous fournir. Si nous triomphons avec nos seuls moyens, c'est bien beau ; mais si nous ne triomphons pas? les faits dominent tout. Il faut avoir Ferdinand, n'importe à quel prix, car il y va du salut ou de la perte de la France. Dites à Guilleminot mes idées sur tout ceci.

CHATEAUBRIAND.

M. DE CHATEAUBRIAND AU PRINCE DE POLIGNAC.

Paris, le 28 juillet 1823.

Je reçois, mon noble ami, votre première dépêche. J'attendrai avec impatience votre audience publique. Je ne serais pas étonné qu'on la différât, pour joindre cette mauvaise grâce à beaucoup d'autres; vous savez que les ministres anglais ne parlent jamais de politique en société, et je ne suis pas étonné que M. Canning et lord Liverpool ne vous aient rien dit. J'ai réfléchi à la lettre particulière du roi. Le roi d'Angleterre ne montre pas assez d'empressement à vous recevoir, pour nous livrer avec tant d'abandon; cette lettre pourrait tomber entre les mains de M. Canning et faire une histoire; si donc vous ne l'avez pas remise, je crois qu'il sera mieux de me la renvoyer.

L'estafette de Madrid, partie le 23, et arrivée ce matin, n'apporte rien de nouveau. Nous faisons nos efforts pour déterminer monseigneur le duc d'Angoulême à se rendre devant Cadix, pour réunir les généraux prêts à se diviser, et pour sortir de Madrid, où la police, qui est nulle en Espagne, ne veille pas assez à sa sûreté. L'incendie, allumé ou non par la malveillance, dure encore, fautes de pompes pour l'éteindre.

Vous savez maintenant que j'ai dénoncé le blocus.

Tout à vous, mon noble ami.

CHATEAUBRIAND.

P.-S. Vous pouvez causer avec cet homme du Mexique, non comme ambassadeur, mais comme prince de Polignac.

M. DE CHATEAUBRIAND A M. DE POLIGNAC.

Paris, ce 31 juillet 1823.

Vous verrez par ma lettre officielle, noble prince, où nous en sommes avec l'Angleterre. Vous sentez ce qu'une frégate anglaise, qui viole un blocus, qui tire le canon pour saluer les cortès, qui arbore le pavillon espagnol, etc., doit avoir de puissance pour monter la tête des descamisados, et prolonger la résistance. On vous répondra à tout cela que le blocus n'était pas dénoncé; et ils savent très-bien que ce qui est un *usage* n'est pas une *loi*, et qu'ils abusent de la générosité du gouvernement français. Cependant plaignez-vous, et tâchez que ces bravades et ces insultes aient un terme.

En Espagne, le départ de monseigneur le duc d'Angoulême pour Cadix répond à l'accusation de notre marche rétrograde sur l'Èbre : c'est une très-bonne mesure sous tous les rapports ; la politique sera plus simple à Madrid, et la guerre plus franche au port Sainte-Marie.

Voyez, je vous prie, M. Sequier, et tâchez de vous faire rendre toutes ces prises françaises conduites de la Corogne dans les ports de l'Angletérre. C'est une affaire majeure pour notre commerce. Je vous en ai écrit par le dernier courrier.

Nous ne savons rien de la Corogne, mais nous ne doutons point qu'elle ne soit bientôt entre nos mains, quand notre croisière sera arrivée devant cette place.

CHATEAUBRIAND.

M. DE CHATEAUBRIAND A M. DE TALARU.

Paris, ce 31 juillet 1823.

Monseigneur a raison, et la régence doit rester à Madrid. Nous sommes tous frappés ici de l'inconvenance de la mesure qui frappe cent cinquante familles espagnoles à peu près. Parlez fortement à la régence, dites-lui qu'il n'y a rien de plus impolitique que des mesures qui enveloppent des classes entières dans une espèce de proscription. Je n'hésite pas à considérer le décret de la régence sur la milice comme un acte funeste. Le général Pozzo est dans cette opinion, et il en écrit à M. Bulgari. Avisez entre vous ce que vous pouvez faire pour que la régence ou rappelle ou modifie son arrêté.

Le départ de M. le duc d'Angoulême est une très-bonne mesure ; il sépare la politique de la guerre, tout en ira mieux.

Je conçois qu'à Madrid on ait un peu peur pendant quelques jours ; mais on s'habituera à être seul, et Bourke, après avoir pris la Corogne, s'approchera de vous.

CHATEAUBRIAND.

M. DE CHATEAUBRIAND A M. DE TALARU.

Paris, ce 2 août 1823.

J'ai reçu votre lettre du 27 juillet et le bulletin n° 25 que nous avions depuis deux jours. Je connaissais aussi la lettre de Bordesoulle. Vous avez raison, les phrases ne se suivent guère et se contredisent ; il rejette sur la frégate anglaise la mauvaise issue de négociations mal commencées et mal conduites, auxquelles il n'a pas voulu admettre des gens habiles. Il n'y a plus qu'un seul parti à suivre, c'est de prendre Cadix de vive force. Le maréchal de Bellune, qui l'a bloqué deux ans de suite, assure qu'on peut le prendre en s'emparant du Trocadero et faisant une descente sur la pointe en face, dans l'île de Léon, à demi-portée de bombe de Cadix. Il en coûtera du monde, mais il s'agit dans cette affaire de la restauration complète des Bourbons ou de leur chute finale. Il n'y a pas à balancer, nous allons prêcher dans ce sens.

Toutes les lettres qui arrivent de Madrid, et dans toutes les opinions, s'accordent à dire que le décret contre la régence produit l'effet le plus désastreux. Cette régence peut être bien bonne; mais elle est bien bête. Qu'avait-elle besoin de parler des dîmes, des biens nationaux, des moines, des impôts, des milices? Pourquoi remuer tant de questions, qu'il fallait avec prudence mettre au retour du roi, et s'occuper tout simplement de la création d'une armée? Il faut, mon cher ami, que vous tâchiez de prendre plus d'autorité sur elle, surtout pendant l'absence du prince; que vous obteniez, s'il est possible, la communication de ses arrêtés avant qu'elle ne les rende; insistez sur le rappel de celui contre les milices. Je vous écris aujourd'hui une lettre officielle à ce sujet, afin que vous puissiez la montrer à M. Saez, si vous le jugez à propos. Je vous laisse libre d'en faire ou non usage.

Ayez bien soin de me mander l'effet qu'aura produit sur l'esprit de Madrid le départ de monseigneur le duc d'Angoulême; quel parti prend le dessus dans la capitale; mettez tout en usage pour que la régence, qui se sentira plus libre, ne commette pas d'acte violent. Il y aurait de l'adresse à elle à se montrer modérée précisément après le départ de ceux qui l'accusaient d'exagération.

Tout à vous,

CHATEAUBRIAND.

M. DE CHATEAUBRIAND A M. DE CARAMAN.

Paris, 3 août 1823.

Depuis ma dernière lettre du 26 juillet, il n'est rien arrivé, monsieur le marquis, d'important dans les opérations militaires et dans la politique que le départ de monseigneur le duc d'Angoulême pour l'Andalousie. Il y avait quelques inconvénients à ce départ; mais les avantages étaient si grands d'un autre côté, que je n'ai pas hésité à insister fortement sur cette mesure. Ces avantages sont de plusieurs sortes :

1° Monseigneur le duc d'Angoulême, en contact avec la régence, et étourdi à Madrid de toutes les intrigues et de tous les cris des divers partis, commençait à prendre de l'humeur. Cette humeur augmentait les divisions et créait deux centres d'autorité : la régence, et le prince. Il était essentiel de tirer celui-ci d'une position qui lui devenait insupportable, et qui pouvait même altérer sa santé. Il fallait le replacer au milieu de ses camps, où il est si bien, où ses vertus, composées de modération et de courage, entretiennent à la fois la discipline et l'ardeur de nos troupes; enfin, il fallait veiller aux jours de ce noble prince, bien plus en sûreté sous la tente que dans une ville sans police, où les révolutionnaires de toute l'Europe ont des intelligences et machinent toutes sortes de complots, témoin l'incendie de l'église des *Clercs mineurs du Saint-Esprit*.

2° La présence de Monseigneur à l'armée fera cesser des rivalités militaires si communes parmi nos généraux.

3° Cadix tombé, entraînant la chute de la révolution espagnole, il faut faire un dernier effort pour l'emporter; et si quelque chose peut amener cette heureuse catastrophe, c'est sans doute la présence du prince devant Cadix.

Voilà, monsieur le marquis, les principaux motifs du départ du prince. Ils sont susceptibles de longs développements, dans lesquels je ne puis entrer, et qui se présenteront à votre esprit. Cette mesure est un coup de parti, et j'espère que nous en sentirons bientôt les heureux résultats.

Au reste, je vous ai toujours dit que je ne répondais pas du jour de la délivrance du roi; je n'en sais rien encore. Mille choses peuvent la retarder, et surtout les efforts des Anglais, qui nous font une véritable guerre : ils violent nos blocus, font passer des armes, des vivres et de l'argent aux révolutionnaires; envoient des aventuriers pour se mettre à la tête des soldats des cortès et pour relever leur courage. Quoi qu'il en soit de cette conduite et de cette neutralité peu loyale, nous en viendrons à bout. Si nous n'achevons pas cette guerre dans quatre ou cinq mois, nous l'achèverons dans six, dans sept, dans un an. Jamais nous ne reculerons, du moins tant que je serai ministre. Il s'agit ici du sort de l'Europe : si la révolution triomphait en Espagne, tout serait perdu. Il faut ici victoire, victoire complète, ou périr sous ses ruines; cela est clair, et, par conséquent, mon parti est bien pris.

Notre projet, si Cadix n'est pas emporté avant la saison des vents qui empêchent de tenir la mer, est de faire, cet automne, le siège de toutes les places en deçà de l'Èbre; ces places tombées, nous laisserons quarante mille hommes disponibles, auxquels nous ajouterons la levée de trente-six mille hommes, et, avec ces nouvelles forces, nous irons appuyer les forces laissées cet hiver devant Cadix, dont nous formerons le siège, et que nous emporterons, quelques sacrifices d'hommes qu'il nous en puisse coûter. Je vous mande là nos arrière-plans, car nous comptons attaquer Cadix du 20 au 25 de ce mois, et nous avons de grandes espérances de succès. Mais il faut, quand on est à la tête des affaires, calculer toujours les événements dans le sens le moins favorable, afin de n'être pas pris au dépourvu.

Recevez, etc.   CHATEAUBRIAND.

M. DE CHATEAUBRIAND A M. DE LA FERRONNAYS.

4 août.

Il s'est répandu des bruits que vous estimerez à leur juste valeur. *Nous traitons avec les cortès!* Nous n'avons pas pris les armes contre les cortès pour traiter avec elles. Jamais nous ne les reconnaîtrons désormais comme corps politique. Tout ce que les *individus* voudront pour nous livrer le roi, nous l'accorderons. Nous traiterons donc avec les individus, nous traiterons avec le roi, nous nous adresserons à lui toutes les fois qu'il pourra faire quelque chose pour lui-même; mais ne croyez pas que nous déshonorions nos armes, notre cause, par d'indignes compositions.

La régence à Madrid a commis bien des fautes. Son dernier décret sur les miliciens est déplorable; elle multiplie ses ennemis et les difficultés que nous avons à vaincre. Je lui ai fait faire les représentations les plus sérieuses par le marquis de Talaru. Il faut dire pourtant, à son excuse, qu'elle est obligée de faire des sacrifices aux opinions de la masse populaire qui la pousse. En Espagne, tout est noir ou blanc, on est pour les cortès ou pour le roi, et vous ne ferez pas comprendre à ces deux partis qu'ils peuvent user l'un envers l'autre de bienveillance et de ménagement. Ils ne tendent pas moins qu'à s'exterminer mutuellement. Un gouvernement qui veut être sage est bien embarrassé à trouver la route à travers tant de passions.

Je ne vous parle plus de la prétention de Naples, l'affaire est enterrée; elle était passablement ridicule. Vous savez sans doute la chute du pape; il va mieux, mais je ne crois pas qu'il vive longtemps. Je lui ai envoyé un lit mécanique pour se soulever. Un conclave était autrefois une grande affaire; aujourd'hui cela ne pourrait avoir d'importance que si un grand homme montait sur le trône pontifical. Rome n'est plus assez forte par elle-même pour influer sur le sort des peuples sans un pape de génie. Quelques intrigues communes de quelques cardinaux obscurs seront inconnues hors des ruines de Rome, et l'on s'apercevra à peine que les clefs de saint Pierre ont changé de mains.

CHATEAUBRIAND.

M. LE PRINCE DE POLIGNAC A M. DE CHATEAUBRIAND.

Londres, le 10 août 1823.

Le vicomte de Marcellus, qui vous remettra cette lettre, mon cher vicomte, vous donnera tous les détails de l'accueil aimable et flatteur que m'a fait le roi d'Angleterre au Cottage, où j'ai passé toute la soirée d'avant-hier. Il n'y a pas eu, pour ainsi dire, de présentation, puisqu'il a voulu me recevoir dans son salon, lorsque toute la société qu'il avait invitée s'y trouvait réunie, et que, sans attendre que M. Canning eût prononcé mon nom, il est venu à moi, m'a pris par les mains en me disant que j'étais une de ses plus anciennes connaissances, et qu'il était charmé de me voir; puis il s'est informé des nouvelles du roi, de Monsieur et de la famille royale; il a eu la bonté d'y joindre des paroles pleines d'un souvenir bienveillant pour ma propre famille, et tout cela, avant même qu'il me fût possible de remettre mes lettres de créance, ni les lettres de récréance que je lui apportais de votre part. Le vicomte de Marcellus vous répétera aussi, mon cher vicomte, tout ce que le roi a dit d'aimable sur votre compte, et l'à-propos piquant même qu'il a choisi pour faire un éloge public de votre dernier discours à la Chambre des pairs. Je n'ai pas eu de conversation particulière avec ce souverain; mais pendant le dîner et dans le cours de la soirée, il a, à plusieurs reprises, saisi les occasions qui se présentaient de me faire connaître la noblesse, la magnanimité de ses sentiments, les vœux qu'il formait pour la prospérité de la France, et l'attachement personnel qu'il portait à notre auguste monarque; je dois vous dire aussi que le duc de Clarence et le duc de Cumberland, que j'ai rencontrés au Cottage, ont partagé hautement l'opinion de leur royal frère.

Recevez, etc.

Le prince DE POLIGNAC.

M. DE CHATEAUBRIAND A M. DE TALARU.

Paris, le 10 août 1823.

Une dépêche télégraphique, datée du quartier général de la Caroline, le 6 de ce mois, nous a appris hier au soir la capitulation de Ballesteros et sa reconnaissance de la régence. Je m'applaudis de vous avoir prévenu dans mes trois dernières lettres d'interposer votre autorité, afin que la régence ne fasse pas l'énorme sottise de repousser Ballesteros. Je vous écris en conséquence une lettre officielle, dont vous ferez usage, s'il y a lieu, auprès de la régence. Cet événement peut amener la reddition de Cadix, et peut déterminer la défection de Milans et de Lobéras en Catalogne. Si, d'un autre côté, nous sommes entrés à la Corogne, comme le disent des lettres venues de Londres, Bourke pourra entrer dans le royaume de Léon et vous mettre en repos à Madrid. Allons, voilà de belles espérances; puissent-elles s'accomplir! Si le roi est délivré, vous aurez d'abord à Madrid le général Pozzo, qui a de pleins pouvoirs pour cela, et ensuite un ambassadeur. Bulgari ne vous restera pas.

Dites-moi ce que l'on pense à Madrid de notre consul de Valence, Brochot d'Andilly, qui a été vice-consul à Madrid, après le départ de M. de La Garde. Mais prenez garde aux exagérations des *absolutistes,* dans ce qu'on vous en dira. Mon dessein est de le renvoyer pour exercer le consulat par *intérim* à Madrid, si vous pensez qu'il n'y a pas d'inconvénients.

CHATEAUBRIAND.

M. DE SERRE A M. DE CHATEAUBRIAND.

Naples, 9 août 1823.

J'ai reçu, monsieur le vicomte, votre lettre confidentielle du 18 du mois dernier. Je vous remercie de la peine que vous avez prise de m'expliquer les motifs qui vous ont décidé à la guerre, et l'état actuel de nos relations diplomatiques.

Il y a une partie de vos motifs de guerre qui n'a pu être bien jugée qu'au moment même, et sur les lieux, mais d'ici j'en aperçois assez pour comprendre qu'à votre arrivée au ministère l'invasion de l'Espagne vous ait paru nécessaire. Au milieu de l'hésitation de la plupart des esprits, la promptitude et la vigueur de votre détermination ont fait beaucoup pour le succès. Il est grand; vous avez toute raison de vous en applaudir, et je vous en félicite de tout mon cœur. Toutefois, et même après la chute de Cadix, vous êtes loin de pouvoir penser à votre *nunc dimittis*. Vous avez le premier rendu à la France cette vie, cette action extérieure, nécessaires à un grand peuple, et qui semblaient suspendues depuis la restauration. Dans cette carrière, les grandes affaires s'appellent l'une l'autre.

Ce n'est pas seulement la question politique de l'Espagne, où, sans vouloir imposer des institutions, vous ne pouvez cependant laisser élever, dans un autre sens, un système aussi absurde, ruineux et menaçant, que celui que vous avez détruit; un système capable de ressusciter un jour le dernier, et de faire évanouir le fruit de vos travaux. Ce n'est pas seulement la question plus épineuse encore des colonies espagnoles, dans laquelle il faudra bien se rappeler la promesse de resserrer, autant que possible, le cercle et la durée de la guerre. — Il n'est pas que vous n'ayez souvent remarqué que, dans le va-et-vient des choses humaines, le danger qui cesse ne fait presque jamais que céder la place à un autre. La crainte des révolutions est le sentiment commun qui, depuis huit années, tient les grandes puissances unies et l'Europe en paix. Le péril passé s'oublie vite, et cette crainte sera bien affaiblie une fois que la Péninsule sera restaurée, pacifiée.

Alors la politique des intérêts, des ambitions de puissance à puissance, la vieille politique, si l'on veut, reprendra tous ses droits. Les cabinets sont timides, endettés, mais les peuples sont reposés et les armées nombreuses; cela n'est point à la longue d'un pacifique augure, encore bien que la paix soit sur les lèvres et dans les cœurs. Cette jalousie de la France, que déjà vous voyez poindre, grandira malgré votre prudence et votre générosité. Il y a de l'habitude autant que de la raison. On craint ce nom même de France, qui depuis des siècles a si souvent remué le monde; on craint, plus encore que la contagion de l'anarchie, l'effet lent mais irrésistible de nos institutions, le mouvement et la force qu'elles nous impriment. Précisément parce que nous avons toujours joui d'une certaine liberté, nous n'avons jamais fait nos affaires sans quelque bruit : vous vous souvenez de vos états, de votre parlement de Bretagne. Pour nous, ce bruit prévient ou détourne le danger; mais après les crises dont nous sortons, c'est aux yeux des cabinets accoutumés à gouverner dans le silence l'indice d'un volcan, de laves prêtes à se répandre. Le plus sûr moyen de calmer les jalousies, c'est d'être fort : on ne conteste que les supériorités qui s'élèvent ou se relèvent; on s'y résigne dès qu'elles sont bien établies.

On est fort par les lois et par les armes. C'est une avance que cette guerre qui, sans être meurtrière, aguerrit nos troupes; mais il nous manque la faculté indispensable de conserver au besoin les soldats aguerris sous le drapeau; il nous manque une réserve; les vétérans n'en sont point une, au moins suffisante dans toutes les conjonctures; la première campagne, nous avons dû recourir à une levée anticipée; ceci est urgent, parce qu'il faut plusieurs années révolues pour avoir amassé les réserves; pour qu'elles restent entières, le temps de service ne doit courir que du jour de l'arrivée au corps.

Il ne faut point faire halte non plus dans le développement de nos institutions politiques; en conservant ce qui est propre à la France et à une monarchie continentale, elles doivent marcher vers cette perfection que vous admirez, à si juste titre, en Angleterre. Chez nous les royalistes seront, pour plus d'une génération encore, l'appui nécessaire du gouvernement; c'est par eux qu'il doit s'enraciner; il faut par tous les moyens les mettre en jouissance des avantages de nos institutions pour leur en donner le goût, pour vaincre les préventions qui restent. La question de l'indemnité des biens des émigrés mérite sérieuse considération; elle est bien plus politique que financière.

Je vous dis toutes ces choses, monsieur le vicomte, parce qu'une guerre heureuse vous donne une force, et que vous possédez des avantages que n'ont point eus vos devanciers. Pour conserver et accroître sa force, il en faut user.

Le saint-père se rétablit comme par miracle ; ce sera un jour une grande affaire aussi que le choix de son successeur. La Providence a donné à l'Église, dans ses dernières tribulations, deux chefs qui ont eu le courage des martyrs ; l'époque actuelle en demanderait un qui eût le zèle des Apôtres ; nous sentons ce qui manque en France à l'influence de la religion, et cependant nous sommes encore les mieux partagés ; notre clergé, toujours le premier de la chrétienté, a été épuré au feu de la persécution. Mais c'est dans le clergé d'Italie, à commencer par celui de Rome ; c'est dans le clergé de l'Allemagne, dans celui de la grande Péninsule, qu'est grand le mal moral qui travaille l'Europe ; c'est là qu'il faudrait commencer à l'attaquer. Comme vous le prévoyez, les Italiens feront la nomination. On pourrait peut-être leur faire sentir leur véritable intérêt, les arracher un instant à leur triste maxime : *il mondo va da se,* leur prouver qu'ils vaudront précisément autant que le pape qu'ils éliront. Malheureusement il paraît que depuis longtemps le sacré collége a été faiblement recruté.

Sur les Deux-Siciles, je n'ai rien à ajouter à mes dépêches officielles. D'ici à longtemps notre rôle à Naples sera, je présume, de simple observation. Il y a peu de bien à faire ; ce quelque mal, que peut-être nous réussirions à éviter, ne vaut pas l'ombrage que nous donnerions à l'Autriche.

Cette lettre, monsieur le vicomte, est plus une suite à nos conversations de Vérone qu'une dépêche diplomatique. Votre confiance a entraîné la mienne. Je sens bien que dans mon coin ma politique doit être trop spéculative. Vous êtes au centre d'action, au foyer dans lequel rayonnent tous les faits. Vous rectifierez mes erreurs.

Je vous renouvelle, monsieur le vicomte les assurances de mon dévouement et de ma haute considération.

H. DE SERRE.

LE PRINCE DE POLIGNAC A M. DE CHATEAUBRIAND.

Londres, le 12 août 1823.

Je ne comptais pas vous écrire aujourd'hui, mon cher vicomte, mais M. Canning, que je viens de voir, m'a chargé d'une *petite commission* pour vous ; c'est simplement sous ce point de vue qu'il m'a prié d'envisager ce qu'il m'a dit, et dont je vais vous rendre compte. Le consul anglais à la Corogne et sir Robert Wilson ont interposé leurs bons offices auprès des autorités espagnoles de cette ville, pour rendre la liberté et mettre à bord d'un parlementaire M. Desbassyns, beau-frère ou cousin du comte de Villèle ; ce parlementaire a été pris par un bâtiment français, et toutes les personnes qui étaient à son bord ont été conduites dans un de nos ports ; au nombre de ces personnes se trouvait madame Quiroga, femme du général espagnol de ce nom. M. Canning demande que vous interposiez maintenant vos bons offices pour lui faire rendre la liberté, comme l'a fait le consul anglais à la Corogne en faveur de M. Desbassyns. J'ai répondu à M. Canning que je vous transmettrais son désir aujourd'hui ; il a dû en écrire également par le courrier de ce jour à sir Charles Stuart.

Tout à vous, mon cher vicomte.

Le prince DE POLIGNAC.

M. DE CHATEAUBRIAND A M. DE TALARU.

Paris, le 16 août 1823.

MON CHER AMI,

L'ordonnance de monseigneur le duc d'Angoulême du... me paraît être la réponse à la note de M. Saez. Cette note, qui demandait *réparation,* aura excité un moment de colère qui aura produit l'ordonnance.

Cette ordonnance, au moment du dénoûment, dans un moment où l'habileté consiste à ne rien agiter, à gagner quelques jours, peut avoir un effet funeste. Je n'ai d'autre conseil à vous donner que de faire vos efforts pour amortir le coup. Ne vous rangez pas du côté de la régence, mais calmez-la, en lui représentant que c'est l'imprudence de la note de M. Saez, ces mots *de réparation,* qui, en blessant monseigneur le duc d'Angoulême, l'ont forcé de prendre une mesure qu'il a crue nécessaire à la sûreté de son armée. Faites entendre surtout que toute irritation qui éloignerait la délivrance du roi aurait l'effet le plus déplorable. Que deviendraient la régence et les royalistes, si nous étions obligés de nous retirer sur l'Èbre? S'ils veulent se sauver, il faut donc qu'ils restent unis à nous, et qu'ils soient reconnaissants de ce que le prince a fait pour eux, même lorsqu'il a recours à des moyens de salut qui contrarient leurs idées ou leurs passions.

Les massacres qui ont eu lieu à Madrid, dans ces derniers jours, semblent au reste motiver l'ordonnance du prince. Je sens, à chaque instant, l'inconvénient des distances : tandis que je vous écris tout ceci, Dieu sait ce qui sera déjà arrivé. L'ordonnance est du 8, nous sommes au 16, vous ne recevrez cette lettre que le 21, et je n'aurai votre réponse que le 26 ou le 27. Dans cet espace de temps, dix révolutions auront pu arriver. Ce que je crains le plus, c'est une décision de la régence, par laquelle elle abandonnerait le pouvoir, ce qui pourrait amener un mouvement dans Madrid ; mais enfin la Providence, qui depuis si longtemps est pour nous, ne nous abandonnera pas.

Vous verrez bien que cette lettre n'est pas une réponse à votre dépêche du 11, n° 49, que j'ai reçue ce matin, et qui ne dit rien d'important, mais une réponse à ce que j'ai appris par M. de Villèle, à qui Monseigneur a envoyé son ordonnance. Si, par un miracle, Monseigneur s'était ravisé et n'eût pas publié cette ordonnance, je n'ai pas besoin de vous dire qu'il faudrait se taire sur tout ceci.

CHATEAUBRIAND.

M. DE CHATEAUBRIAND A M. DE TALARU.

Paris, le 17 août 1823.

Je reçois votre réponse du 12, n° 50 : elle m'apporte l'ordonnance dont je vous ai parlé hier. Je vous réponds par deux lettres officielles : l'une sur l'ordonnance même, l'autre sur votre lettre au général Guilleminot. Quant à l'ordonnance, c'est une chose faite ; il faut donc la soutenir ; car, ce qu'il y a de pire, c'est de reculer sur une mesure, et rien au monde ne doit nous faire abandonner Monseigneur.

Le général Lauriston, qui a déjà reçu devant Pampelune l'ordonnance de Monseigneur, dit qu'elle produit le meilleur effet, même parmi les corps royalistes qui sont sous les armes, et qui se plaignent, comme nous, qu'en persécutant les miliciens rentrés chez eux, on leur suscite à chaque instant de nouveaux ennemis. Cette opinion ne sera pas celle des villes populeuses, où les classes inférieures aiment les arrestations et le désordre. Si j'avais été auprès de Monseigneur, je lui aurais certes conseillé de ne pas rendre cette ordonnance, qui peut compliquer les affaires au moment même d'un dénoûment ; mais enfin elle existe, tout est dit ; il faut la défendre.

Votre rôle néanmoins, comme je vous l'ai dit hier, est d'amortir les coups, d'adoucir les frottements, de diminuer le mal autant que possible, et de vous jeter, par des interprétations conciliantes et modérées, entre les partis. Il n'y a aucun doute que vos collègues vont profiter de la circonstance pour faire bien de faux rapports. Mais tenez pour certain qu'il n'y a aucun arrangement fait à Cadix, que Monseigneur lui-même est très-éloigné de vouloir accorder aucune concession politique, et que tout ce qu'on peut imaginer sur ce point est entièrement dénué de fondement.

Je vois, par votre lettre, que j'avais deviné juste, et que c'est l'envoi à Monseigneur des papiers sur l'affaire de Burgos qui a produit l'explosion. L'habitude des affaires et la connaissance des caractères apprennent à prendre sur soi certains retards qui décident quelquefois toute une question.

Que sert, au reste, tout ce que je vous dis ici? Mes instructions vous parviendront quand la scène sera toute changée en bien ou en mal.

Si, par hasard, les choses s'étaient arrangées lorsque vous recevrez cette lettre ; si la régence avait pris le sage parti de se taire et de laisser passer (c'est à quoi surtout il aurait fallu l'engager), vous jugeriez peut-être qu'il serait de la prudence de ne pas ranimer la question en faisant usage de mes lettres officielles. Mais dans le cas où l'affaire serait controversée et encore toute vivante, vous ferez connaître hautement l'opinion de votre gouvernement.

M. DE CHATEAUBRIAND A M. DE POLIGNAC.

Paris, le 18 août 1823.

Vos dépêches, noble prince, sont très-claires, très-pleines et très-bonnes, je n'avais voulu vous donner aucun avis. Le désaveu de M. Canning est complet sur l'affaire de la flotte anglaise. Vous pouvez, à votre tour, assurer à ce ministre que nous n'avons jamais pensé à envoyer des troupes en Portugal. Au reste, je vous dirai (tout à fait entre nous) que je suis peu content des affaires d'Espagne. La régence s'est emportée dans l'affaire de Burgos; elle a fait passer une note à Talaru, demandant *réparation*. Talaru a eu l'imprudence d'envoyer cette note à monseigneur le duc d'Angoulême, alors en chemin pour Cadix, et le prince a répondu *ab irato* par une ordonnance, où il déclare qu'aucune arrestation ne pourra avoir lieu dans les villes occupées par les troupes françaises, sans la permission du commandant de ces troupes, etc. Vous sentez quelles divisions cette ordonnance va jeter dans les esprits. Cependant il n'y a pas à balancer, il faut la soutenir, car nous ne devons pas abandonner le prince généralissime. Ne parlez de cette affaire que lorsqu'elle viendra à éclater ; alors vous direz que le prince a été obligé de prendre cette mesure pour la sûreté des troupes françaises, et pour l'honneur même de la régence, dont les ordres modérés étaient méconnus par des hommes qui ont intérêt à prolonger les révolutions. Au reste cette ordonnance sera sans doute fort applaudie en Angleterre, mais elle confirmera M. Canning dans l'idée qu'il y a des divisions qui existent entre nous et la régence.

L'estafette de Madrid, qui arrive à l'instant, portant des lettres du 13, m'apprend que l'affaire de l'ordonnance est un peu replâtrée; qu'Oudinot a consenti à ne pas la publier, et que la régence a écrit une lettre au prince, dans laquelle elle lui dit qu'elle va faire ouvrir les prisons à tous les détenus qui ne sont pas dans le cas d'être traduits devant les tribunaux. Puisse tout cela s'arranger, mais c'est toujours une triste affaire. Les lettres n'apprennent d'ailleurs rien de nouveau. Elles parlent d'une proposition qui aurait été faite à Bordesoulle, par les cortès, le 6 et le 7. Nous doutons de cette nouvelle. Un courrier anglais, qui a dû passer par Madrid, le 13, aurait dit que dans deux mois nous aurons besoin de l'intervention de l'Angleterre. Ce sont là des *on dit*.

CHATEAUBRIAND.

M. DE CHATEAUBRIAND A M. DE TALARU.

Paris, le 19 août 1823.

Je vous écris, mon cher ami, une lettre officielle. Dans la réponse à M. Saez, si vous en avez fait une, j'espère que vous aurez pris en termes polis, mais fermes, le parti de l'ordonnance. Ostensiblement vous devez être pour tout ce qui émane d'une autorité française ; secrètement vous devez tâcher de tout concilier, de tout adoucir. Je viens de voir le général Pozzo, il est très-raisonnable ; il m'a dit qu'il allait écrire à M. Bulgari, à propos de la note de la régence adressée à la conférence, qu'il ne devait pas se constituer juge entre la régence et Monseigneur ; il lui ordonnera de se porter seulement comme modérateur entre les opinions, et d'empêcher que l'affaire devienne plus grave. Au reste, tout cela viendra trop tard ; ce que vous avez le plus à craindre, c'est qu'on nous fasse quelque émeute à Madrid, Burgos et Saragosse. Tous les partis profiteront de la circonstance pour semer des divisions : c'est une crise, il faut la traverser, et il est inutile de regarder en arrière.

CHATEAUBRIAND.

LE GÉNÉRAL GUILLEMINOT A M. DE CHATEAUBRIAND.

Puerto Santa-Maria, 21 août 1823.

MONSEIGNEUR,

Mon état de souffrance, et un travail excessif pendant la route fatigante que nous venons de faire, ont pu seuls interrompre une correspondance à laquelle je mets le plus grand prix. Ainsi j'ose espérer que Votre Excellence ne poussera pas la sévérité jusqu'au point de ne me donner de ses nouvelles que lorsqu'elle en trouvera le motif dans quelques circonstances officielles. Ce serait une trop grande privation pour un retard entièrement indépendant de ma volonté.

J'ai toujours fait ce qui a dépendu de moi, Monseigneur, pour rendre agréable la position de M. de Bouttourlin au quartier général ; j'y étais naturellement porté, parce que ses qualités me sont connues depuis longtemps ; et que je sens combien il importe qu'il soit content de nous. Le hasard l'ayant conduit chez moi, peu d'instants après la réception de la lettre de Votre Excellence, je me suis empressé de lui donner quelques explications qui, si elles n'ont pas fait disparaître son amertume, l'ont au moins un peu calmée ; je m'attacherai à l'effacer entièrement.

Nos affaires n'iront peut-être pas aussi vite que nous avions pu d'abord l'espérer. Je crains que l'intervention anglaise, sur laquelle les révolutionnaires s'appuient, n'élève des obstacles, et si, avant tout, il ne fallait agir, ce serait le moment de regretter la mesquinerie des secours envoyés de France. Au surplus, nous tirerons de nos ressources tout ce qu'il nous sera possible d'en obtenir. Notre zèle suppléera à ce qui nous manque. Nos troupes sont on ne peut mieux disposées ; la présence de Monseigneur, que j'aurais voulu cependant retarder jusqu'au moment où tous nos moyens eussent été prêts, redouble leur ardeur. Dans peu de jours, nous tenterons la grande aventure ; les dispositions en seront d'accord avec les premières idées que Votre Excellence m'a fait l'honneur de me communiquer.

Je ne vous parle pas, Monseigneur, de la réponse que le roi a faite au message que lui avait adressé S. A. R. Votre Excellence en sera instruite par M. de Villèle.

Je prie Votre Excellence d'agréer, etc.

GUILLEMINOT.

M. DE CHATEAUBRIAND A M. DE TALARU.

Paris, ce 23 août 1823.

Vos dépêches du 17 et du 18, n°s 58 et 59, m'arrivent en même temps. Les circonstances sont graves, mais c'est dans les circonstances graves que l'on prend son parti et que l'on fait tête à l'orage. Nos armées disséminées, la population soulevée contre nous, les places fortes résistant, voilà de terribles choses que nous disent aussi tous les jours nos libéraux ; mais enfin nous n'avons pas devant nous un seul corps d'armée capable d'arrêter cinq cents Français. La population, qui n'a pas pu se soulever pour nous à l'ombre de cent mille baïonnettes françaises, et qui se fait battre partout où elle veut se mesurer seule avec les soldats des cortès (comme cela vient de lui arriver encore en Catalogne), cette population ne se soulèvera pas en masse contre nous. Tout n'est pas perdu, et, avec de la patience et de la mesure, on peut réparer une erreur, grave sans doute ; mais quel homme, et surtout quel prince, est exempt d'erreur ?

Je ne vous ai point dit que l'affaire de Burgos fût peu de chose, mais je vous ai dit qu'il était de bonne politique de la faire paraître ainsi. Il est souvent utile de traiter les affaires avec une apparence de peu d'importance ; on les aggrave en appuyant trop sur leurs conséquences. L'ordonnance d'Andujar n'est point la suite d'un plan, comme le prétend M. Brunetti, qui voit partout une charte projetée et un accommodement avec les révolutionnaires; c'est un mouvement de colère produit par la lecture de la note de M. de Saez, qui demandait des *réparations*. On tomberait, en croyant cela, dans toutes les erreurs autrichiennes.

Je ne suis pas de ceux qui croient à la reddition subite de Cadix ; je pense même que cette ville pourrait ne pas ouvrir ses portes. Mais je ne désespère pas tout à fait de sa reddition ; il y a beaucoup de chances pour nous, et enfin, si Cadix ne se rendait pas, tout ne serait pas encore perdu.

Les ordres de monseigneur le duc d'Angoulême ont été exécutés trop rigoureusement à Vittoria et à Bilbao. J'ai proposé de les faire adoucir d'ici, mais on objecte que, si le ministre de la guerre donnait un ordre qui fût contrarié par un ordre venu de Monseigneur, il pourrait en résulter un mal prodigieux. De plus, envoyer un ordre de Paris ferait condamner le prince, et tout vaut mieux que cela. En tout, il y a mal de tous côtés, mais ne nous décourageons pas.

P.-S. Je me désole comme vous de la distance; que sert tout ce que je viens dire? Quand vous recevrez cette lettre, la réponse de Monseigneur sera arrivée depuis huit ou dix jours à Madrid, et tout sera changé. Dans tous les cas, que la régence sache bien que si, par une division funeste, nous étions obligés de nous retirer sur l'Èbre, Valdès serait bientôt à Madrid, et les royalistes exterminés. La France se sauverait toujours, et rien ne pourrait la forcer dans ces places fortes de la Catalogne et de la Navarre, dont elle s'emparerait aussitôt, en faisant des siéges; mais les constitutionnels triompheraient dans le reste de l'Espagne : le mieux est donc de nous tenir unis à tout prix.

Chateaubriand.

M. DE CHATEAUBRIAND A M. DE LA FERRONNAYS.

Paris, ce 23 août.

Je dois, Monsieur, vous parler d'un événement dont nos ennemis ont voulu faire quelque chose, et qui heureusement n'aura aucun résultat fâcheux.

On avait fait à Burgos, ainsi que dans plusieurs autres villes d'Espagne, des arrestations arbitraires extrêmement nombreuses. Les moindres inconvénients de ces arrestations étaient de susciter des ennemis sans cesse renaissants à nos armées; car les soldats miliciens qui rentraient chez eux, en vertu de capitulations militaires avec nos généraux, étant incarcérés en rentrant dans leurs foyers, reprenaient les armes et allaient grossir les garnisons des places ou former des guerillas derrière nos armées. Pour faire cesser ces désordres, qui compromettaient la sûreté de nos troupes, le commandant de Burgos fit mettre en liberté tous les détenus qui n'étaient pas arrêtés en vertu d'ordres émanés des tribunaux. La régence s'en tint offensée, et M. de Saez écrivit une lettre à M. de Talaru, dans laquelle il demandait d'un ton menaçant une *prompte réparation*. Cette note fut malheureusement communiquée à Monseigneur, qui, justement offensé qu'on ne reconnût pas mieux ses travaux et ses sacrifices, donna, de premier mouvement, à Andujar, une ordonnance par laquelle il déclare qu'aucune arrestation ne pourra avoir lieu dans les places occupées par ses troupes, sans l'autorisation du commandant de ces troupes ; et comme des journaux de Madrid avaient osé insulter l'armée française, cette ordonnance mettait les journaux sous la surveillance militaire.

Là-dessus grand bruit : *L'indépendance de la régence méconnue, la justice violée, la cause royaliste sacrifiée à la cause révolutionnaire*, etc., etc. Les agents de l'Angleterre soufflaient le feu, les partisans des cortès cherchaient à faire naître une division sérieuse entre nous et le parti royaliste ; des intrigants s'agitaient et des moines fanatiques cherchaient à remuer la populace. MM. Bulgari et Brunetti, qui sont bien jeunes pour la besogne dont ils sont chargés, s'emportèrent d'abord, mais ils revinrent ensuite à un sentiment plus juste de la position des choses. M. Royez fut constamment bien, et aperçut, dès le premier moment, le danger immense qu'il y aurait eu à montrer la moindre division entre les représentants de l'alliance dans une pareille circonstance. L'ordonnance, sans doute, a des inconvénients ; un magistrat, un ambassadeur ne l'aurait pas rédigée telle qu'elle est, ou plutôt aurait conseillé toute autre mesure. Mais qu'est-ce après tout qu'une ordonnance échappée à un général qui voit sa parole comptée pour rien, ses troupes exposées par des violences fanatiques? à un général dont l'humeur est trop naturellement provoquée par une note menaçante? qu'est-ce, dis-je, que cette ordonnance mise en contre-poids à tous nos sacrifices et aux vertus d'un prince véritablement admirable? Notre sang coule dans toutes les provinces de l'Espagne pour la cause des royalistes espagnols, cause qu'ils défendaient eux-mêmes si mal ; nos soldats, au milieu de toutes les privations, sous un soleil brûlant, gardent la discipline la plus incroyable ; cent cinquante millions ont déjà été répandus par nous dans la Péninsule. Un prince héritier du trône de France expose à tous moments sa vie pour délivrer le roi Ferdinand et arracher l'Espagne à la faction ; et tout cela sera mis en oubli, parce qu'une ordonnance juste au fond, quoique défectueuse dans la forme, est venue mettre un frein à l'esprit de réaction et de vengeance, et contrarier les vues de ceux qui ne poussaient peut-être à ces rigueurs excessives que pour nous contraindre à nous retirer sur l'Èbre. On a enfin senti ce qu'il y aurait d'ingrat et d'impolitique à faire autant de bruit. La régence, qui avait envoyé une note à la conférence, l'a retirée; les représentants des cours ont cessé d'insister sur des démarches intempestives. La régence a ordonné elle-même l'ouverture des prisons et député un officier à Monseigneur pour l'engager à modifier son arrêté : tout s'est calmé et l'on attend en paix les événements de Cadix.

Monseigneur est arrivé, au plus tard, au port Sainte-Marie le 18; il aura fait sommer Cadix le 19 ou le 20, et s'il n'a pas ouvert ses portes, l'attaque est ordonnée pour le jour même de la Saint-Louis, le 25. Nous n'avons donc plus que huit jours à attendre, à dater du jour où je vous écris, pour apprendre les choses les plus importantes pour les destinées de l'Europe.

CHATEAUBRIAND.

M. DE CHATEAUBRIAND A M. DE TALARU.

Paris, ce 27 août 1823.

Je vous écris ce matin avec une sorte de satisfaction, parce qu'il n'y a plus d'incertitude sur l'événement. Heureux ou malheureux, il est maintenant passé; vous le savez sans doute au moment où j'écris, et certainement au moment où vous recevrez cette lettre. Une estafette arrivée hier, ne m'a point apporté de dépêches de vous, mais elle apporte une lettre de Monseigneur qui apprend ce qu'il a dû faire; elle me donne du moins cette satisfaction qui résulte des faits précis de la netteté d'une position. Le prince dit donc que le 17 il a assemblé un conseil de guerre; qu'il a été résolu d'attaquer la ville en suivant un plan régulier, lequel plan demande cinq jours de préparation; qu'en conséquence il a envoyé un de ses aides de camp porter au roi la lettre dont on lui avait envoyé d'ici le modèle, en donnant cinq jours pour y répondre. Vous connaissez maintenant cette lettre. Elle servira à vous détromper sur la *prétendue conspiration* politique pour une charte à laquelle vous avez cru, avec tous ceux qui avaient intérêt à Madrid à y croire ou à y faire croire. Vous auriez dû mieux me connaître. Les événements militaires et la conduite particulière du prince ne dépendent pas de moi; mais ce qui en dépend ce sont les résultats et les capitulations politiques, car aucune concession pour la fin de la guerre ne peut être accordée sans être ou offerte ou ratifiée par le roi, sur l'avis du conseil : or, tout ce qui serait au déshonneur de la France, et constituerait l'abandon des principes qui ont fait la règle de ma vie politique, n'aura jamais lieu tandis que j'aurai quelque part au gouvernement. Ou je me trompe étrangement, ou la lettre de Monseigneur est aussi noble que ferme et calme. Que propose-t-il, ou plutôt qu'insinue-t-il? car même il ne le propose pas. Une amnistie et les vieilles cortès; et cette amnistie et ces vieilles cortès ne peuvent être même accordées qu'après que *le roi sera libre;* sa liberté étant la première condition de la paix. Trouvez mieux, et pour le roi dont il faut la délivrance, et pour la nation qu'on ne peut garantir des fautes du roi qu'en la mettant à l'abri derrière ces vieilles institutions. Si le clergé, qui compose presque seul les vieilles cortès, n'est pas satisfait, il faut convenir qu'il est difficile à satisfaire.

Mon rôle ici est fini; je sors net et sans tache de l'événement, quel qu'il soit. Je ne me plaindrai point des soupçons, de l'alarme répandue autour de vous par ceux à qui vous avez parlé.

Mon caractère est la constance; je ne m'effraye ni ne me trouble de rien; si la lettre ou l'attaque n'ont point réussi à Cadix, je ne croirai point tout perdu, et ce qu'on aura point fait en août, on le fera plus tard, et je proposerai, coûte que coûte, de ne jamais abandonner l'affaire d'Espagne. L'habitude des affaires m'a appris que beaucoup de choses qu'on a crues perdues ne vont pas si mal qu'on l'aurait cru d'abord; qu'il y a un certain bruit de parti qui assourdit lorsqu'on commence, et qu'on se tromperait en agissant d'après ses premiers mouvements.

Vous avez entendu les cris des royalistes espagnols, les plaintes de ces agents diplomatiques qui sont les ennemis de la France. On a cru, sur les rapports de ces hommes passionnés, que le prince avait commis plus d'erreurs qu'il n'en a commis. Une bête placée au port Sainte-Marie fait présumer que tout le reste était ainsi; vous n'avez pas entendu les plaintes du parti opposé; vous n'avez pas vu, comme nous ici, les réponses de tous les gouverneurs des places, qui disent tous qu'ils se rendraient, mais qu'ils ne le feront pas, parce qu'en posant les armes ils seraient emprisonnés et massacrés par les ordres de la régence. Vous n'avez pas vu les rapports sur les cruautés du curé Mérino et des autres chefs royalistes, et conséquemment vous n'avez pas été à même de bien juger de l'effet que ces rapports, présentés peut-être dans un esprit peu bienveillant, ont pu produire sur le prince généralissime; une seule ordonnance fâcheuse a paru, selon moi, un trop grand contre-poids aux sacrifices de la France et aux vertus réelles du prince. On traite aujourd'hui facilement d'ineptes, d'incapables, de stupides, les gouvernements; mais peut-être, en dernier résultat, trouvera-t-on qu'un gouvernement qui a essayé de concilier les hommes, qui s'est opposé à toutes les mesures arbitraires, qui partout a arraché des victimes à la mort sans distinction de parti, et qui pourtant, tandis qu'on l'accusait de faiblesse, n'a consenti à aucune concession politique, peut-être trouvera-t-on que ce gouvernement a fait usage d'un assez heureux mélange de modération et de fermeté.

Quoi qu'il en soit, voilà ces longs bavardages finis. Si Ferdinand est rétabli sur son trône, vous rentrerez dans les voies d'une légation ordinaire ; si l'affaire de Cadix est manquée, je vous transmettrai les ordres du roi, et on prendra conseil des événements.

Je ne sais rien de l'ordonnance, sinon qu'on a donné du quartier général l'ordre de l'exécuter avec toute la prudence et toute la douceur possibles.

Chateaubriand.

M. DE RAYNEVAL A M. DE CHATEAUBRIAND.

Berlin, ce 30 août 1823.

Monsieur le vicomte,

Je sais gré au courrier prussien de partir à point nommé pour que je puisse vous accuser sans retard la réception de votre lettre du 23, qui m'est parvenue hier. Je n'ai pas été aussi heureux pour celle du 11, aucune occasion ne s'étant présentée depuis que je l'ai reçue. J'ai toujours de nouveaux remerciements à faire à Votre Excellence du soin obligeant qu'elle met à me tenir exactement informé de tous les événements, et de fournir un aliment substantiel à mes conversations avec M. de Bernstorff, qui, sans cela, tiendraient un peu trop de la nature du monologue. Mes dernières dépêches ont fait connaître à Votre Excellence avec quelle satisfaction on aurait reçu ici la nouvelle de la soumission de Cadix. Aujourd'hui, un peu d'impatience y a succédé, mais toujours mêlée de beaucoup de confiance. M. de Bernstorff, me parlant hier soir des dépêches qu'il venait de recevoir, m'a dit que tout allait à merveille, et que les détails qu'on lui donnait élevaient au plus haut degré ses espérances. La conversation s'étant portée sur les résultats de l'expédition d'Espagne, aussi vivement menée qu'elle l'a été jusqu'ici, et aussi heureusement terminée que nous la prévoyons, il a compté, au nombre de ceux dont nous ne devions pas être les seuls à nous féliciter, la *résurrection politique de la France*, c'est le terme dont il s'est servi. Il a ajouté que c'était à vous, principalement, monsieur le vicomte, à l'énergie de vos conseils, qu'elle devait de se trouver replacée parmi les puissances au rang qu'il était si nécessaire qu'elle occupât.

Les rapports de M. Royez, arrivés hier, parlent du fâcheux dissentiment d'opinion qui a éclaté entre M. le duc d'Angoulême et la régence, au sujet des arrestations arbitraires qui avaient été faites. D'après l'impression qu'il m'a paru que M. Bernstorff avait reçue de toute cette affaire, j'ai pu juger que M. Royez avait complétement mérité les éloges que Votre

Excellence lui donne, et que j'ai eu soin de répéter. M. de Bernstorff croit que la vivacité qu'a montrée S. A. R. dans cette circonstance, loin d'avoir un fâcheux effet pour l'avenir, servira à tenir la régence dans de justes bornes, et à lui faire sentir les ménagements qu'elle a à garder envers le gouvernement auquel elle doit son existence, et le prince sans l'assistance duquel elle ne peut rien.

J'ai envoyé à M. de La Ferronnays, par estafette, et à M. de Rumigny, par la poste, les lettres que Votre Excellence m'avait adressées pour eux.

Agréez, je vous prie, monsieur le vicomte, l'assurance de mon entier dévouement et celle de la haute considération avec laquelle j'ai l'honneur d'être, de Votre Excellence, le très-humble et très-obéissant serviteur.

RAYNEVAL.

M. DE CHATEAUBRIAND AU GÉNÉRAL GUILLEMINOT.

Berlin, ce 31 août 1823.

J'ai reçu, général, la lettre que vous m'avez fait l'honneur de m'écrire, en date du port Sainte-Marie, le 21 de ce mois. Je m'attendais à la réponse négative du roi d'Espagne, ou plutôt de ses geôliers. J'ai toujours pensé qu'on ne céderait qu'aux boulets et aux bombes. Si vous pouvez joindre l'ennemi et arriver au corps de la place, la partie est gagnée; mais comment joindre cet ennemi? Je n'ai pas grande confiance au bombardement par mer, si vous n'avez pas pied à terre dans l'île de Léon. Quand vous aurez pris le Trocadero et le Matagorda, on assure qu'il vous sera aisé de faire taire le feu du Pontalès, sur la pointe en face du Matagorda, et, par suite, d'opérer une descente sur ce point, de vous y loger avec six mille hommes, et de séparer ainsi l'île de Léon de Cadix, qu'il serait facile alors d'écraser. On dit aussi qu'il serait facile d'opérer un débarquement dans l'île, du côté de la pleine mer. Ne pourriez-vous faire venir les canons trouvés à Algésiras? Tout ce que j'ai pu faire dans mon département, c'était de faire écrire à M. de Lesseps, notre consul à Lisbonne, bien avant qu'on songeât à rien tirer du Portugal, de vous envoyer, sur mon propre crédit, bombardes, munitions, etc. Je vous répète, général, toutes mes rêveries militaires; mais je reste toujours convaincu, peut-être à tort, qu'on ne peut rien faire de sûr, si on n'occupe un point dans l'île de Léon; et je crois qu'avec des soldats français, inspirés par la présence de monseigneur le duc d'Angoulême, rien n'est impossible.

Ne vous effrayez pas, général, de l'intervention anglaise; croyez-moi, elle n'aura pas lieu. C'est un leurre, dont les meneurs se servent pour faire prendre patience à leur parti. J'ai, sur la neutralité anglaise, des données certaines ; on n'est pas bienveillant, mais jamais on n'interviendra tant que nous resterons unis aux Espagnols : c'est là notre grande sauvegarde.

La flottille qui était devant la Corogne doit maintenant vous avoir ralliés. Elle aurait pu vous porter les canons de cette place ; je l'ai dit, et j'aurais voulu qu'on eût donné des ordres. Si on n'y a pas pensé, ne pourriez-vous envoyer un ou deux bâtiments de votre escadre chercher ces canons?

Je viens de m'apercevoir, général, que j'avais mal commencé ma lettre : je n'ai pas le temps de la récrire.

Croyez à mon entier dévouement.

CHATEAUBRIAND.

P.-S. Adoucissez, autant que vous le pourrez, l'exécution de l'ordonnance si généreuse d'Andujar, mais dont nos ennemis ont été au moment de tirer le plus grand parti contre nous. Nous ne pouvons rien faire sans notre union avec la population royaliste, toute violente qu'elle est : c'est un mal qu'il faut supporter.

Je rouvre ma lettre pour vous dire que je viens de lire la lettre du roi d'Espagne ; c'est un insigne monument de sa servitude. Il faut qu'il soit bien malheureux, pour avoir copié une pareille lettre, car elle ne peut être de lui. Ne croyez pas un mot de ce qui est dit des négociations avec l'Angleterre. La preuve du mensonge est auprès, car la lettre prétend que nous sollicitons aussi l'intervention anglaise ; et l'on sait que nous avons rejeté trois fois la médiation de la Grande-Bretagne. J'insiste sur ce point, parce que je m'aperçois que c'est une fausse idée que l'on a toujours eue au quartier général. Encore une fois, tant que vous serez bien avec la Russie, ne craignez rien des Anglais. On fait dire aussi au roi qu'il sera *exposé!* c'est une ruse employée pour agir sur le cœur de monseigneur le duc d'Angoulême ; c'est un malheur d'être obligé de bombarder Cadix, mais c'est un malheur inévitable, car si Cadix ne se rend pas, la monarchie française est en péril. Ici, il n'y a pas à reculer, il s'agit de notre existence. Ni les difficultés, ni l'hiver, ni les périls ne doivent nous arrêter. Si nous prenons, ou si nous ne prenons pas Cadix, nous sommes la première ou la dernière puissance de l'Europe. Je viens d'obtenir qu'on donne des ordres à la Corogne et à Rochefort de vous envoyer des canons, etc., dussent-ils arriver trop tard.

Ne pensez-vous pas qu'il serait temps de former des siéges en Catalogne? On n'y a pas pris les équipages suffisants. La chute de Barcelone entraînerait celle de Cadix. Au reste, Milans est renfermé et investi dans Tarragone, et il ne reste plus une seule armée constitutionnelle en campagne dans toute la Péninsule, si ce n'est quelques corps errants dans l'Estramadure.

M. DE CHATEAUBRIAND AU PRINCE DE POLIGNAC.

Paris, ce 1er septembre 1823.

Je vous envoie, noble prince, la copie de la lettre de monseigneur le duc d'Angoulême et de la réponse de Ferdinand ; elle est uniquement pour vous. Nous ne devons faire connaître que malgré nous et le plus tard possible, si nous ne pouvons pas prévenir la publication, ce monument de la honte et de la servitude du roi d'Espagne. La lettre originale est *de la main même* de ce malheureux monarque : ainsi il déclare qu'il est *libre*, six semaines après avoir protesté, à Séville, contre la violence qu'on lui faisait, et après avoir été déclaré fou et dépouillé de la royauté. Vous remarquerez le mensonge sur les médiations de l'Angleterre, mensonge prouvé, puisqu'il est notoire que, loin de demander ces médiations pour notre compte, nous les avons formellement refusées. La lettre de Monseigneur est digne et simple, et vous voyez qu'aucune concession n'a été faite aux *comuneros*. Vous ferez part à vos collègues d'Autriche, de Russie et de Prusse, du *fait* ; vous leur direz que monseigneur le duc d'Angoulême avait proposé au roi Ferdinand de publier une amnistie, lorsqu'il serait libre, et de convoquer les anciennes cortès pour mettre ordre aux affaires du royaume, et que Ferdinand, sous le poignard des assassins, a été obligé de copier une réponse que nous ne voulons pas publier pour l'honneur des monarchies. Vous direz également à M. Canning, s'il vous en parle, qu'aucune négociation n'a été possible, et que nous allons prendre de force ce qu'on ne veut pas nous donner de gré ; mais vous ne lui laisserez pas ignorer que les jacobins de Cadix se vantent dans leur lettre d'être en négociations avec l'Angleterre. Au reste, à quelque chose malheur est bon ; il vaut mieux avoir Cadix avec des bombes que par des lettres ; nous ne serons point forcés à des concessions. Dans ce moment le Trocadero doit être pris, ce qui est un acheminement à l'île de Léon. Si nous pouvons parvenir à descendre et à nous établir dans cette île, Cadix ne peut pas tenir huit jours. Nous avons la nouvelle de l'arrivée de Hyde à Lisbonne. Écrivez-lui de ma part, pour lui dire d'envoyer tout ce qu'il pourra, en munitions de guerre, chaloupes canonnières, bombardes, devant Cadix, etc., etc. CHATEAUBRIAND.

M. DE LA FERRONNAYS A M. DE CHATEAUBRIAND.

Saint-Pétersbourg, le 4 septembre 1823.

En rendant compte, dans ma dépêche de ce jour, de ma conversation avec l'empereur, j'ai cru, monsieur le vicomte, devoir réserver pour une lettre plus confidentielle ce qui, dans cette conversation, a été plus particulier. Voici ce que l'empereur m'a dit :

« Vous vous plaignez de la défiance que l'on vous témoigne. Vous voudriez que sans examen, sans connaître vos intentions, et sans avoir le droit de donner leur avis, les alliés souscrivissent aveuglément à tout ce qui vous paraît convenable; en un mot, vous prétendez ne servir que les intérêts de la France, ne consulter que ses convenances, et que l'alliance ne soit pour vous qu'un auxiliaire qui n'ait d'action et de direction que celles que vous voudrez lui donner : c'est exiger beaucoup, et la France n'a point encore donné à l'Europe les garanties dont elle aurait besoin pour se laisser conduire par elle. Il est hors de doute que, dans cette grande entreprise dont vous supportez les frais et courez les premiers risques, nous devions vous laisser une pleine et entière liberté d'action, et je me suis toujours opposé à toutes mesures qui auraient pu la gêner; j'ai de même compris les ménagements que vous deviez à l'orgueil national, et n'ai pris aucun ombrage du silence qui a été gardé sur les alliés. Tenez, mon cher général, mettons les points sur les i, et parlons avec une entière franchise; les dernières explications, lorsque l'on veut s'entendre, ne servent à rien. La guerre d'Espagne, que votre propre sûreté rendait indispensable, et qui était nécessaire au repos de l'Europe, se fait contre le gré du président du conseil.

« M. de Villèle est un excellent ministre des finances ou de l'intérieur, il a un beau talent, et, dans la Chambre des députés, il est d'une supériorité incontestable.

« Je ne fais point à M. de Villèle l'injure de croire qu'il ne partage pas les sentiments et la joie que vos succès en Espagne doivent faire éprouver à tous les bons Français; mais l'espoir qu'il a toujours conservé de terminer cette guerre par quelques transactions ou arrangements avec les révolutionnaires fait qu'il ne l'a jamais soutenue avec les moyens et l'énergie qu'il aurait sûrement déployés s'il l'eût fait par conviction de son utilité, et non par entraînement forcé [1]. S'il eût été persuadé, ainsi que paraît l'être M. de Chateaubriand, qu'une victoire entière et complète était indispensable, et que le moindre revers pouvait entraîner la ruine de la France, il aurait compris de quel avantage il était pour la France de pouvoir, sans que personne eût le droit d'en témoigner de l'inquiétude, remettre sur pied son armée, et surtout sa marine, qui pouvait et devrait vous rendre de beaucoup plus grands services; vos troupes font des miracles, mais partout elles sont faibles en nombre; vos blocus sont insuffisants; et si vous

---

[1] Ce jugement est faux et partial; j'ai été forcé d'en laisser subsister une partie pour servir de défense à M. de Villèle, et pour mieux faire comprendre, s'il a eu par hasard connaissance de ces lettres, l'humeur fatale dont il fut animé contre moi.

aviez le malheur d'éprouver des revers, j'ignore ce qui pourrait consoler ceux qui n'ont pas voulu comprendre qu'en multipliant les moyens et en frappant de grands coups, on diminuait les dangers de l'entreprise, on en assurait le succès et l'on doublait l'éclat du rôle que joue la France [1]. M. de Chateaubriand, depuis qu'il est au ministère, a montré une énergie et une habileté qui légitiment ses droits à notre confiance, et qui l'élèvent au premier rang des hommes d'État, mais il n'est pas secondé.

« Voilà, cher général, ce qui explique et ce qui peut justifier la méfiance dont vous vous plaignez. Garantissez-nous le maintien de M. de Chateaubriand au ministère et la durée de son influence, vous verrez alors disparaître toutes les inquiétudes. Mais nous ne pouvons nous dissimuler qu'il suffirait peut-être d'une seule mauvaise nouvelle d'Espagne pour changer la situation de ce ministre, et faire prendre des résolutions qui pourraient le forcer à se retirer.

« Vous voyez, mon cher général, jusqu'où va celle que j'ai en vous ; c'est à l'estime que j'ai pour votre caractère que vous devez cette longue explication, qui ne suffira pas peut-être pour détruire vos préventions contre les intentions que vous supposez à quelques personnes, mais qui, du moins, vous fait connaître les raisons qui peuvent quelquefois, et jusqu'à un certain point, me faire partager les inquiétudes qui vous chagrinent. Croyez cependant que je sens trop les inconvénients qui pourraient résulter d'un manque d'accord entre nous, pour ne pas mettre tous mes soins à en prévenir même l'apparence, et vous trouverez Pozzo toujours disposé à vous aider de tout son pouvoir. Il faudrait la réalisation de quelques unes des craintes que je vous ai manifestées pour changer mes dispositions et ma conduite. »

En mettant de côté les préventions de S. M. I., il est difficile, monsieur le vicomte, de ne pas supposer à celui qui s'exprime dans de pareils termes un fonds réel d'intérêt et de partialité pour la France.

Je me suis borné à répondre à l'empereur que je ne pouvais que regretter vivement de le voir persister à conserver, contre le président du conseil, des préventions aussi peu fondées, et qui pouvaient avoir de si graves inconvénients ; qu'il était possible qu'avant d'entreprendre la guerre, M. de Villèle frappé, comme on l'était à Vienne même et à Berlin, des dangers dont elle pouvait menacer l'Europe, eût tout fait et tout tenté pour l'éviter ; mais qu'une fois décidée, il serait injuste de l'accuser de ne l'avoir pas soutenue avec énergie et par tous les moyens possibles, sans

---

[1] C'est en parler fort à son aise ; les *étrangers* nous avaient-ils laissé le moyen de former une grande armée? Ici l'empereur nous reproche le mal même que ses alliés nous avaient fait ; mais il se trompe, et *notre petite armée* a été suffisante pour entrer dans Cadix, où j'espérais bien l'accroître pour aller ailleurs.

négliger cependant ceux qui pouvaient en abréger la durée; que je priais l'empereur d'observer que, dans un gouvernement représentatif, il était à peu près impossible de supposer, dans le moment d'une aussi grande crise, une division d'opinions dans le conseil; mais qu'en admettant la possibilité de cette dissidence, c'était mal servir la cause que l'on veut soutenir que de nous témoigner une défiance qui pouvait donner à M. de Villèle le droit et même le devoir de ne prendre conseil que de lui; enfin que la manifestation de l'opinion que venait de me faire connaître l'empereur ne pouvait être que préjudiciable aux intérêts dont il se faisait le défenseur, et pour lesquels nous combattions aujourd'hui avec tant de franchise et d'énergie. Je ne sais si ce très-simple raisonnement a produit un effet quelconque sur l'empereur, mais, après m'avoir regardé quelque temps en silence, il m'a dit : « Vous avez raison, aussi je ne fais part qu'à vous seul de mes réflexions. » Il n'eût pas été convenable d'en paraître douter; la conversation a donc continué, et s'est terminée, comme vous le voyez par ma dépêche, aussi bien que je pouvais le désirer.

Le comte de Nesselrode paraît ne pas douter de l'excellente nouvelle (*elle était prématurée*) que nous venons de recevoir; il s'est exprimé à cette occasion de manière à ne me laisser aucun doute sur la satisfaction qu'elle lui cause. Je voudrais pouvoir oser redire tout ce que, dans cette circonstance, j'entends répéter. Si, dans un pareil moment, une âme comme la vôtre pouvait être accessible aux jouissances de l'amour-propre, certes, vous n'auriez rien à désirer. Quant à moi, monsieur le vicomte, je n'ai point d'expression pour rendre ce que j'éprouve. Il faut avoir connu les chagrins que j'ai essuyés depuis que je suis ici, pour comprendre le sentiment que me fait éprouver l'exaltation avec laquelle j'entends parler aujourd'hui des Français, de la France et de ceux qui la gouvernent. Cependant, monsieur le vicomte, plus ce sentiment est vif, plus j'ai cru devoir le concentrer jusqu'à ce que j'aie reçu la confirmation officielle de ce grand événement, j'ai cru devoir paraître ne pas encore y ajouter une foi entière. Le désappointement me donnerait une attitude trop gauche.

Il paraît que l'empereur a parlé au comte de Nesselrode de sa conversation avec moi, et que celui-ci, plus juste que son maître, regrette que l'on se soit exprimé avec une étrange injustice sur M. de Villèle. Hier, en me parlant de la délivrance du roi, qu'il appelle *la fin de la fin,* il me disait : « Ce qui fera surtout un grand plaisir à l'empereur, en apprenant cette grande nouvelle, c'est qu'il y verra l'assurance d'une union encore plus intime entre MM. de Villèle et de Chateaubriand, et qu'il importe à la tranquillité de la France, et par conséquent toujours à celle de l'Europe, que des hommes aussi dévoués, aussi bien intentionnés, et d'un aussi grand talent, ne se désunissent jamais. »   La Ferronnays.

M. DE CHATEAUBRIAND A M. DE SERRE.

Paris, le 5 septembre 1823.

Je sens parfaitement, monsieur le comte, la gêne où vous met la mesquinerie du gouvernement. J'ai des réclamations de tous les côtés. Vous ne ferez jamais comprendre la vérité à la Chambre : elle croit de son devoir de refuser quelques mille francs pour ce qui augmenterait notre éclat à l'étranger, et elle jettera des millions pour des dépenses au moins inutiles. Mézerai disait que « la France, à une certaine époque de notre histoire, se gouvernait comme un grand fief ; » elle se gouverne aujourd'hui comme une grande bourse. Je regarde les hommes relevant de mon ministère, et qui secondent si bien mes travaux, comme étant eux-mêmes *ministres*, et je ne réclame que l'honneur d'être leur camarade ; jugez si je souffre de ne pouvoir venir à leur secours.

Ce serait, je vous assure, d'un grand cœur que je changerais avec vous de position ; je vous laisserais les spectacles de la cour, et j'irais revoir les barques de pêcheurs que vous avez sous les yeux. Au cas qu'un succès d'affaires vienne augmenter la déplaisance que l'on a naturellement de moi, et que l'on me renvoie, j'irai vous chercher sur votre beau rivage. Je cours après le soleil et la retraite comme la chatte devenue femme courait après les souris. Ce sont là mes misères, Monsieur ; je vous les confie, cachez-les bien ; c'est mon secret *diplomatique*. Chemin faisant, tâchez, je vous prie, que votre roi se contente de Caserte, et renonce à la régence d'Espagne. Un homme comme vous comprend tout, et vous m'excuserez.

CHATEAUBRIAND.

M. DE CHATEAUBRIAND AU GÉNÉRAL GUILLEMINOT.

Paris, ce 3 septembre 1823.

Je ne puis, général, m'empêcher de vous écrire encore dans ce moment décisif. Quand vous recevrez cette lettre, vous serez sans doute maîtres du Trocadero ; vous serez prêts à attaquer Cadix ou l'île de Léon, ou les deux ensemble, selon le jugement de l'illustre prince qui commande l'armée. Vous savez, général, que telle a été, dans le commencement de la guerre, mon opinion, et je dois vous répéter les raisons sur lesquelles je l'appuie.

J'ai consulté ici une foule de militaires français et étrangers, les uns ayant servi sous le maréchal Victor, au blocus de Cadix, les autres contre ce maréchal, au même blocus : ainsi les premiers connaissent bien les moyens d'attaque, et les autres les moyens de défense. Tous s'accordent à dire qu'à l'époque du premier blocus, l'île de Léon était défendue par une armée de vingt-cinq à trente mille hommes anglais, portugais et espagnols; qu'elle était garnie d'une artillerie formidable apportée de Gibraltar; qu'une flotte de trente vaisseaux de ligne et d'innombrables chaloupes canonnières en défendaient l'approche par mer, et que, malgré tout cela, les Français étaient au moment de réussir, en passant, la nuit, sur des bateaux, du fort Matagorda au fort Pontalès, lorsque Buonaparte rappela les deux tiers des troupes pour marcher contre le duc de Wellington.

Aujourd'hui, la position est inverse. L'île de Léon et le Trocadero ne sont défendus que par sept à huit mille hommes de mauvaises troupes, que nous avons battues partout, dans la proportion de dix à un; qui, de plus, sont démoralisées par la capitulation de Morillo et de Ballesteros, et divisées en deux parties, les miliciens et les troupes de ligne; de plus encore, les Anglais disent qu'ils ont retiré et emporté la plus grande partie de l'artillerie qui garnissait les différents forts, et qu'excepté quelques points, les redoutes intérieures et la plupart des ouvrages sont presque sans défense : on doit en croire les Anglais, car ils ne nous souhaitent pas de succès.

Enfin, la mer est pour nous; les cinquante chaloupes canonnières espagnoles, qui vous ont gêné beaucoup pour la prise du Trocadero, se trouveront hors d'état de vous nuire par la prise de cette redoute : quoi qu'en disent quelques officiers de marine, nos vaisseaux peuvent très-bien vous protéger de leur feu, pour opérer une descente quand vous serez maîtres du Trocadero et de Matagorda. Ils auront sans doute à essuyer le feu des ouvrages de l'ennemi sur la rive opposée; mais, ce qu'il y a de certain, c'est que les vaisseaux anglais venaient tous les jours attaquer le Matagorda, lorsque les Français, dans la première invasion, étaient maîtres de ce fort, et que les vaisseaux français, aujourd'hui, pourront canonner le Pontalès lorsque vous occuperez le Matagorda.

On assure donc qu'il est possible d'opérer une descente au Pontalès, lorsque vous aurez fait taire le feu de ce fort, de s'y loger, et de séparer ainsi Cadix de l'île de Léon. Je suppose que cette opération serait combinée avec une autre descente, vraie ou fausse, sur le rivage méridional de l'île, et le bombardement de Cadix, même par vos bombardes, en quelque petit nombre qu'elles puissent être. Je vous dirai, général, que j'ai la conviction intime que vous trouverez beaucoup moins de résistance que vous ne vous l'imaginez. Jamais les Espagnols ne vous ont résisté un moment quand vous avez pu les joindre, et vous verrez les troupes de ligne probablement se réunir à vous en partie dans l'île de Léon, aussitôt que vous aurez mis le pied sur le rivage.

Il est inutile que je vous dise que l'occupation d'un point important dans l'île de Léon entraîne la chute de Cadix, quand même cette ville n'ouvrirait pas ses portes, et que vous ne voulussiez pas l'écraser par un bombardement opéré du bout de la chaussée, au-dessus du Pontalès; il est évident qu'elle tombe alors en peu de temps par famine. Le blocus formé par terre dans l'île de Léon suppléerait à l'incertitude du blocus de mer, et vous sentiriez moins l'insuffisance de votre marine.

Mais, à propos de ces vaisseaux, je veux vous dire un mot sur l'équinoxe. Il semble, à tout ce qu'on dit de l'équinoxe, que ce soit un terme fatal, une époque fixe et inévitable où il n'y a plus à espérer que des malheurs. Les Anglais ont bloqué pendant trois ans la baie de Cadix, hiver et été, sans jamais perdre la terre de vue. Ordinairement, on a un coup de vent à essuyer vers les premiers jours d'octobre, après lequel le temps devient très-beau, jusqu'au commencement de décembre. Décembre et janvier sont assez orageux, mais février est ordinairement admirable, et les vents de mars ne durent qu'une huitaine de jours. J'ai navigué dans ces mers, et ce n'est pas à moi qu'il faut venir faire de ces contes terribles de l'équinoxe.

Maintenant, général, j'appelle votre attention sur ce qui arriverait dans le cas où l'on abandonnerait Cadix. La France, qui se replace dans ce moment au premier rang militaire en Europe, retomberait au dernier. Le parti jacobin se ranimerait en Espagne et reparaîtrait en France. L'Angleterre soufflerait la discorde, se déclarerait peut-être, et les alliés, ou nous retireraient leur appui moral qui nous a servi à paralyser l'Angleterre, ou nous offriraient leur appui physique qui ne pourrait être admis sans déshonorer à jamais nos armes et sans perdre notre indépendance. Les conséquences d'un pas rétrograde sont telles, dans les affaires d'Espagne, qu'il y va de la légitimité de la couronne des Bourbons. Qu'on se pénètre bien de cette vérité. Vous auriez une catastrophe à la Bourse, et cette catastrophe seule vous mettrait dans le plus imminent danger. Il faudrait un volume pour développer les maux qui résulteraient pour nous d'une retraite devant Cadix. C'est par la même raison, général, que, quels que soient les justes sujets de mécontentement que Monseigneur peut avoir de Madrid, la politique oblige à occuper cette capitale. Il faut seulement en augmenter la garnison, peut-être par le corps du général Bourke, mais en laissant toutefois une garnison assez forte dans la Corogne, à cause des Anglais qui font tout entrer par ce port. Je vous en prie encore, général, tempérez, adoucissez les mesures intérieures. Dissimulez l'injure; renfermez au fond de votre cœur le mépris. Songez que, dans cette affaire d'Espagne, tout est adresse, ménagement, habileté. Placés entre deux partis violents qui ne respirent que la vengeance, nous ne pouvons ni changer leurs passions, ni éclairer leur esprit. N'armons pas la masse contre la masse; et lorsqu'elle est sanguinaire et insolente, remettons après notre succès à lui dire ce que nous sentons pour elle. Qu'importent aujourd'hui à la gloire de Monseigneur et de sa vaillante armée les outrages de quelques insensés, les intrigues de quelques ambitieux, et les machinations de quelques ennemis? Délivrons le roi, et quittons à jamais cette Espagne, où nous aurons retrouvé notre indépendance comme nation, notre gloire comme guerriers, et notre sûreté comme société politique. Monseigneur reviendra avec une haute renommée, et tous ceux qui l'auront servi dans cette étonnante entreprise, où deux révolutions auront été tuées d'un seul coup, trouveront la gloire et la récompense dues à leur courage et à leurs travaux.

Ne songez donc plus, général, qu'à couronner l'ouvrage par une fin digne du commencement, et par une de ces entreprises hardies si naturelles aux Français, et qui vont si bien au caractère de leur bravoure. Je ne sais comment cela arrive, mais il est certain qu'un débarquement de troupes n'a presque jamais échoué chez aucun peuple et dans aucun pays.

Vous savez, général, combien je vous suis dévoué.

CHATEAUBRIAND.

M. DE CHATEAUBRIAND A M. DE POLIGNAC.

Paris, le 11 septembre 1823.

Depuis la brillante affaire du Trocadero, il n'est rien arrivé de nouveau. C'est le 8 ou le 10 qu'on a dû attaquer l'île de Léon; ainsi nous ne pouvons recevoir aucune nouvelle importante avant le 17, au plus tôt, à moins que ce ne soit la capitulation même de Cadix; mais ils ne parleront pas de traiter avant une seconde attaque.

Du côté de l'Autriche, voici un fait assez important que j'ai appris hier par M. de Caraman : l'empereur de Russie, en se rendant en Bessarabie, a demandé un rendez-vous à l'empereur d'Autriche. Le prince de Metternich prétend qu'il est fort embarrassé de cette proposition, qui sera l'objet de beaucoup de commentaires; mais, en même temps, il veut, dit-il, en tirer parti pour faire peur à la Porte et pour l'engager à aplanir les différends qui permettraient à la Russie de renvoyer son ambassadeur à Constantinople. L'entrevue entre les deux empereurs doit avoir lieu le 6 octobre : je suppose que le prince de Metternich, malgré sa surprise, est au fond de ce tripotage. Quoi qu'il en soit, après la guerre d'Espagne, les affaires de l'Orient deviendront graves, et il faut s'y préparer. Je vais faire du train pour cela à Vienne, et demander pourquoi on s'occupe du Levant sans nous. Quand M. Canning, ou le chargé d'affaires d'Autriche, vous en parleront, vous exprimerez aussi votre étonnement, et vous ferez observer que quand nous introduisons nos alliés dans nos projets et notre politique, nous avons bien quelque droit à être traités avec la même confiance.

Les cardinaux sont enfermés en conclave : cela peut aller vite et ne pas laisser à nos cardinaux le temps d'arriver. Nous en sommes à une lettre entre les *noirs* et les *rouges*. Les noirs seraient plus sûrs pour nous, comme principes ; mais ils auraient quelques inconvénients par l'excès de leur zèle.

Tout à vous, noble prince.

CHATEAUBRIAND.

M. DE CHATEAUBRIAND A M. DE TALARU.

Paris, le 11 septembre.

Mon cher ami, un petit mot. Je vous assure que je me réjouis particulièrement pour vous de voir l'horizon s'éclaircir en Espagne. Ne chantons pas pourtant victoire. Cette catin de fortune me fait une peur effroyable. J'ai vu vos amis. Ils étaient affligés du froid qu'ils croyaient survenu entre nous. Je leur ai dit que jamais il ne pouvait y avoir entre vous et moi de dissentiment durable, que nous nous étions grognés un peu et que c'était fini.

Tout à vous, mon cher ami. Rien de nouveau ici. Les cardinaux sont enfermés en conclave : ils veulent aller vite ; l'Autriche se remue beaucoup.

CHATEAUBRIARD.

P.-S. Dites, je vous prie, à M. le nonce et à M. l'abbé Casson que le roi me charge de leur faire ses remerciements sincères sur les preuves qu'ils lui ont données de leurs sentiments le jour de la Saint-Louis. Sa Majesté y a été extrêmement sensible.

J'ai reçu ce matin votre n° 8, en date du 6.

M. LE COMTE GUILLEMINOT A M. DE CHATEAUBRIAND.

Port Sainte-Marie, le 11 septembre 1823.

MONSEIGNEUR,

Je réponds à la hâte à vos lettres des 31 août et 3 septembre. Vos désirs ont été prévenus ; deux circulaires aux généraux ont modifié l'ordonnance d'Andujar. La circonspection, très-recommandée dans l'application, achèvera d'en atténuer l'effet. Mais, au nom de Dieu, faites que la régence ait une conduite à la fois plus sage et plus ferme.

Si, comme Votre Excellence m'en donne l'assurance dans sa première lettre, les Anglais n'interviennent pas à Cadix, je ne doute pas que nos opérations devant cette place ne conduisent à bonne fin.

La flotille de la Corogne a rallié l'escadre. Nous tirons parti de ses équipages et de ses canons pour nos canonnières et nos batteries.

Grâce à Votre Excellence, le Portugal nous a aidés, mais de bien peu, car ce pays est totalement épuisé en ressources maritimes.

Quant à notre grande, notre unique affaire, ma confiance dans la réussite n'a pas besoin d'être corroborée. Je suis convaincu comme elle de notre supériorité sur l'ennemi.

Devenus maîtres du Trocadero, j'ai pensé aussi, comme Votre Excellence, que nous devions attaquer par le Pontalès. En nous établissant dans le faubourg qui est derrière, et dans la Cortadura, nous empêcherions d'une part les sorties de la place, et contraindrions de l'autre tous les défenseurs de l'île de Léon de capituler; cette opération nous mènerait plus directement et plus promptement au but.

Notre marine est mieux d'accord avec nous sur la possibilité d'un débarquement sur la plage de la grande mer, entre Santi-Pétri et la Torregorda. Mais un préalable nécessaire, c'est la réduction du fort Santi-Pétri, qui croise ses feux avec les batteries de terre sur le point jugé propre à la descente. Demain nous canonnerons ce fort par terre et par mer, et, suivant toute probabilité, nous le réduirons promptement.

Sa possession nous mettra à même de tenter le débarquement entre Torregorda et ce fort, ou d'exécuter le passage de vive force du Rio Santi-Pétri vers son embouchure.

La première de ces opérations repose en grande partie sur la marine. Une fois à terre, nos troupes, pleines d'ardeur, se chargent du reste. La tentative aura, j'espère, lieu dans peu de jours.

Le passage exécuté de force, nous rassemblerions de nouvelles bouches à feu vis-à-vis des batteries ennemies de l'embouchure du Santi-Pétri, nous en rétablirions dans le fort du même nom, et nos bricks et canonnières viendraient prendre des revers sur les batteries espagnoles, de sorte que la langue de terre sur laquelle se croiseraient nos feux deviendrait intenable pour l'ennemi; alors nous jetterions notre pont. Les bateaux destinés à le former sont déjà rassemblés à San-Lucar. Telle est ma manière de voir.

Quant à l'équinoxe, je pense aussi que ce ne serait que pour peu de temps que nos opérations maritimes en seraient contrariées.

Maîtres de l'île de Léon, nous bombarderons Cadix, si la place persiste à ne pas rendre le roi. Il eût été à désirer que nous eussions pu le faire immédiatement après la prise du Trocadero; mais on ne l'a pu, et les tentatives qu'on a faites depuis, sans organisation satisfaisante des moyens déjà si incertains à la mer, n'ont occasionné qu'une perte de temps. Mais pendant tout le temps des opérations dont j'ai eu l'honneur de parler plus haut à Votre Excellence, j'espère qu'enfin nos bombardes et canonnières s'organiseront.

Tout ce que je viens de vous dire, Monseigneur, vous démontre sans doute que je désire, autant que tout autre, d'éviter les suites désastreuses que pourrait produire tout relâchement dans nos efforts contre Cadix. Je ne suis nullement effrayé des obstacles à surmonter. Fussent-ils dix fois plus considérables, nous ne devons pas, nous ne pouvons pas, sans nous déshonorer, renoncer à notre entreprise. Tout le monde me paraît bien d'accord sur ce point, et la présence de Monseigneur fera que chacun remplira son devoir. Si ce n'est pas dans quinze jours, ce sera dans un mois, ce sera dans un an, que nous couronnerons notre noble entreprise. *Mais ce sera*, et, je crois, dans peu.

Toute la question de l'Espagne est là, comme vous le dites, Monseigneur, et non dans les scènes plus ou moins violentes qui se passent dans l'intérieur de la Péninsule.

Je suis aussi le conseil que me donne Votre Excellence, de renfermer dans mon cœur tout le mépris, tout le ressentiment que doivent m'inspirer certaines choses. Je sais ce qui se trame en Espagne et dans Paris même contre moi; mais j'en détourne tout à fait ma pensée, pour la fixer entièrement sur le grand, l'unique objet, la reddition de Cadix. Après, nous verrons.

Agréez, je vous prie, Monseigneur, l'hommage de mon respectueux dévouement.

Comte Guilleminot.

M. HYDE DE NEUVILLE A M. DE CHATEAUBRIAND.

Lisbonne, 14 septembre 1823.

Mon très-honorable ami,

M. Roth vous remettra cette lettre, et aussi ma dépêche cabinet n° 2, qui vous explique la mission dont il est chargé. Demain, dans deux jours peut-être, nous apprendrons que Cadix s'est rendu; mais vous approuverez sans doute qu'en fait de devoir je ne sois jamais l'homme aux conjectures. Pour bien servir, je crois il faut marcher sans s'arrêter; demain donc je fais travailler au sciage des rames, et elles partiront au fur et à mesure pour Cadix. Vous verrez d'ailleurs, par la copie d'une lettre du major général, que M. Gros me remet à l'instant, à quel point l'envoi de ces rames est urgent; demain j'irai moi-même presser les ouvriers, et les choses iront aussi vite qu'elles pourront aller. Ce ministère-ci m'a communiqué une lettre, adressée de notre camp au *gouvernement de Cadix*, transmise par les factieux à Londres, et là, communiquée au ministre de S. M. T.-F. J'avoue que ce n'est point ainsi que l'on devrait parler... Que le roi d'Espagne, libre, donne des institutions à ses peuples; qu'il abolisse l'inquisition, etc., etc.; qu'il reçoive de nous des conseils, tout cela peut être le mieux du monde; je suis l'ami le plus dévoué des libertés de mon pays, je ne veux donc pas prêcher l'absolutisme ailleurs; mais quel intérêt avons-nous, pouvons-nous avoir, à faire aux *comuneros* des promesses? Ce sont toujours là des concessions à l'esprit de trouble. Ne discutons pas l'état de choses qui suivra, si nous voulons sauver le principe; il ne faut pas se le dissimuler, l'Angleterre, qui voit presque en pitié ce que nous nommons notre blocus, ne néglige rien, tout en paraissant y attacher peu d'importance, pour qu'on accepte sa médiation. On a voulu ici toucher cette corde; j'ai répondu avec la modération, mais aussi avec la dignité d'un ambassadeur de France : depuis, il n'a plus été question de ce moyen terme, et j'ai vu avec plaisir, dans un long tête-à-tête avec le roi, que S. M. était persuadée qu'il ne fallait pas confier aux Anglais le soin de relever *seuls* les trônes légitimes; j'ai vu aussi que cet excellent prince, car il m'a parlé en bien honnête homme, ne demanderait pas mieux que de s'entendre avec nous, et qu'il se verrait avec plaisir *émancipé ;* j'emploie ici l'une des expressions de l'un des ministres. Mais que faisons-nous pour attacher lui et son peuple à nous? Il était captif, nous le savions, il le savait aussi; et chaque jour c'était la France qui lui faisait dire et redire : Nous n'entendons en rien et pour rien nous mêler de vos affaires; et le pauvre roi de se croire galérien pour la vie, parce que, d'aucun côté, on ne paraissait *même* le plaindre! Faites-vous communiquer la lettre du 27 avril, du général comte Grundler, à l'occasion de l'entrée d'Amarante en Espagne ; elle est adressée au général Madureira, à Burgos; il me semble qu'on pouvait dire autrement à ce loyal Amarante : *On ne peut avoir aucunes communications avec votre troupe ;* M. de Villa-Flor a eu de la peine à obtenir son audience; les premières paroles ont été, à peu près : *Nous n'avons pas besoin de vous;* S. M. T.-F. espère encore la réponse à sa lettre... Ces détails, je dois vous les confier; usez-en pour nous, pour l'intérêt du prince que nous chérissons, et aussi pour qu'on cesse de repousser, pour ainsi dire, un gouvernement qui voudrait marcher avec nous. Examinez donc, avec cette sagesse chevaleresque que je vous connais, la principale question que je vous soumets par ma dépêche. Si Cadix résiste, pourquoi ne pas accepter les secours des Portugais; et s'il ne résiste pas, mais que l'Espagne continue à être agitée, pourquoi ne pas saisir cette occasion de nous lier étroitement avec le Portugal, de lui faire une armée royaliste dans laquelle entreraient naturellement les amis du jeune prince, les compagnons de gloire d'Amarante, tous ces militaires réformés par le maréchal Beresford.

Mais l'Angleterre? Ni vous ni moi nous n'en sommes à croire qu'il faille toujours voir ce qu'elle veut, ce qu'elle désire; je pense, au contraire, qu'il faut voir ce qu'elle veut pour s'en garantir. Mais enfin, qu'ici elle veuille ou ne veuille pas, quelle bonne raison pourrait-elle donner pour détourner le Portugal du soin de sa propre conservation? Pourrait-elle, sans une sorte d'imprudence, trouver mauvais que notre argent servît à assurer la tranquillité de ce royaume? N'envoie-t-elle pas des vaisseaux et frégates dans le Tage, comme *effet moral*, assure-t-on? Eh bien! ne pouvons-nous pas servir plus utilement encore la nation portugaise, en l'aidant à repousser les factieux qui menacent ses frontières, et qui cherchent à soulever encore ses troupes?

Adieu, donnez-moi le pouvoir de répondre d'une manière favorable à ce gouvernement-ci, et nous prendrons ou reprendrons le Portugal aux Anglais.

Hyde de Neuville.

M. DE CHATEAUBRIAND AU PRINCE DE POLIGNAC.

Paris, ce 15 septembre 1823.

Les journaux vous diront à peu près, noble prince, l'état des choses devant Cadix. Voici le détail officiel : Alava est arrivé au port Sainte-Marie, porteur d'une lettre de Ferdinand pour le duc d'Angoulême. Cette lettre demandait un armistice. Le duc d'Angoulême a refusé de voir Alava. Il a envoyé le duc de Guiche porter sa réponse au roi d'Espagne. Cette réponse refuse tout net l'armistice, et déclare que le duc d'Angoulême ne consentira à traiter que quand le roi, libre, sera venu dans le camp français, à Chiclana ou au port Sainte-Marie. Le duc d'Angoulême se conduit réellement de la manière la plus admirable. Au reste, il paraît dans ses lettres plein de confiance d'une fin prochaine et heureuse.

Sir Charles Stuart crie ici beaucoup contre sir W. A'Court, et prétend qu'en offrant sa médiation il a dépassé ses pouvoirs. Mais vous aurez remarqué que sir W. A'Court dit positivement, dans sa lettre, qu'il est *autorisé* à intervenir quand une des deux parties belligérantes le demanderait. Il est évident que sir Charles ne crie que parce que le refus de l'intervention de la part de monseigneur le duc d'Angoulême est un nouveau mécompte pour l'Angleterre. Taisons-nous sur tout cela; soyons modestes, et il sera toujours temps de triompher après le succès complet, et souvenons-nous que nous n'avons pas encore Ferdinand.

Tout à vous, noble prince.

Chateaubriand.

P.-S. Votre lettre confidentielle n° 10 m'est arrivée ce matin.

M. DE CHATEAUBRIAND A M. DE TALARU.

Paris, ce 18 septembre 1823.

Mon cher ami,

Je reçois votre dépêche du 15, n° 87. J'y trouve votre petit *post-scriptum* et le billet de monseigneur le duc d'Angoulême. Vous me demandez vos instructions : je n'en ai point d'autres à vous donner dans ce moment que celles que vous avez déjà reçues du roi. Il m'est impossible de prévoir la position où vous serez placé en arrivant au port Sainte-Marie, ni les matières sur lesquelles vous serez appelé à délibérer. En tout vous êtes absolument sous les ordres du prince généralissime, tant qu'il restera en Espagne. Vous obéirez à ses volontés, et vous l'assisterez de vos conseils quand il jugera à propos de vous en demander. Je sais que le président du conseil, voulant éviter à Monseigneur les importunités de la régence, lui a mandé de s'en reposer sur vous de toute la partie politique de sa mission. Dans ce cas, il ne s'agirait que des affaires courantes entre la régence et le prince. Si, au contraire, il est question de la délivrance du roi et des stipulations qui en seraient la suite, comment juger d'avance de ce que vous pourrez faire, et des difficultés dans lesquelles vous serez engagé? Il y a cependant un principe sûr, et qui ne peut pas vous tromper : c'est qu'aucune concession politique ne peut être légalement accordée avant la délivrance du roi. Des concessions militaires et personnelles tant qu'on voudra, et aussi largement qu'on voudra. On peut ensuite promettre qu'on engagera le roi libre à faire pour ses peuples tout ce que les besoins de ces peuples réclameront.

Défiez-vous pourtant d'une chose, mon cher ami : des négociations sans cesse renouvelées, et qui n'aboutiraient pas à une prompte fin, pourraient avoir été entamées dans le but de gagner la mauvaise saison, de ralentir l'ardeur de nos troupes, et d'échapper pendant l'hiver, lorsque le blocus ne pourra qu'être très-imparfait. Les opérations militaires doivent être poussées avec la dernière vigueur, même au milieu des négociations. Si l'on peut se rendre maître de l'île de Léon, cela avancera bien le traité : rien n'abrége la besogne comme les coups de canon. Dix-huit jours se sont déjà écoulés depuis la prise du Trocadero, c'est beaucoup.

Il n'y a aucun doute que, s'il y a une capitulation politique, c'est vous qui devez la signer ou plutôt la contre-signer avec monseigneur le duc d'Angoulême. Toutes les conventions militaires ne vous regardent pas.

Je reviens sur la signature d'un traité. Si le roi était libre, monseigneur le duc d'Angoulême pourrait signer seul avec lui un traité quelconque;

mais si un traité doit avoir lieu par l'intermédiaire d'un ministre, Monseigneur ne peut pas signer ; c'est à vous qu'il délègue ses pouvoirs, et vous signez. Comme Monseigneur a les pleins pouvoirs du roi, il n'aura pas sans doute besoin de mettre au traité la réserve de la ratification de Sa Majesté.

Ces détails m'ont paru utiles à vous donner.

Villèle est persuadé que vous n'êtes mandé au port Sainte-Marie que parce que tout est convenu entre le prince et les autorités de Cadix. Je ne suis pas de son avis, et même le tour du billet de Monseigneur me ferait croire qu'il ne s'agit encore que des affaires de la politique en général.

Vous voilà, mon cher ami, dans un poste où je me félicite de vous avoir placé, pour acquérir de l'honneur et de la gloire.

Tout à vous, de tout mon cœur.

CHATEAUBRIAND.

P.-S. Je ne vous parle point des cinq propositions de M. Bulgari, qui sont plus positives que celles de Jansénius. Comment ! il ne voulait traiter rien moins que de l'affaire des colonies espagnoles, et il ne s'apercevait pas que c'était remuer le monde ? Comme ils y vont, ces messieurs !

Mettez mes profonds respects aux pieds de Monseigneur. Il s'est attiré le respect et l'admiration du monde entier. Toutes les cours m'écrivent des hymnes à sa louange. L'empereur de Russie ne tarit pas.

M. DE CHATEAUBRIAND A M. DE POLIGNAC.

Paris, ce 5 octobre 1823.

Vous verrez, noble prince, par ma lettre confidentielle, ce qu'il faut que vous répondiez à M. Canning. A présent nous ne pouvons que décliner sa proposition. Elle est, en elle-même, un peu odieuse ; car nous demander d'entrer dans un pacte avec l'Angleterre pour dépouiller l'Espagne de ses colonies, tandis que nous combattons pour la délivrance de son roi, est un jeu double que la France est trop noble pour jouer. Je n'ai rien à ajouter à la lettre confidentielle dont j'ai donné le fond, qu'une chose : c'est qu'en repoussant la proposition, il faut le faire avec une grande mesure et une grande politesse ; il faut même ne pas fermer rigoureusement toute voie à une négociation future, car il faut prévoir le cas où la folie de Ferdinand et l'entêtement espagnol ne voudraient entendre à aucun arrangement sage sur les colonies, et où l'Angleterre, prenant son parti, forcerait aussi la France à prendre le sien. Mais, en vous tenant dans cette mesure, en faisant surtout entendre que la question des colonies est une de ces questions majeures qui doit être traitée en commun avec tous les alliés, et dont personne ne doit faire son profit particulier, cette marche franche embarrassera beaucoup l'Angleterre, qui craindra de se brouiller avec le continent.

Vous voyez, noble prince, qu'il ne s'agit pas à présent d'établir des négociations ; que si l'Angleterre a un intérêt à presser, nous en avons un à attendre ; car il nous faut avant tout le dénoûment de l'affaire d'Espagne. Nous verrons, si dans la suite la négociation particulière s'entamait entre nous et l'Angleterre, quel mode il serait bon de choisir pour la suivre ; mais certainement il n'y en a que deux, ou par vous, ou par des notes, car il ne peut jamais être question de l'ambassadeur d'Angleterre ici.

Vous déclarerez formellement, surtout à M. Canning, que nous ne prétendons agir contre les colonies espagnoles, à main armée, d'aucune façon.

Tout à vous, noble prince.

CHATEAUBRIAND.

M. DE CHATEAUBRIAND A M. DE TALARU.

Paris, le 7 octobre 1823.

Je ne sais plus, mon cher ami, comment vous allez vous tirer de ce galimatias ; tout Madrid est décampé sur la première nouvelle, et la conférence va vous rejoindre au port Sainte-Marie. Je vous recommande très-sérieusement une chose, c'est de dissimuler votre chagrin et celui de Monseigneur, C'est surtout la Russie qu'il faut ménager ; car l'Autriche et l'Angleterre font tout ce qu'elles peuvent pour la détacher de nous. L'empereur est mobile ; il a eu un commencement d'humeur, que j'ai seul apaisée. Songez où nous en serions avec l'Europe contre nous ou malveillante, si les affaires se compliquaient ou se prolongeaient ; si, par exemple, les révolutionnaires emmenaient le roi en Amérique ; si l'Espagne conséquemment nous restait sur les bras, n'est-il pas clair que, dans ce cas, l'Europe interviendrait si elle était mal disposée ? Croyez-vous que l'Autriche souffrirait notre occupation militaire indéfinie ? que l'Angleterre ne mettrait pas en avant les droits de la reine de Portugal, etc.? Voilà donc une complication inattendue. Les cortès ont reconnu, au nom de Ferdinand, l'indépendance de la république de Buenos-Ayres. Vous sentez que Canning, qui nous fait demander d'entrer en négociation sur les colonies espagnoles, savait cela, et se préparait par là à reconnaître l'indépendance de ces colonies, qu'il nous dira avoir été reconnue par le roi légitime. Vous voyez quelle source de querelles et d'événements dans tout cela. Encore une fois, mon cher ami, prêchez la patience au prince ; montrez-lui tous les dangers de la politique ; ces petits diplomates sont odieux, mais c'est une nécessité absolue de les bien traiter, de les souffrir, de supporter l'ennui et la fatigue des conférences, de temporiser, de dévorer les insolences et les inutilités, jusqu'au grand événement. Il nous faut l'alliance pour nous défendre contre l'Angleterre, et dans cette alliance il nous faut la Russie. N'oubliez jamais cela.

Nous en sommes toujours aux nouvelles du 28, car nous n'avons pas encore reçu l'estafette du 29. La lettre de Ferdinand porte, selon moi, tous les caractères de la fausseté, ne fût-ce que par sa franchise et son exagération. Il me semble que toute cette scène de drapeaux blancs était imaginée pour empêcher la descente dans l'île de Léon, obtenir un armistice, attendre le coup de vent de l'équinoxe, et s'embarquer pendant ce coup de vent avec le roi. Si c'était là le piége, vous n'y auriez pas donné longtemps, puisque le 29 vous avez recommencé les hostilités; mais c'est toujours vingt-quatre heures perdues, et dans cette saison c'est un très-grand malheur. Je reviens sur ce vaisseau *l'Asia* : soyez sûr que la marine anglaise aurait bien trouvé le moyen de l'attaquer et de le brûler, jusque sous le canon de Cadix. Tant que ce vaisseau existera, il n'y aura pas de sûreté pour nous.

Je reçois votre lettre du 29. Le *post-scriptum* explique la rupture des négociations. Monseigneur a écrit, de son côté, en envoyant la nouvelle lettre du roi et les conditions de l'armistice. Ces conditions étaient ridicules, mais on les avait faites fortes pour en céder vraisemblablement une partie. S'il ne s'agissait que de laisser Cadix seul, pendant un mois, aux cortès pour s'embarquer, je n'y verrais pas un grand inconvénient. Occupons l'île de Léon, et notre affaire sera bien près de son terme; surtout brûlons *l'Asia*, notre véritable danger est là. Je suis bien aise que toutes mes conjectures soient fausses. Nous sommes sans dépêches télégraphiques; ainsi rien de nouveau n'avait eu lieu jusqu'au 1er, et même jusqu'au 2, à moins que le mauvais temps n'ait interrompu la dépêche : il pleut, et le 1er nous avons eu un coup de vent.

FIN DE LA GUERRE D'ESPAGNE.

TABLE DES MATIÈRES

CONGRÈS DE VÉRONE.

	Pages.
Avertissement	1
Congrès de Vérone. — Préliminaires	3
I. — *L'Espagne.* — Traité entre Buonaparte et Charles IV. — Godoï. — Les princes à Bayonne. — Murat à Madrid. — Son portrait. — Insurrection. — Murat et Joseph changent de couronne	ib.
II. — Caractère des Espagnols	7
III. — Anciennes lois politiques de l'Espagne	9
IV. — La régence constitutionnelle convoque les cortès générales à Cadix. — Cortès de Cadix. — Constitution : ses défauts; elle mécontente tous les partis	11
V. — Bonaparte rend la liberté à Ferdinand. — Décret de Valence. — Les cortès constituantes sont chassées. — Ferdinand manque de parole. — Exécutions. — L'armée de l'île de Léon s'insurge. — Riego. — Insurrection à Madrid. — Décret de Ferdinand qui rétablit la constitution de Cadix	13
VI. — Première session des cortès. — Deux principes de révolution. — Riego. — La Tragala	16
VII. — L'Escurial. — Victor Saez. — Procession révolutionnaire sous les fenêtres de Ferdinand à Madrid. — Les *comuneros* propagandistes. — La constitution de Cadix à Naples.	17
VIII. — Seconde session des cortès. — Insurrections du Piémont et du Portugal. — Mouvements à Grenoble et à Lyon. — Réfugiés en Espagne. — Régime de terreur. — Venuenza jugé et exécuté par le peuple. — Morillo arrive de l'Amérique. — Fin de la seconde session des cortès	19
IX. — Lois des *comuneros.* — Fontana de Oro. — Prisonniers dans les couvents. — Riego se lie avec Cugnet. — Soulèvement à Madrid	21
X. — Session extraordinaire. — La fièvre jaune. — Les *descamisados.* — Société des Amis de la constitution	23
XI. — Martinez de La Rosa, ministre des affaires étrangères. — *Serviles* royalistes. — Le trappiste : son portrait. — La Saint-Ferdinand à Aranjuez. — Don Carlos menacé. — Landaburu. — Troubles. — La garde royale en vient aux mains avec la ligne et la milice : elle est vaincue. — L'Espagne plagiaire de la république et de l'empire. — Martinez de La Rosa refuse de rester au ministère. — Triomphe de royalistes en Navarre. — Émigrations. — L'auteur quitte Londres pour le congrès de Vérone	24
XII. — Congrès de Vérone. — Personnages. — Partie familière du congrès	29
XIII. — Ni les alliés ni M. de Villèle n'ont voulu la guerre d'Espagne. — Ce qu'on a dit sur l'origine de la guerre d'Espagne en 1823 est une méprise. — Cinq affaires principales traitées au congrès	32
XIV. — M. le prince de Metternich. — Séances du congrès. — Deux mémoires du duc de Wellington, l'un relatif à la traite des nègres, l'autre contre les pirateries dans les mers de l'Amérique. — Trois prétentions exhorbitantes renfermées dans le premier mémoire	34
XV. — Mon mémoire sur la traite des nègres	36

Pages

XVI. — *Memorandum* de M. le duc de Wellington sur les pirateries à propos des colonies espagnoles. 40
XVII. — Ma note verbale en réponse au *Memorandum*. 41
XVIII. — Affaires de l'Orient, de l'Italie et de la Grèce. — Instructions de M. de Villèle. — Supplique de la régence d'Urgel 42
XIX. — Guerre d'Espagne prévue dès l'époque de notre ambassade de Londres. — Notre horreur des traités de Vienne. 43
XX. — Instructions de M. de Villèle 45
XXI. — Communications verbales de M. le vicomte de Montmorency. 46
XXII. — Examen des trois cas de guerre exposés par M. le vicomte de Montmorency. — Le congrès n'a pas poussé la France à la guerre; la Prusse et surtout l'Autriche y étaient fort opposées. — Réflexions sur les notes de M. le ministre des affaires étrangères. — Noble conduite de ce ministre. — M. Gentz. 48
XXIII. — L'empereur de Russie. — Le duc de Wellington. — Le prince de Metternich. — Le comte de Bernstorff. — Le comte Pozzo. — Réponses de la Prusse, de l'Autriche et de la Russie aux notes verbales de M. le vicomte de Montmorency. — Appui que nous donne contre l'Angleterre la note de la Russie. 50
XXIV. — Le duc de Wellington refuse de signer les procès-verbaux du 20 octobre et du 17 novembre. — Sa note. — Observation sur cette note. — Mot de M. Canning. — Sa lettre. 53
XXV. — A quoi se réduit l'intervention du congrès de Vérone? à trois dépêches insignifiantes. — Dépêche de la Prusse. 56
XXVI. — Dépêche de la Russie 57
XXVII. — Dépêche de l'Autriche. 58
XXVIII. — Réflexions sur les trois dépêches précédentes. — Quand la France devait-elle retirer son ambassadeur? 60
XXIX. — Notre correspondance avec M. de Villèle. — Lettres. 64
XXX. — M. Ouvrard. — Lettre du vicomte de Montmorency. — Nos rapports personnels avec l'empereur de Russie vont commencer. 80
XXXI. — Alexandre. — Abrégé de sa vie. 81
XXXII. — Changement de dispositions. — Reprise de la narration. — Alexandre : conversation avec lui. 96
XXXIII. — M. de Metternich s'ouvre à nous sur la crainte que lui inspirait la guerre d'Espagne. — Dernière conversation avec l'empereur de Russie 98
XXXIV. — Entretien avec le prince de Metternich. — Billet de l'archichancelier d'Autriche. — Lettre à M. de Montmorency. — Nous quittons Vérone. 101

GUERRE D'ESPAGNE DE 1823.

XXXV. — Guerre d'Espagne de 1823. — M. de Montmorency donne sa démission. — Nous sommes nommé ministre des affaires étrangères 103
XXXVI. — Louis XVIII. — Son peu de penchant pour nous. 107
XXXVII. — Histoire des sociétés secrètes en France. — Proclamation de l'armée des hommes libres. — Tous les partis ont eu des hommes sur le sol étranger 108
XXXVIII. — Questions confondues. — Objections contre la guerre d'Espagne. — Réponse. — État de la Péninsule au moment du passage de la Bidassoa 119
XXXIX. — Rappel de M. le comte de La Garde. — Ministère et journaux espagnols. ... 121
XL. — Journaux anglais. — Division du récit. 123
XLI. — *Combats de tribune.* — *Tribune française.* — Ouverture de la session de 1823. 124
XLII. — Chambre des pairs. 125
XLIII. — Chambre des députés. 127
XLIV. — Crédits extraordinaires 133
XLV. — M. Bignon. — Discours du ministre des affaires étrangères. — Exclusion de M. Manuel 137

TABLE DES MATIÈRES.

Pages.

XLVI. — *Tribune anglaise.* — Discussion dans la chambre des communes. — M. Peel et M. Brougham. 440
XLVII. — Suite. — Ce que répondent à M. Brougham *le Courrier* et M. Canning 441
XLVIII. — Lady Jersey. — Dîner à Londres en 1822 avec M. Brougham. — Nous répondons dans la Chambre des pairs à nos adversaires anglais. — Lord Brougham vient nous voir à Paris 443
XLIX. — Lettre de Cobbett. 446
L. — Travaux diplomatiques 159
LI. — Qu'il faut distinguer les idées révolutionnaires du *temps* des idées révolutionnaires des *hommes*. — Que l'Espagne est l'alliée obligée de la France. — Pourquoi? 160
LII. — Traité de Vienne. — Passage du *Mémoire sur les affaires d'Orient*. — Cabinet de Louis XVIII 164
LIII. — Deux machines politiques à créer. — Jalousies de toutes parts. — Prétention de Naples. — La Russie. — Ordonnance d'Andujar. — M. le duc d'Angoulême 168
LIV. — Conférences. — Ministres dans un gouvernement représentatif. 174
LV. — Espagnols réfugiés. 177
LVI. — Embarras intérieurs 179
LVII — Lettres diplomatiques 185

FIN DE LA TABLE DU CONGRÈS DE VÉRONE.

LAGNY. — Typographie de VIALAT.

EN VENTE CHEZ LES MÊMES ÉDITEURS

Œuvres de Chateaubriand, ancienne édition, 16 vol. grand in-8°, illustrés de 64 gravures sur acier.
Œuvres de Buffon, 10 demi-vol. in-8°, 100 gravures sur acier coloriées à la main, et le portrait de l'auteur.
Histoire de France, 6 beaux vol., 34 gravures.
Histoire de Paris depuis les premiers temps historiques, par J.-A. Dulaure, continuée jusqu'à nos jours par G. Leynadier, 8 vol., 150 gravures dont 50 coloriées à la main.
Histoire maritime de France, par M. Léon Guérin, historien titulaire de la marine, 8 vol. grand in-8°, 50 gravures sur acier ou plans.
  Les quatre derniers volumes, qui comprennent les événements maritimes depuis 1789 jusqu'en 1857, se vendent à part.
Les Héros du Christianisme à travers les Ages, magnifique ouvrage illustré de 48 splendides gravures sur acier, 4 parties de 2 vol. chaque.
Histoire de Napoléon III et de la Dynastie napoléonienne, par Paul Lacroix (Bibliophile Jacob), 4 vol., illustrés de 40 gravures inédites sur acier.
La Collection de l'Écho des Feuilletons, 17 vol., 180 gravures sur acier, et 540 gravures sur bois.
Louis XIV et son siècle, par A. Dumas, 60 gravures, 240 vignettes, 2 vol. grand in-8°.
Histoire de Louis XVI et de Marie-Antoinette, par A. Dumas, 3 vol., 40 gravures.
Monte-Cristo, par A. Dumas, 2 vol. grand in-8°, 30 gravures sur acier.
Les Mousquetaires, par A. Dumas, 1 vol. grand in-8°, 33 gravures.
Vingt ans après, par le même, 1 vol., 37 gravures.
Le Vicomte de Bragelonne, par A. Dumas, 2 très-beaux vol. grand in-8°, 60 gravures.
Mémoires d'un Médecin, par A. Dumas, comprenant : *Joseph Balsamo*, le *Collier de la Reine*, *Ange Pitou* et *la Comtesse de Charny*, 6 volumes divisés en 12 tomes, ornés de 200 gravures inédites tirées sur papier teinté chine.

EN COURS DE PUBLICATION

Histoire de la dernière guerre de Russie, par Léon Guérin, 2 vol. grand in-8° jésus divisés en 4 tomes, 12 gravures, 4 cartes et plans, le tout inédit et sur acier.
Œuvres de Chateaubriand, nouvelle et riche édition, 20 vol. grand in-8° jésus, ornés de 100 gravures inédites sur acier.
Géographie universelle de Malte-Brun, revue, rectifiée et complétement mise au niveau de l'état actuel des connaissances géographiques, par M. CORTAMBERT, membre et ancien secrétaire général de la Société de Géographie, 8 forts tomes divisés en 16 vol., illustrés de 80 gravures et types coloriés; plus, de 8 cartes inédites.
Nouvelles Œuvres illustrées de A. Dumas, comprenant : *El Salteador*, *Maître Adam le Calabrais*, *Aventures de John Davys*, *le Page du duc de Savoie*, *les Mohicans de Paris*, *Salvator le Commissionnaire*, *Journal de madame Giovanni*, *les Compagnons de Jéhu*, *le Capitaine Richard*, etc., etc., etc.

LAGNY. — Imprimerie de VIALAT.

www.ingramcontent.com/pod-product-compliance
Lightning Source LLC
Chambersburg PA
CBHW060513170426
43199CB00011B/1430